建设自由港
——走向未来的大连

中国人民银行大连市中心支行
经济金融研究小组 ◎ 著

中国金融出版社

责任编辑：亓　霞
责任校对：潘　洁
责任印制：赵燕红

图书在版编目(CIP)数据

建设自由港——走向未来的大连（Jianshe Ziyougang——Zouxiang Weilai de Dalian）/ 中国人民银行大连市中心支行经济金融研究小组著. — 北京：中国金融出版社，2018.1

ISBN 978-7-5049-9327-4

Ⅰ.①建… Ⅱ.①中… Ⅲ.①自由港—港口建设—研究—大连 Ⅳ.①F552.731.3

中国版本图书馆CIP数据核字（2017）第292287号

出版
发行　中国金融出版社
社址　北京市丰台区益泽路2号
市场开发部　（010）63266347，63805472，63439533（传真）
网上书店　http://www.chinafph.com
　　　　　（010）63286832，63365686（传真）
读者服务部　（010）66070833，62568380
邮编　100071
经销　新华书店
印刷　保利达印务有限公司
尺寸　169毫米×239毫米
印张　25.5
字数　390千
版次　2018年1月第1版
印次　2018年1月第1次印刷
定价　70.00元
ISBN 978-7-5049-9327-4
如出现印装错误本社负责调换　联系电话（010）63263947

前　言

习近平总书记在党的十九大报告中指出，要推动形成全面开放新格局，强调"开放带来进步，封闭必然落后。中国开放的大门不会关闭，只会越开越大"，并且特别提出探索建设自由贸易港的重大战略部署。

对外开放是我国经济发展的重要引擎，不断扩大对外开放为我国经济持续中高速增长创造了条件。起初，我国依靠开放吸引外资、引进技术和管理机制，推动提高生产力水平。随着综合国力提升，我国已经成为世界上最大的发展中国家和具备世界影响力的新兴经济体，对全球经济金融产生着重要影响。我国是贸易全球化的受益者，也是坚持对外开放基本国策、推动建设开放型世界经济的践行者。当今世界正处于大发展、大变革、大调整时期，尽管国际贸易的不稳定性、不确定性突出，但国际分工与合作的大趋势没有改变，生产要素全球配置和世界市场高度整合的国际经贸合作潮流不可逆转。

自由贸易港是地区对外开放程度较高的一种形态，有利于在更高水平上扩大对外开放和促进贸易投资便利化。数百年来实践表明，作为货物流、资金流、技术流汇集中转的重要节点，自由贸易港不仅降低了贸易成本，还促进了区域和所在国的经济发展，在贸易自由化进程中扮演着重要角色。一些自然条件优越、社会发展良好的自由贸易港逐渐成为国际贸易和金融的中心，如美国纽约、英国伦敦、中国香港等，在全球经济金融领域发挥着举足轻重的作用。

改革开放之初，我国在深圳、珠海、汕头和厦门设立经济特区，随后又开放了14个交通便利、工业基础较好的沿海港口城市，以减免关税等优惠措施为手段促进经济技术发展，并在利用外资、引进技术、兴办经济技术开发区等方面进行了积极探索。20世纪90年代，随着上海浦东新区的成立，国家级新区成为我国推动区域对外开放的新模式，在陆续成立的19个国家级新区内实行更加优惠的政策并对各项制度的改革创新进行探索。2013年，国务院批复成立中国（上海）自由贸易试验区，此后国家在广东、天津、福建等地陆续设置了11个自由贸易试验区，实行政府职能转变、金融制度、贸易服务、外商投资和税收政策等多项改革措施。2017年3月，国务院决定在上海洋山保税港区和上海浦东机场综合保税区等海关特殊监管区域内设立自由贸易港区。从"特区"到"新区"再到"自贸区"和"自由港"，意味着对外开放更加全面、水平更高，自由贸易港已经成为中国特色社会主义新时代新一轮高水平对外开放进程中最为重要的一片"试验田"。

在党中央、国务院的坚强领导下，人民银行致力于金融为实体经济服务，扩大对外开放，在实践中努力搞好开放经济条件下的宏观审慎管理、货币政策实施、金融稳定维护和金融服务供给。2013年以来，人民银行按照"简政放权、放管结合、优化服务"的思路，大力推动自由贸易试验区金融改革，形成了很多可复制推广服务全国改革开放大局的制度创新成果。通过负面清单管理，摸索出资本项目可兑换、利率全面市场化、金融市场开放、人民币国际化、外汇管理体制改革等核心金融制度落地实施的有效模式，有效服务了实体经济；通过以自由贸易账户为基础，加强事中事后管理、放管结合，构建了全覆盖的金融风险监测与管理体系；通过大力推进金融简政放权，提升金融服务精准化、优质化，极大地便利了各项经济活动，释放了经济发展的活力。

前言

　　大连是我国最早开放的沿海港口城市之一，在对外开放进程中一直位居前列。党的十八大以来，大连在加快构建开放型经济新体制方面取得了长足的发展。2014年6月，大连金普新区成为第十个国家级新区。2017年4月，中国（辽宁）自由贸易试验区正式挂牌，其中相当一部分面积就位于大连。在这个过程中，人民银行大连市中心支行结合经济运行实际，为大连不断扩大对外开放和区域经济金融协调发展建言献策，有力支持了大连市的经济建设。

　　本书是人民银行大连市中心支行历时两年多对自由港建设问题的系列研究成果，相信对大连乃至全国各地的自由贸易试验区建设和自由贸易港探索都有一定的参考价值。希望本书能够为区域深化对外开放的生动实践作出积极贡献，不断增强我国经济的创新力和竞争力。

目　录

第一章　自由港建设的基础理论

第一节　自由港的概念界定与类型划分 ………………………… 2
　一、自由港的相关概念 …………………………………………… 3
　二、不同自由港（区）的特征对比 …………………………… 11
　三、不同自由港（区）的类型划分 …………………………… 12

第二节　自由港发展的经济学探讨 ……………………………… 21
　一、自由贸易理论 ……………………………………………… 21
　二、轮轴—辐条理论 …………………………………………… 24
　三、关税同盟理论 ……………………………………………… 26
　四、"国际贸易—城市—区域发展"理论 …………………… 32

第三节　自由港对经济发展的影响 ……………………………… 34
　一、降低运输成本和加快贸易增长 …………………………… 35
　二、形成规模经济效应和产业集聚效应 ……………………… 36
　三、形成技术转移和提高要素生产率 ………………………… 37
　四、加快工业化和城市化进程 ………………………………… 38
　五、优化配置资源和产业结构调整 …………………………… 39

第四节　自由港代际演化规律和展望 …………………………… 40
　一、港口代际划分理论概述 …………………………………… 41
　二、贸易型自由港的兴起与衰落 ……………………………… 42
　三、加工增值型自由港的形成与发展 ………………………… 43

四、综合型自由港的出现与特点 ………………………………… 45
五、未来自由港演化趋势展望 …………………………………… 47

第二章 世界典型自由港的发展历程及借鉴

第一节 贸易型自由港 ………………………………………… 50
一、汉堡港的发展历程 …………………………………………… 50
二、汉堡港的发展优势 …………………………………………… 53

第二节 加工增值型自由港 …………………………………… 55
一、鹿特丹的发展历程 …………………………………………… 55
二、鹿特丹的发展优势 …………………………………………… 57

第三节 综合型自由港 ………………………………………… 60
一、中国香港的发展历程与优势 ………………………………… 61
二、新加坡的发展历程与优势 …………………………………… 68
三、迪拜的发展历程与优势 ……………………………………… 76

第四节 典型自由港发展的经验总结与启示 ………………… 83
一、发展贸易物流业是自由港的本源所在 ……………………… 83
二、产业结构优化是自由港发展的必由之路 …………………… 87
三、政府作用在自由港建设中不可或缺 ………………………… 89
四、人才队伍是自由港发展的重要保障 ………………………… 91
五、重视发展金融业是自由港发展的内在要求 ………………… 92

第三章 大连市港口与经济的发展历程

第一节 大连开港前的港口建设历程 ………………………… 95
第二节 殖民和苏联代管时期的大连商港兴起与发展 ……… 97
一、沙俄统治时期的大连自由港 ………………………………… 97

二、日本殖民时期的大连自由港 ·· 102
　　三、苏联代管时期的大连自由港 ·· 110

第三节　现代大连商港建设与发展 ·· 113
　　一、改革开放前的大连商港建设与发展 ···································· 113
　　二、改革开放后的大连商港开发与开放 ···································· 116
　　三、当前大连港口发展特点 ·· 121

第四节　大连港城关系分析 ·· 123
　　一、大连港城关系的演变过程 ·· 124
　　二、大连港口与城市的互动影响 ·· 127
　　三、大连港城互动发展的趋势分析 ·· 130

第四章　大连建设自由港的战略意义

第一节　经济全球化与我国对外开放 ·· 134
　　一、经济全球化的趋势变化 ·· 134
　　二、我国对外开放策略 ·· 135
　　三、我国正在推进新一轮高水平对外开放 ································ 137

第二节　对外开放的梯度演进与区域均衡发展 ································ 139
　　一、对外开放的梯度演进 ·· 139
　　二、深圳设立特区与珠三角经济繁荣 ·· 140
　　三、浦东新区建设与长三角经济发展 ·· 143
　　四、中心城市对外开放带动区域经济发展的经验 ···················· 146

第三节　大连对外开放与东北老工业基地振兴 ································ 147
　　一、当前东北对外开放程度有待进一步提升 ···························· 147
　　二、中央为东北振兴发展绘制的"路径图" ································ 149
　　三、东北老工业基地振兴需要扩大对外开放 ···························· 151
　　四、以大连全面对外开放引领东北对外开放步伐 ···················· 153

五、建设自由港是大连全面对外开放的战略选择 ………… 154

第五章　大连建设自由港的现实基础

第一节　大连港口建设与腹地经济发展 ………………… 158
　　一、大连港口建设情况 …………………………………… 158
　　二、大连港的经济腹地 …………………………………… 161
　　三、大连港与经济腹地的关系 …………………………… 162

第二节　大连产业发展状况与布局 ……………………… 167
　　一、支柱产业发展状况 …………………………………… 167
　　二、主导产业空间布局 …………………………………… 171

第三节　大连对外开放与经济社会发展 ………………… 172
　　一、对外贸易成为经济发展的重要引擎 ………………… 173
　　二、利用外资助推经济增长和转型升级 ………………… 175
　　三、大连外向型工业园区拓展了经济空间布局 ………… 176
　　四、全方位对外开放与大连经济社会发展 ……………… 179

第四节　大连城市发展与三个中心建设 ………………… 182
　　一、大连东北亚国际航运中心 …………………………… 182
　　二、大连东北亚国际物流中心 …………………………… 184
　　三、大连区域性金融中心 ………………………………… 186

第六章　大连建设自由港的战略选择

第一节　大连建设自由港的优势条件 …………………… 189
　　一、港口区位优势明显 …………………………………… 189
　　二、城市基础设施日益完备 ……………………………… 190
　　三、国际商务条件健全 …………………………………… 191

四、多重国家战略在大连聚集 ·················· 192

第二节　大连建设自由港的定位 ····················· 193
　　一、大连建设自由港的指导思想 ·················· 193
　　二、大连建设自由港的基本原则 ·················· 194
　　三、大连建设自由港的战略目标 ·················· 200

第三节　大连建设自由港的规划布局 ··················· 202
　　一、打造南北合纵、东西连横的空间布局 ·············· 202
　　二、明确"一体两翼"的模式选择 ·················· 204
　　三、实施"321工程"建设 ····················· 208

第四节　大连建设自由港的路径及举措 ·················· 212
　　一、"三步走"的实施路径 ····················· 213
　　二、完善八项战略功能 ······················· 215

第七章　自由港建设与产业发展

第一节　大连市主导产业选择 ······················ 223
　　一、主导产业对自由港经济发展的重要性 ·············· 224
　　二、主导产业选择依据 ······················· 225
　　三、主导产业选择方法 ······················· 227
　　四、大连市工业主导产业分析 ···················· 229
　　五、大连市服务业主导产业分析 ·················· 233

第二节　产业集群对自由港建设的带动作用 ················ 236
　　一、自由港的产业关联性分析 ···················· 237
　　二、自由港的产业集聚度分析 ···················· 239
　　三、自由港的产业集群模式选择 ·················· 240

第三节　自由港建设的战略性新兴产业发展前瞻 ············· 246
　　一、形成内外部协调的规划基础 ·················· 247

V

二、创造包容性的发展条件 ·· 249

三、以高端智能装备制造为基础规划产业集群 ···················· 252

第四节　加强智慧型港口建设，有效提升港口功能效率 ············· 257

一、港口建设是提升自由港竞争力的关键 ···························· 258

二、促进虚拟港口和实体港口协同发展 ································ 259

三、推进智慧型港口"三链两平台"建设 ······························ 260

第八章　自由港建设与城市发展格局

第一节　自由港建设应兼顾港口、产业与城市 ···························· 266

一、城市建设要保障自由港主要功能的发挥 ························ 266

二、自由港城市空间布局要满足产业结构发展的要求 ········· 269

三、自由港城市规划应充分借鉴全球城市发展理念 ············ 275

第二节　以建设自由港为目标规划城市空间 ································ 278

一、自由港城市区划涉及的主要关系 ··································· 278

二、产业空间布局 ··· 283

三、城市空间布局 ··· 290

第三节　以港口建设为重心完善基础设施建设 ···························· 295

一、提升海空双港能级 ··· 296

二、打造智慧港航体系 ··· 297

三、推进物流体系和配套设施建设 ······································ 298

四、推动绿色安全港城发展 ·· 300

五、构筑高效便利的交通格局 ·· 301

第四节　探索自由港城市治理的新模式 ······································· 302

一、国际性城市的治理经验 ·· 303

二、未来自由港的城市治理方向 ·· 306

三、未来自由港治理战略路径 ·· 309

第九章 自由港建设与金融开放发展

第一节 自由港金融发展的路径分析 ·················· 316
 一、金融服务自由港经济的作用途径 ·················· 318
 二、自由港促进金融自由化的作用途径 ················ 321
 三、金融引领自由港更高层次发展的作用途径 ·········· 323

第二节 自由港金融发展的架构分析 ·················· 326
 一、自由港金融发展的目标 ·························· 327
 二、自由港金融发展的原则 ·························· 328
 三、自由港金融发展的方向 ·························· 330

第三节 建立自由港模式下的共享金融生态 ············ 331
 一、持续发挥传统金融机构的资金支撑作用 ············ 331
 二、构建以区块链技术和互联网金融为核心的新金融格局 ·· 333
 三、创新发展多层次金融市场体系 ···················· 336
 四、大力发展"价值链"金融产品和金融服务体系 ······ 338
 五、全面优化金融运行环境 ·························· 342

第四节 打造自由港金融开放和创新体系 ·············· 345
 一、合理有序地推动自由港金融开放 ·················· 345
 二、审慎渐进地推动自由港金融创新 ·················· 349
 三、推动金融枢纽中心建设 ·························· 353

第五节 构建穿透式金融安全网 ······················ 356
 一、搭建宏观审慎管理制度框架 ······················ 356
 二、建立金融风险监测预警机制 ······················ 359
 三、实施内外分离的防火墙制度 ······················ 361
 四、完善金融风险应急处置机制 ······················ 362

第十章 自由港建设的未来展望

第一节 全面提升东北地区国际竞争力 ···················· 366
一、大连将引领东北经济发展 ···························· 366
二、东北老工业基地振兴将释放新活力 ···················· 368
三、我国区域发展将形成新局面 ·························· 370

第二节 率先开创中国开放发展新格局 ···················· 371
一、深度融入"一带一路"建设 ·························· 371
二、绘就中国开放发展新坐标 ···························· 373
三、重塑世界经济地理 ·································· 374

第三节 加速实现东北亚区域经济一体化 ·················· 375
一、东北亚经贸合作向深层次迈进 ························ 376
二、区域合作实现全面深化 ······························ 377
三、区域经济一体化加速实现 ···························· 378

参考文献 ·· 381
后记 ·· 391

第一章 自由港建设的基础理论

自由港是一种非常古老的国际经贸联系形式和贸易促进工具，是世界自由区的初始形态。第二次世界大战后，世界政治经济格局发生巨变，殖民体系瓦解，新政权取代殖民统治，开始探索发展民族经济的方法。许多国家和地区还根据本国特色对自由港的功能和形式进行了创新。目前，全世界有100多个自由港和2000多个与自由港有相似内涵和功能的特殊经济自由区。

改革开放以来，我国一直是经济全球化、自由贸易的积极参与者、推动者、受益者。近40年来，在中国共产党的领导下，我国坚定不移地扩大对外开放，从沿海到沿江、沿边，从东部地区到中西部地区梯次开放，从贸易到投资，从货物贸易到服务贸易，从"引进来"到"走出去"，逐渐形成了全方位、多层次、宽领域的对外开放格局。从20世纪90年代至今，为适应不同时期对外开放和经济发展的需要，中国各级政府在探索各港口城市建设国际自由港的发展潜力的同时，不断设计和实践着各类自由贸易试验区。我国先后批准设立了保税区（1990年）、出口加工区（2000年）、保税物流园区（2003年）、跨境工业区（2003年）、保税港区（2005年）、综合保税区（2006年）、自由贸易试验区（2013年）7类海关特殊监管区域。截至2016年10月，我国的海关特殊监管区域已有129个[①]。经过20多年的探索和实践，中国的海关特殊监管区域已经成功吸纳并转化了部分自由港制度的理念和措施，在一定程度上发挥了自由港的功能，如保税仓储物流、区内特殊监管等。但在经济的对外开放度、自由度和便利化方面，作为中国海关特殊监管

---

① 数据来源：中华人民共和国海关总署。

区域较高水平的保税港区和综合保税区仍与国际自由港有着很大的差距。

正是基于上述原因，随着我国经济总量的不断上升，进出口贸易的迅速发展，以及前期各类试点为自由港建设奠定的软硬件条件的逐步成熟，2013年我国开始正式实施自由贸易试验区战略，中国（上海）自由贸易试验区（以下简称自贸区）于当年9月27日建立，我国也拥有了第一个真正意义上的自由贸易园区。2015年4月，中国自贸区阵容进一步扩大，广东、天津、福建自贸区同步启动，中国自贸区在数量上取得突破。同时，上海自贸区扩容，金桥开发区、张江高科技片区和陆家嘴金融片区的纳入，不仅使上海自贸区在范围上实现倍增，更使其功能突破了海关特殊监管区域的传统设定。2017年3月，国务院再次批复成立辽宁、浙江、河南、湖北、重庆、四川和陕西7个自贸区。自此，我国已经建立了11个自贸区。

从理论研究的角度看，我国在改革开放的过程中，社会各界一直对自由港这种特殊经济形式和宏观经济工具保持关注。20世纪90年代，国内学者对自由港的研究曾掀起过一阵高潮，当时大连、天津、青岛、上海、厦门、海南等沿海省市都提出过建设国际自由港的规划和可行性分析。在探索各港口城市建设国际自由港的发展潜力的同时，不断研究、设计和实践着各类自由贸易试验区，在借鉴国外自由港研究的理论基础上，研究符合中国特色的自由港理论体系。

第一节　自由港的概念界定与类型划分

自由港的概念随着第二次世界大战后出现的众多新型自由区而不断出现新的变化，这一方面扩大了研究对象，另一方面也使对自由港问题的研究更加复杂。对其类型划分的依据众多，但缺少被理论界普遍认可的分类方式。

一、自由港的相关概念

本书的研究对象是自由港（区）中的自由港。在现有研究和实践中存在众多与自由港本质相近但称谓不同的相关术语，其中使用广泛且经常出现在正式文献中的包括：自由区、自由贸易园区、自由港、自由贸易港区、对外贸易区、出口加工区、自由边境区、免税/自由工业区、保税仓库区、保税港区、投资促进区等。

在具体实践中，对自由港（区）及其相关概念的使用，不同地区、国家和国际组织有着各自的偏好。例如，世界海关体系通常倾向于使用"自由区"，世界劳动组织通常使用"出口加工区"，欧盟将这类区域划分为"自由区和自由仓库"，美国称这类区域为"对外贸易区"，我国台湾地区则先后使用了"加工出口区"和"自由贸易港区"，而我国则统称为"海关特殊监管区"。

上述这些内涵相近、形式多样、名称不同的自由港（区）是在世界经济发展的不同阶段在不同的国家和地区出现和发展起来的。因为缺乏一个公认的权威表述，许多国内外学者和研究机构在对自由港（区）的研究中，为避免概念混淆，对这些概念进行了整理，并通过对这些概念的比较，分析中间的异同。其中被广泛引用的是Kusagoand Tzannatos（1998）对自由港（区）相关概念的总结（见表1-1）。

表 1-1　　　　　　　　自由港（区）相关概念的应用

概　念	使用地区及时间
自由贸易园区 Free trade zone	19世纪以来的传统术语；国际劳工组织（1982）
对外贸易区 Foreign trade zone	学者（R.S.Toman，W.Dymsza）；印度（1983）
自由工业区 Industrial free zone	爱尔兰（1970）；联合国工业发展组织（1971）；利比里亚（1975）
自由区 Free zone	联合国贸易和发展会议（1973）；美国国际开发署（1982）；阿拉伯联合酋长国（1983）
边境加工区 Maquil adoras	墨西哥（1970）

续表

概　念	使用地区及时间
出口自由区 Export free zone	爱尔兰（1975）；联合国工业发展组织（1976）
免税出口加工区 Duty free export processing zone	韩国（1975）
出口加工免税区 Export processing free zone	联合国工业发展组织（1976）；联合国贸易和发展会议（1983）
免税生产区 Free production zone	施塔恩贝格研究所（1977）
出口加工区 Export processing zone	菲律宾(1977)；美国哈佛大学(1977)；亚洲生产力组织(1977)；世界出口加工区协会(1978)；联合国工业发展组织(1979)；马来西亚(1980)、巴基斯坦(1980)、新加坡(1982)、联合国跨国公司中心(1982)、国际劳工组织(1983)；《经济学人》(1979)
经济特区 Special economic zone	中国（1979）
免税区 Tax free zone	学者（W.H. and D.B. Diamond，1980）
免税贸易区 Tax free trade zone	学者（D.B. Diamond，1980）
投资促进区 Investment promotion zone	斯里兰卡（1981）
自由经济区 Free economic zone	学者（H.Grubel，1982）
自由出口区 Free export zone	韩国（1983）
自由出口加工区 Free export processing zone	经济合作与发展组织（1984）
出口特区 Privileged export zone	学者（N.N.Sachitanand，1984）
工业出口加工区 Industrial export processing zone	学者（P.Ryan，1985）

资料来源：Export processing zones: a review in need of update (Kusago T., Tzarmatos Z, 1998)。

需要指出的是，表1-1的总结并不全面。一是缺少对自由港的表述，二是美国早在《1934年对外贸易区法》（*Foreign Trade Zones Act of 1934*）就使用了对外贸易区这一表述。不过，从表1-1仍可发现，20世纪七八十年代是各类自由区蓬勃发展的时期，在世界各地不但涌现出各式新型自由区，对自由区的相关研究也进入活跃期。为更好地区分不同类型自由港（区）的概念，下面对理论和实践过程中被普遍采用的概念说明如下。

（一）自由区（Free Zone）

自由区这个概念被世界海关组织（WCO）采纳并普及，多应用于海关系统的法律和文件当中。目前国际上对"自由区"最权威的定义来自1973年的《京都公约》（全称为《关于简化和协调海关业务制度的国际公约》）。该公约将"自由区"定义为：一国的部分领土，在这部分领土内运入的任何货物，就进口税及其他各税而言，被认为在关境之外（并免予实施惯常的海关监管制度）。公约还明确指出"在本附约中，这部分领土称为自由区，而某些国家，则采用了'自由港'、'自由货栈'等其他名称。"《京都公约》认为"自由区的设立是经济政策的一部分，它鼓励投资流入关境以内用于制造或其他商务活动。自由区的主要目的是为了免除进入区域内的货物的税费，以促进对外国际商务"。

（二）自由港（Free Port）

世界上最早出现的自由区就是以自由港的形态出现的。因此，无论是作为一个实体，还是作为一个概念，自由港存在的历史远久于出现在正式法律文本中抽象化后的"自由区"。

从历史上看，自由港的雏形是古代腓尼基时期（前1101—241年）在地中海沿岸出现的一种可以自由通行的港口（Free Harbors）。最初由主权国家开放的自由港通常是一个自由码头，码头与港口其他区域相隔离，在码头范围内外国商品可以自由进出。实际上，在德文和丹麦文中，自由港的原意就是自由码头，即指海港内用栅栏与其他地区隔开的码头区域（邹俊善，1992）。早期的自由港多为海港或河港，通常具有优越的地理位置和港口条件，是国际交通通道的重要节点，主要从事转口贸易和转运业务，发挥商品集散地的功用。随着国际贸易和国际物流的发展，空港自由港出现，如爱尔兰的香农和荷兰的斯希普霍尔等。

上述位于海港或航空港内的自由港通常是港口或设区城市内的一个封闭区域，可以被称为自由港区。除此之外，还有一种自由港包含整个港口甚至是所在城市,是主权国家开放的自由港口城市的通俗称谓,通常设在一个国家的海港(空港)城市,如香港等。因此,自由港的范围由小到大可从港口内的特定区域延伸至整个港口城市,如图1-1所示。

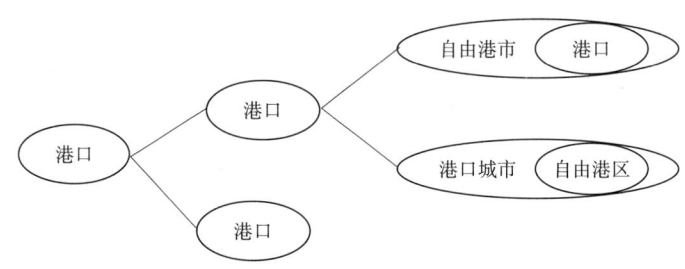

图1-1 港口与自由港的关系示意图

具体来看,自由港的"自由"主要表现在商品、资金、人员等要素的流通自由,免除外国货物、资金进出港区的配额限制,准许外国货物在没有海关手续限制和不支付关税的情况下,在港区内进行改装、加工、长期储存、展览和再出口等,只有当货物从港区进入本国关境时,才需缴纳关税。陈永山等(1988)据此认为,自由港在自由区的几种形式中,属于自由度最高、容纳层次最多、内容最为复杂从而要求最为严格的一种"自由区"。

(三)自由贸易区(FTA与FTZ)

自由贸易区是一个在国内外研究报告和政策法规中广泛使用的词汇。但此术语在汉语语境中却存在歧义,Free Trade Area(FTA)和Free Trade Zone(FTZ)都可以表述为自由贸易区。在英语中,"area"侧重于表示"在一个范围内";"zone"则侧重于表示"某一个特定的区域"。根据我国《商务部 海关总署关于规范"自由贸易区"表述的函》(商国际函〔2008〕15号)中给出的建议,将Free Trade Area统一翻译为"自由贸易区"、Free Trade Zone统一翻译为"自由贸易园区"。

自由贸易区(FTA)是世界贸易组织多边贸易体系中的一个概念,是区域经济一体化的重要内容与体现形式。《关税及贸易总协定》(GATT)第24条规定FTA是指"由两个或两个以上关税领土所组成的,对这些成员领土间的产品和贸易,已实质取消关税或其他贸易限制的集团"。因为FTA通常由两个或两个以上国家或地区签订,涵盖的范围是签约国的全部关税领土,因此被称为"双边/多边自由贸易区"或"国家间自由贸易区",如中国—东盟自由贸易区(CAFTA)、北美自由贸易区(NAFTA)和尚在筹划中的中日韩自由贸易区(China—Japan—ROK FTA)、美洲自由贸易区(FTAA)等。

与FTA相区别的FTZ通常由一国在指定地点自行设立,因此可以被称为"单边自由贸易区"或"国家内自由贸易区",如巴拿马科隆自由贸易园区、土耳其伊斯坦布尔自由贸易园区、日本冲绳自由贸易园区等。

(四)对外贸易区(Foreign Trade Zone)

"对外贸易区"是自由贸易园区在美国的称谓。根据相关文献,美国的自由贸易园区之所以采用Foreign Trade Zone这一表述,一方面是为了区别于Free Trade Area(FTA),另一方面是为了克服贸易保护主义者的阻力,以便在法律上获得通过(杨新华,2008;周阳,2013)。

美国对外贸易区与其他自由贸易园区最大的区别在于其"主区+分区"制度,主区的基本属性等同于其他自由贸易园区,通常位于港口(河海港、空港等)附近,面向国际市场和各类贸易主体;分区则是某个企业的专属自由区,一般建在大型制造业企业的厂房内。

(五)自由贸易港区(Free Trade Port Zone)

自由贸易港区是我国台湾地区近年来提出的概念,指"在机场与港口邻接区域,免除关税之非关税区,并且适用于一般区域不同的通关程序与制度的区域"(白种实,2001)。《台湾自由贸易港区设置管理条例》中将自由贸易港区定义为:"在国际航空站、国际港口管制区域内;或毗邻地区划设管制范围;或与国际航空站、国际港口管制区域间,能运用科技设施进行周延之货况追踪系统,并核定设置管制区域进行国内外商务活动的工业区、加工出口区、科学工业园区或其他区域。经核定后赋予货物可以在该区域内陈列、储存、拆装、改装、加标签、分类或与其他货物混合加工、制造,以便再转运出口,货物未离开此区域前不予课征关税。仅货物离开自由贸易区运至其他课税区域正式进口时,才征收关税及采取进口管制。"

与一般意义上的自由贸易园区相比,自由贸易港区是港口或港口的一部分,但不覆盖整个港口城市,即自由贸易港区与自由港区之间的意义是相同的。中国台湾学者林上根(2002)对这个命名的解释为:这类区域因包含"自由港"货品豁免关税、自由进出的规则,同时又涵盖"自由贸易园区"加工增值的作业区概念,因此称为"自由贸易港区"。

(六)加工出口区/出口加工区(Export Processing Zone)

加工出口区/出口加工区是自由贸易园区转口贸易功能弱化、出口加工功能强化的产物。对比来看,虽然在自由港和自由贸易园区内也存在加工业,但这种加工业多是辅助性的商业型加工,是为转口贸易、进出口贸易服务的。而在出口加工区内,则主要从事的是加工贸易,加工制造是贸易产生的前提和出口的关键。

以工业为主导的、出口导向型的出口加工区出现于第二次世界大战之后,并大规模兴起于20世纪70年代。目前,理论界公认的出口加工区鼻祖是1959年诞生的爱尔兰香农自由贸易园区。我国台湾地区的高雄加工出口区则是首次以"加工出口区"命名的工贸型自由区。台湾"加工出口区之父"李国鼎先生认为:"加工出口区是兼具自由贸易园区与工业区之长的综合体。加工出口区同时具有自由贸易园区的免征关税和划定隔离区域的特征,以及一般工业园区的有统一规划与完整工业设施的特征"(余光亚,2006)。

联合国工业发展组织(UNIDO,1980)将出口加工区定义为"一国中相对较小、地理分割的地区,目的在于吸引外国产业,相对该国的其他地区,提供了有利的投资及贸易条件。特别是出口加工区对于提供出口生产所用的进口商品,给予有限度的免税优惠"。世界银行(1992)将出口加工区定义为"专业于出口产品制造生产,面积大约在10~300公顷的工业区,在区内提供自由贸易及宽松的规制环境条件"。最初的出口加工区只允许在区内对出口商品进行加工制造,不允许区内加工的商品进入国内市场。随着国际贸易环境的变化和各国国内政策的调整,出口加工区在发展过程中突破了只为出口而加工的限制,如墨西哥允许20%~40%的区内产出销往国内市场。

出口加工区主要受发展中国家的青睐，旨在增加外汇收入和就业岗位，吸引外国直接投资，引进技术和经营管理方法。各国出口加工区的普遍特征包括：（1）对用于加工制造出口产品而进口的原材料、零部件等生产资料给予免税优惠；（2）政府提供一站式行政服务；（3）区内企业适用于更加灵活的劳动法规；（4）区内企业可以获得长期的税收优惠和政府补贴；（5）拥有比区外更加先进的公共设施和通信服务；（6）区内企业以外国直接投资为主（世界银行，1992）。

就贸易自由度而言，出口加工区是自由港、自由贸易园区、出口加工区3种主要的自由区形态中开放度和自由度最小的一种。但出口加工区的功能定位比较明确，一般是自由贸易园区或自由港区的伴生物。此外，由于与生俱来的出口导向，出口加工区通常设在对外口岸附近或边境地区。

（七）海关特殊监管区域

海关特殊监管区域（The Special Customs Supervision Area）是我国对具有自由区特征的相关区域的统称，指"经中华人民共和国国务院批准，设立在中华人民共和国关境内，赋予承接国际产业转移、连接国内国际两个市场的特殊功能和政策，由海关为主实施封闭监管的特定经济功能区域"（郭栋梁等，2009）。

从20世纪90年代至今，为适应不同时期对外开放和经济发展需要，中国各级政府在探索各港口城市建设国际自由港的发展潜力的同时，不断设计和实践着各类自由贸易试验区。我国先后批准设立了保税区（1990年）、出口加工区（2000年）、保税物流园区（2003年）、跨境工业区（2003年）、保税港区（2005年）、综合保税区（2006年）、自由贸易试验区（2013年）7类海关特殊监管区域（见表1-2）。截至2016年10月，我国的海关特殊监管区域已有129个[①]。经过20多年的探索和实践，中国的海关特殊监管区域已经成功吸纳并转化了部分自由港制度的理念和措施，在一定程度上发挥了自由港的功能，例如保税仓储物流、区内特殊监管等。但在经济的对外开放度、自由度和便利化方面，作为中国海关特殊监管区域最高水平的保税港区和综合保

---

① 数据来源：中华人民共和国海关总署。

税区仍与国际自由港有着很大的差距。

正是基于上述原因，随着我国经济总量的不断上升，进出口贸易的迅速发展，以及前期各类试点为自由港建设奠定的软硬件条件的逐步成熟，2013年我国开始正式实施自由贸易试验区战略，中国（上海）自由贸易试验区于当年9月27日建立，我国也拥有了第一个真正意义上的自由贸易园区。2015年4月，中国自贸区阵容进一步扩大，广东、天津、福建自由贸易试验区同步启动，中国自贸区在数量上取得突破。同时，上海自贸区扩容，金桥开发区、张江高科技片区和陆家嘴金融片区的纳入，不仅使上海自贸区在范围上实现倍增，更使其功能突破了海关特殊监管区域的传统设定。2017年3月，国务院再次批复成立辽宁、浙江、河南、湖北、重庆、四川和陕西7个自贸区。自此，我国已经建立了11个自由贸易区。

但是，由于国家正式立法的缺位和管理体制的限制，"境内关外"的法律地位并不明确。外经贸部、财政部、国家税务总局视其为"境内关外"；作为归口管理部门的海关总署认为其仍属于"关内"，只不过是海关在区域内实施较为宽松的监管政策；国家工商总局也认为其属于"境内关内"；国家外汇管理局按资本项目与经常项目进行区别对待，实际上视其为境内区域（杨新华，2008）。

此外，作为中国海关特殊监管区域功能整合的最新成果，我国先后成立了11个自由贸易试验区。目前，这些自由贸易试验区既包含海关特殊监管区域，又涵盖非海关特殊监管区域。由此可见，在功能设定上，中国新设立的自由贸易试验区已经超越海关特殊监管区域，向"境内关外"的自由贸易园区又前进了一步。

表1-2　　　　　　　　　各类海关特殊监管区域对比

	保税区	出口加工区	保税物流园区	保税港区	综合保税区
定义	又称保税仓库区，是经国务院批准设立的，受海关特殊监督和管理的可以较长时间存储商品的区域	指经国务院批准设立、海关实行封闭管理的专门从事出口加工业务的特殊经济区域	指经国务院批准，在保税区规划面积或毗邻保税区的特定港区内设立的、专门发展现代国际物流业的海关特殊监管区域	指经国务院批准，设立在国内对外开放的口岸港区和与之相连的特定区域内，具有口岸、物流、加工等功能的海关特殊监管区域	指经国务院批准设立在内陆地区具有保税港区功能的海关特殊监管区域

续表

	保税区	出口加工区	保税物流园区	保税港区	综合保税区
业务	1. 仓储 2. 加工 3. 进出口贸易包括转口贸易 4. 商品展示 5. 经海关批准的其他业务	1. 出口加工 2. 保税物流 3. 研发业务 4. 检测业务 5. 维修业务	1. 仓储 2. 流通性简单加工和增值服务 3. 国际采购、分销和配送 4. 进出口贸易包括转口贸易 5. 国际中转 6. 检测维修 7. 商品展示 8. 国际支付 9. 经海关批准的其他业务	1. 仓储 2. 研发、加工、制造 3. 国际采购、分销和配送 4. 进出口贸易包括转口贸易 5. 国际中转 6. 检测维修 7. 商品展示 8. 国际支付 9. 经海关批准的其他业务	同保税港区，但港口作业仅是虚拟的无水港
优惠政策	1. 区内对所有进口料件全额保税；加工成品后进入国内，按进口料件征收关税 2. 国内采购原材料、物料等，须等货物实际离境后才可办理退税手续 3. 区内企业之间的贸易免征增值税 4. 区内仓库自用设备可免征关税	1. 国内原材料、物料等进区退税 2. 区内加工产品不征收增值税 3. 从国外或海关特殊监管区域进口原材料，予以保税	1. 进口货物除法规另有规定外，予以保税 2. 区外货物入区视同出口，可退税 3. 区内企业的货物直接出口或销售给区内其他企业的，免征增值税、消费税 4. 对区内企业出口的货物，不予办理退（免）税	1. 国外货物入区保税 2. 国内货物入区同出口，实行退税 3. 区内企业之间的货物交易不征收增值税和消费税 4. 区内加工企业生产销售往国内的产品，按照产品所含境外料件的比例征收关税和进口环节税	同保税港区

二、不同自由港（区）的特征对比

基于对不同自由港（区）的概念分析，我们可以对上述自由港（区）得出如下结论：

1. 保税仓库、自由零售区的功能相对单一，可以单独存在，也可以作为较高级别的自由区内的专业功能区存在。

2. 免税/自由过境区通常是沿海国家为了给地处内陆的邻国提供便利，在海港、河港或边境城市开辟的专门存放邻国过境货物的区域。在该区域内，邻国的过境货物可作短期储存、简单改造、包装，但加工是被禁止的，因此过境区的功能比较有限。而且，因为过境区的免征关税和简化通关手续仅针对过境货物，因此开放度和自由度也有限。

3. 出口加工区功能定位更加明确，其自由度和开放度取决于设区目的和地区发展战略。

4. 自由边境区在功能上比较发达，但贸易面向的对象有限，限制了其自由度和开放度。

5. 自由金融区的自由度和开放度较高，但功能上以金融服务为主导，该产业自带的高风险要求必须有完善的制度进行保障。

6. 自由贸易区通常由两个或两个以上国家或地区签订，涵盖的范围是签约国的全部关税领土，自由度和开放度仅次于自由港市。

7. 自由港市是当今世界自由区发展的最高形态，具有较高的开放度、自由度、功能完备度和制度健全度，自由贸易园区和自由贸易港区在各属性上紧随其后。

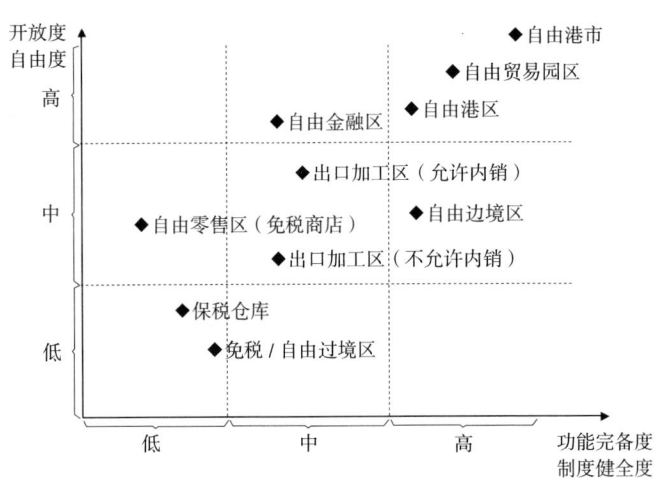

图 1-2　自由港（区）的概念体系

三、不同自由港（区）的类型划分

各类自由港（区）虽然具有一定的共性，如"区位良好、设施先进、政策优惠、通关快捷、贸易自由"等，但随着设区时间、空间和设区目的的不同，世界自由区的功能和形态越发多元化，自由港（区）之间存在明显的个体差异。

（一）基于功能差异的分类

最常被作为分类依据的是自由港（区）的功能差异，功能转型也是判断自由港（区）发展阶段的重要标准。贸易功能被认为是自由港的传统功能，在出口加工区产生前，大部分的自由区都被认定为贸易型。20世纪50年代，自由区新增了加工制造功能。新型自由区或以从事加工制造为主、以国际贸易为辅，区别于普通的工业园区，如出口加工区、边境工业园区等；或综合发展贸易功能和加工制造功能，从事出口加工、转口贸易、仓储运输等综合业务。总体上看，世界自由港（区）的发展阶段被总结为三个阶段：自由贸易区阶段、出口加工区阶段、组合发展阶段（成思危，2003）。

随着国际贸易市场的高度细分，自由港（区）的功能在此基础上得到了细化，例如，贸易功能被细化为转口贸易、进出口贸易、加工贸易、服务贸易、商品展示和零售等；加工和制造也被区分开来；新功能诸如研发、物流、金融也逐渐凸显，从之前的从属地位变成自由区新的经济增长点。因为功能的多元化和细分化，基于主导功能差异的自由港（区）分类方式越加复杂化，各类分类方法如表1-3所示。

表1-3　　　　　　　　基于功能差异的自由港分类方式

二分法	商业型、工业型
	产业型、物流型
三分法	物流中心型、生产中心型、复合型
	商业型（贸易型）、工业型（出口加工）、综合型
	单一功能型、物流中心型、综合型
四分法	商业型、工业型、综合型、科技型
	转口集散外向型、出口加工外向型、工贸结合外向型、贸工结合开放型
六分法	自由港、综合型自由贸易园区、贸易型自由贸易（园）区、出口加工区（工业型自由贸易（园）区）、工贸结合的自由贸易（园）区、保税仓库区（物流型自由贸易（园）区）
七分法	自由港型、转口集散型、贸工型、出口加工型、保税仓库型、自由边境区、商业零售型

在上述各类细分的方式中，比较典型和常见的是将自由港（区）划分为转口集散外向型、出口加工外向型、工贸结合外向型、贸工结合开放型的四分法（见表1-4）和划分为自由港型、转口集散型、贸工型、出口加工型、保税仓库型、自由边境区、商业零售型的七分法（见表1-5）。

表 1-4　　　　　　　　　　基于四分法的自由港类型划分

	功能定位	发展目标	发展途径和方式	主要特点
外向型经济发展模式	转口集散外向型	通过转口贸易增加外汇收入，成为国际转口贸易中心和国际商品集散地	贸易带动型倾斜式，贸易功能为主，允许与外贸相关的仓储和简单商业性加工，无制造业活动	货物流动的外向性，即自由贸易区内的货物主要来自境外并最终销往境外；从资金流的方向看，区内企业的经营收入全部来自境外
	出口加工外向型	通过引进外资、先进生产技术和经营管理经验，发展出口工业，扩大出口，增加外汇收入	出口加工倾斜式，区内企业以外商直接投资为主，主要从事加工制造，区内有少量的仓储和贸易设施配套	
	工贸结合外向型	多元化目标，涵盖上述两个模式的所有目标	发达国家：贸易为主、出口加工为辅 发展中国家：出口加工为主，转口或过境贸易相继发展	
开放型经济发展模式	贸工结合开放型	多元化目标，增加外汇收入、引进技术和经验、促进区域经济增长，注重对区域经济的带动作用	发展方式多样化，拓展多元化功能，区内企业既可以利用区内特殊政策开展商品出口贸易，也可以开展进口贸易	区内货物流向呈开放型特征，即区内货物可以来自境外，也可以来自国内，其最终输出的方向可以是国际市场和国内；从资金流的方向来看，区内企业的经营收入既有境外也有境内部分

表 1-5　　　　　　　　　　基于七分法的自由港类型划分

类型	主要功能	区域特点	典型
自由港型	转口贸易	对在规定的自由港范围内进口的外国商品无论是当地消费或是转口输出，原则上不征收关税	中国香港、新加坡、地中海沿岸的直布罗陀及红海出口处的吉布提

续表

类型	主要功能	区域特点	典型
转口集散型	港口装卸、储运、货物商业性加工和转运	利用自然地理条件进行集散转运	汉堡自由港、不来梅自由区、瑞士布克斯货物集散地和巴塞罗那自由区
贸工型	国际贸易、简单的加工和制造	集加工贸易与转口贸易于一体	菲律宾马里韦莱斯自由贸易区、土耳其伊斯坦布尔自由贸易区
出口加工型	出口加工为主,辅之以国际贸易、储运服务	加工为主,贸易为辅,有廉价劳动力资源	菲律宾、马来西亚、韩国、中国台湾、印度、印度尼西亚的出口加工区
保税仓库型	保税仓储,允许进行再包装、分级、挑选、抽样、混合和处理	主要起保税作用,允许外国货物不办理进口手续就可以连续长时间处于保税状态	意大利的马里、雷格亨、罗马免税仓库,西班牙的阿利坎特免税仓库
自由边境型	加工工业	边境交界处开辟的工业自由区	墨西哥马魁拉多拉边境工业区
商业零售型	商品展示和零售业务	专门辟有商业区,从事商品零售	智利伊基克自由贸易区

（二）基于港口发展形态的分类

当代自由港早已不是专门的转口贸易型自由区，而是当今世界自由区发展的最高形态，通常是多个低级别的自由区的有机组合。因为组合方式的不同，很难仅从功能、范围大小、特定政策的角度对自由港进行分类。同时，考虑到自由港是国际物流体系的重要节点，且主要依托港口发挥衔接国际物流和国内物流的作用，可以从港口形态的发展推演自由港形态的发展，并在此基础上对自由港进行分类。

商业贸易和交通运输同属于人类活动跨地域联系的方式。国际贸易的开展离不开中长途交通运输的发展。公路运输和水路运输是历史最悠久的交通运输方式。从19世纪开始，工业革命推动了交通运输方式的变革。蒸汽轮船（1802年）、火车（1825年）、汽车（19世纪80年代）、飞机（1903年）的发明拓展了人类出行和物流交通的选择，提高了交通运输的效率，也使港口的外延得以扩大。

运输方式的发展改变了港口的内涵与外延。港口这个概念最初只应用于水运交通领域，随后被引用至陆路交通、航空航天、电子通信等领域，指代在运输网络上具备中转、集散功能的关键节点。因此,"港口概念有狭义与广义之分。狭义上的港口,是专指在河、海等岸边设有码头,便于船舶停泊、旅客上下和货物装卸的地方,分为河港和海港;广义上的港口,是物质流动过程中的集散处,比如空港、陆港、信息港、太空港等"(席平,2007b)。由港口概念外延的扩大可以看到人类跨区域活动方式的多样化和活动空间的立体化。

1. 按照用途差异,港口可以分为商港、军港、渔港等。其中,为国际贸易服务、受相关国际法规或惯例保护和约束的外向型商港,被称为国际商港。随着运输方式的发展,国际商港逐步分化出国际海港、国际陆港和国际空港三种形态。

(1)国际海港:主要为国际海洋运输服务的港口。海港可分为海岸港和河口港,通过海洋运输直通海外市场。国际海港可以供来自世界各国的船舶安全进出和靠泊,可以为用户提供方便的物流、商贸、信息和金融服务。作为国际航运枢纽的港口通常位于国际航海运输的必经之路,具有优越的天然港口资源、现代化的港口设施和管理技术,全球性、网络化的国际航线,广阔、发达且开放的经济腹地。世界主要国际航运中心城市包括新加坡、伦敦、香港、鹿特丹等。

(2)国际陆港:主要为国际陆地运输服务的港口。陆港,也被称作旱码头、无水港、干港,是内陆地区具有报关、报验、签发提单等口岸功能的现代物流中心,并有银行、货代、船代和船公司分支机构(郝玉柱,2014)。国际陆港是普通内陆港与国际商港相结合的产物,最鲜明的特征是虽然地处内陆,但能够直接融入国际运输网络。国际陆港具有双重功能:一方面是对外开放口岸,另一方面是"沿海港口在内陆经济中心城市的支线港口和现代物流的操作平台"(席平,2007a)。因此,国际陆港同时是进出口货物在内陆地区的"起始站""终点站"和"枢纽站"。

(3)国际空港:主要为国际航空运输服务的港口。空港,也称航空港,是指位于航线上的、为保证航空运输和专业飞行作业用的机场及其有关建筑物和设施的总称(文移化,2009),是空中交通网的基地。国际空港拥有国际航线,设施先进,功能齐全,并配有海关、移民、检疫和卫生机构。国际空港通常位于一个国际性大都市中，是国际交往的重要航空枢纽。例如，日本的东京羽田国际机场、德国的法兰克福国际机场、美国的纽约肯尼迪国际机场都是国际一流的现代化国际空港。

2. 自由港是一个动态发展的概念。通俗地讲，自由港就是实行了自由贸易政策的国际港口。根据国际港口的发展动态划分，自由港可以分为海港型、空港型和陆港型，未来甚至可能会出现太空港型。这种分类方式反映了自由港在时间上和空间上发展的动态特征，一方面在时间上体现了自由港的演化过程和发展趋势，另一方面在空间上体现了交通运输方式的多样化和立体化。

目前，世界上比较成功的自由港已呈现出"海陆空复合发展"趋势，一些新建立的自由贸易园区在规划设计阶段便朝着多功能、立体化的方向筹划。例如，迪拜就是依托海港杰贝阿里自由区和空港迪拜机场自由区，打造了网络城、媒体城、珠宝城、汽车城、五金城、知识村等一系列的产业自由区。同时，我国新设立的上海自由贸易试验区采取"4+3"模式，在4个海关特殊监管区域的基础上叠加3个产业功能区。

（1）海港型自由港。海港自由港是最古老、最传统的自由区形态，起源于2000多年前，地中海沿岸出现的为扩大贸易往来而允许外国商人和商船自由通行的自由港口（Free Harbors）。海洋运输是国际物流中最主要的运输方式。目前，通过海洋运输完成的货运总量占国际贸易总运量六成以上，占中国进出口贸易的近九成。海港自由港曾经在近千年的时间内占据自由港的主流形态。目前，绝大部分的自由区仍位于或邻近海港。对于港口来说，实行自由贸易政策可以提高港口对船东、货主的吸引力，扩大港口吞吐量，增强港口转运能力，进而促进港口向业务综合型、功能复合型、经济外向型的方向发展，使港口成为国际贸易中心和国际物流中心。

（2）陆港型自由港。陆港自由港的起源可以追溯至13世纪西欧出现的具有贸易自由特权的自由城市（Free City）。边境集市作为商品和人流跨境交换和集散的场所也是陆港自由港的一类雏形。因此，陆港自由港除了可以出现在铁路和公路交通枢纽的大型城市外，也存在于边境地区，可以分为内陆自由港和边境自由港。

内陆自由港旨在加大内陆城市的对外贸易机会、解决区域性经济发展不平衡问题。因地处内陆且腹地经济发展相对落后，内陆自由港具有先天劣势，必须借助后天资源和制度优势提升竞争力，例如打造综合性的铁路、高速公路、内河航运运输网络，实行更加优惠的区域性政策和产业政策等。苏黎世是世界上较为成功的陆港自由区，它作为欧洲中部的水陆空交通枢纽，是法国向东、德国向南开展商贸往来的必经之处。此外，苏黎世还凭借保密制度和没有任何限制的资本输出政策，成为西欧重要的金融中心。

边境自由港主要包括位于边境的贸易型自由边境区和仓储物流型自由过境区。边境自由港可以繁荣边境贸易，拓展本国国际贸易腹地，通过自由港政策吸纳邻国物流、人才流、资金流，深化区域性经济自由和相互依存关系。

（3）空港型自由港。空港型自由区起源于1959年成立的爱尔兰香农国际航空港自由贸易园区。经过近半个世纪的发展，空港型自由区已经由最初的物流型自由区发展成为集物流分拨、高端制造、免税购物、休闲娱乐、商务交流等多功能于一体的综合经济区。目前的城市交通网络规划，显现出明显的以国际空港为核心集聚的态势，由机场、火车站、地铁站集成的立体式交通枢纽。国际空港成为跨国商贸活动的起始点，这在古代的海港与近代的火车站也先后出现。

全球范围内，最有代表性的空港自由区包括韩国仁川机场空港自由区、荷兰史基浦机场空港自由区和美国杜勒斯对外贸易区。以后者为例，美国杜勒斯对外贸易区以杜勒斯国际机场为中心，形成了集机场、国家高铁、城际铁路、城市轨道交通等于一体的现代化大型综合交通枢纽。机场交通系统周边区域大规模物流开发为航空客流带来了便利性，也为机场吸引了更多的货物进港。杜勒斯对外贸易区还带动了高科技走廊的发展，被誉为"第二硅谷"，以杜勒斯国际机场为端点的公路沿线成为全美领先的高科技和商务区。

（三）其他较有代表性的分类方法

除了上述以功能差异和港口发展形态作为分类依据以外，自由港的布局、形态、覆盖范围、管理模式、区内产品流向等都能够作为分类的依据。

1. 按布局特征分类，可以分为分散布局式和集中布局式。分散布局式自由区与非自由区之间无明显的区域界限，各功能用地比较分散，彼此连不成一片，北美地区的自由区多属此类；集中布局式自由区有明显的地域界限，港口作业、仓库、加工车间等用地都相对集中在同一区域内，这一类以欧洲大陆的自由区居多，如汉堡、哥本哈根等（高中岗，1993）。

2. 按自由区政策的空间专属性分类，可以分为专属自由区和非专属自由区。专属自由区是指有封闭式界限的区域，区内提供优于区外的便利位置、公共设施、基础设施和服务，企业只有在区内入驻才能享受先进的设备和宽松的政策等待遇。非专属自由区并不将自由区政策限制在特定的空间内，而是赋予特定企业以"自由区企业"身份，允许该企业在享受自由区福利的同时在所在国的任何地方落户（UNESCAP&KMI，2005）。

3. 按所有权和管理权分类，可以分为公共部门主导型和私人公司经营型。早期的自由区多是由政府部门所有和管理的，一系列制度框架被设计用于规制、开发和管理自由区，设立这些自由区的社会与经济目标通常是提供就业、吸引外资和技术、促进经济发展等。公共部门主导型的自由区包括多种管理模式，如政府特定部门管理模式、公共企业管理模式、自贸区管理委员会管理模式等。私人公司经营型的自贸区一般出现在市场经济发达、法制建设更加完善的西方国家，如美国、新加坡等。由私人公司所有或管理的自由区更加注重效率，能够灵活地适应市场环境变化。当前，世界港口股份化的趋势使越来越多的自由区趋于公司化。政府机构在移交开发和管理职能给私人公司后，则主要负责战略引导，提供完善的法律框架与符合世界贸易规则的激励措施，成为纯粹的规划、推广主体。

4. 按区内产出的销售流向分类，可以分为纯外销型（传统自由区通常都不允许区内制造的商品进入国内市场）、配额内销型（马来西亚出口加工区允许10%的产品内销，多米尼加共和国允许20%的区内产出内销，墨西哥允许20%～40%的产品内销）、无限制型（巴西玛瑙斯自由贸易园区生产的产品可以不受限制地进入巴西市场）。

5. 按综合属性分类，世界经济加工区联合会（WEPZA）将自由区分为WA（Wide Area）、SA（Small Area）、IS（Industry Specific）和PS（Performance Specific）四类。

（1）大面积型（WA）：指有常住人口的大面积区域，该区域内可以存在不同功能定位的小区域，例如新加坡作为一个自由港城市，其境内设有7个自由贸易园区，都以围墙与外界区隔。

（2）小面积型（SA）：指面积小于1000公顷、无常住人口、被栅栏包围的区域，投资方只有入驻区内才能享受优惠政策，SA可以与IS或PS两种区域相结合，例如出口加工区就是SA和IS的结合体。

（3）特定行业型（IS）：指为支持某一特定行业的需求，如银行、珠宝、石油和天然气、电子、纺织、旅游等而设立的区域。从事特定行业的企业不用入驻区内便可享受优惠政策，例如一些开展离岸银行业务的区域。

（4）特定绩效型（PS）：指在技术水平、投资规模和出口能力等方面达到一定的绩效标准的企业才能进入的区域。该企业可以落户在设区国的任意地区。例如巴拉圭加工出口Maquila项目，根据Maquila投资的外国厂商可获得半年至一年的暂时免税进口原物料奖励，可在巴拉圭境内任何地方设厂加工制造，成品90%以上需外销，最多10%在补缴相关关税及加值税后可内销。

6. 按范围大小分类，可分为自由港市（Free Port City）、自由港区（Free Port Quarter）、自由地区（Free Port Zone）、自由贸易园区（Free Trade Zone）四种。

（1）自由港市的前身是本来的自由港，范围最广。将城市全部区域视为关税区域之外。自由港市内货物进出口与进口品再加工，不课征关税，外国人与市民可以自由居住。从风险来看，由于自由港市被视为关税法上的外国区域，因此取缔走私困难，并且市民与外国人之间相处也需要长期磨合。

（2）自由港区是将开港地区或其一部分地区划为非关税区，范围较自由港市小，在该区可自由进出口与保管货物，对其加工也被允许，但居住行为不在允许范围之内。

（3）自由地区比自由港区规模更小，仅允许进出口货物的储藏与交易。

（4）自由贸易园区拥有与自由港相似的保税仓库与保税工厂，促进转口贸易与加工贸易活动，该区内同意数年内货物的储存与加工，弹性较自由港要高。

第二节　自由港发展的经济学探讨

伴随着各类自由港的发展，理论界对于各类型自由港的研究和探讨也一直在进行，从最早的古典经济学的自由贸易理论到新古典经济学的自由贸易理论，再到具体研究自由港对所在国及地区影响的轮轴—辐条理论、关税同盟理论、"国际贸易—城市—区域发展"理论，为世界各国开发建设各类型自由港提供了丰富的经济学理论基础。

一、自由贸易理论

（一）古典经济学的自由贸易理论

古典学派的自由贸易理论认为，国际贸易自由化的背景下，各国积极参与国际贸易，进行贸易的各个国家之间存在着千差万别，国家从事自己擅长的事情时，就能取长补短，从这种千差万别中获益。国家之间通过贸易能达到生产的规模经济，各国生产有比较优势的产品的生产效率比每种产品都生产时要高得多。因此，从理论上来说，各国应当依据优势来进行生产、贸易等活动。

1. 亚当·斯密的绝对优势理论。亚当·斯密（1776）在其著作《国民财富的性质和原因的研究》里提出了反对政府干预经济，倡导自由放任的自由主义经济思想，不仅提倡国内贸易自由化，还主张国际贸易的自由化。他认为：适用于一国内部不同职业之间、不同工种之间的分工原则，也适用于各国之间。每一个国家都有其适于生产某些特定产品的绝对有利的生产条件去进行专业化生产，然后彼此进行交换，将会使各国的资源、劳动力和资本得到最有效的利用，大大提高劳动生产率和增加物质财富，对所有交换国家都有利，这就是"绝对优势论"。斯密认识到贸易及其自由化对各国经济发展的积极作用，但他忽略了在不平等的国际政治经济秩序中，对外贸易对发展中国家的掠夺及对工业化的负面影响。并且，在现代经济社会中，作为"绝对优势"的自然条件与生产条件对国际贸易的影响已退居次要地位。

2. 李嘉图的相对优势理论。在斯密"绝对优势"理论的基础上，李嘉图（1817）提出了"相对优势"理论。他认为：假定资本和劳动不能自由流动，即使一国在自然禀赋和生产条件与其他国家相比都处于绝对劣势的情况下，处于绝对优势的国家仍然会进口产品，因为每个国家不一定要生产全部产品，而应权衡利弊，按"两优取其更优，两劣取其次劣"的原则进行国际贸易，形成对贸易各国都有利的国际分工。因此他认为贸易自由化和开明的贸易政策能更好地提高各国福利。李嘉图的"相对优势"论将贸易产生的动因从绝对成本的差异转变为相对成本的差异，解决了处于不同生产力发展水平的国家，尤其是生产力落后的国家，参与国际贸易和分工并能够获取贸易利益的问题。但他的理论是建立在资本和劳动力不能自由流动等一系列假设条件之上，因而大大降低了其理论的可操作性。

（二）新古典经济学的自由贸易理论

新古典贸易理论继承了相对优势学说的自由贸易思想，推崇要素的充分流动以提高要素的生产率。将生产要素资源禀赋、生产要素价格差异、生产中要素的密集程度和国际贸易量联系在一起，使其国际贸易理论更接近于现实的国际贸易活动。

1. 赫克歇尔与俄林的要素禀赋理论。李嘉图的相对优势理论只是解释了贸易为什么会给贸易的双方带来好处，但并没有说明为什么这个国家在生产这种商品上具有比较优势，而另一个国家在生产那一种商品上也具有比较优势。赫克歇尔与俄林的要素禀赋说则从一国生产某种商品所需的各种生产要素结合起来考察一国的比较优势。赫克歇尔—俄林模型指出各国所拥有的各种生产要素的数量、种类和质量是不同的；国与国、区域与区域之间商品的价格差是产生国际贸易的直接原因，而产生各国商品价格差异的原因又是各国生产这些商品的生产要素的价格与配置的比例不同。因此，一个国家或地区如果利用它相对丰富的生产要素（土地、劳动力、资本等）从事商品生产，就处于比较有利的地位；而利用其相对稀少的生产要素进行商品生产，就处于比较不利的地位。因此，一个国家在国际分工和国际贸易体系中要生产和出口前面那些种类的商品，进口后面这些种类的商品。国际贸易一般可以消除（即使是部分地）工资、地租、利润等生产要素收入的国际差别，从而使国际间商品价格与生产要素价格趋于均等化。赫克歇尔与俄林从生产的角度来分析国际贸易的产生，并认为国际贸易的结果导致各国各生产要素价格趋同，有一定的科学性，但他们没有揭示国际贸易中资本的作用，以及国际贸易对欠发达国家的不利影响。

2. 迪克西特—斯蒂格利茨模型。无论是李嘉图模型，还是赫克歇尔—俄林模型，比较优势都是外生的，认为经济发展不是其内部机制发生作用的结果，而纯粹取决于外部条件。同时，这些比较优势理论也不能解释为什么技术和禀赋条件相似的发达国家之间的贸易量比技术和禀赋条件悬殊的发达国家与发展中国家之间的贸易量大的现象。正是在这种背景下，迪克西特—斯蒂格利茨模型（Dixit—Stiglitz模型，简称D—S模型）基于规模经济优势的贸易理论诞生了。D—S模型的基本思路是消费者对多样化消费的偏好，意味着消费品种类越多效用水平越高；由于存在生产上的规模经济，厂商应该尽可能把一种产品的规模做大，但在资源有限的情况下，把一种产品规模做大，意味着消费品种类减少，或者说增加消费品种类，意味着产品生产规模的缩小，规模经济和多样化消费之间就存在两难冲突；如何解决这种两难冲突，办法是使人口规模和（或）资源增加，而国家之间的自由贸易正好具有这种功效。因为即使两国的禀赋条件相同，也没有李嘉图的技术比较优势，但如果存在规模经济，两国也可以选择生产不同的产品，开展分工和国际贸易。但是，D—S模型像传统贸易理论一样，没有能够把国内贸易与国际贸易理论统一起来；由于生产率只与规模有关，而与生产方式是专业化还是非专业化无关，所以它不能解释各国的专业化水平和社会分工水平，进而不能解释经济组织的演进。

3. 综合比较优势理论。以杨小凯为代表的新兴古典贸易理论认为，无论是国内贸易还是国际贸易，都是折中专业化经济与节省交易费用之间两难冲突的结果。即使所有人（既是消费者，又是生产者）都天生相同，没有外生比较优势，只要存在专业化经济，每个人选择不同专业后都会产生内生比较优势。然而，生产专业化与消费多样化之间存在矛盾，只有通过贸易才能解决。而贸易又产生交易费用，当交易费用大于每个人的专业化经济时，贸易不能产生，在多样化需求的强制下，每个人只能回到自给自足状态。贸易产生的经济条件是每个人选择不同的专业进行生产，并通过贸易来满足多样化的需求。随着交易效率的不断提高，贸易由地区贸易发展为国内贸易，进而演变为国际贸易；如果存在多样化消费的好处，交易效率的改进会导致商品种类的增加。一个社会的专业化程度、结构多样性、贸易依存度、商品化程度、经济一体化程度、生产集中度等组织结构问题都可以由此说明。新兴古典贸易理论很好地解释了发达国家之间的贸易水平比发达国家与发展中国家之间的贸易水平高的原因。道理就在于发达国家的交易效率比发展中国家高，提高了分工水平，增加了商品种类，扩大了市场容量，使得发达国家之间的贸易更为有利可图。

4. 秩序转型派的经济全球化理论。其代表人物是Anthony Giddens、J.A.Seholte和M.Castells。该学派认为经济全球化正在产生一种强大的"转型"力量，导致世界秩序中的社会、经济与制度的剧变（Giddens，1996）。另外，这种世界秩序的剧变又充满着变数，因为他们认为经济全球化在根本上是一种偶然的历史进程，谁都无法预测它的发展方向与它所构建的新世界政治经济秩序（Ruggie，1996）。

二、轮轴—辐条理论

在自由贸易区的实践中，一些国家或经济体分别与多个国家或经济体签订自由贸易区协定。轮轴—辐条理论（Hub and Spoke）是用来解释多个自由贸易区并行发展乃至形成自由贸易区网络的现象。该模式包括一个轮轴国和多个辐条国，轮轴国处于中心地位，辐条国则围绕在轮轴国周围。轮轴国与每个辐条国分别签订自由贸易区协定，而辐条国相互之间并没有自由贸易协定。

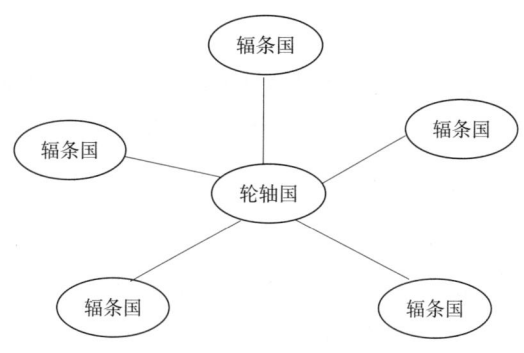

图1-3 轮轴—辐条结构

轮轴—辐条理论最早由美国经济学家Wonnacott于1992年提出。他在当时的一篇文章中就北美自由贸易区成员美国、加拿大、墨西哥可能形成的轮轴—辐条模式进行了分析，认为在每一个双边自由贸易区中，辐条国从轮轴国获得利益时也会遭到损失。这是由于辐条国通过自由贸易区协定从轮轴国受益，但是轮轴国不断扩大自由贸易区协定数量，将会使辐条国利益受损。此后，Deltas等经济学家在2005年从要素禀赋差异角度出发，建立了一个三国模型，分析指出从轮轴—辐条的双边模式到全球自由贸易的过程中，轮轴国利益将下降。瑞士经济学家鲍德温（Baldwin）在2007年探讨了在东亚合作中如何避免成为辐条国。此外，一些经济学家还分析指出，辐条国之间加速签订自由贸易区协定就可以打破轮轴—辐条模式。

与单一的区域经济集团相比，在轮轴—辐条模式下，轮轴国的自由贸易区网络更为复杂，因此该模式的利益分配就更加复杂，不平衡性加剧。从轮轴国角度看，由于轮轴国处于中心地位，其可以将产品通过自由贸易区协定的途径免关税自由地出口到辐条国的市场，同时也可以从辐条国以免关税的方式进口需要的产品和原材料。

从辐条国角度看，与轮轴国相比，辐条国在进入轮轴国和辐条国市场时均处于劣势地位。在进入轮轴国市场时，由于轮轴国与多个辐条国签署了自由贸易区协定，辐条国的竞争优势将被削弱。在进入其他辐条国市场时，由于辐条国之间没有签署自由贸易区协定，相互之间未实现贸易自由化，将面临关税和各种非关税壁垒，这与轮轴国可自由进入每个辐条国相比完全不具备优势。

由于轮轴国与辐条国相比具有明显的竞争优势，因此在自由贸易区的实践中，许多国家和经济体积极与其他国家或经济体发展自由贸易区，争作轮轴国，获取轮轴国的收益。

根据轮轴—辐条理论，还可以得出一个符合逻辑的结论：对于轮轴国而言，其具有巩固和强化其地位的动机和惯性，将倾向于与更多的国家和经济体签署自由贸易区协定，形成以其为核心的更为广泛的自由贸易区网络。对于辐条国而言，将倾向于与其他辐条国签署自由贸易区协定，成为新的轮轴国，打破轮轴—辐条格局给其带来的不利影响，避免"辐条"陷阱。因此，总体上来看，越来越多国家或主动、或被动地卷入到自由贸易区协定的谈判中，自由贸易区的发展呈现出快速扩张的态势。

三、关税同盟理论

关税同盟理论认为自由区的建立从静态和动态两个层面对各国产生经济效应。从静态的角度，自由区的建立产生了贸易创造效应和贸易转移效应；同时更深层次生产要素的流动又使自由区的建立产生动态经济效应，包括投资效应、经济增长效应、规模经济效应和竞争效应等。

（一）静态经济效应

Viner的关税同盟理论认为所谓自由区的建立在提高区内成员之间自由贸易的同时也限制了对外贸易，因此并不等于向自由贸易的靠拢，自由区的建立同时产生了贸易创造（Trade Creation）和贸易转移（Trade Diversion）两种经济效应。从区内的贸易对象国进口相对便宜的产品取代国内相对昂贵的产品便产生了贸易创造效应，而从区内贸易对象国进口相对昂贵的产品取代原来从区外贸易对象国进口相对便宜的产品即为贸易转移效应。在Viner看来，贸易创造有益于一国的经济发展，而贸易转移则对一国经济有害，贸易扩大效应是将这两种效应的相对强度进行比较，进而决定了自由区是否值得提倡。Viner指出产生贸易创造和贸易转移的根源在于贸易产品生产成本的国别差异。如果其他成员国的生产成本比本国生产成本低，那么进口其他成员国低成本生产的产品替代本国较高成本生产的产品同时带来了生产效应和消费效应；而如果其他成员国的生产成本低于本国但高于区域外国家的生产成本，那么从区内贸易对象国的进口就会使得生产成本上升，进而产生了贸易转移效应。

下面通过图示具体分析贸易创造效应和贸易转移效应。假设有H（本国）、P（潜在贸易对象国）和W（世界其他国家）三个国家。其商品市场和要素市场都是完全竞争的，各种生产要素没有调整成本，且仅限于在国家内部的自由流动，不能在国家间流动，因此H国国内生产的产品价格完全由生产成本决定。

1. 贸易创造。如图1--4所示，M_H反映了H国进口需求的情况，E_P和$E_{P'}$分别反映的是P国和W国的供给情况，P_P和P_W分别是P国和W国向H国提供商品的固定价格，而且P国在此商品的生产上更有效率，所以自由区建立之前，H国同时向P国和W国收取相同的关税T，因此P国和W国对H国的供给价格为P_P+T和P_W+T，同时供给曲线分别变为$E_{P'}$和$E_{W'}$。此时，H国从P国以P_P+T价格进口M_0单位的商品。当H国与P国建立自由区，那么H国将取消对P国的关税，P国仍以P_P向H国提供商品，此时H国从P国进口到M_{RT}单位的产品，产生了贸易创造。

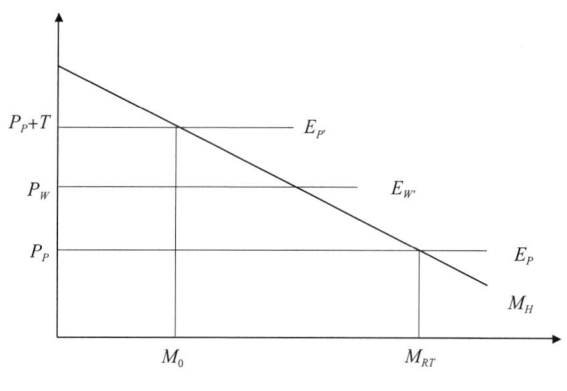

图1-4 贸易创造效应

2. 贸易转移。与贸易创造相对应的，如图1-5所示，其中M_H、E_P、E_W、

P_P和P_W与图1-4所代表的含义相同,但此时W国的生产更有效率,因此在这种情况下$P_W<P_P$。自由区建立之前,H国也是同时向P国和W国征收关税T,P_P+T和P_W+T分别为P国和W国对H国的供给价格,$E_{P'}$和$E_{W'}$为调整后的供给曲线。在H国与P国建立自由区的情况下,使得P国又以P_P向H国提供商品,供给曲线变回E_P,从图中可见$P_P<P_W+T$,因此H国对商品的进口将从低成本的W国转向高成本的P国,即出现贸易转移。

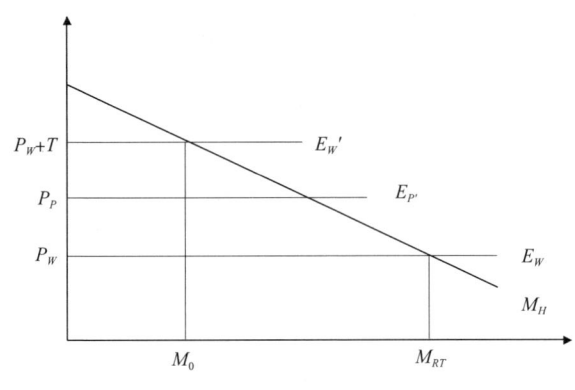

图1-5 贸易转移效应

(二)动态经济效应

1. 投资效应。20世纪六七十年代欧洲经济一体化对跨国公司和直接投资产生影响,学者们对此展开研究,这也是对自由贸易区投资效应研究的开端。为了使投资效应的研究更加具体,美国经济学家金德伯格(Kindberger)引入关税同盟理论对贸易效应的研究方法,将投资效应分成投资创造和投资转移,并且运用这一理论和方法研究了区域一体化进程中跨国公司的发展,金德伯格对投资效应研究方法的创新进一步拓宽了自由区经济效应的研究范围。

金德伯格在对发达国家跨国公司的研究中指出,贸易的流量和流向都将随着自由区的建设和发展发生改变,并通过投资创造和投资转移两种具体的效应形式表现出来。

根据关税同盟理论,自由区的建立将产生贸易转移效应,而投资创造效应则是对贸易转移效应的一种竞争性反应。贸易转移效应的产生是因为区域外国家受自由区壁垒的限制与区域内国家的贸易量减少，为了维护其出口份额，区域外非成员国扩大在区域内的直接投资，这是投资效应产生的重要来源之一。另外，自由区的建立使得区域内市场规模扩大，需求随之增加，因此区内外各国希望通过投资来扩大生产规模，增加产量，进一步占领更多的市场份额，这也是产生投资创造效应的重要途径。

而投资转移效应的产生则是对贸易创造效应的反应，随着市场范围的不断扩大和生产要素流动自由化发展，跨国公司不断进行生产重组，希望通过这一过程来充分发挥自身优势，这使得区内资源被重新配置，区域内直接投资布局也被重新调整，表现为投资转移效应。

根据资本在区域内外流动的情况划分，资本流动有两个层面，一个层面是成员国之间资本的流动，另一个层面是区内成员国与区外国家之间资本的流动，根据这一划分，投资创造和投资转移效应也被具体分为四个方面：

区内对区内投资创造。资本、技术和劳动力随着自由区的建立将逐步实现自由流动，从而消除了阻碍原来各国之间资本流动和投资项目运行的限制和管制，这将在很大程度上提高成员国之间相互投资的便利化水平，进而促进相互投资的增加，产生了区内对区内的投资创造效应。

区外对区内投资创造。出于防御性和进攻性的动机，区外跨国公司将增加对区内的投资，产生区外对区内的投资创造效应。首先，区内成员之间关税的逐步取消将大大降低区内跨国公司的成本，但同时也使得区外的跨国公司与区内跨国公司相比处于劣势，在竞争中的劣势导致区外跨国公司丧失原有的市场份额，为了继续维持在本区域内的市场，区外的跨国公司选择积极投资建厂，这就产生了区外对区内的投资效应。其次，自由区的建立从地理空间上扩大了原有的区域市场，也使得区域市场的需求增加，为企业带来规模经济和范围经济效应。在高利润的吸引下，新的区外跨国公司将选择在区内投资建厂，同时原有的区外跨国公司为了扩大自己的市场份额也将增加投资扩大生产规模，这也促进了区外对区内投资效应的产生。

区内对区内投资转移。自由区的建立使得区域内投资布局进行重新调整，同时也使得国外资本流入区域内成员国的流向发生变化，产生区域内部的投资转移效应。自由区的建立扩大了区内的市场空间，同时提高了市场的层次，这将使得区内各成员国原有的区位优势也随之发生变化，而区外资本的流向更青睐于区位优势较大的国家，进而资本从相对区位优势小的成员国流向了相对区位优势较大的成员国。

区外对区内投资转移。如果流入自由区的外国资本是从世界上其他潜在的东道国转移来的，那么由于对区域内国家的投资增加，区域外其他国家获得的资本流入将减少，这将使得资本在世界范围内的流动发生变化，产生了区外对区内的投资转移效应。

自由区建立产生的投资效应是在上述四种效应下交织形成的，而且自由区的投资自由化和便利化水平也对FDI的流入产生影响。总体上讲，自由区建设和发展的一个重要目标在于增强区域整体的竞争力并更多地吸引外资，但是必须注意到，自由区整体吸引外资的增加并不意味着这些投资将会在各成员国之间平均分配，通常是那些拥有强大区位优势的东道国吸引到更多的外国直接投资。

2. 经济增长效应。鲍德温（Baldwin，1992）对欧洲统一大市场建成之后的动态效应进行了前瞻性研究。在他看来，经济一体化组织的建立在消除贸易壁垒的同时产生了规模收益效应，而由此带来的长期经济增长效应不容忽视，长期经济增长效应体现在以下三个方面。

（1）生产专业化的加强和劳动生产率的提高。理论研究指出，生产组织方式的变革会引发产业活动条件的改变，进而诱发一系列效果，其中起决定性作用的是生产组织方式，它的演进过程是内生的均衡移动，使得生产率提高及收入增加，这将进一步扩大市场规模的良性循环机制。在现实经济中，生产专业化程度的提高和分工的严谨使得生产收益表现出递增的趋势，随着产业间分工的扩大，有代表性企业的内部经济被其后续者分解为更高专业化企业的内部经济和外部经济，并且由新的经济所补充。因此，产业间的劳动分工推动收益递增机制形成，其中就可能孕育着长期的经济增长。

（2）技术变革和技术外溢。企业在市场需求的驱动和自身发展利益的激励下，不断利用现有的知识和技术进行创新性的技术开发活动。在这一过程中，技术的创新和模仿都将带来利润的增加。而且经济外部性条件使得每个生产厂商的知识进步和技术创新都将受益于整个社会，使资本的私人边际产出持久地高于贴现率，这将推动生产收益的递增发展，维持经济的持续增长。

（3）资本积累。资本积累对经济增长的推动作用在很多经济增长模型中都进行了表述，但是由于对自由区的研究常忽略市场规模扩张和竞争加剧引起的资本积累效果，Baldwin以欧盟为例强调指出，资本积累的动态经济效应是积极的，但是人们在现实中往往低估了它。

3. 规模经济效应。对规模收益递增条件下的关税同盟的分析最早由科登（Corden，1972）提出，他在文中探讨了成本降低效应和贸易抑制效应两个方面。

成本降低效应是指关税同盟的建立使得区内成员国形成统一的对外关税，从而各国从成员国中进口多于非成员国的商品，虽然这样产生了贸易转移效应，但是区内成员国却可以通过扩大生产而提高现有资源的利用率，产生规模经济，进而降低生产成本，产生成本降低效应。成本降低效应也分为两个部分，即生产效应和消费效应，生产效应是指区内成员国的生产者通过获得更低价格的生产资源而获取更多的生产者剩余，消费效应是指区内成员国的消费者通过购买更低价格的商品获得更多的消费者剩余。

贸易抑制效应是指关税同盟的形成使得成员国用较贵的本国生产替代了生产成本较低的同盟外国家的进口。这与贸易转移效应类似，但又不完全相同。两者的相似之处在于都是由于用低效率生产替代了高效率生产而引起损失；两者的差异也比较明显，贸易抑制是区域内的低效率生产代替区域外的高效率生产引起的福利损失，而贸易转移只是概括性地描述了区内低效率生产的产品替代区外高效率生产的产品引起的福利损失。两者的区别也是静态效应的贸易转移和动态效应的贸易抑制之间的本质差别。

4. 竞争效应。自由区的建立取消了成员间的关税和非关税贸易限制，因此区内各成员国的竞争也随之加剧，这使得各成员国的生产者都致力于提高效率来应对其他生产者的竞争和合并。区内各国生产者之间的竞争日益增强将促使生产者对新技术的研发与应用，从而提升科技水平和投资水平。同时，区内生产者的竞争也会使得相关商品价格下降，提高了消费者的福利水平。

四、"国际贸易—城市—区域发展"理论

克鲁格曼（Krugman，1999）"国际贸易—城市—区域发展"理论，融合了国际经济理论、城市经济理论以及区域经济理论三门学科的重要理论，构建"国际贸易—城市—区域发展"三位一体的理论模型，讨论国际贸易与专业化生产、产业联系、贸易成本、中间投入品和贸易自由化等对区域开放经济的影响机制。以下综合运用城市模型、区域模型和国际模型等理论模型，系统阐述这一理论。

假设有区域1、区域2及区域0（区域0表示其他国家），区域之间可以开展贸易往来，但是劳动力仅限于在国内区域（区域1、区域2）之间流动。作为唯一生产要素的劳动，将区域0劳动力价格用标准化形式1表示，区域0的劳动力数量用L_0表示；国内区域的劳动力数量总和为1，其中区域1和区域2的数量分别是λ和$1-\lambda$；区域1和区域2的工资分别是ω_1和ω_2。因此，上述三个区域的收入如下：

$$Y_0 = L_0$$

$$Y_1 = \lambda \omega_1$$

$$Y_2 = (1-\lambda)\omega_2$$

进一步假设在迪克西特—斯蒂格利茨模型（D—S模型）框架下，仅有一个制造业部门，使用劳动生产要素制造差异化产品，并且产品在运输过程中将产生运输成本，国内两个区域向国外运输产品的运输成本是相等的，也就是说国内任何一个区域都不会比其他区域更接近国外市场。这样，它们的价格和公式方程组如下：

$$G_0 = [L_0 + \lambda(\omega_1 T_0)^{1-\sigma} + (1-\lambda)(\omega_2 T_0)^{1-\sigma}]^{\frac{1}{(1-\sigma)}}$$

$$G_1 = [L_0 T_0^{1-\sigma} + \lambda \omega_1^{1-\sigma} + (1-\lambda)(\omega_2 T)^{1-\sigma}]^{\frac{1}{(1-\sigma)}}$$

$$G_2 = [L_0 T_0^{1-\sigma} + \lambda(\omega_1 T)^{1-\sigma} + (1-\lambda)\omega_2^{1-\sigma}]^{\frac{1}{(1-\sigma)}}$$

$$\omega_1 = [Y_0 G_0^{\sigma-1} T_0^{1-\sigma} + Y_1 G_1^{\sigma-1} + Y_2 G_2^{\sigma-1} T^{1-\sigma}]^{\frac{1}{\sigma}}$$

$$\omega_2 = [Y_0 G_0^{\sigma-1} T_0^{1-\sigma} + Y_1 G_1^{\sigma-1} T^{1-\sigma} + Y_2 G_2^{\sigma-1}]^{\frac{1}{\sigma}}$$

劳动力要素可以在国内区域之间自由流动,那么就可能存在大量的甚至全部的劳动力集中在其中一个区域,表现为一种向心力。同样,由于存在不可流动的土地要素,产生了城市的拥堵成本,就形成了与向心力相反的离散力。因此,实际工资方程就表示为:

$$\omega_1 = \frac{\omega_1 (1-\lambda)^\delta}{G_1}$$

$$\omega_2 = \frac{\omega_2 \lambda^\delta}{G_2}$$

在这里,$(1-\lambda)^\delta$ 和 λ^δ 就代表每个区域的拥堵成本,并且 $\delta \in \{0,1\}$。实际工资方程的现实意义是:当某区域的人口不断增加时,那么这个区域的实际工资水平就会降低,并且降低速度是几何递增的。如果全国的所有人口都集聚到这个区域,那么这个区域的实际工资水平就会减少到0。因此,在开放经济条件下,城市人口的不断增加,会形成一种经济集聚的向心力,同时也会随着城市拥堵成本增加,而形成另一种相反的离散力。

同时,克鲁格曼用数值分析的方法验证在开放经济条件下,国内外区域经济一体化对两个区域之间劳动力数量的分配影响。图1-6说明,劳动力分布配置 λ 与国际贸易成本 T_0 存在函数关系。实线代表劳动力分布配置的稳定均衡,虚线代表劳动力分布配置的不稳定均衡。在国际贸易成本 T_0 数值较低的情况下,经济是外向型的,企业更多依赖国际市场,产品大都出口国际市场。因此,通过劳动力流动影响的消费市场后向关联效应较弱,就形成劳动力分布配置的稳定均衡,此时国内两个区域的人口数量就相等了;但是,当国际贸易成本 T_0 数值较高时,企业更多依靠国内销售市场,通过劳动力流动影响的消费市场后向关联效应更强烈,使得国内两个区域的人口数量出现不稳定。

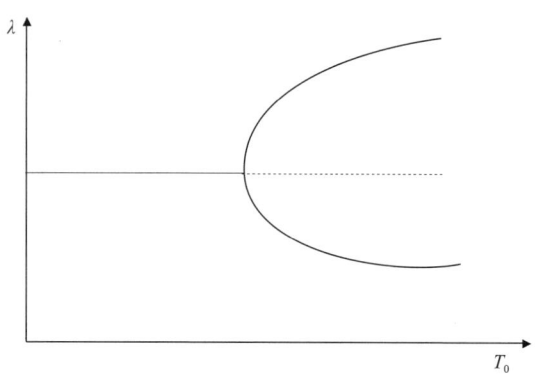

图 1-6 贸易自由化对国内区域的影响

通过进一步的数理分析，可以得出如下结论：贸易自由化能够降低国际贸易成本，使得劳动力将在两个城市之间稳定均衡分布配置，从而形成两个规模相等的城市。换言之，扩大贸易开放能够促使国内人口（或企业经营活动）分布在地理空间内趋向分散。

此外，"国际贸易—城市—区域发展"理论还分别就国际贸易对产业集聚的影响以及产业结构对城市集中的影响进行了数理分析，并得出结论：贸易自由化能够改变国内经济地理的布局，形成两个人口规模均等的区域，并且各自专业化从事两个产业中的其中一个产业（产业集聚）。同时，贸易自由化也能提升国内经济福利水平，由于人口分布更加均匀，使得拥堵成本降低，并且产业集聚引发的厂商联系更为密切，专业化生产带来更多的真实收入。

第三节　自由港对经济发展的影响

根据协同学的观点，系统内各个要素间的协同是自组织过程的基础，系统内各序参量间的竞争与协同是促使系统产生新结构的直接根源。具体到自由港的建设，自由港各子系统间的竞争与协同作用为自由港的演化发展提供基本动力。竞争会加剧系统内部的非平衡以及非线性，通过各子系统竞争趋向协同，协同又会引发更高一级的竞争，二者相互依存、相互转化。自由港作为一个复杂系统，其内部各子系统及各要素间既存在竞争又存在协同，其系统自组织演化的根本动力在于区域经济环境因素、自然环境因素、港口能力因素和政策环境因素及各要素之间存在的竞争和协同关系。

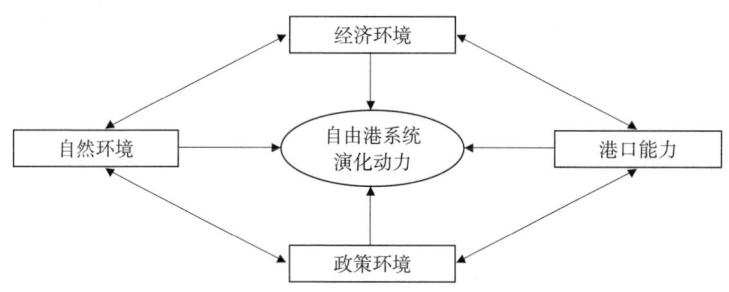

图 1-7 自由港协同演化动力机制

具体来看，自由港的打造将对一个城市、一个地区乃至一个国家、周边国家都带来较为深刻的影响，在运输成本、贸易量、产业结构与布局、技术转移与生产率提高等多方面提升所在区域及周边辐射区域的影响力。

一、降低运输成本和加快贸易增长

阿尔弗雷德·韦伯在《工业区位论》中，认为影响"区域性分布"的一般区域因素主要是成本构成因素，包括地价与地租、机器设备、原材料、劳动力成本、运输成本、利率和折旧。通过层层剖析，最终归因于运输成本和劳动力成本。据此，韦伯提出了集聚经济函数的概念。根据该理论，产业在一个地方集聚与否可以看成是集聚力和分散力的博弈达到均衡的最终结果，它产生了一定数量的成本节约。不同的集聚规模产生不同的节约支出，这样每一集中阶段的节约指数构成了集聚经济函数。我们可以假设，如果来自集聚的节约大于运输成本的增长，那么就会有集聚效应的产生。从自由港的角度进行考证，港口本身就是货物的输出地和输入地，是一个地区与其他地区货物流通的中心。企业在自由港区内经营，无疑会缩短与原材料产地或商品市场的空间距离，进一步减少运输成本，提高效率。

同时，在海洋运输过程中，同样的运距，但不同的港口会导致运费的大幅变动，这中间的主要原因是港口经济发展存在差异。在过去的20年，全球经济一体化的提高，不仅仅归功于国家的贸易政策，而且受到交通运输、物流仓储以及电子通信等基础设施的改善和提高的影响，这集中体现为物流模式的改变。经济合作与发展组织国家生产和销售的2/3的货物是通过直销进行的。由于其出口的60%是直接销往经合组织成员国，所以发展中国家必须适应这一新的运输模式，加大对港口设施的投入，改善运输条件。同时，不断推广集装箱联运业务，使铁路、港口、航空和公路运输等形成合力，提高运输效率，推动贸易的发展。

二、形成规模经济效应和产业集聚效应

规模经济是指产出水平的增长幅度大于要素投入增长幅度的经济现象。规模经济包括企业内部规模经济和外部规模经济。企业内部规模经济是指当企业的产量提高时，企业的平均生产成本下降，产生于企业之间的分工和生产专业化，工人专业化于简单的重复劳动比从事多项较为复杂的工作能够具有更高的效率。同时，大规模的企业可以利用更加专业化和高效率的大型机器，使规模报酬递增、边际效益递增，而小企业却难以做到。外部规模经济是指当某一地区整个产业的规模扩大时，特别是相关产业的聚集，可以促使各个企业的平均成本下降。外部规模经济的存在是因为当多个关联企业集中于同一个地区发展时，为这些企业提供服务的产业就赢得了发展机会。这些产业专业化发展使原有企业可以减少各自的相关投资（如广告、咨询投资等），并且获得更高质量的服务。由于规模经济效益的存在，单位成本会随着产量的增加而减少。因此，自由港的发展会伴随着大规模生产，从而深化地区的产业分工，在更大的范围内推进经济一体化进程，并且使参加分工的各个地区共同分享专业化和贸易带来的巨大利益，这种通过规模经济为区域带来的贸易利益称为动态贸易利益。

从我国的实际情况来看，在分析我国产业在沿海地区的集聚现象时，金

煜、陈钊和陆铭在《中国的地区工业集聚：经济地理、新经济地理与经济政策》中提出，经济向沿海地区的集中早在中国政府采取地区非平衡增长政策之前就已经出现，其中的原因包括沿海地区在地理上容易与外界交流以及基础设施网络密度高等。他们的分析表明，在中国，港口经济对沿海地区产生了产业集聚效应。在有关区域经济增长的实证研究中对经济地理因素的研究也发现地理位置和基础设施禀赋显著影响各个省之间的增长差异，同时，港口经济所具有的开放性有减少封闭的作用从而对增长产生正面的影响。通过使用第二和第三次工业普查数据研究中国制造业的集中，发现改革开放以来的产业集聚现象支持新经济地理学的理论。特别是观察中国工业的地区分布可以发现，改革开放以后，工业集聚的现象变得逐渐显著，地区工业生产总值占全国工业生产总值的比重在省与省之间差异日益扩大。

三、形成技术转移和提高要素生产率

自由港是以海运等服务产业为主体的，它的特点是技术密集，计算机网络技术对航运业及相关服务业产生了深刻的影响。技术和制度的创新大大提高了自由港港口经济系统的运作效率，降低了交易运行的经济成本。当今社会技术进步日新月异，一个国家在技术方面一旦落后，就很难提升国家的竞争地位，所以，依靠新发展起来的技术提高国内港口经济体系的效率，可以获得巨大的利益。并且，由于全球航运业的发展对服务手段和服务标准的统一性存在内在的要求，因此港口经济在本质上存在一定程度的开放性特征，这也为进行技术引进和技术模仿乃至技术创新开辟了一条重要途径。

在开放性条件下，国内港口、物流等企业可以仿效国外企业的新产品或新服务方式以及先进的风险管理等技能，并且在外部竞争压力越来越大的情况下，国内企业有动力和积极性进行技术学习和创新，从而保证了技术转移的高效率。另外，通过本国雇员在跨国公司和本国公司之间的人才流动，也使技术的扩散成为可能。随着国内相关企业的技术进步和技术创新，单位生产成本和交易成本将降低，从而提高港口产业的综合竞争力。实际上，这种"技术转移"不仅仅局限于港口运营这个狭小的方面，由于产业集聚效应的存在，技术转移在整个自由港经济体系中也普遍存在，并提高了自由港对经济发展的影响程度。

此外，港口作为沿海经济发展的基础条件，其投资的增长对于刺激总产出和综合要素生产率具有重要影响，将直接推动本区域的基础设施建设。基础设施是一个国家和地区经济发展的必要前提，它与国内生产总值的增长紧密联系。据世界银行的研究，一个区域的总产出受道路、机场和港口等基础设施的影响显著，区域经济发展与公共基础设施之间存在正相关关系。自由港的发展直接导致对道路、港口等公共设施需求的增加，可以吸引大量外来投资，推动有关基础设施及相关配套设施建设，这将进一步促进城市建设与经济发展的良性互动。发达国家的发展历史证明，重要基础设施投资对于一个国家或一个地区产出增长和生产率的贡献非常明显。德国在19世纪70年代，铁路曾得到极高的投资数额，铁路建设从质量方面和数量方面对德国工业、农业的发展提供了重要保障，并对总产出也形成了重要影响。第二次世界大战后美国的历史数据充分说明了基础设施投资，特别是核心基础设施投资增长对劳动生产率和多要素生产率都有积极的重大影响。据统计，基础设施投资每增加1%就会使生产率提高0.24%。阿斯乔（Aspen）通过宏观和微观两个方面的研究得出：美国1965—1985年生产率低、利润率低和净投资率低的原因是公共基础设施投资不足。因此，自由港的发展带来的投资增长对于增加总产出，提高综合要素生产率，推动区域经济增长具有明显的促进作用。

四、加快工业化和城市化进程

作为工业化的前提，各国的工业化都是伴随着交通运输、动力、通信等基础设施的供给增加而发展。英国19世纪50年代后，工业急剧发展的一个重要因素就是交通体系的大发展。以伦敦为中心的港口群已经形成规模，与此相配合，英国铁路建设也得到了长足发展，为国内外商品的输入和输出提供了便捷的通道，加速了冶金和煤炭行业的发展，造船业和机械装备制造业也随之迅速发展。在美国工业革命发展进程中，运输业对加速自然资源的利用和开发以及改善工业布局起了重大作用。19世纪初，纽约及五大湖港口群、西部内河运输以及内运河的开凿，为东部工业，特别是重工业（冶金、采煤、机械制造）的发展，对西部的开发和西部农业生产的急剧增长，以及对加强地区联系和促进地区分工的形成，都起了极大的推动作用。日本对外交通依赖港口，所以自古以来重视港口开发，为适应外贸经济发展，在许多优良港湾建设商品港、工业港，港口立国成为日本的发展战略，成为保证日本对外贸易和经济发展的重要因素。20世纪60年代中期，经济发展很快的新加坡、中国香港、韩国和中国台湾，对于港口基础设施的建设也都非常重视。

在加快工业化进程中，港口及相关基础设施的建设不仅为经济增长奠定了基础，而且在促进以生产集中、人口集中为特征的城市化方面起到了重要作用。同时，又带动对排水、电力、绿化、卫生等城市基础设施的投资，加速城市化进程。全世界距海200公里以内的陆地，其总面积不到地球陆地总面积的1/6，但集中的人口却超过世界总人口的半数以上。几乎世界上所有大洲人口的50%以上都是生活在距海200公里以内，少数洲（如大洋洲）更高达90%，而远离海岸超过1000公里的内陆地区，居住人口不到10%。大量人口聚集于靠海地区，使50%以上的大都市都位于靠海50公里之内。当今世界最大的城市经济带，美国东北沿海城市带（纽约—华盛顿）和西海岸城市经济带，日本东京—横滨—大阪/神户城市经济带，荷兰鹿特丹—阿姆斯特丹城市经济带，中国的长江三角洲和珠江三角洲城市带都是以大型港口为中心的沿海或紧靠海岸区域。

五、优化配置资源和产业结构调整

根据学者的分析结论，交通运输体系对经济的成长主要有三种重要影响。第一，降低了运输成本，给商业市场开辟了新的地区和带来了新的产品，一般来说，也发挥了亚当·斯密所主张的扩大市场的作用。第二，在许多国家，交通网络是迅速发展和扩大出口的重要先决条件，而出口又反过来为国内的发展提供资本。第三，交通业的发展带动了勘探、冶金、机械以及众多行业的发展。经济的发展离不开各种资源，而资源空间分布存在着不均衡性，这就需要靠运输来进行调节。港口城市作为海上货物运输和陆上货物运输的结合点，拥有更为广阔的经济腹地，具有利用外部资源发展本地区经济的独特优势。自由港的出现和发展也为本地区参与全球竞争提供了高效便捷的通道，发挥着市场配置资源的基础性作用，使各种资源运输成本降低，同时还降低了区域经济发展中的交易成本，形成良好的发展环境，增强了本区域的竞争优势。因而，自由港的发展将使各种资源向港口及港口周边地区集中，这就促使更多的相关的公司、供应商和关联产业相应集中，形成相关产业链条，促进区域经济产业升级。同时，自由港关联性强的特点对区域经济发展产生了较大的带动作用，促进了关联行业的发展，既需要仓储、运输、物流、加工、贸易、金融、保险、代理、信息、口岸相关服务的支持，也会极大带动这些产业的发展，已经成为贸易发展、制造业繁荣的重要支撑点。目前，世界上制造业最发达、服务业最繁荣的区域多分布在沿海地区，成为推动全球经济发展的重要力量。

港口经济对经济增长与产业发展发挥作用的同时，常常吸收大量的就业人口。根据我国的调查，交通运输业通常吸收5%~8%有工资收入的就业人口，港口每万吨吞吐量创造GDP的贡献约为120万元，对地区就业的贡献为26人，港口生产经营与其他相关产业间接诱发经济贡献为1∶5，提供就业比值为1∶9。港口经济的发展有效地提供了较多就业机会，增加了劳动者收入。

第四节　自由港代际演化规律和展望

港口是人类对天然港湾开发利用后的产物，作为水陆运输的汇合点，担负起货物运输中转的任务。随着国际物流的发展和世界市场的形成，尤其是"空港""陆港"以及"太空港"等概念的出现，港口概念的外延逐渐扩大。自由港可以设在海港、内河港、空港或其他任何可以促进自由贸易的地方，是自由港码头的进一步延伸，其功能不断拓展和演变。同时，自由港作为一种特殊的港口，与其他港口的根本区别在于被人为赋予了一些特权，但归根结底仍依托港口发挥功能。因此，自由港的演变既遵循港口发展的基本规律，也具有特殊之处。

一、港口代际划分理论概述

联合国贸易发展委员会（UNCTAD）于1992年提出了"港口代际划分"理论，以港口功能为标准将现代港口分为三代（如表1-6所示），并在此基础上于1999年提出了第四代港口的概念，对港口的发展阶段进行了代际划分和展望。由于这一标准具有简明的结构和较为广泛的适应性，被业界和学术界广泛接受，在港口发展及港口功能角色演化方面具有很强的代表性。

由表1-6可见，第二次世界大战结束以前，港口的主要功能是货物的集散和中转，主要业务是货物的装卸和仓储，港口作业和活动的范围主要是码头。第二次世界大战后的近半个世纪中，低增值性的单纯的装卸和仓储活动逐渐被较高增值性的装卸与加工相结合的模式取代，临港工业区随之产生，港口活动范围向港口所在城市延伸。时至今日，高附加值的综合服务已经成为港口经营者的主要收入来源，港口服务的对象从有形商品拓展到无形商品，港口功能的增值化和服务性逐步提升，港口的空间范围和服务半径不断扩大，港口功能与港口城市功能逐渐融合。

表1-6　联合国贸易发展委员会的三代港口发展与功能划分标准

代际与时间	功能定位	主要功能	服务对象	活动范围
第一代港口（20世纪50年代前）	运输枢纽	货物的换装、中转，辅之以货物的临时存储和收发等	大宗散货与液体货物	局限于码头
第二代港口（20世纪50~80年代）	运输和工商业服务中心	运输装卸功能、仓储功能、流通功能、增值产业功能	以货物流为主，集装箱成为主要操作方式	扩展到码头周边地区，与港口城市相结合
第三代港口（20世纪80年代以后）	国际物流中心和国际贸易综合服务中心	运输装卸功能、工业功能、商业功能、信息功能、城市社区功能	除了调配、集散有形商品外，还提供信息服务等无形商品	与港口城市相融合，界限难以划分

资料来源：《港口的发展与提升：港口的现代化管理与组织原则》（UNCTAD，1992）。

同时,根据联合国贸易发展委员会(UNCTAD)的描述,第四代港口将不再局限于狭义的港口概念或个体的港口,而是集港口、产业和城市功能为一体的港城或者由多个港口组合形成的网络港口群。

二、贸易型自由港的兴起与衰落

贸易型自由港,即第一代自由港的萌芽时期是13~14世纪。最初的自由港通常是一个自由码头,且在德文、瑞典文和丹麦文中,自由港的原意就是自由码头,即海港内用栅栏与其他地区隔开的码头区域。16~17世纪,第一代自由港从欧洲地中海沿岸兴起,并快速风靡至北海和波罗的海地区。有史可查的世界上最早以自由港命名的雷格亨自由港在1547年意大利西北部的热那亚湾诞生。此后的两个世纪中,欧洲的一些港口城市,如意大利的那不勒斯和威尼斯、葡萄牙的波尔图、法国的敦刻尔克、丹麦的哥本哈根、德国的汉堡和不来梅等也相继开设自由港或成为自由市(Free City)。作为当时欧洲重要的商业城市,奉行自由港政策使这些港口城市发挥了商品集散中心的作用,成为欧洲各国发展对外贸易的重要口岸。

从18世纪开始,欧洲贸易大国把一些被征服了的殖民地和附属国的港口也开辟为自由港。据考证,最早的殖民自由港是于1704年被英国占领后开辟为自由港的直布罗陀。此后的一个世纪中,欧洲殖民者开设了一系列殖民自由港,如丹吉尔、休达、梅利利亚、贝鲁特、果阿、香港等。殖民自由港因地理位置优越多为贸易中转港,为宗主国的利益服务,被迫成为帝国主义全球商品贸易网络中的节点。随着进出口货物的增加和商业活动的扩大,欧洲及其殖民自由港逐步增加了储存、分拣、改装、商展等业务,但基本上是为转口贸易服务的。因此,在以商品输出为主的资本主义自由竞争时期,欧洲及其殖民自由港的主要功能就是进行转口贸易。19世纪后期,随着资本主义进入以资本输出为主的垄断时期,帝国主义改变殖民方式,对殖民地和附属国进行资本输出,开设工厂以利用其廉价劳动力。殖民自由港也被允许在港区内开展一些加工装配活动,但并未真正发展成为独立产业。此时,自由港新的功能正在孕育当中,但随后因第一次世界大战的爆发而中断。

第一次世界大战后，美洲出现了自由港和自由贸易园区。1923年，乌拉圭和哥伦比亚设立自由贸易园区。1936年，为扭转国际贸易地位下降的被动局面，美国设立其第一个对外贸易区（Foreign Trade Zone）。到1950年，美国有5个对外贸易区投入运营，分别位于纽约、莫比尔、新奥尔良、旧金山和西雅图，均位于美国各州重要的海港城市。事实上，直到1970年之前，美国设有对外贸易区的城市数量不超过10个，且都位于海港或五大湖港口。因此，美国对外贸易区亦被称为"美式自由港"。美式自由港最初的功能设定是进行转口贸易。为了防止便宜的外国制成品大量进口威胁国内制造业，美国对外贸易区的制造功能受到严格限制。也正因为如此，与同时期的其他第一代自由港相比，美国对外贸易区的竞争力较弱，发展并不理想。

受到地理环境和技术水平的限制，从15世纪到19世纪末，海洋运输都是连通世界各大洲的主要交通方式。因此，第一代自由港以海港自由港为主要形态，主要从事转口贸易和转运业务，在国际贸易中发挥"运输枢纽"功能，在这一层面上同原始港口的特征基本吻合，但在地理位置上更具优越性。部分第一代自由港初步具备加工功能，虽然多是为转口贸易服务的简单加工、装配业务，但仍然超越了第一代港口的功能。对比来看，第一代自由港与港口最大的差别是能够将运输和贸易紧密结合，即港口只是将运输作为贸易活动的一个前置环节，而第一代自由港则将本地市场和海外市场直接连通，提升了国际贸易的自由度和便利度，并且是资本主义向全世界扩张的重要工具。

三、加工增值型自由港的形成与发展

第二次世界大战结束后，经济全球化和第三次科技革命推动了国际贸易的自由化和便利化，战后各国开始重建或新建自由港与自由贸易园区。这个时期出现的加工增值型自由港即第二代自由港突破了以往的空间限制，并由此产生了功能差异，区位上由港口码头向港口腹地延伸，功能上新增了较高增值性的"工业制造"功能。

以出口加工区为代表的工业型自由港出现，成为发展中国家在全球产业结构调整背景下吸引外资和先进技术，实现快速工业化和现代化的有效手段。例如，我国台湾在其出口导向工业化过程中，正是借助加工出口区迅速实现了岛内产业结构的转变和经济的快速增长。

一些发达国家也在自由港内新增了工业区，旨在防止国内就业岗位大量流失。美国国会于1950年通过了《博格斯修正案》（Boggs Amendment），准许在对外贸易区内进行"制造"和"展示"活动，以此提升对外贸易区的吸引力和竞争力。1952年，美国对外贸易区委员会授权一些不方便迁移至对外贸易区的特定企业设立对外贸易区分区。对外贸易区分区政策使大型制造业企业在享受对外贸易区政策优惠的同时，可以选择在生产成本更低的地方落户，扩大了对外贸易区政策的覆盖范围，降低了企业的生产成本，使加工制造业有更广阔的生产空间。

与以"转口贸易"为主导功能的第一代自由港相比，以"加工贸易"为主导功能的加工出口区、自由工业区等更侧重于将"无配额、免税、保税"等自由港政策用于进口原材料而非进口制成品，并综合使用一系列政策工具吸引企业到区内投资建厂，如快速审批、税收优惠等。从第一代自由港向第二代自由港转型最为典型的是香港和新加坡，它们都是在遇到转口贸易严重衰退后才分别于50年代中期和末期提出转向大力发展加工制造工业的。后来，甚至连坚持只经营转口贸易的汉堡自由港，也允许在港区内发展加工工业，这都反映了自由港功能已普遍从单一转口贸易沿着工贸相结合的方向发展。

20世纪70年代，高科技工业在世界经济结构调整之际取代传统工业，取得了迅速发展。第二代自由港的加工制造功能纷纷以高科技、高附加值产业为导向进行转型。主要表现为创办科学技术园区，通过提供特别优惠的政策和科研环境，以吸引高新技术企业和人才，促进高新技术产业发展。例如，中国台湾以加工出口区为蓝本，于1980年设立了新竹科学工业园区。

随着国际贸易和现代物流业的发展，无水港在内陆地区出现，满足了内陆地区直接与国际市场连通的需求，为经济发达、有大量的外贸商品的内陆地区经济发展提供了新机遇。航空运输和保税物流使原本只能应用于海港的自由港政策延伸到了内陆，一批自由区依托无水港状态产生，比较典型的是以爱尔兰的香农和荷兰的史基浦为代表的空港自由港。

与普遍分布在海港的第一代自由港相比，第二代自由港选址的空间更为广阔。因加工制造业对场地和交通运输网络有更高的要求，新型自由区突破了港口的空间限制，出现在内陆地区和机场附近。同时，连接出口加工区和海港、空港口岸的保税物流带动了交通运输网络的健全发展，促进了陆港型和空港型自由港的诞生。

四、综合型自由港的出现与特点

20世纪80年代以后，信息技术的发展推动了自由港功能的进一步拓展。一方面，自由港的加工制造功能纷纷以高科技、高附加值产业为导向进行转型。高科技产品体量轻、更新快，对运输的效率有较高要求。迅捷、安全的航空运输因能大大缩短交货期，加快资金周转，得到了高新技术产业的青睐。在航空港内设立的科学技术园区成为自由港制度新的繁殖土壤。另一方面，自由港功能和港口城市功能日益融合。与第一代和第二代自由港相比，综合型自由港即第三代自由港拥有如下特征：

第一，具备信息港功能，成为综合运筹国际贸易和物流信息的资源配置中心。全球商品、资金、信息、技术、人才等生产要素可以通过自由港快速流通。供货方、代理商、承运人、船公司、收货方、银行、保险公司等各类国际贸易参与方的供求信息在自由港平台上能够高效匹配。第三代自由港正从港口服务的被动提供者转型为国际贸易生产要素配置的组织者、参与者。

第二，自由港成为多功能集成平台，且朝着全方位的增值服务方向发展。自由港政策被进一步运用到金融、保险、旅游、信息服务等服务业领域。第二代自由港的相关功能以"生产作业功能区"的形式被纳入第三代自由港中，主要从事货物贸易，发挥运输、港口作业、临港工业等基础功能。在第二代自由港的基础上新增"综合服务功能区"，重点开展服务贸易，提供物流、航运、金融保险、法律咨询、旅游、教育、休闲娱乐等综合服务。

第三，自由港成为产业集聚基地。一些国家或地区成功地将产业发展与自由港发展相结合，形成了各类专业化新型自由区。例如，迪拜依托海港杰贝阿里自由区（Jebel Ali Free Zone）和空港迪拜机场自由区（Dubai Airport

Free Zone)，打造了迪拜网络城、迪拜媒体城、迪拜珠宝城、迪拜汽车城、迪拜知识村、迪拜五金城等，同时，迪拜还是著名的旅游胜地。

第四，第三代自由港重视与港口城市的联动，通过陆运、空运和水运等多种运输方式，在空间上进一步延伸自由港功能半径，形成港口与腹地城市之间的综合性功能网络。自由、开放、高效的理念突破了物理隔离线，外溢至港口城市管理体系中。以香港和新加坡为代表的自由港则成功实现了港城一体化，自由港功能与城市功能融合发展，成为目前自由开放程度最高的自由港城市。

综上所述，第三代自由港以信息技术为媒介、以城市为主体，以港口为核心，集转运、仓储、贸易、工业及金融服务、休闲娱乐等多功能于一体，成为筹划、组织和参与国际经贸活动的资源配置中心、综合服务平台、物流集散中心和产业集聚基地。

自由港的代际演化不是新旧港口功能的完全替代，而是在原有基础上的拓展和提升。经过工业化、后工业化及信息化，自由港的演化经历了第一代的"贸易型"、第二代的"加工增值型"和第三代的"综合型"三个主要阶段（见图1-8）。

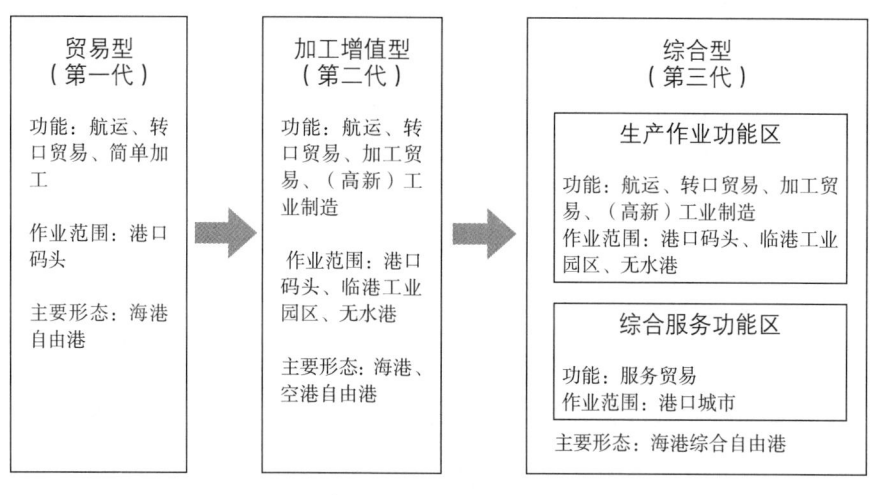

图1-8 自由港代际演化示意图

目前，第三代自由港已经形成，并成为地区性甚至全球性国际航运中心和经济中心，如香港、新加坡、迪拜等。但第二代自由港依然大量存在，一部分已经走向没落，一部分正在努力向第三代转型，一部分则在内陆地区获得新生，依托无水港在内陆地区承接国际资本和沿海产业转移，成为沿海港口在内陆经济中心城市的支线港。

五、未来自由港演化趋势展望

作为未来世界主要港口的进化趋势，第四代港口将超越狭义的港口概念或个体的港口，发展成为集港口、临港产业和城市功能为一体的港城或者由多个港口组合形成的网络港口群。自由港因为地理区位、港口资源和贸易政策等优势，经济开放度和国际化程度均高于同代其他港口，成为港口功能演化的先行者和风向标。今后，自由港演化可能出现两种趋势：

一是在经济、技术领域和港口城市管理层面实现自由港强强联合，形成第四代自由港城市联盟。当前，世界级大港之间的合作水平不断提高，鲜明呈现出第四代港口"物理空间上分离但通过公共经营者或管理部口相连接"的主要特征。以新加坡为例，新加坡港务集团（PSA）目前在全世界范围内专门从事的集装箱码头投资和运营业务已拓展至17个国家，共投资29个港口。2014年PSA全球港口集装箱吞吐量达6540万标准箱，是全世界最大的集装箱码头运营商。除了共同经营集装箱码头，新加坡港还与其他世界级大港，在信息共享、港口作业协作、海事服务标准协商统一等领域深入合作。2015年4月，同为国际船舶燃料供应中心的新加坡港和鹿特丹港就协商统一添加液化天然气（LNG）的运作标准开展合作。此前，2014年，鹿特丹港、安特卫普港、曼海姆港、斯特拉斯堡港和瑞士政府共同签署了关于引入LNG的联营协议（中华航运网，2014）。

二是自由港个体被自由贸易区（FTA）内的港口联盟取代。当前，世界经济一体化不断推进，区域合作方兴未艾。近年来，在以美国和欧盟为首的发达国家推动下，国际经贸规则面临新一轮重大调整，一系列贸易和投资谈判被提上议程，如跨太平洋经济战略伙伴关系谈判（TPP）、跨大西洋贸易和投资伙伴关系谈判（TTIP）等。随着这些谈判的逐步深入和部分框架协议的达成，各自由贸易区成员国之间的关税壁垒正在逐步消除，货物贸易、服务贸易和投资环境越发宽松和开放，自由港的个体优势逐渐弱化。一些自由港和自由贸易区或因经营不善而被取消，还有一些则顺应区域经济一体化趋势，放弃本身的自由港特殊地位，成为所在自由贸易区港口联盟中的一员。在同一自由贸易区内，各国不再需要重复设立属于本国的自由港，而是通过协商形成合理的分工定位和有序的竞争序列，打造属于整个经济一体化区域的自由贸易港口群。这个趋势在欧洲已经初露端倪。如今在欧洲，自由港已然不再流行，尽管欧洲是自由港的发源地，且有着诸多成功的自由港和自由区，但欧洲自由区的使命已近终结，例如汉堡自由港在2013年宣告取消。究其原因，主要是因为关税同盟和单一市场的建立，欧盟地区已经成为一个自由贸易区，随着欧盟法律的不断完善，个体自由区的政策优势不再，规则的统一和技术手段的进步不但弥补了失去"自由特权"造成的效率损失，更有利于欧盟港口的整合，提升整个欧洲港口群在国际上的竞争力。

其实，上述两种趋势并不互斥。因为当前世界各地现存的自由区成百上千，其中绝大部分属于或位于第二代自由港。并不是每个第二代自由港都能发展成为第三代，同时，并不是每个第四代自由港都必然由第三代发展而来。由于功能定位不清、腹地重叠、港口能力过剩，第二代自由港之间的竞争日益加剧。对于那些难以凭借个体优势从内部竞争中胜出的第二代自由港而言，通过与属于同一自由贸易区（FTA）的其他成员国的港口进行联盟，借助海、陆、空多种交通方式结成立体交通网络，有希望在自由贸易区范围内与联盟港口共享经济腹地。这条演化路径可以说是在尊重港口自然属性的基础上，顺应区域经济一体化进程，利用制度设计和技术手段淡化行政区划甚至国家边界，对港口开发和利用模式的一种解构和重构。而对于那些集优越的地理位置和港口资源、自由开放的贸易环境、简明高效的行政体制于一体，已然成为国际贸易中心、信息中心、金融中心、物流中心的第三代自由港来说，通过强强联手结成的自由港城市联盟，将有可能像中世纪的"汉萨同盟"一样成为未来国际社会中的一股重要力量。

总而言之，自由港的代际演化是一种整体性的制度变迁，表现在功能的扩展、范围的延伸、政策的调整、产业的转型等方面，其结果既有可能是不断代际更迭，也有可能是归于终结。

第二章　世界典型自由港的发展历程及借鉴

纵观世界自由港发展代际历史，自由港的形态是由自由港的功能决定的。由于自由港的功能是沿着单一化向多样化方向发展，因而其形态也必然发生相应的变化。当自由港的功能局限于发挥转口贸易的作用时，这类自由港就属于第一代，即贸易型自由港；当自由港的功能扩大到既促进贸易又促进工业（主要是临港工业）发展时，这类自由港就转变为第二代，即加工增值型自由港；而当自由港的功能扩展到促进工业、贸易、金融、旅游等各个方面的综合发展时，这类自由港就转为第三代，即综合型自由港。事物总是发展变化的，自由港也不是一成不变的，每一个自由港都处在不断演进变化中，根据自由条件的变化以及环境变迁而不断调整发展方向，与时俱进。从目前情况看，第一代自由港即纯贸易型自由港由于过于单一化，更易受到来自周边港口的竞争，因此纯贸易型自由港几乎不存在。当前多数自由港属于第二代即加工增值型自由港，有些已经走向没落，有些正在夯实基础并努力向第三代转型。加工增值型自由港摆脱了贸易型自由港单一依靠贸易发展的局限，转而增加了临港工业，从而推动了港口与工业共同发展。而第三代自由港在加工增值基础上进一步发展了各类服务业，形成港口、工业、服务业高度融合发展的繁荣局面，达到产业发展更高层次，但此类自由港为数甚少，香港、新加坡、迪拜在经历了前两代后成功晋升为第三代自由港，成为区域性甚至全球性国际航运中心和经济中心。

每一个自由港的发展都不是固定不变的，都有着自己的发展历程和优势所在。汉堡港虽退出历史舞台，但其曾是历史上最大的自由港，也是典型的贸易型自由港；鹿特丹港作为欧洲第一大港，临港工业特色显著，是典型的加工增值型自由港；香港、新加坡、迪拜则是公认的综合型自由港的典范。这五个自由港的发展历程及其特色具有很强的代表性，总结它们的发展精髓对于发展大连自由港具有积极的借鉴意义。

第一节　贸易型自由港

自由港发端于自由贸易，贸易型自由港是自由港发展历史上的初级形态，借助优越的地理条件及优惠政策积极发展贸易是贸易型自由港的最鲜明特点。汉堡港是历史上最典型的贸易型自由港，以汉堡港为例可以洞察出贸易型自由港的经验所在。汉堡位于易北河、阿尔斯特河与比勒河的入海口处，是大西洋通往东欧、东南欧最近的港口，地理位置十分优越，且市内河道纵横，水运发达，世界各地的远洋轮来德国时，都会在汉堡港停泊，因此汉堡港成为世界大港，被誉为"德国通往世界的大门"，加之铁路、公路、航空配合，使得汉堡成为德国北部重要的交通枢纽。

一、汉堡港的发展历程

汉堡港的历史可以追溯至1189年，神圣罗马帝国皇帝弗雷德里克将此处建设成为当时欧洲中部最重要的港口。进入13世纪后，汉堡同英国、荷兰、挪威、西班牙等国建立贸易往来，并先后同北德和北欧地区100多个港口城市组成对中古欧洲经济起过积极作用的自由贸易联盟——"汉萨同盟"，这个遍布北欧诸海岸、远达俄国和芬兰的庞大商业帝国，极大地推动了北海、波罗的海地区的贸易和城市发展。汉萨同盟在17世纪解体，而在这长达四个世纪的时期中，汉堡作为"自由汉萨城"一直享有"自由贸易"的特权，这极大地促进了汉堡港的贸易增长，汉堡港因此成为汉萨同盟在北海最重要的物资集散地。

1881年汉堡加入德意志关税同盟。尽管丧失了海关主权，但通过谈判，汉堡争取到在德意志帝国关税区外保留一个"自由港"的权利。1888年10月15日，汉堡自由港正式开港，而此时正值国际贸易保护主义盛行。虽然免税待遇仅能被保留在自由港区域内，但汉堡自由港的诞生突破了贸易保护主义封锁，以自由贸易为原则，以自由港税制为特色，成功吸引了各国的商船，改变了全球航运业和国际贸易的形态。此时，汉堡自由港主要开展针对非洲、东欧和南美的转口贸易，自由港的建成使汉堡成为当时世界上最大的咖啡、可可、香料和地毯的转运地之一。

因为免税待遇仅适用于自由港区域内，为了尽可能将仓储区和港口集中起来，汉堡市政府在1885—1913年迁移了2万居民，在自由港区内建起了一片巨大的仓库群。1895年，基尔运河通航，连通了北海与波罗的海，使汉堡港的集散能力得到了进一步提升。为补充老港区的不足，汉堡自由港在保留老港区的基础上于1910年建设了沃尔特歇夫（Waltershof）自由港区。到第一次世界大战前，汉堡港成为仅次于伦敦和纽约的世界第三大港。

两次世界大战期间，汉堡港遭到毁灭性的打击。战后至1953年，汉堡市投资对汉堡港进行大规模的现代化重建。尤其是美国援助欧洲的马歇尔计划，使汉堡获得了战后重建所需的物资援助、财政借款、技术设备等物质支持，从而使汉堡港恢复了贸易活力。

1966年，集装箱在美国——西欧航线上正式采用，从此成为国际航运的主流运输形态。随着港口工业化进程的推进，以及集装箱这一新型运输形态的兴起，汉堡港的重心移到易北河南岸，在此建起大批先进的集装箱装卸码头。

为了适应集装箱运输的发展，20世纪90年代，柏林墙倒塌后，汉堡把握住欧洲和世界经济格局重组的战略性机遇，从硬件和软件两个方面主动进行自我更新，一方面充分运用支线集装箱运输、轮渡网、高速铁路线以及高速公路网，汇集和分散大宗货物流；另一方面广泛应用以计算机互联网技术、全球卫星定位技术为代表的高新技术，对港口实施信息化管理。这次自我更新大大提升了汉堡港的运作效率和行业竞争力。到1993年，汉堡港已经成为德国第一、欧洲第二的集装箱港口。

1993年11月1日,《欧洲联盟条约》正式生效,欧盟正式诞生。1994年,《欧共体海关法典》生效,与随后颁布的《欧共体海关法典的实施条例》一起,共同构成了当代欧盟海关法的基石,统一了各成员国的海关制度。《欧共体海关法典》对自由区的设立、运营和货物的海关法律地位,以及区内货物可以进行的操作作出全面规定,确立了当代欧盟自由区制度的主要内容。同年,汉堡自由港改建为欧盟的自由区。

汉堡自由区延续了自由港的理念,以功能综合与封闭监管为特点,区内可进行贸易服务、物流分拨、维修改造及实质性加工。船舶和货物进出自由区均不需办理海关手续,只有从自由区进入欧盟市场时,才需要向海关缴纳关税及其他进口环节税。

但是,随着欧盟一体化进程推进,汉堡港的吸引力逐渐丧失。2008年出台的《现代化海关法典》要求所有欧盟口岸实行统一的报关程序,2009年欧盟海关改革,要求"所有进入自由区的货物在离港前24小时内都要进行登记",加强了对进入自由区货物的监管。这些规定不仅剥夺了汉堡港货物申报豁免特权,而且这种进出检查程序也造成了交通拥堵和货物供应延误,降低了港区业务效率。随着欧盟一体化的加速,关税同盟已覆盖绝大部分欧洲国家,汉堡港集散的货物总量中有2/3发生在欧盟市场内部,欧盟内部没有关税意味着自由港的免税优势对欧盟内部市场没有价值。关税同盟海关改革使海关监管下的保税仓库都具备了保税功能,从事转口贸易的企业无须再依赖汉堡自由港的保税功能。

在新的海关条款和航运物流业发展的要求下,德国联邦政府认为消除关境将会加快汉堡港运输和通关流程的速度,规则的统一和技术手段的进步可以弥补失去"自由特权"造成的效率损失,提高灵活度和效率,进而提升港口的竞争力。汉堡市政府也希望通过拆除自由港的边界,将汉堡港再次完全融入汉堡市,进一步释放汉堡发展空间。综合考量上述各种因素,从2013年1月1日起,汉堡取消了自由区政策,一个运行了120余年的自由港制度宣告终结。

二、汉堡港的发展优势

（一）贸易基础条件优越

汉堡港处于欧洲地区中心地段，海陆空交通运输网络高度发达，尤其是具有完善和发达的内河运输网络，通过易北河可连接德国的主要城市以及捷克首都布拉格，进而使整个中欧、东欧都成为其经济腹地。汉堡虽离海120公里，但易北河却能停靠世界上最大的集装箱船只。这种极佳的内河状况和发达的水路、铁路及高速网路一向是汉堡的优势所在。汉堡港总的港区面积为7399公顷，共有七大港区，分别是易北河右岸港区、东港区、西港区、瓦尔特斯豪夫港区、5号港区、6号港区和德拉登瑙港区，港口有港池25个，各类码头分布于港池内。汉堡港开发了250万平方米的集装箱装卸区，兴建了Altenwerder、Burchardkai、Eurogate、Tollerort四大集装箱码头，并规划扩建一个新的货物码头——Steinwerder中心码头。装卸设备有各种岸吊、桥吊、抓斗吊、浮吊、吸扬机及滚装设施等，其中浮吊最大能力达1200吨，吸扬机装载谷物的效率每小时为1300吨。在自由港的中心有世界上最大的仓储城，面积达50万平方米。

受益于发达的内河体系，汉堡内河与其他运输方式之间实现了多式联运，如内河航线与国际海运航线之间、内河航线与沿海运输航线之间均能实现水水联运。汉堡水水联运、公水联运、铁水联运的发展，表明了内河航运已经成为综合运输体系的有机构成，多式联运的发展极大地提升了汉堡综合运输的水平，促进了现代物流的发展。这些优越的贸易条件使得汉堡港的港口贸易十分发达，虽然已退出自由港，2016年汉堡港集装箱吞吐量仍达890万标准箱（TEU），位居全球第17位（见图2-1）。

（二）技术系统先进

汉堡在主要航段和各大港口都建立了交通管理系统，船舶装有定位装置，船舶之间可以发出和接收船速、方位等信息，港口也可及时得到信息，从而确保水上交通顺畅和安全；所有航道和港口都装有雷达导航系统，以保证夜航和雾航安全;还建立了水运管理信息系统,包括对航道动态、船舶流量和货物等信息的跟踪分析,并通过互联网等媒体发布信息,大大提高了航道的通行能力和船舶的运输效率与效益。

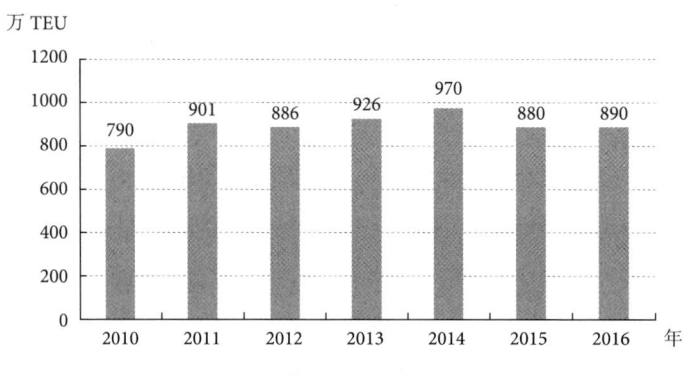

图 2-1　汉堡港集装箱吞吐量走势

为了支持航运的优化运作,并与其他运输方式有效衔接,汉堡港已建立了欧洲第一流的港口情报系统——DAKOSY(数据通信系统)。该系统不仅能在港内进行数据交换,而且可用于各种运输手段之间的协作,为货主选择最佳运输方案提供科学依据,实现了集装箱、大宗商品等各种货物信息在货主、港口、承运方以及其他合作伙伴之间及时、准确的交流。

（三）海关政策便捷优惠

海关监管的出发点不是通过监管增加税收,而是通过监管和关税促进国家经济发展,以便利为原则,采取尽可能简便的手续,有效地减少海关在该区域的管理,建立一种极为自由灵活的监管系统,促进贸易和物流的发展。在汉堡自由港可开展货物转船、储存、流通以及船舶建造等业务,并享有以下主要优惠政策:

第一,船只进出汉堡自由港无须向海关结关,船舶航行时只要在船上挂一面海关关旗,就可不受海关的任何干涉。

第二,凡进出口或转运货物在自由港装卸、转船和储存不受海关的任何限制,货物进出不要求每批立即申报与查验,甚至45天之内转口的货物无须记录，货物储存的时间也不受限制。

第三，货物在自由港区内可任意进行加工和交易而不必缴纳关税，货物只有从自由港输入欧盟市场时才须向海关结关，缴纳关税及其他进口税。只要能提供有关单证证明，海关就区分管理，视同在欧盟境内另一口岸已完成进入欧盟手续，到汉堡只是为了完成物流流程。

汉堡是一个典型的贸易型自由港，良好的贸易发展基础条件、自由的海关税收政策对促进自由港发展起到了重要作用，而从其自由港政策退出历史舞台也可以看出，经济一体化在某种程度上会削弱自由港的存在价值。

第二节 加工增值型自由港

加工增值型自由港不仅拥有良好的港口条件来发展贸易，而且围绕着港口发展了大量的工业尤其是外向型的出口加工工业，不仅促进了贸易增长，巩固了贸易地位，而且由于工业的发展带动了整个国家经济实力的提升。这一点鹿特丹表现得十分明显。鹿特丹位于莱茵河支流新、老马斯河交汇入海口处，西依北海，东溯莱茵河、多瑙河，可通至里海，港口处在世界上最繁忙的大西洋海上运输线和莱茵河水系运输线的交接口，是典型的河口港，兼有海港和河港的特点。鹿特丹市为荷兰最大的工业城市、第二大城市，素有"欧洲门户"之称，也是公认的新欧亚大陆桥的西端桥头堡。

一、鹿特丹的发展历程

13世纪下半叶到14世纪上半叶，鹿特丹从小渔村发展成为渔业港镇。1570年后，随着西欧海上运输和对外贸易的开辟，成为英、法和德国之间的过境运输港，西欧去北海、北冰洋渔船的备航和起航站。1600—1620年，建设了第一个港口，最初为渔业码头，后来逐渐成为一个商业码头，直到工业革命前期其影响仅限于码头周围。18世纪期间，鹿特丹集中对法国和英国开展贸易，偶尔也会有来自美国和印度尼西亚的贸易。1795—1815年法国占领期间，由于河口淤积，通航能力下降，港市一度衰落。

19世纪工业革命兴起，资本主义经济迅速发展，德国鲁尔工业区崛起成为欧洲最大工业区，形成对铁矿和煤炭运输的巨大需求，为适应由此带来的港口货物运量增长需求，鹿特丹开辟了新的水道，并接通市区与南荷兰间的铁路，同时苏伊士运河通航，鹿特丹港口腹地范围空前扩大，运输条件大大改善，至20世纪初一跃而成荷兰第一大港，成为欧洲与亚、非、北美间繁忙的过境运输港口。

20世纪初开发马斯河南岸岸线，港区不断西延。20世纪30年代后建成当时世界最大的人工挖掘港口——瓦尔港区（Waalhaven）。在第二次世界大战前，鹿特丹发展了造船业和海工产品制造业，并形成特色。1947—1955年港口主体西移至罗曾堡岛，建成可容载重6.5万吨矿船的博特莱克港区（Botlek）。与此同时，荷兰利用50年代的世界"廉价石油"时期和自身海运大国的比较优势，发展大规模石化工业，鹿特丹迅速崛起成为世界三大炼油基地之一。

20世纪六七十年代，根据集装箱等海运新技术和油轮载重吨位的发展趋势，在岛西开挖了长12公里的贝尔运河，修建欧罗波特港区（Europoort），在滨海浅滩淤积造地修建马斯莱可迪港区（Maasvlakte）。这两个港可停泊50万吨级特大油轮，运河航道可通行30万吨级巨型油轮。1992年开始，鹿特丹港每4年发布一份业务规划，根据这些规划，鹿特丹开始实施新的扩能计划，建造10万～15万吨级的第五、第六代集装箱码头，集装箱吞吐能力不断提高，以确保欧洲最大集装箱运输中心的地位。

目前来看，经过上百年的经营，鹿特丹已发展成为重要的国际贸易中心和工业基地。从功能上看，鹿特丹形成了港口码头、物流园区、临港工业带三位一体的发展布局。当然，在快速发展的过程中，鹿特丹也面临一些困境，主要是近些年来由于石油价格不断下跌，客户对海上石油钻井及天然气生产的投资逐渐减少，鹿特丹的海工行业发展不断受阻，甚至出现员工冗余。而且，鹿特丹作为一个老牌油港，石油和成品油等液态散货的贸易占据了鹿特丹港贸易量的40%以上，同时，作为一个港口工业综合体，港区产业链中涉及的许多化工厂及炼油厂的碳排放量巨大。鹿特丹港签订巴黎气候协议后，这种行业态势与其绿色发展的政策相违背，因此鹿特丹港临港产业正面临着转型挑战。

二、鹿特丹的发展优势

（一）拥有优越的贸易条件

鹿特丹港处在世界上最繁忙的大西洋海上运输线和莱茵河水系运输线的交接口，地理位置极佳，经济腹地范围覆盖了欧洲的半数国家。现今鹿特丹港区面积约为12606公顷，其中包括陆域面积7796公顷，水域面积4810公顷。拥有总泊位656个，航道最大水深24米，是500多条航线的船籍港或停靠港，且最大自然优势是主水道内没有水闸及其他障碍，所以船舶可以方便快捷地抵达码头进行停靠。鹿特丹港主要分为瓦尔—埃姆港区（Waal-Eemhaven）、梅尔沃港区（Merwehaven）、维尔港区（Vierhavens）、波利斯港区（Pernis）、博特莱克港区（Botlek）、欧罗波特港区（Europoort）和马斯莱可迪港区（Maasvlakte）等七个港区，港区水深从6.8米（接纳内河船舶）到22米，可以停靠从内河驳船到50多万吨的特大油轮等各类船舶，同时可供600多艘轮船停泊作业。港口主要以处理液态散货和集装箱为主，原油码头、集装箱码头等各类码头共计86个，其码头通过能力达每年2.15亿吨，集装箱通过能力达每年1700万TEU。基于优越的贸易条件，鹿特丹的贸易始终占据重要地位，虽然世界第一大港的地位在2003年被改变，但仍是欧洲第一大港，2016年实现集装箱吞吐量1239万TEU，排名世界第12位（见图2-2）。

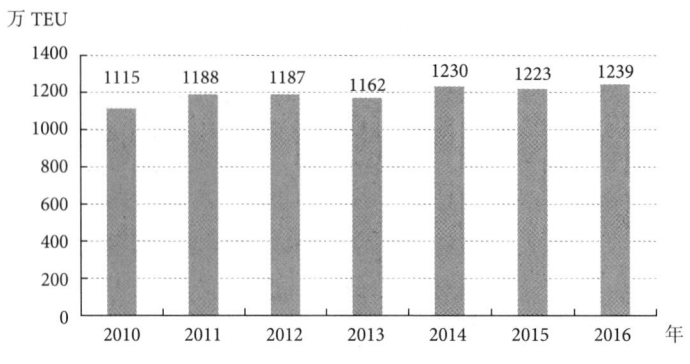

图 2-2 鹿特丹港集装箱吞吐量走势

（二）建有发达的运输网络

鹿特丹港的基础设施中，集疏运系统的作用极为重要。好的集疏运系统对港口至关重要，它不仅仅包括对其服务腹地的运输网络，还包括港口本身内部的运输系统。鹿特丹港吞吐的货物80%的发货地或目的地不在荷兰，大量的货物在港口通过一流的内陆运输网进行中转。通过铁路、海运、河道、管道、公路、空运等多种运输路线将货物送到荷兰和欧洲的目的地。鹿特丹有高速公路、铁路、水路与欧洲各国连接，覆盖了从法国到黑海、从北欧到意大利的欧洲各主要市场和工业区，空运货物可以通过鹿特丹国际机场进出。此外，鹿特丹港还通过提供多式联运为客户提供个性化运输和中转服务。特别强调的是被称为"一千公里长的传送带"的莱茵河及其他内河航道，构成了通达密布的运输网，通过驳船将大量货物运往荷兰上游，以及德国、法国、比利时等众多目的地，对鹿特丹港的中转地位起到了巨大作用。基于如此综合的运输网络，中转的货物可在24小时内到达西欧各主要的工业和经济中心，48小时内运到欧洲内陆各目的地。

（三）发展先进的信息化系统

鹿特丹十分注重港口服务信息化建设。在码头方面，鹿特丹港拥有世界上最先进的ECT集装箱码头，即无人操作装卸码头，俗称"鬼码头"。在ECT自动化的控制下，港口大部分的集装箱装卸和堆放由自动化装卸设备和电脑控制的无人AVG车进行操作，装卸船效率每小时可达50~60箱。在信息服务方面，鹿特丹港建立了电子数据交换系统（EDI），通过它可使港口的计算机系统直接同用户、货主以及其他机构（如海关）的计算机系统进行通信。1994年以前，鹿特丹港EDI信息主要用于报关，而现在由于拥有了港口网络、港口信息网等信息网络平台，信息应用的范围更加广泛，包括运输指令、国际铁路运单、装运通知、装货清单、货物进出口情况等，通过互联网实现了整个物流运作过程的信息传递，提供平台与各供应链环节的信息系统无缝对接，使港口物流企业达到运作信息的及时和统一，大大提高了服务效率。而在内河航运方面，重视莱茵河内河航运信息化建设。荷兰受欧盟的委托，开发了IVC90信息跟踪系统、VOIR信息编辑系统、IRAS航运信息综合特种分析系统等三大信息系统，促进了内河运输的高效安全运转。

（四）推行优惠的贸易政策

鹿特丹实施的贸易政策在其自由港发展中的作用功不可没。鹿特丹港四分之三的货源为转口，为方便货物代售和寄存，在港区设立"保税仓库"，仅收仓储费用，免征关税。与此同时，海关简化了入关的手续，给货主最大的方便，几乎所有商品（除不法商品之外）不受种类和数量限制都可自由出入港口。优惠政策极大地吸引了大量外国船只和货物过境，促进了贸易的发展，赚取了大量运费，促进了鹿特丹港的建设和迅速发展。

（五）形成了强大的临港工业体系

鹿特丹充分运用临港优势，大力发展临港工业。鹿特丹港建有一条集炼油、石油化工和船舶修造、港口机械、食品等部门为一体的临港工业带，沿马斯河南岸自东向西分布于七大港区中，这条工业带是鹿特丹工业实力所在。石化产业方面，这里作为欧洲石化产品等物资最重要的集散地，拥有4个世界级的精炼厂、40多家化学品和石化企业、4个工业煤气制造商等企业和13家主要的罐装贮存和配送公司。所有相关的石化作业都通过一个管道网连接起来，管道的总长超过1500公里。壳牌、埃索、科威特等全球著名石油公司都在鹿特丹港落户。船舶修造方面，拥有七个大型造船厂，并拥有30多个浮船坞用于生产和建造各类专业船只。农产品加工方面，因交通便利、仓储设施完备，世界著名的食品公司如联合利华、可口可乐等公司的出口、存储、加工以及运输等都集中在鹿特丹港区内，使其成为欧洲最大、最重要的农产品交易中心。

（六）建设国际化的物流产业

鹿特丹通过发展物流园区来促进国际贸易，提升贸易地位。物流园区主要集中在港区中心带，毗邻码头，并有多种交通运输方式可以从鹿特丹城市以及荷兰、欧洲的其他地区连接至港口，方便进行物资配给，这里拥有大约3500家国际贸易公司。在鹿特丹港建有埃姆物流园区、博特莱克物流园区和马斯莱可迪物流园区三个物流园区，分别建在三个港区，园区内设有仓库、现代化的通信设施以及海关管理机构等。三大物流园区通过货物的合理配置来满足各个国家和地区客户包括再包装、标签、称重、装配、质量监控、配送、海关等环节的要求。

鹿特丹以港口和经济腹地为依托，在积极发展港口贸易的基础上，大力发展临港工业和物流产业并形成有机统一体，从而促进了港城一体化，当然工业集中定位于石化、船舶等行业也对其发展形成掣肘，可见行业选择前瞻性十分必要。

第三节　综合型自由港

从世界范围来看，综合型自由港为数甚少，主要是分布在亚洲地区的香港、新加坡和迪拜。这类自由港的一个典型特点是，既有发展贸易的优越条件，又发展了一定的工业基础，而且服务业高度发达，服务业有机整合了贸易与工业发展，后均发展成为金融中心，金融在促进自由港发展中起到加速器作用。而且从城市布局来看，自由港已不仅仅局限于港口及其附近地区，而是整个港口城市，整个城市兼具转口贸易、出口加工、金融、商业、旅游等多种功能，经济活动和经济发展目标更加高端化与国际化，经济充满活力。因此，本节重点探讨中国香港、新加坡和迪拜的发展历程及其优势特色，为大连市向高层次的自由港形态发展提供有益借鉴。

一、中国香港的发展历程与优势

香港地处我国华南地区，珠江口以东，南海沿岸，北接深圳，西接珠江，扼我国华南门户，是世界航道要冲。全境由香港岛、九龙半岛、新界等3大区域组成，陆地总面积1104.32平方公里。香港岛与九龙之间港阔水深，为一天然良港，航线众多，航运业十分发达。自1841年英国宣布香港成为自由港以来，香港由一个自然资源极其匮乏的小渔村发展成为以贸易、金融和旅游等产业为主的港口城市。作为综合型自由港，香港自由港的范围涵盖了整个港口城市，因此，城市即自由港，自由港即城市。

（一）香港的发展历程

香港的发展主要经历了三个阶段。

第一阶段：转口贸易港阶段（19世纪40年代至20世纪40年代）。

1841—1946年，转口贸易是香港经济的重要支柱，这与香港的自然条件、经济基础以及殖民地历史有密切联系。香港于1841年被英国占领，英国在政治上对香港实行殖民政策，凭借优越的地理位置，由渔村逐步变为一个以转口贸易为主的城市。1946—1950年，战后香港经济恢复发展主要依靠与我国内地的转口贸易。香港被公认为是全世界最自由经济体，实行"积极不干预"政策，允许商品自由进出、免征关税，完全是一种市场自主、自发的自由经济体系。在此政策之下，凭借其优越区位条件，香港成为发展转口贸易的理想之地。贸易途径以中、英、印三角贸易关系为主，即我国内地向香港出口粮食和建筑材料，并经香港向英国统治下的印度转口茶叶、丝、大米和豆类等我国内地的土产；印度经我国香港向内地出口棉花、鸦片；英国经香港向内地出口工业品。此外，几乎所有行业都与转口贸易发生直接或间接的关系，整个香港经济都是围绕转口贸易轴心而运转。例如，转口贸易促进了造船业以及绳索制造、火柴以及炼糖等行业的兴起和发展。所以，这个时期的自由港，依旧是转口贸易港，加工制造业并不发达。

第二阶段：加工贸易型自由港阶段（20世纪50～70年代）。

20世纪50年代初，美国等西方国家对我国实行经济封锁和禁运，香港同内地的贸易中止，其转口贸易额迅速下降，经济整体受到巨大冲击。地理位置、区位条件优势及自由港体制促成香港对外贸易及航运业的发达，为香港发展制造业提供了有利条件；同时香港利用内地迁入的大量人力、资金，引进生产设备和生产管理技术，开始建立棉纺工业和其他一些以外销为主的轻工业。由于此时香港工业一般为低污染、仅需小型机械设备即可投产的劳动密集型工业，城市规划和卖地建厂的过程落后于工业发展的速度，因此形成多厂分层或一层数厂高密度多层式的商业工厂大厦式的工业社区。

进入60年代，西方国家首先进入工业转型期，劳动密集型产业向海外转移，香港抓住机遇凭借低成本低价格的优势，进一步发展了劳动密集型产业。其加工制造模式一般是从外地输入原料或半成品，进行加工装配，大部分产品出口，赚取劳动附加值。同时，由于自由港的全面开放，货物进出口自由、外汇不受管制、税率低、水陆交通便利、港口仓库设备先进，因而"大出大进"的制造业成为这一时期香港经济的重要支柱。此外，码头的货柜化加速了制造业的发展。1969年香港确立了出口导向型策略，经济结构转变为以轻工业及其产品外销为主，从根本上改变了以转口贸易为主的局面。

第三阶段：综合型自由港阶段（20世纪80年代初至今）。

进入20世纪80年代，制造业在本地发展遇到诸多困难，香港政府也致力于改变劳动密集和技术投入低的状况，又适逢内地扩大开放的机遇，于是大举北进。到90年代中期，原有的制造厂商80%已移至内地，仅有一些高技术部门尚有留存。1997年香港回归后这一趋势并未根本改变，制造业比重继续下降，目前制造业比重已不足2%。香港制造业的萎缩，一个重要的原因在于香港的"积极不干预"政策。除了一些特殊领域的直接干预外，香港对大部分行业实行"积极不干预"政策，这种政策在推动自由经济发展的同时，在某些节点上也使香港丧失了调整机会。20世纪七八十年代，与香港同为亚洲四小龙的其他新兴经济体都通过采取干预性的工业政策使经济迅速向高科技工业转变,香港的主要制造业在转移到内地后,由于政府的"积极不干预"政策错过了产业向高科技转型升级的最佳时机,且政府缺乏一个整体的、长远的发展规划和可操作的产业政策,最终导致制造业一蹶不振如表2-1所示。

表 2-1　　　　　　　　香港制造业与服务业比重对比　　　　　　单位:%

年份	制造业比重	服务业比重
2000	2.87	84.80
2001	2.60	85.87
2002	2.31	86.94
2003	2.01	88.13
2004	1.89	88.91
2005	1.79	89.22
2006	1.70	89.04
2007	1.58	89.56
2008	1.44	89.84
2009	1.36	90.51
2010	1.31	90.63
2011	1.26	90.95
2012	1.23	91.00
2013	1.20	90.68
2014	1.16	90.42
2015	1.11	89.83
2016	1.09	90.05

数据来源:Wind 数据库。

随着制造业向我国内地转移,香港开始向国际金融、贸易和商贸服务中心转型,逐渐形成一个以服务业为主导的经济体系。服务业在本地经济中举足轻重,向生产性和外向型的方向发展。生产性服务是指直接或间接为生产过程提供中间服务的服务性产业,主要包括金融、保险、仓库、通信、批发、零售、运输以及中介服务等。这些服务业不仅面对本地企业,更面向全球,其服务业的全球性奠定了香港国际性大都市的基础。其中,金融发展尤为突出。香港位于欧亚和美洲两大洲的中点，在当今世界上两个最活跃的金融市场——伦敦和纽约之间，时区属于东八区，与纽约相差13小时，与伦敦相差8小时，这个条件对香港经营国际性业务十分有利。香港在时间上自然地弥补了欧、美两大金融市场开市和收市空缺，成为其国际金融交易每天24小时不间断运转的一个重要节点。1986年4月2日，香港联交所开业，并开始享有在香港建立、经营和维护证券市场的专营权，也为其成为重要的国际金融中心提供保障。

1997年香港回归，实行"一国两制"政策，香港特区政府通过与多个国家和地区缔结双边自由贸易协定，促进区域经济一体化。首个人民币离岸市场的建立、CEPA签署并实施、"9+2泛珠三角合作框架"的建立，进一步强化香港国际金融中心的地位和功能以及与珠三角"前店后厂"的合作模式。当前，香港自由港正在逐步实现以金融、贸易、物流、旅游及专业服务为支柱，向高端服务业、高增值产业方向发展。而不断出台的内地与香港合作新协议，使得香港和内地跨边界空间合作及经济一体化得到进一步深入，从而不断强化了香港的世界航运中心、金融中心、国际贸易中心及旅游中心的地位。

（二）香港的发展优势

1. 港口条件与服务体系优势不可撼动。香港地理位置优越，直接腹地为珠三角地区，以整个华南地区为其重要的间接腹地，经济腹地广阔，这为发展港口贸易奠定了基础。香港港有15个港区，其中维多利亚港区最大，条件最好，拥有平均超过10米深的港内航道，掩护条件良好，港宽1.6~9.6公里，面积5200公顷，可停泊长305米的大型船舶，大型远洋货轮可随时进入码头和装卸区。港口共有72个远洋船系船浮筒，其中44个可系泊137~183米长的船舶，28个可系泊长137米以下的船舶，57个为台风时系船浮筒。葵青集装箱码头，年吞吐量超过1800万标准箱，占全港集装箱吞吐量的68%。库场与储运设施方面，拥有亚洲货柜中心和香港国际货运中心，为货运公司提供了便利的仓储设施，以供开展拆、装及拼箱业务，而且通过互联网等将有关信息传至世界各地。且香港通过珠江水系的北江、东江和西江，与华南地区广州港、深圳港及其他数十个内河小港联结成片，构成十分便利的水上交通运输网络。同时，香港拥有配套齐全的港口辅助支持系统。船舶的维修保养、物料供应、船员服务、海上救助、海事处理、商品检验、船舶登记检验等服务都十分完善。香港法律、金融、通信业等服务业发达，为集装箱运输提供融资、保险、仲裁等服务，这些都为香港航运业的发展提供了保障。基于良好的港口设施及服务条件，香港港集装箱吞吐量居世界前列，2016年达1981万TEU，排名第五（见图2-3）。

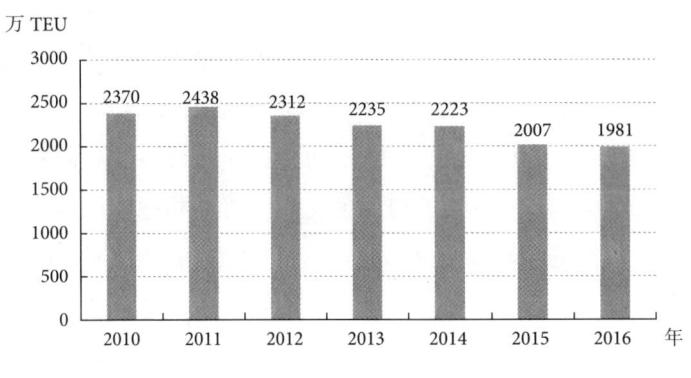

图2-3　香港港集装箱吞吐量走势

2. 高度自由的贸易制度。香港是世界上自由贸易制度实施最彻底的地区。首先，对进出口贸易不设置管制，除履行国际义务及维护安全原因（武器、毒品、食品卫生等），对贸易实行必不可少的管制外，进出口贸易的商品种类、价格、贸易主体身份等方面都不受管制。其次，不设置关税壁垒。除对烟、酒、甲醇、碳氢油、化妆品和若干不含酒精饮品这六类商品征关税和消费税外，其他商品一般不征收关税，仅征收0.05%的从价税用于支持香港贸易局发展。再次，进出口手续简便。除少数受贸易管制的商品需要进行事前申请外，一般商品进口无须报批。最后，外来船舶免办进港申请及海关手续，实行非强制引航，关检及卫检手续简便，并豁免港口行政费。

3. 便利的海关监管制度。首先，香港特区进出口报关手续十分简便。除豁免报关的商品外，承运人只须于货物输入或输出后14日内向海关详细呈报进口或出口商品的所有付运资料和进/出口报关单。在香港豁免报关的商品有转运货物、过境货物、船舶补给品（包括燃料舱燃料）、飞机补给品（包括飞行燃料）、除汽车外的私人行李、价值4000美元以下的任何邮包等。其次，香港通关渠道多样、便捷，目前采取的便捷通关的主要促进措施有以自愿和协议为基础的海易通计划、以自愿和信任管理为基础的香港认可经济营运商计划等。再次，香港特区配额和贸易管制很少，没有主动的进出口配额。仅从食品安全需要，对活鸡进口实行总量控制。最后，检验检疫环节便利。香港海关人员对进出口货物以抽选方式进行检查或检验。香港海关大力保护合法的商贸活动，且十分重视香港特区的诚信营商形象。抽选货物时，海关采用风险管理措施，确保将在各出入境管制站造成的干扰减至最少。

4. 简单的税收制度。香港奉行简单税制，其独立税制及低税率政策受《香港基本法》保障。公司只需缴纳不多于16.5%的利得税，而对于个人的税率不多于15%。其明确划一的低税制为企业提供清晰和稳定的经营环境，无须再额外提供附带条件的税项减免及优惠。香港不设其他税项，而政府处理各类商务所收取的行政费用，大部分以收回成本的原则收取。海运方面，从国际海运业务所得利润无须在香港缴付利得税，香港特别行政区政府与42个贸易伙伴签订双边双重课税宽免安排，避免就国际海运业务的收入双重征税，以减轻海运业的整体税务负担。

5. 完善的服务业体系。虽然香港的制造业已经萎缩，但是服务业却成为其发展过程中的特色，香港服务业的优势则主要体现在以下三个方面。

（1）服务业部门齐全。香港服务业历史悠久，在以转口贸易为主的基础上逐渐形成了部门齐全的服务体系。主要包括专业服务、通信和媒体服务、金融服务、贸易支援服务四大方面29个行业。服务业经营范围很广，几乎囊括了生产、生活的各个方面。

（2）专业性强。生产性服务处于主导地位，其中金融、物流、法律、运输、保险等都具有国际先进水平，而且由于拥有成功的运作经验、众多的机构及高素质的从业人员，所以更具专业性，整体竞争力强。以法律服务业为例，目前全港有超过1500家律师事务所和大律师行，有超过7000名法律专业人士，法律服务机构的雇员人数接近万人。香港建立了完善的建筑师、设计师、律师、工程师、测量师、规划师等专业资格的自我监管制度，这为服务机构的专业性及人员的高素质性提供了有力保证。

（3）国际化特点显著。由于香港本地市场和资源有限，一直积极开拓国际市场，以向我国内地和亚太地区提供融资、运输、通信、咨询服务为主。而由于实行自由贸易、自由企业制度，资金进出不受限制，也使香港成为全球重要的外商直接投资接收地，跨国公司云集，进而成为跨国公司的亚太营运中心。在面向跨国公司、亚太地区服务的基础上，凭借优越的地理位置、完善的基础设施、公平的竞争环境以及高素质的人力资源，香港逐渐发展成为国际服务中心，服务业呈现显著的国际化特点。服务业更加专业化和国际化，使得服务层次高端化、高附加值化，这种优势的形成使得香港发展实现质的蜕变。

6. 强大的金融服务体系。服务业成为发展优势所在，而金融业成为其中的强劲动力，成为香港发展优势的最集中体现。自1978年向外资银行开放以来，香港逐步采取更加自由的金融政策，形成了以外资银行为主体、以进出口贸易为主要服务对象的银行体系，是世界上银行机构最密集的城市之一。银行机构数量达200余家，全球百强银行当中有74家在香港开办业务，是全球第二大、亚洲第一大国际银行中心。与此同时，另有大量的证券机构、投资管理机构和保险机构，是全球第三、亚洲第一的投资管理中心，全球第二、亚洲第一的保险中心。

（1）融资便利。香港具有十分便利的融资环境。企业向银行及其他金融机构申请融资非常普遍。银行为企业提供各类贷款融资，以迎合其不同的业务需要。香港对银行提供信贷融资并不订立任何准则，业界通常有自己的内部规则。假若申请贷款的企业是银行现有客户而双方又建立有良好关系，银行向企业提供融资时可能会豁免一些内部规则。

香港特区法律对外资公司参与当地证券交易没有限制。外资公司或个人只需开立买卖证券账户就可以随时交易。香港拥有全球最开放的债务市场。国际投资者可以自由投资香港发行的债务工具，境外借款人可自由利用本地债务市场发行的各种债务工具为其业务融资。香港的私营机构债券市场十分活跃，流动性很高。

（2）资本流动及结算自由。香港特区对货币买卖和国际资金流动，包括外来投资者将股息或资金调回本国，都无限制。香港在1973年和1974年先后取消了外汇和黄金管制，完全开放了外汇及黄金市场。无论实行何种汇率制度，香港本地资金和境外资金均可自由进出、自由流动，这大大促进了金融业的发展。

对外贸易企业能否自由选择结算货币，决定了贸易企业能否在贸易过程中灵活地规避外汇风险，减少风险敞口。香港拥有成熟、活跃的外汇市场，与海外金融中心保持着密切的联系，外汇交易每天24小时不间断运行。企业可以在香港银行开立多种货币账户，使用任何货币进行贸易结算。在外汇自由流通的政策下，香港能够吸引大量离岸资金流入，公司和金融机构在资金管理方面也有很大的灵活性。

香港发展历程的实质是由初级商品的转口贸易以及出口的劳动密集型加工贸易，向以知识密集和资本密集的金融、国际贸易、旅游、各类咨询服务为主的现代服务业发展转变的过程，由一个面向我国内地的服务中心蜕变为一个以全球市场为服务对象的综合型服务业中心。金融等服务业既是既有优势发展的结果，又发展成为新的优势因素，成为带动经济的主要动力。当然，缺乏强势的制造业也是香港发展的短板，改善这种状态也是其未来方向所在。

二、新加坡的发展历程与优势

新加坡位于马来半岛南端，是一个城市岛国，处于世界航运要道马六甲海峡出入口，北面隔着柔佛海峡与马来西亚紧邻，土地面积约715.8平方公里。新加坡自然资源缺乏，但战略地位十分重要，因此成为殖民主义时期殖民者争夺的对象。为了服务于英国的自由贸易政策，1819年新加坡被开辟为自由港，经过不断发展，新加坡已发展成为亚洲重要的航运中心和著名的"花园城市"。

（一）新加坡发发展历程

新加坡的发展历程主要经历了四个阶段。

第一阶段：转口贸易自由港阶段（19世纪初期末至20世纪50年代末）。

1819年，英国东印度公司的托马斯·斯坦福·莱佛士爵士（Sir Thomas Stamford Raffles）乘船抵达新加坡，发现这里是一个天然的避风深水港，决定在此建立一个贸易站。随后，英国取得了新加坡的租借权，宣布将新加坡的全境开辟为自由港。

这个时期新加坡是完全意义上的自由港，各国船只可以自由进出港口，除了烟、酒和殖民地政府专卖的鸦片烟外，其他的进出口货物一律免征关税。近乎零关税的优惠政策给当时推行高关税政策的荷兰以沉重的打击，各地的商船和商家纷纷从其统治的爪哇和马来群岛的港口转而来到新加坡进行转口贸易。贸易商将周边群岛、马来半岛和印度尼西亚的初级产品通过新加坡运往欧洲、北美和中国，来自欧洲的资金和制成品则流向亚洲殖民地。在这种单一畸形的经济结构中，转口贸易成为国民经济的支柱，工业基础十分薄弱，仅有一些为转口贸易服务的加工、装配等简单工业，是一个典型的转口贸易自由港。

第二阶段：发展进口替代的转型阶段（20世纪50年代末至60年代末）。

20世纪50年代，邻国相继独立，纷纷开始发展贸易，新加坡转口贸易优势受到冲击。为此，政府开始寻求工业化之路。工业化始于1959年颁布的《新兴工业（豁免所得税）法案》和《工业扩展（豁免所得税）法案》，这些法案旨在鼓励国内投资商投资于新兴的进口替代工业；1960年新加坡邀请联合国专家协助起草制订工业发展计划，并成立经济发展局（EDU），负责推行工业计划的实施，当年公布了第一个经济发展五年计划，开启发展民族经济的进程。

与香港面临的形势类似，发达国家产业转移为新加坡提供了机遇。新加坡抓住机遇，实施进口替代工业化战略，利用本国劳动力优势，劳动密集型加工制造业迅速发展起来。其间新加坡开始建立工业园区，1961年底设立了当时最大的裕廊工业园区。

这一时期，针对本国需要保护的工业，政府实行对进口货物征收工业品进口关税。当国内工业发展具有国际竞争力之时，就撤销某些受关税保护的项目，这样避免了自由港因长期的关税保护而失去活力。且在厘定应征关税的税率时采取了比较优势的策略，即把税率定在远远低于邻近国家港口税率的水平上，以保证其自由港的竞争优势。

为了降低关税保护对转口贸易的影响，1966年国会颁布了"自由贸易区条例"，并于1969年在裕廊港码头设立第一个自由贸易区。与其他国家自贸区不同，这一自由贸易区并不是通过优惠政策吸引外资来发展加工制造业，而是一个免税区，主要是作发展转口贸易之用。通过对自由港政策的灵活运用，有力地保持了转口贸易港地位。

第三阶段：出口导向的产业深化发展阶段（20世纪60年代末至80年代末）。

1967年底，颁布了《经济扩展奖励（豁免所得税）法案》，突出鼓励出口工业，由此新加坡开始了面向出口的工业化进程。

进入20世纪70年代，随着制造业的快速发展和较为充分的就业，劳动力供给出现短缺；同时，工资上升较快，导致劳动密集型产业发展优势不再，新加坡开始向资本密集型方向发展。该时期重点发展了炼油、石油勘探设备制造、船舶制造等产业。到70年代末，炼油业占制造业总产值超过30%，使新加坡成为全球三大炼油中心之一。同时，以制造业为引擎，贸易、金融、交通、旅游等服务业也得到了一定发展。

进入20世纪80年代后，新加坡政府开始重点强调发展高附加值产业，向技术密集型经济转型。政府主要从三个方面来促进产业结构转型：一是深化技术教育；二是采取税收优惠等政策，鼓励向技术密集型产业投资；三是发展高附加值的金融和其他服务业，目标是将新加坡打造成提供广泛服务的"金融超市"，确立新加坡"知识型服务业"的国际中心地位。而为了促进高附加值产业的发展，科学园应运而生，第一个科学园是邻近新加坡国立大学设立的新加坡科学园区，利用新加坡大学的先进研究成果来发展工业，实现"产学研"相结合。在80年代中期，新加坡正式确立了制造业与服务业双引擎发展战略，在发展资本、技术密集出口工业的同时，着力优先发展了有增长潜力的现代服务业，如物流业、金融业、交通通信业等，使新加坡逐步成为跨国公司认可的国际枢纽，总部经济逐步形成，成功实现了向现代服务业经济的升级。

第四阶段：高端综合发展阶段（20世纪90年代末至今）。

1997年亚洲金融危机和2001年全球经济性衰退使得新加坡的产业发展面临新的挑战，一方面世界性的电子工业需求下降，另一方面新加坡人力成本过高使不少制造业向我国和印度等国家转移。对此，新加坡政府进一步发展高附加值、技术密集型产业，如将电子产业从低端升级到高端，发展生物医学、生命科学、航天航空、水务产业等。为加强对生物医学、信息产业等世界级科学工程的基础研究，建设了新加坡科技研究中心——纬壹科技城，同时还设立了全国科学奖学金，吸引年轻人从事科研工作。这些举措使高端化生产特色明显增强。

服务业也进入繁荣时期。新加坡开始提出大力发展高端服务业，重点发展以旅游、研发、金融和信息资讯为重点的高端服务业。新加坡提出要将新加坡建设成"知识型产业枢纽"，更加注重新兴服务业、生产性服务业的发展，打造知识型的现代服务业体系，服务对象进一步扩大。同时，继续加大基础设施建设，推进港口建设，2012年新加坡港务集团宣布花费35亿新加坡元（约合28.5亿美元）扩建西南部的帕西班让（Pasir Panjang）港口，计划2020年完工，届时集装箱年处理能力将上升至5000万TEU，提供最深18米的泊位以容纳更大的集装箱船舶。新加坡十分重视旅游业的发展，把它当作"无烟工业"，凭借优美的环境、完善的服务设施、礼貌热情的服务态度和价格低廉的旅游费用，一跃成为新的世界旅游王国。同时，利用地理交通优势，逐步发展成为重要的国际会议中心。

（二）新加坡的发展优势

1. 优越的贸易发展条件。新加坡扼马六甲海峡出入口，地处东西方交接点，独特的地理位置使得东亚、西亚、欧洲，乃至全球都成为其腹地。新加坡现有六个码头，分别是丹戎巴葛（Tanjong Pagar）、凯佩尔（Keppel）、布兰尼（Brani）和帕西班让（Pasir Panjang）四个集装箱处理码头，还有位于裕廊和森巴望（Sembawang）的多功能处理码头、新加坡港务集团与我国中远集团合资的COSCO PSA码头。港口面积总计约357.7公顷，最大水深15米，共计有泊位55个，其中主泊位30个，辅泊位25个，最大可停靠30万载重吨的船舶。集装箱码头共有479个起重机，其中岸边起重机114个，堆场起重机365个，年处理集装箱超过2400万个。同时，新加坡兴建了樟宜国际机场，实现了空港联运，极大地提升了客户对新加坡的信任度和国际航运中心的知名度。此外，新加坡拥有一个40万吨级的巨型旱船坞和两个30万吨级的旱船坞，能够同时修理船舶总吨位超过200万吨，是亚洲最大的修船基地之一。需要检修的船舶往往满载货物从其他港口驶往新加坡，将货物在新加坡换到其他船舶后，就近在新加坡进行维修，节省了成本，方便了船主，也为新加坡的修船业带来了更多的生意。

而在促进贸易方面，新加坡采取在港口附近建设自由贸易园区的做法。新加坡共建有裕廊港自由贸易区、樟宜航空货运中心等8个自由贸易区，除了樟宜航空货运中心是空运自由贸易区外，其余7个皆为海运自由贸易区。这些自由贸易区功能较为简单，不是为了发展工业而建，主要是以发展转口贸易、提供物流附加价值为目的，货物可以在同一自由贸易区内自由运送，海关多不加干涉。

现代化的贸易基础设施及自由贸易区的建立促进了贸易稳定发展，2016年新加坡港实现吞吐量3090万TEU，居世界第二位（见图2-4）。

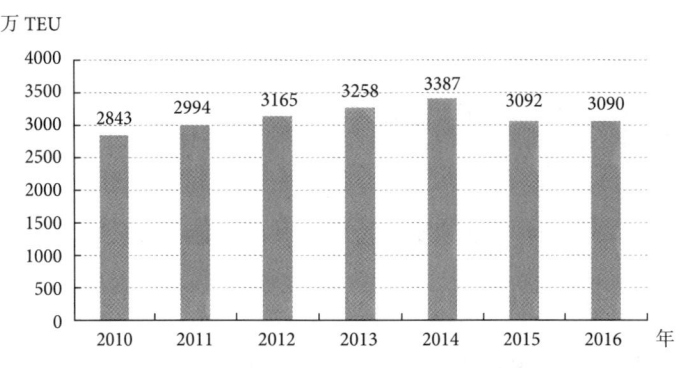

图2-4　新加坡港口集装箱吞吐量走势

2．高效的信息化物流体系。新加坡着力建设国际贸易、航运中心信息平台，形成贸易信息网（Trade Net）、港口信息网（Port Net）和码头作业系统三大平台。新加坡1989年推出的贸易信息网（Trade Net），是世界上第一个用于贸易文件综合处理的全国性EDI网络，于1990年建成，把全国5000多家国际贸易机构连接到同一网络中,将商贸企业、银行、运输等服务机构联系在一起,形成贸易交易网络平台,进而连接海关、税务等35个政府部门,形成面向企业服务的单一窗口。与进口、出口(包括转口)贸易有关的申请、申报、审核、许可、管制等全部手续均通过贸易网进行。使用系统之后,企业和贸易商只需要递交一份完整的电子文件,就可以完成通关的所有程序。通关处理时间由之前的2~7天缩短到不足10秒钟。在受理电子报关后,货物放行只需15分钟。

1984年始建设的港口信息网(Port Net)把航运界、相关政府职能部门、港口用户、港务集团、货主集装箱中转站和卡车运输业等7000家用户联系起来,同时向世界其他港口延伸,形成7000万宗以上的年交易量。同时使港口用户获得船只进出港信息、舱位安排、货物在港所处的状态、指定泊位、起重机布置、集装箱实时跟踪等信息。码头作业系统则整合、规划和管理货柜码头所有的货柜作业。在此系统下,通过全程自动化无纸作业,集装箱通过港区大门通道只需25秒。

3. 税制简易税负低。新加坡对内外资企业实行统一的所得税政策,自2010年起,新加坡公司税税率为17%,且所有企业可享受前30万新加坡元应税所得中部分免税待遇:一般企业前1万新加坡元所得免征75%,后29万新加坡元所得免征50%;符合条件的企业前10万新加坡元所得全部免税,后20万新加坡元所得免征50%。

货物出入的税收政策相对宽松。除酒类、烟草(含卷烟)、石油、机动车以外,新加坡对所有进口商品免征关税,但要缴纳消费税。保存在自由贸易园区的货物不视为进口货物,不必缴纳消费税,直到货物从自由贸易园区进口到新加坡国内才征收消费税。

4. 工业与服务业并举形成稳固支撑。与香港制造业"空心化"状况不同,新加坡工业与服务业并举发展相得益彰,形成了稳固支撑,从而使经济发展获得了强劲优势。在工业方面,目前新加坡共建有35个工业园区,依据地理位置、经济、生产、技术等条件的不同,新加坡建设的工业园区可分为六类:一是滨海区,发展造船、修船及其他海事工业;二是特种工业区,以生产飞机零件及提供飞机检修等服务著称;三是重工业区,着重建设石油化工、化学工业；四是中型及轻工业区，发展塑料制品、机械工具、自动化零件；五是食品及药品工业区；六是市区工业，主要从事各种轻工业。依靠这些工业区，新加坡形成了产业集群效应，且新加坡不断瞄准世界新兴产业，通过引入新兴产业和本地培育，使产业不断走向高端化，形成新优势。

表 2-2　　　　　　　　　新加坡工业与服务业占比　　　　　　　　　单位：%

年份	工业占比	其中：制造业占比	服务业占比
2000	22.17	20.40	61.28
2001	19.96	18.21	64.15
2002	20.88	18.95	64.16
2003	20.68	18.69	65.12
2004	21.44	19.42	64.96
2005	21.79	19.79	65.09
2006	22.37	20.34	64.64
2007	21.61	19.75	65.08
2008	20.20	18.59	66.89
2009	19.32	17.93	66.77
2010	21.72	20.18	64.74
2011	21.96	20.48	65.17
2012	21.23	19.78	65.66
2013	20.56	19.15	67.04
2014	20.39	18.99	67.25
2015	19.06	17.67	68.08
2016	19.33	17.95	67.42

数据来源：Wind 数据库。

与此同时，服务业全面推进走向高端化。一方面，新加坡把打造服务业区域中心作为其现代服务业产业层次提升的发展方向，以此来实现竞争力的跃升，逐步成为世界贸易中心、航运中心、会议中心、教育中心和金融理财中心。这些中心把新加坡服务业的辐射半径从4小时经济圈扩展到7小时经济圈。另一方面，打造知识密集型现代服务行业，服务经济的产业层次进一步提升：一是依托本国多语种优势高标准建设教育、创意、健康保健和法律服务业，新兴服务业得以着重发展；二是把制造业从下游的产品生产环节提升到研发和设计等上游环节，生产性服务业进一步拓宽；三是以知识化和信息化使贸易、物流、旅游等传统服务业得以重新定位和改造，促使新加坡转向现代服务经济。如此，新加坡服务业更加具有了全球性，层次更加高端化，这也是综合型自由港区别于前两类自由港的集中体现。

5. 廉洁高效的政府。美国管理学家艾利森认为，在实现政策目标过程中，政策方案确定的功能只占10%，而90%取决于有效的执行。而新加坡超效能的执行力正是"严管"出来的。新加坡政府一直坚持"不仅乱世用重典、盛世也要用重典"的信条，推行严刑峻法、依法治国。与全球司法惯例不同的是，新加坡对于贪污受贿执行有罪推定。公务员任何贪污行为，哪怕是极轻微的贪污行为或即使没有贪污但表现出贪污的意愿，一经查实，都将面临刑责。无论谁违法必遭惩罚，没有灵活性、没有下不为例。同时，设置独立运作的贪污调查局负责廉政监督，民众则可以通过报纸、网络等大众传媒监督公务员。此外，新加坡有严格的公务员财产申报制度，并有专门机构进行核查。由于不敢也无法贪腐，新加坡国有企业的效率非常高。严刑峻法下不仅产生了行政高效率和超效能的执行力，而且还带来了经济效益与用人唯贤、唯才是举的组织、人事的变革。

6. 有力的人力保障。拥有一批受过各种专门培训的劳动者队伍和具有较高素质的管理人才是新加坡的优势之一，这得益于该国的教育。新加坡对教育的投资力度，仅次于国防，是世界上最重视国民教育的国家之一。

为了提高人才素质，新加坡不仅重视学历教育，更注重其与职业教育的结合。在职业教育方面，有厂内训练、海外培训和联合培训等多种形式，为此政府专门建立了职工技术培训基金，不断加大投入力度。同时，政府也对职工培训做出了很多规定。比如规定企业雇主须缴纳相当于工资总额4%的资金给政府，用作专项的培训基金，或者企业自己出资培训工人，政府为其补贴培训费的70%。

从20世纪80年代中期开始政府便定下"以智取胜"的目标，普及电脑应用知识，实行英语和汉语并行的双语教学，使国民普遍具有良好的语言能力，增强与世界的沟通。新加坡不仅重视国民文化素质的培养，而且同样注重思想道德教育，开展礼貌运动等活动，培养他们的爱国主义情感和集体观念等，促使人们养成艰苦奋斗、敬业乐业、谦虚礼让的精神风貌。在日趋激烈的国际竞争中，新加坡的人力资源优势日趋显现。

新加坡的自由港发展实质是由初级商品的转口贸易、劳动密集型加工基地逐步发展成为国际贸易中心、中高端制造业中心及知识型服务业中心的过程。制造业趋向高端化，服务业更加全球化，政府发挥了积极的引导作用，避免了类似香港的制造业空心化的困境，造就了工业与服务业强势并举发展的模式，增强了经济的稳定性。

三、迪拜的发展历程与优势

迪拜位于阿拉伯半岛东部，北濒波斯湾，海岸线长734公里。西北与卡塔尔为邻、西和南与沙特阿拉伯交界、东和东北与阿曼毗连，土地总面积3978平方公里，沿海岸线呈西南到东北的走向，长30公里，人口230万。迪拜是七个阿拉伯联合酋长国中面积第二大的酋长国（次于阿布扎比），是阿联酋的经济中心。由于它位于从印度到西方的贸易路线上，战略地位很重要，因此历史上西方人对该地区十分重视，在内外政策的推动下迪拜发展成为中东地区最大的自由港。

（一）迪拜的发展过程

迪拜的发展主要经历了四个发展阶段。

第一阶段：自由港城阶段（20世纪初至50年代）。

1902年迪拜利用波斯湾主要港口提高税率的契机，实施了自由贸易政策，旨在建立一个商业自由的港口，并且吸引重要的商人（主要是阿拉伯人和伊朗人）。这一举动造成的结果就是在短短几年里，到迪拜停靠的货船的频率由一年五次上升至一个月两次。而到了1925年，由于相邻的港口进一步提高税率，在迪拜临时居住的商人反而因此变成了永久居民。

到20世纪中期，迪拜就以自由港为鲜明特色展现在世人面前，尤其是以快速增长的贸易和城市化为特点。作为贸易历史上重要的港口，迪拜湾的重要性使得它迫切需要进行疏浚清淤，以便能够接纳更大的船只，改善装船或卸船能力，增强商业活动便利性。所以，在1955年，一项发展迪拜湾的计划开始实施，即对狭窄的区域进行疏浚清淤，建立防波堤和码头以适应转运业务。

第二阶段：仓储转口贸易港口阶段（20世纪60~70年代）。

1966年石油被发现，紧接着阿拉伯联合酋长国在1971年成立，这就决定了城市发展带有了石油特色。由于减税，且贸易对外开放，商业贸易快速增长，并出现了一种"迪拜大船"将货物分装到小船上的贸易形式，促进了集装箱增长，其中70%都是转运业务。至此，迪拜就成为当时波斯湾地区最主要的转口贸易港口。

在这一时期，这座城市迫切需要一个系统的计划来指导快速的城市发展，应对来自全球化和新城市经济的压力。这样，英国设计师约翰·哈瑞斯在1960年提出了"第一总体规划"。在地区的坐标和区块基础上，他设计了城市的基本元素，包括道路体系，工业区，商业及公共建筑，居民区和一个新的城市中心。作为贸易和经济生活的主要来源，迪拜湾被置于计划中的最重要元素。新的设计与城市自然的几何形状有机结合，从海湾一直延伸到沙漠地带，以备重要的潜在的基础设施之需，如机场向沙漠方向扩建，现代化海港建设等。

第一总体规划为迪拜早期的现代化发展打下了基础。随着人口快速增长和可观的石油财富，第二个总体规划在1971年开始实施。简单地说，第二总体规划包括穿越迪拜湾的一条隧道、跨越海湾和拉希德港的两座大桥。除此之外，一个指向杰贝阿里的大的居住区也被作为长远规划，连带一大片区域旨在发展健康、教育、休闲娱乐等产业。

1972年迪拜建成第一个人工港口——拉希德港，该港拥有12个泊位，随后扩充至24个泊位。随着国际贸易增长和装运技术的提高，拉希德港传统的货物处理方式需要升级以满足装卸需要。除了拉希德港外，70年代后期建立了"世界贸易中心"，这对于促进迪拜融入全球经济起到了重要作用。

然而，这些现代贸易基础设施在港口与城市交界处产生路径与交通问题，1979年杰贝阿里港的建成解决了这一问题，而且使得迪拜现代化扩张摆脱了原有规划的限制。杰贝阿里港增加了贸易容量，发展了工业化，呈现经济多样性。新的港口有15公里海岸线，67个泊位，离城市中心约35公里。起初的计划是建立一个新城，包括机场、海港、工业和居民区。港口和工业区建立起来，继承了迪拜传统的自由港政策。

第三阶段：地区性转运中心港口城市阶段（20世纪80~90年代）。

由于美国公司控制了杰贝阿里港，使其在一定时期内未能有效发挥作用，迪拜政府于80年代终止港口的管理合同，重新建立了迪拜港口管理公司，即一个政府所有的商业化运作的独立的公司，这一问题得到彻底解决。新的公司是由拉希德港和杰贝阿里港共同出资，将两个港口作为一个港口来经营运作。

这一时期特别引起注意的是自贸区规划，自贸区的建设主要是应对全球贸易增长的需要和吸引外商直接投资，这些对于创造多样性经济起到重要的作用。1985年杰贝阿里自贸区建立，面积大约50平方公里，毗邻港口，这一自贸区旨在发展港口腹地，并且使迪拜发展成一个货运中心。这是个非常成功的自贸区，它提供给外国公司装卸设施的便利，可以拥有100%股权。杰贝阿里自贸区1985年时只有19家公司，到90年代末已经吸引了超过2000家公司入驻。随后，其他一些重要的自贸区也迅速发展起来，如迪拜技术园，硅城及一些产业园。

从城市规划角度看，这一时期的显著特点就是从一个比较僵化的规划转型至一个更加综合、结构性的规划。举例而言，迪拜制定了《综合发展规划1985—2000》，该规划对港口和城市的融合对接提出了很多特定的建议，如：对Jumeirah海岸的污染进行彻底清理，使其变成城市的一个重要的娱乐场所；将工业区从拥挤的地区迁出；在远离城市中心的地带发展新的工业区，如杰贝阿里地区。而受益于基础设施建设，到2000年，迪拜成为该地区主要的货物与旅客的运输中心。从这一时期以后，西方的专家和经理们被陆续吸引到迪拜来，他们作为流动的市民促进了迪拜多样性的经济发展。

第四阶段：物流中心港口城市阶段（21世纪初至今）。

进入21世纪，迪拜产业进一步深化。产业深化是与自贸区发展有机结合的。自杰贝阿里自贸区和迪拜机场自贸区（1996年建立）成立之后，政府实施了一个新的战略来发展后勤物流产业集群，约占城市面积的20%。每一个区域重点发展特定经济产业类型，如信息技术产业，自动化、金属产业等。

拉希德港渐渐地失去了集装箱业务，除少量业务外，转而发展更多的都市产业，并与机场自贸区和迪拜国际机场组成东部片区。杰贝阿里港及其拓展的腹地形成西部片区，承担起了迪拜的工业发展角色，并形成了一个物流联盟基地。实际上，杰贝阿里地区是作为主要发展区域来规划的，这在《迪拜城市结构规划1993—2012》中就已经确立。进入21世纪，迪拜致力于"杰贝阿里港—杰贝阿里自由区—迪拜世界中心"物流走廊的建设，这一走廊规划面积达200平方公里，将海陆空有机联合在一起，其中非常重要的部分就是一个宏大的项目——迪拜世界中心，又称迪拜南区（2006年发起），约140平方公里，进行多功能和多阶段的发展。它包括六个经济园区（有迪拜物流城、航空城、商业城、居民城等），这些园区与杰贝阿里及其工业区有机融合在一起，在港城之间共同创造出一个多种方式的物流平台。这一举措就是试图将迪拜从转运中心转向一个更加专业化的物流中心。而位于迪拜世界中心的中心地带就是阿勒·马克图姆（Al Maktoum）国际机场，该机场被寄希望成为世界最大的国际门户，吸引更多的游客来迪拜。值得一提的是，2020年迪拜工业博览会项目选址也坐落于迪拜南区，预计将接纳2500万国际参观者。

当然这一时期并不是风平浪静。从2002年起，迪拜允许外国人持有房地产。迪拜酋长国大举外债，以高杠杆开发奢华的旅游和商业地产。这引起迪拜房地产的投机需求，泡沫现象严重。2008年金融危机爆发后，迪拜房地产业开始瘫痪，资金链出现断裂，迪拜危机爆发。之后，迪拜政府通过债务重组努力化解危机，并通过总结经验和教训努力走出债务危机的阴影。

（二）迪拜的发展优势

1. 港口基础条件较好。迪拜处于波斯湾交通要道，地理位置优越，经济腹地涵盖整个波斯湾地区，它是中东地区贸易集散中心，辐射面达北非、中东、南欧和南亚、西亚等地区。迪拜港主要分为拉希德港和杰贝阿里港，但杰贝阿里港承担了主要港口功能。杰贝阿里港是世界最大的人工港，也是中东第一大港，拥有67个泊位，集装箱装卸作业区域长900米，宽60米，集装箱存放量达1.2万个。另外还有7万平方米的室内仓库、75万平方米的露天仓库和4万平方米的冷库。装卸设备有各种岸吊、可移式吊、集装箱门吊、跨运车及滚装设施等，其中集装箱门吊最大能力达40吨。油码头最大可停靠7万载重吨的油船，有油管和油罐相接。实际上，杰贝阿里港毗邻的杰贝阿里自由贸易区可算作杰贝阿里港的附属设施，由于该自由贸易区的优惠政策吸引了众多国内外知名企业入驻，形成了生产与物流中心，从而促进了杰贝阿里港进出口货物的增长。港口附近建有机场，实现了多港联动协同发展模式。基于良好的港口条件，迪拜港在世界港口中占据重要地位，2016年迪拜港集装箱吞吐量达1480万TEU，位居世界第九位（见图2-5）。

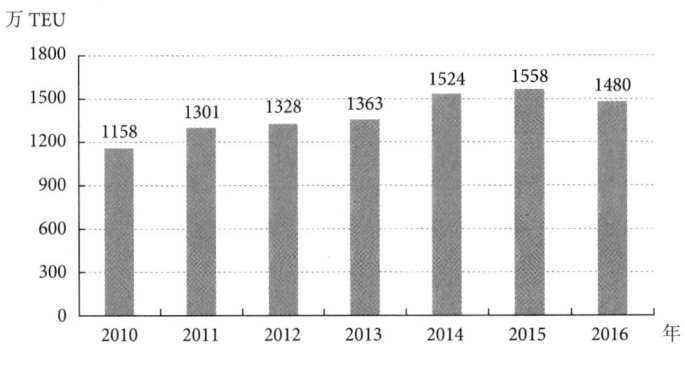

图 2-5 迪拜港口集装箱吞吐量走势

2. 推行优惠的企业政策。阿联酋执行自由经济政策，无外汇管制，基本没有税收。外国人在阿联酋开办公司注册后加入工商会，成为法人，享有同阿联酋本国公司同样的权利与义务。其中，在杰贝阿里自贸区开办的100%外国所有权的企业（完全由外国客户自己出资，不需要与本地合资）可以享受如下优惠政策：（1）企业进口其生产所需要的机器、设备、零件和必需品100%免征关税，同时还免征出口税；（2）企业可随时将100%利润汇出境外，不受任何金融和货币限制；（3）区内企业的工作人员免缴个人所得税，区内企业50年内免征所得税，期满后延长15年免税期；（4）区内办事程序简便、快捷，申请设立公司的手续可在15个工作日内办理完成；（5）区内拥有现代化程度较高的通信设施，可获得充足、价廉的能源供应；（6）外国人可以通过长期租约拥有不动产。

3. 以各类自贸区铸就产业集群效应。迪拜奇迹产生的一个重要途径就是成功打造各类自由贸易区。继1985年杰贝阿里自由区开设以来，迪拜政府又陆续建成了一大批各有侧重的行业自由区。新建自由区在产业选择上各具特色，大致分为工业和物流、传媒、信息与通信技术、金融、航空、教育、科技及其他类。如迪拜互联网城，成为世界各大前沿科技公司首选的中东总部聚集地，囊括了微软、惠普、戴尔、佳能等世界顶级公司。迪拜媒体城为美国有线新闻网、英国广播公司、路透社、卡塔尔半岛电视台等全球一流媒体提供服务。另有专注于物流运输行业的迪拜机场自由区、专注于教育培训的迪拜知识村、致力于扶持半导体产业发展的迪拜硅谷等，形成了各具特色的专业产业集群。据统计，目前迪拜共有建成和在建的自由区有24个，吸引了1.9万家企业入驻，区内企业雇员人数约22.6万人。而且，所有的园区都具备如下特点：当地政府提供世界级的基础设施及设备，税收减免，很少有限制性的官方文件。

通过建立众多的自贸区，形成了诸多特色产业，使迪拜摆脱了依赖石油发展经济的窘境。而从前述自贸区名称即可看出，迪拜工业偏少，服务业偏多，经济偏"虚"，有鉴于此，当前迪拜对高科技产业投入较大，引进高新技术制造强化高端制造业经济实体，力争打造高科技产业集群，利用快速转运的航空优势，促使资金、信息、物品的快速流通交换，形成速度经济、知识经济的生态系统。这种积极倾向进一步增强了迪拜的产业优势，而且依靠各类自贸区形成了极大的产业集群效应。

4. 强力推进金融业崛起。迪拜作为地区贸易中心、物流中心的地位不断凸显，客观上要求当地提供相应的资金结算、贸易融资和货币兑换服务。在此背景下，迪拜金融业逐步发展起来，其中尤以迪拜国际金融中心最为突出。2004年9月，迪拜政府正式设立占地面积约45万平方米的迪拜国际金融中心，它是一个金融自由区。经过十几年的发展壮大，迪拜国际金融中心已经发展成为继伦敦、纽约、香港、新加坡和法兰克福后的新兴顶级国际金融中心。该中心的优势主要体现在以下两个方面：

（1）零税率优惠和完全外资所有权。迪拜国际金融中心为入驻的所有金融机构提供了从2004年开始至少50年的零税率优惠条件，并和45个国家都签订了"避免双重征税"的协定。与开曼群岛等实行零税率政策的离岸金融中心不同的是，迪拜国际金融中心是在岸金融中心。离岸金融中心普遍允许公司在当地注册但在其他地方运营，而迪拜金融中心则要求公司注册后必须有实体公司在中心内实际经营，这就保证了中心发展的持久性，降低了突发性的外国资本大量撤离情况出现的概率。此外，迪拜国际金融中心允许100%的外资持有所有权，这一点在上海等传统意义上的金融中心是难以实现的，因而国际金融中心优势十分明显。

（2）资本项目自由兑换和收入利润自由汇出。迪拜国际金融区取消了区内一切汇率管制政策，实现了资本项目的完全自由兑换，这样的完全开放大幅降低了中心内外国企业所面临的政治风险，增加了资本的流动性，从而吸引大量专业金融资本涌入迪拜。另外，迪拜对国际金融区内企业经营收入和利润的汇出也不做限制，从而极大地激发了全球金融机构来迪拜国际金融中心投资兴业的兴趣。

5. 特殊的劳工政策。迪拜本国人口稀少，因此迪拜特别鼓励外国人前来工作。为鼓励外国人到自贸区投资和工作，迪拜自贸区实行了一些特殊的劳工政策。如自贸区简化工作签证申请程序，降低了签证费用，并按投资额和企业规模提供一定的免费工作签证名额。此外在自贸区申请工作签证不实行担保人制度，使自贸区内雇员更容易变更工作。也正因为这种特殊的劳工政策，解决了迪拜严重缺乏人力资源的问题，如今，在迪拜人口结构中，迪拜本地人口在迪拜总人口中的比例已经下降到不足4%，其外来人口的比例在世界主要城市中遥遥领先，亚洲人、欧洲人、非洲人等非阿拉伯人占到绝对多数。

迪拜凭借其优越的战略性地理位置、一系列基础设施项目、贸易自由化政策、各类自由贸易区，发展成为全球物流中心，从一个荒无人烟的沙漠地带迅速发展成为一个国际综合型自由港城市，虽然也出现债务危机，但这种"奇迹"仍是值得借鉴的。

第四节 典型自由港发展的经验总结与启示

综观上述五个典型自由港的发展历程及其优势，可以看出，自由港的成功不是一蹴而就的，有其自身发展的内在规律。一个成功的自由港不仅要有发展贸易物流产业所应有的优越的自然条件，还要有优惠的配套措施及先进的技术条件；不仅要有强大的产业支撑，推进产业结构优化，还要有勤政的政府保驾护航；不仅要有雄厚的人才队伍作保障，还要有发达的金融业提供强劲的发展动力。只有各方面均有所建树，一个港口城市才能逐步蜕变成一个发达的自由港尤其是综合型自由港。具体而言，我们认为发展自由港的经验主要集中在以下五个方面。

一、发展贸易物流业是自由港的本源所在

自由港起源于运输，因此贸易物流业是自由港产业的基础，是自由港的本源所在，放弃港口发展也不可称其为自由港。从各主要自由港来看，发展贸易物流业的经验主要集中于以下四个方面。

（一）优越的地理条件及广阔的发展腹地是发展自由港的先决条件

任何一个自由港城市，其基本功能就是转口贸易，而发展转口贸易的先决条件就在于港口拥有非常优越的地理位置。如新加坡扼守马六甲海峡，处于东亚与西亚的交通要道；香港位于联系我国大陆和东南亚、大洋洲、欧洲和非洲主航道的节点；迪拜处于波斯湾要道，位于印度到西方的贸易节点上。所以，海港地理位置决定了自由港发展的转口贸易的最基本元素，自由港必须建立在地理位置恰当、交通条件优越的港口城市。

同时，在优越的地理条件基础上，要发展经济就要有经济腹地，这是一个与经济中心或中心城市相对应的概念。其内涵是经济中心的吸收和辐射能力能够达到并能促进其经济发展的地域范围。如果没有经济腹地，经济中心也就失去了赖以存在的基础，而没有经济腹地，也就无所谓经济中心，更无所谓自由港。如香港，直接腹地是珠三角地区，以整个华南地区为其重要的间接腹地，为避免被边缘化，从珠三角地区扩展至泛珠三角其他八个省份，包括湖南、广西、江西、四川、云南、贵州、福建和海南。又如迪拜，经济腹地涵盖整个波斯湾地区，它是中东地区贸易集散中心，辐射面已达北非、中东、南欧和南亚、西亚其他地区。而新加坡地处东西方交接点，独特的地理位置使得东亚、西亚、欧洲乃至全球都成为其腹地。简言之，自由港建设不仅要有优越的地理条件，而且要有广阔的腹地作为支撑。

（二）基础设施建设及多种运输方式整合是自由港发展的基础

基础设施伴随自由港而生，并与自由港相辅相成、相互促进，它是自由港存在和发展的物质基础，是自由港各种活动的基本条件，是自由港现代化的主要标志，也是自由港竞争力的重要因素。完善的、发达的基础设施能够为自由港发展提供能量，为自由港发展增添后劲，增强自由港综合承载能力，提高自由港运行效率，而基础设施建设欠缺、滞后则可能成为制约自由港发展的瓶颈。不论是香港、新加坡，还是迪拜，都拥有一流的基础设施，包括良好的港口、机场、发达的现代化通信设施、充足的电力供应等一系列"硬环境"，能够满足航运业的各种要求。如迪拜，在拥有拉希德港、迪拜国际机场的基础上，又建设了杰贝阿里港、阿勒·马克图姆国际机场，并建设了两大片区的保税公路与铁路走廊，这些基础设施为迪拜经济腾飞起了关键的作用。又如新加坡，兴建了一批世界一流的物流基础设施，包括集装箱码头和樟宜国际机场。其中利用得天独厚的深水条件兴建了四个集装箱码头；樟宜国际机场及其所在的航空货运中心则是一个24小时不间断运作的自由贸易区，所有用来装卸航空货物所需的设备应有尽有，且功能强大。

全球化产业链、供应链的变革与升级对区域产业的发展和生产运作提出了更高要求，同时也对区域物流的运作效率与水平提出了更高标准，单纯地依靠海港或机场来发展贸易及物流产业已经远远满足不了贸易的发展，海港、机场、陆路等多种方式联动发展是形成物流中心的必由之路。综观各典型自由港，其贸易运输不局限于海港，而是在大力拓展航空和陆路等运输方式，形成了一个综合的、立体的联运模式。如鹿特丹港的集疏运系统实际就是一个多种运输方式的联合体，它不仅仅包括对其服务腹地的运输网络，还包括港口本身内部的运输系统，通过铁路、海运、河道、管道、公路、空运等多种运输路线将货物送到荷兰和欧洲的目的地。迪拜将海港与毗邻的机场有机整合起来，将东西两大经济片区的海港、航空港、自贸区、铁路进行有机整合，形成多港联动协同发展模式。实施联动协同，可以满足客户更多要求，使得货物周转速度更快，运输效率更高。换言之，要发挥贸易功能，需要科学整合各种运输方式，而不是割裂开来，要形成合力，形成共赢局面。

（三）信息化建设是自由港发展的润滑剂

随着全球经济一体化和信息技术的发展，信息化建设已经成为各大港口增强竞争力的重要举措。港口作为物流供应链中的核心枢纽，汇聚着巨大的信息流、资金流和物流。当今的港口功能与20世纪80年代港口功能相比，已发生了巨大变化，特别是港口在供应链中所扮演的角色正发生着深刻变化。现代港口的竞争正在演变为港口所参与的供应链之间的全方位竞争，对港口服务的精细化、敏捷化、智能化提出了更高要求。世界各大港口尤其是自由港都十分重视信息化建设，以主要依赖硬件设施投入向以信息化为引擎的综合软实力提升转变，并在高效、便捷、智能的现代化港口建设方面取得了重大进展。这方面新加坡最为突出，新加坡高度重视港口和商贸的信息化建设，形成了贸易信息网（Trade Net）、港口信息网（Port Net）和码头作业系统三大平台，通关单一窗口处理，时间缩短至不足10秒，码头全程自动化无纸作业，各种流程无缝对接。正是由于建立了发达的信息处理平台，使得新加坡贸易更加便利化，监管更加高效化，这无形中增加了对运输船队和贸易商的吸引力。可见，在现代港口竞争因素多元化、港口经营国际化、港口腹地经济贸易化和港口信息化的今天，信息化建设，无疑为港口提高服务质量和服务水平，进而强化整体竞争实力提供了重要手段，在提升物流效率的同时,巩固与强化了自由港的中心地位。

(四)配套的优惠政策是自由港发展的必要条件

既然自由港是不同于其他区域的特定发展区,那么除了自然条件外,政府出台的各项优惠政策是区别于其他地区的重要体现。从全球自由港的发展来看,为了更好地吸引投资,促进自由港发展,带动本国本地经济,提升本地区在国际经济活动中的地位,采取不同方式给投资者提供优惠已经成为惯例。也正因为有了如此优惠的政策,国际企业才更乐于在此兴业。具体而言,主要体现在以下几个方面:

1. 货物进出自由。在货物进出方面,基本实行进出自由,除涉及国家安全的物品外,如武器、毒品、外来物种等。报关手续简便,通关便捷,检验检疫环节便利。

2. 税收优惠。对企业在所得税、关税等方面给予适当优惠,让利于企业,企业才能乐于扎根,当然对烟、酒等特殊商品要排除在外(如香港)。

3. 外汇管制少。外汇无特殊管制,货币兑换自由,基本无限额约束(见表2-3)。

表 2-3　　　　　　　　综合型自由港的税收主要政策

地区	税 收 政 策
中国香港	除对烟、酒、甲醇、碳氢油、化妆品和若干不含酒精饮品这六类商品外,一般不征收关税;企业利得税不超过16.5%
新加坡	除酒类、烟草(含卷烟)、石油、机动车以外,所有进口商品免征关税;公司税税率为17%,且所有企业可享受前30万新加坡元应税所得部分免税待遇
迪拜	免征进出口关税;50年内免征所得税,期满后延长15年免税期

注:汉堡港已退出自由港序列,鹿特丹仅限于港口区域,这两个自由港在税收方面借鉴意义不大,综合型自由港的税收基本适用于全区,更具借鉴意义,因此本表只列示中国香港、新加坡和迪拜三个自由港的税收情况。

当然,优惠政策不是无原则性的退让,要根据自身的发展来定,要学习新加坡的做法,在关税与发展贸易之间寻求平衡,针对需要保护的本地工业,要适度实行关税保护,但要避免因长期保护而失去活力,待该工业领域发展壮大后再渐进降低直至取消关税。总之，优惠政策是自由港发展的重要软环境，优惠政策将会促进自由港快速发展，当然优惠要适度，权衡利弊方可施行。

二、产业结构优化是自由港发展的必由之路

自由港的发展是伴随着产业发展而来的，产业结构优化在自由港的发展进程中发挥着重要作用。从各主要自由港的发展历程及特点来看，发展自由港产业应着重关注以下三个方面。

（一）在尊重市场的基础上，对产业的引导有其必要性

自由港的根基在于自由经济，信奉市场在资源配置中发挥主要作用。但经验表明，一个经济体要改变原来的产业结构实现经济转型腾飞，仅仅依靠市场力量是不够的，比较优势的形成需要政府提供强有力的引导与主动争取，政府的产业规划及产业政策就是发挥这种作用的集中体现。这一点在新加坡和迪拜表现得非常显著。纵观新加坡自由港发展过程，产业发展不是单纯依靠市场机制的诱导，而主要是新加坡政府主动调整经济发展战略和政策的结果。新加坡政府通过经济发展计划、优惠政策等种种措施，推动经济发展及产业转型，从而建立起相对合理的产业结构。迪拜最初聘请英国设计师对城市进行总体规划，为城市现代化发展打下了基础，之后迪拜又出台了《综合发展规划1985—2000》、《迪拜战略规划2015》等一系列战略性规划，迪拜的东西两大片区的建设正是在科学规划的基础上发展起来的。而香港虽为重要的自由港，但由于其过于信赖"积极不干预"政策，政府缺乏一个整体的、长远的、科学的产业发展规划及可操作的产业配套措施，造成制造业显著萎缩，高新技术也未形成优势。可见，在尊重市场配置资源的前提下，政府引导也至关重要，尤其是一个良好的、科学的发展规划（包括产业规划）对自由港的发展十分必要。

（二）抓住历史机遇，利用现实条件或创造条件谋求产业发展

能不能抓住机遇，加快发展，是一个国家能不能赢得主动、赢得优势、

赢得胜利的关键所在。历史一再表明，机遇极为宝贵，稍纵即逝。在历史发展的关键时期，把握住了机遇，落后的国家和民族就有可能实现跨越式发展，成为时代发展的弄潮儿；而丧失了机遇，原本强盛的国家和民族也会不进则退，成为时代发展的落伍者。自由港也是这样，能够借助于自身当时当地的条件抓住历史机遇发展经济是各自由港发展历程的一个鲜明特点。例如，新加坡发展劳动密集型产业就是抓住西方国家产业转移之机，利用当时当地廉价的劳动力而迅速发展起来，而当劳动力成本上升，国际竞争压力增大时，政府审时度势，产业发展方向开始转向高新技术产业，通过发展高新技术产业以提升城市竞争力。而迪拜在拉希德港难以承受日益增长的贸易需求下，积极创造条件，建设人工港——杰贝阿里港，使难题迎刃而解。香港利用其时区上的优势积极发展国际金融业，这是值得赞许的，但在20世纪七八十年代，与香港同为亚洲四小龙的其他新兴经济体都抓紧通过采取干预性的工业政策使经济迅速向高科技工业转变，香港却因"积极不干预"政策的惯性思维而丧失发展机遇，制造业萎缩，高新产业未能有效发展。换言之，在机遇面前，一方面要充分利用既有条件的比较优势发展产业，另一方面是面临问题时要创造条件来改善发展短板，推动经济发展。发展自由港，要充分认识机遇的重要性，机遇是客观存在的，但能否抓住机遇，利用好机遇，则取决于人们主观上的认识能力和决策能力。对于地方政府领导人而言，能否抓住机遇是一项重大考验。

（三）产业的空间布局与行业定位是产业发展关键

从典型自由港可以看到，自由港尤其是综合型自由港的产业主要分为三大块。一是以港口为核心的贸易物流业，这是自由港起家的根本，即便后来发展了很多工业，贸易物流业仍是自由港的基础产业。二是工业，一部分为临港工业，如鹿特丹，工业即位于各大港区；另一部分则是划定一定区域以建立工业区、自贸区来集中发展一种或几种产业，如新加坡以工业区为载体发展工业，迪拜以设立各类自由贸易区为载体发展特定产业。三是城市发达的服务业。服务业已不局限于港区，也不局限于工业区或产业园区，而是整个城市，当然也覆盖了港区和各工业园区。所以，从产业布局上看，发展自由港要规划好以上三大块,一是重点布局好港口地带,以发展贸易物流业;二是选定特殊区域发展工业,既可以效仿鹿特丹在港区内临海建设,也可以效仿新加坡、迪拜,在其他地带划定特殊区域、设立工业园区来发展工业,当然也可以将两种方式综合运用;三是在城市内重点发展各类服务业,而且服务业范围要覆盖港口、工业区,形成统一的服务体系。

而产业的选择定位又是十分重要的。综观各主要自由港,我们总结了如下经验:一是产业服务面要实现全球化。不论是工业还是服务业,所针对的对象不能仅仅局限于当地或周边,尤其是服务业,要以全国、全球市场为服务对象,正如香港、新加坡那样,只有服务对象实现全球化,自由港才有广阔的发展空间,加工增值型自由港才能真正蜕变为综合型自由港。二是产业必须要向高端化发展。劳动密集型、资本密集型产业已不足以带动经济快速发展,各主要自由港都已意识到并已践行以高新技术产业、高端服务为主的发展策略,即工业上向高新技术产业发展,服务业上向综合、专业性更强的高端服务业转型,而且工业与服务业并不是孤立的,以生产性服务业带动工业与服务业全面提升。换言之,产业向"微笑曲线"的两端即附加值更高的领域发展。三是产业要"实",不可过虚。经验表明,工业与服务业应同步发展,香港制造业空心化是不可取的,迪拜过度发展较虚的第三产业也是不可取的,应该向新加坡学习,工业尤其是制造业与服务业并重发展。四是产业选择要具有前瞻性,降低集中度。缺乏前瞻性,过于依赖某一种或少数几种产业,当遇到某种重大冲击时,城市经济抵抗力是不足的。鹿特丹利用运输便利条件选择石化产业、船舶工业等作为支柱产业,但如今石油价格波动及绿色发展理念的兴起给自由港发展带来难题;迪拜在危机前过度发展房地产业,为债务危机埋下祸患。因此产业的选择一定要有前瞻性,要科学预见未来产业的前景。

三、政府作用在自由港建设中不可或缺

综观各主要自由港,政府在发展自由港过程中都发挥了积极的作用,在自由港建设中不可或缺。

（一）领导人的前瞻性是自由港发展的重要因素

凡成大事者必有善谋。这句话说的就是领导者要深谋远虑，要有前瞻性。所谓领导者的前瞻性思维，其实质是一种理性思维，是领导者在深入调查研究、统筹兼顾基础上超前预见、超前谋划、超前决断的一种科学思维。迪拜之所以迅速腾飞与其领导人的前瞻性有着密切关联。迪拜第八任酋长拉希德·本·赛义德最早认识到迪拜产油国的弊端，并抓住机遇推进从产油国转型。他的一句名言是："我的祖父骑骆驼，父亲骑骆驼，我开奔驰，我儿子开路虎，我孙子也会驾驶路虎，但此后的子孙可能又骑骆驼。"强烈的危机意识让拉希德最终确立了以旅游、商务和金融为支柱的产业转型战略。在积极发展航空和海运港口服务的同时，拉希德提出兴建迪拜世界贸易中心的重要举措。中心建成后主楼高达39层，拥有7个展厅，凭借主楼、国际会议中心和国际展览中心三大主体建筑的庞大规模成为当时中东最大的建筑。正是这一前瞻性的举措，世界贸易中心容纳了众多政府的智囊团队，如隶属美国哈佛大学的迪拜政府学院，后来成为迪拜政策研究和培养未来官员的重要场所。从中可以看出，发展自由港要有一个勤政的领导，领导人的思维要具有前瞻性，高瞻远瞩，不囿于彼时彼刻困难，这成为自由港成功发展的一个重要因素。

（二）政府的廉洁与高效是发展自由港的必要条件

从现代社会"政府自身治理"的角度来看，"花费越少的政府就是好政府"已经是公共管理学的一个基本常识。从纯技术的角度来看，建立一个"廉价、廉洁、效率、效能"政府一直是一个现代政府追求的目标，而效率和效能政府的实现，最基本的前提是政府的廉价和廉洁。廉洁高效在自由港的建设中亦不例外。我们可以看到，香港1974年成立廉政公署，制定了《防止贿赂条例》等，短短数年，香港便跻身全球最清廉地区之列。新加坡政府推行严刑峻法，强力依法治国，政府形成了"不敢贪、不敢腐"的良好风气，行政效率高、执行力强，这种高效廉洁的政府无疑是投资企业最为欣赏的，这大大降低了政府"寻租"机会，营造了良好的市场管理环境，这是企业十分看重的。迪拜政府则表现出服务型政府角色，政府为企业提供一站式的高效服务，包括：提供未来发展和投资的建议，协助客户挑选理想的投资场所，以及确定运营必备设施，帮助企业在本地和国际市场上获得投资机会，以及定期开展回访和企业沟通。政府让渡部分行政权力，以政府信誉作保障，同时企业化运作，为客户提供优质的服务，是迪拜自由港取得成功的又一重要经验。总之，政府廉洁和高效能够为企业投资与发展创造良好的发展环境，是吸引企业落户自由港的先决条件。

（三）具备坚强的战略定力是发展自由港的客观要求

战略定力，就是在错综复杂形势下为实现战略意图和战略目标所具有的战略自信、意志和毅力。战略定力，这是党的十八大以来习近平总书记多次强调的一个关键词。而从五个典型自由港的发展历程来看，自由港的成功无不折射出战略定力的重要性。各自由港政府不断出台新的政策推进自由港建设，抓住历史机遇果断转型，不断朝着更高层次的自由港模式迈进，这就是战略定力的集中体现。而发展自由港的战略定力体现在如下几方面：一是克服速度情结。速度是发展的基础，但没有质量的速度犹如无根之木，不可持续，甚至会为未来发展埋下隐患。各自由港发展并不盲目追求GDP增速，而是注重功能的逐步改善。二是要克服畏难情绪。各自由港的发展均是"咬定青山不放松"，克服面临的困难才成功的。三是要保持政策的连贯性与稳定性。这一点最为重要。如迪拜，各届酋长一以贯之地推进自由港建设，政策连贯且稳定，稳定了企业扎根本地的预期，各届政府前赴后继，才使迪拜华丽转身。换言之，要发展自由港，就要保证政策、思路、规划的正确性，在此基础上，更要保持连贯性，工作重心不能总变，工作方向不能总换，工作思路不能老改。

四、人才队伍是自由港发展的重要保障

人力资源是包含在人体内的一种生产能力，它是表现在劳动者身上的，以劳动者的数量和质量表示的资源，它对经济起着生产性作用，使民收入持续增长，它是最活跃最积极的主动性生产因素，是积累和创造物质资本、

开发和利用自然资源、促进和发展国民经济、推动和促进社会变革的主要力量。新加坡在发展自由港的过程中十分重视人才培养，注重"以智取胜"的发展导向，政府、企业都采取不同措施推动员工培训，提高国民素质。虽然新加坡也鼓励人才流动，但新加坡的人力资源主体在于本土人力资源，员工对国家的归属感很强。与之形成鲜明对比的是迪拜，迪拜多样化经济发展主要依靠外来的专业技术性人才，在许多领域，迪拜不得不用比市场平均水平更高的工资和福利，来吸引国外专家和高级技术人员来迪拜工作，外来人口在迪拜的日常政治和社会生活中的作用越来越大，然而他们更多的是将迪拜看作临时工作居留地，而非永久居留地。在经济上升期，外来人员都能分享到经济快速发展的好处，会表现出某种"繁荣期的幸福"。然而一旦经济形势动荡，收入水平难以为继，外来人员更加倾向于离开迪拜另谋高就，给迪拜带来大规模的关键岗位人员流失，严重影响经济的正常发展，这一点在2009年迪拜金融危机爆发期间就有所体现，大量的工程项目延期或取消导致大批印巴劳工离开迪拜，同时经济形势的恶化也导致一些外国金融企业撤离迪拜，这对于迪拜而言无异于雪上加霜。在金融危机期间，大量还没有偿还完车贷的豪车被遗弃在了迪拜国际机场的停车场上，与车子一起被遗弃的还有许多被刷爆的银行信用卡。而相对于外籍人而言，本国人多从事轻松且薪水优厚的工作，普遍以体力劳动为耻，转变这种观念非一朝一夕，可见，迪拜的特殊劳工政策虽然在其发展中起到了重要的推动作用，但也存在隐患，培养本国人力资源成为迫在眉睫的任务。由此可见，发展自由港要注重人才培养，注重智力在经济发展中的作用，而且在实施人才流动政策方面切忌过度依赖外来智力资源，应该将重心放在本土人力资源的培养上，增强人才稳定性，出台留得住人才的特殊政策，才能避免迪拜所遇到的尴尬处境。

五、重视发展金融业是自由港发展的内在要求

（一）发展金融业为自由港向高端发展提供强劲动力

金融是现代经济的血脉，离开了金融的支持，经济增长便难以实现。理论上而言，经济增长与金融发展二者之间有着明确的正相关关系，至少在多

数情况下是这样的关系。大量的研究表明，二者不仅具有因果关系，而且存在着一种相对明确的互促机制。金融与经济呈现"你中有我，我中有你"的关联关系，经济增长带动了金融体系的发展，而同时金融体系的发展也促进了经济增长。金融对经济增长有五大功能，即动员储蓄、分配资源、运用公司控制、改善风险管理和便利商品、服务和合同的交易。各主要自由港发展到一定阶段后都十分注重金融业的发展，香港、新加坡和迪拜都发展成为重要的金融中心，而这种金融中心则为自由港发展带来了极大的好处，不仅便利了贸易活动，提供了融资便利，同时使得金融与贸易、其他各类服务业有机贯通，形成集贸易、金融、各类服务为一体的综合体，服务业更加发达，城市吸引力更强，服务面更具全球性，也使得整个自由港的层次得以显著提升。因此，自由港发展到一定阶段后，大力促进金融业发展，尤其是建立区域性的金融中心将会为自由港建设提供强劲动力，某种程度而言，没有高度发达的金融业，无以立足未来自由港。而发展金融中心主要的方向有：一是融资便利，即不仅要有发达的间接融资市场，也要有发达的直接融资市场，企业可以较容易地选择某一种形式实现融资；二是结算便利，即具有发达的结算交易系统，外汇结算自由；三是资本流动自由，即资本进出很少受到限制。

（二）发展自由港切忌过度举债

迪拜迅速发展的模式虽然光鲜耀眼，但迪拜债务危机也发人深省。究其原因，是过度发展房地产业，引发泡沫。迪拜人口很少，但是迪拜政府却允许外国人持有房产，无疑掀起了房地产的热潮，各种高档酒店、旅游项目应运而生，鳞次栉比，超过了实际需求，为危机埋下祸患。导火索则是无节制的举债。为了支撑庞大的房地产及旅游等项目建设，迪拜政府和企业大量举债，不仅数额巨大，且数量集中，迪拜世界贸易中心举债高达590亿美元，占总债务的74%，暴露出风险集中的问题。当外界出现重大冲击时，高杠杆必然受到冲击。因此，从迪拜的经验来看，若要稳定发展自由港经济，防止经济受到巨大冲击，一定要避免过度负债，避免高杠杆，尤其是要避免房地产业的过度负债问题。因为房地产业牵连众多行业，牵一发而动全身，房地产泡沫必然建立在过度负债的基础之上，金融资源过度向房地产行业配置必然埋藏巨大的隐患，而一旦资金链断裂，系统性金融风险也将随之爆发，对经济冲击不言而喻。因此，发展自由港一定要加强房地产市场的宏观审慎管理，切忌过度举债集聚巨大泡沫。

综上而论，发展自由港的经验就是不仅要有良好的硬环境，各项基础设施、服务设施完善，能满足航运业的各种要求，信息现代化程度高，而且要求有良好的软环境，有一系列特殊政策和措施，具有面向全球的高端制造业与服务业，要有和谐稳定的政府和卓越的富有远见的领导人，有很高的办事效率，发达的金融业，及各类适应自由经济的专门人才。当然，防止过度发展房地产业和过度举债也是要时刻警醒的。只有扎扎实实推进各方面发展，补齐短板，自由港才能健康发展。此外，通过世界主要自由港的成功实践，还可以发现建设港城一体化高度发达的综合型自由港也并不一定需要局限于主权国家（如新加坡）或高度自治地区（如香港），在主权国家内部，划分出一个较大的临港城市也是可行的，其本质只是功能发展过程中的边界划分问题。具体来看，当一个临港城市仅是为了发展转口贸易，在港口区域建立自由港就足以满足需求，自由港的边界就应该局限于港区（如汉堡）；当需要将临港出口加工业扩充进来时，就需要将港口毗邻地区纳入自由港区域内，实现界限向外扩张（如鹿特丹）；而当需要将港口、临港工业与城市产业发展、空间布局、结构调整等进行统筹考虑时，就将产生将部分或全部城区纳入自由港政策范围的需求。体现这一变化过程中明显的范例就是阿联酋的迪拜，从最开始将自由港局限于港口区域，到随后将建立的各个专业化自贸区纳入自由港范围，目前已经将近4000平方公里的土地划入自由港城市规划中，而迪拜也正是通过不断地设立新的专业自贸区来扩大自由港的边界，形成港城一体化，可以预见的是，随着未来发展需要，迪拜自由港的边界还有可能会继续拓展。这也从另一侧面说明，对于临港城市而言，在自由港发展的过程中，除部分敏感或特殊区域外，循序渐进拓展自由港边界，逐步将城区纳入自由港范围是具有可行性的。

第三章　大连市港口与经济的发展历程

　　大连市三面环海，北与陆地相连，以旅顺老铁山山岬与山东蓬莱一线为界，西为渤海、东为黄海、南为渤海海峡。大连海岸线，东起庄河市南尖子大邵二砣、西至瓦房店市李官浮渡河口，岸线走向呈V形，全长1906千米。其中岛岸线618千米、陆岸线1288千米；黄海区域1078千米、渤海区域828千米。大连港主要港区分布在黄海的大连湾、大窑湾和渤海的长兴岛等。

　　大连港具有非常悠久的历史，三国时期的沓渚、东晋的马石津、唐代的都里镇（辽金时期称狮子口、明朝称旅顺）、青泥浦等都是对大连港的称呼，也是当时的著名港口和中国最早的交通海外港口。19世纪末大连商港崛起后，逐渐发展成为中国东北最大出海口，并在21世纪后发展成为中国大型综合性商港、国际深水中转港、东北亚国际航运中心枢纽港和辽宁沿海经济带核心港口等。纵观大连港口发展过程，可划分为古代港口（1840年以前）、近代军港（1840—1898年）和现代商港（1899年以后）三个时代，其中现代商港时期又可以具体细分为沙俄统治时期、日本殖民统治时期、苏联代管时期和我国自行管理时期4个时期。

第一节　大连开港前的港口建设历程

　　原始港口的形成需要具备3个基本条件：天然海湾为自然条件、人类定居为社会条件、采贝捕鱼为经济条件。从岸边采贝、垂钓到海中捕捞,是包括大连在内的所有原始港口逐渐形成的必然过程。在夏商周时期,大连港口的主要活动特点是殷人南迁和肃慎人朝贡中原的重要渠道。到战国时期,大连港已经成为我国北方交通要津,是当时我国居民移居朝鲜半岛以及日本列岛的主要港口。在秦朝,有记录的是徐福东渡日本时,曾将大连港作为东渡的停泊港。到汉武帝时期,因开发辽东,将大批山东、河北人口北上移居,大连作为登陆港和留居地,在那一阶段人口迅速增加,并因此在元封四年(公元前107年)设置沓县(今大连市区和金州区境),这也是大连建制的开始,大连也成为汉王朝的一个重要经济区域,同时,从目前发现的汉代遗址所在地来看,大多聚集于海湾附近,且与港口关系密切,这也是大连港城关系的最早体现。

三国时期大连拥有了历史上第一个有名可查、有事可记的港口——沓渚,并因此而名扬天下。沓渚、又名沓津,在三国时期地位提升很快,特别是东吴和辽东公孙氏政权在沓渚通商,规模前所未有,这也成为古代大连港口的一个大发展时期。唐朝时期,在三山浦区域(现大连市区青泥洼附近)储备粮食及军械,并在旅顺设置都里镇,也称都里海口,成为东北与中原地区海上交通的重要节点。辽代时期,在渤海国旧地设置东丹国,并设扶州(后改称复州)和苏州(今金州以南大连市区),并保持和扩大了大连港口与中原地区的海上贸易往来。元代时期,在元朝初年北洋漕运的背景下,元十九年(1282年)"始海运",并贯穿于整个元代。在港口作用下,大连地区社会经济迅速发展,成为辽东最繁华区域。

两次鸦片战争前后,英、法、美等列强舰船都曾一度染指大连港口,走私船贩卖鸦片、兵舰测海绘图、军队登岸抢掠。1860年,英国军队将大连湾侵占为港口驻地,设兵站、筑胸墙、建储藏所。光绪元年(1875年),清政府总结海防一事,认为"海防关系紧要,即为目前当务之急,又属国家久远之图",责成李鸿章督办北洋海防,并将大连港口定位为海军基地。光绪六年(1880年),清政府裁撤旅顺水师营,由北洋海军取而代之,即为旅顺军港,并在此后开始了大规模的人工建港。光绪七年(1881年),李鸿章率员赴旅顺实地勘察,拟定旅顺建港方案,设立旅顺工程局,全面负责旅顺港的建设。1890年,旅顺港坞竣工,成为近代中国设施完备的大型军港,同时,成立的旅顺船坞局专门负责北洋海军舰船维修。1887年,大连湾工程按照"水深口宽、形势扼要、关系渤海门户、不容不量"的总体要求开工建设并于1891年竣工。甲午中日战争中,大连港被日本割占,并在战后再由清政府收回。

总体来看,在旅顺、大连湾两港开发建设中,机器工厂陆续兴办、港口码头先后建成,自来水、电信、电力等城市基础设施逐步设立,大连区域人口增多且成分变化,社会结构也发生了变革。这一时期的大连已处于现代港口城市的孕育期,从而凸显出旅顺、大连湾在辽东半岛的重要性和港口在大连发展过程中的重要性。同时可见,在大连市乃至东北区域发展过程中,大连港始终发挥着龙头作用,不同时期不同目的但内涵相近的定位是港口发展的主要因素。另外,大连港的发展也始终受到各个时期高层人物的关注,说明港口是国民经济和社会发展的重要战略组成部分。

第二节　殖民和苏联代管时期的大连商港兴起与发展

19世纪90年代沙俄扩张活动转向远东地区,移民、修路和寻求不冻港是其"远东政策"的具体体现。在沙俄寻求不冻港的过程中,曾先后着眼于朝鲜沿岸和我国的胶州湾,但最终选择了大连湾。自1899年大连开港立市至1950年苏联政府撤出大连地区的50余年间,大连先后经历了沙俄统治、日本殖民及苏联代管3个时期。

一、沙俄统治时期的大连自由港

1897年12月,沙俄军舰进入旅顺口和大连湾,于1898年3月27日胁迫清政府签订了《旅大租地条约》,并在5月7日又签订了《续订旅大租地条约》。

两项条约主要内容是俄租借旅顺口、大连湾区域，总面积3200平方公里，租期为25年并可展延；华俄船只独用旅顺港，大连湾港用于与各国通商；俄以旅顺、大连湾两港口为据点，可自行修建建筑设施。正是基于上述不平等条约，沙俄攫取了大连港口的修筑权和经营权。

（一）大连开港立市

1899年8月11日，俄沙皇尼古拉颁布了《设立自由港达里尼（大连）敕令》，标志大连开港并实行自由港制度。自由港贸易区域为旅大租借地，租借地内进出口货物免税，自由贸易权限不妨碍港口征收过境税、停泊税及其他各税，入港船舶须遵守检疫规则，向俄境输入货物按外国货物缴纳关税方可入境。

具体来看，与自由港制度配套的相关政策主要有三项，一是实施低运费政策以吸引货物向大连流动，确定以哈尔滨为起点，南下大连货物运费将比东行符拉迪沃斯托克（海参崴）低50%，从而有效排除营口港和符拉迪沃斯托克港的竞争；二是制定海运业政策以吸引船舶向大连集中，授权东清铁路公司组织黄海水域和太平洋水域海运业，从而排除日本海运业的竞争；三是实施移民政策以吸引投资者、资本和劳动力在大连停留，明确不限制俄国人和其他各国人自由定居大连，并为他们创造所习惯的民政、贸易和文化条件，把大连建成所谓"俄国的香港"。但是在这一阶段，海关作为港口的门户，根据1898年7月6日中俄签订的《续订东清铁路公司合同》约定，中国在境界线上拥有关税征收权，然而实际情况却是虽然清政府因税金大量流失而多次督促俄国按合同解决海关设置问题，但直到1905年沙俄退出大连也没有结果，这也造成了我国近代海港史上一个极为罕见的现象——有港无关。

城市建设方面，在大连建市之前，名为青泥洼，由数十个小渔村组成，人口不足8000人。1899年8月的大连开港也标志着大连立市，确定的城市名为"达里尼"。从城市规划来看，新的大连市规划范围东至寺儿沟、西至大同街、南起南山北坡、北至海岸线；规划市街分为3大部分，行政街在铁路线以北，欧洲人街在南山至商港之间，中国人街在劳动公园以西；规划的郊区为老虎滩区和沙河口区。在港口的带动下，大连城市经济发展迅速，具备了运输、贸易、通信、金融、商业、工业、公用事业等功能。截至1904年2月日俄战争爆发前，大连市市政建设框架已成规模，市内建起了铁路和车站，上下水设施和供电设施等也都投入运营。市区圣彼得大街（今中山路）、莫斯科大街（今人民路）、基耶夫斯基大街（今长江路）、扎哥洛多奈奥大街（今武汉路）等均已建成，共铺设道路54.51公里。市内主要建筑有市政厅、法院、警察局、拘留所、火车站、海港客运站、学校、医院、寺院、剧院、旅馆、商店、仓库等。大连城市人口达到4万多，其中俄国移民3000多，城建区域4.25平方公里，已初步成为市政设施齐全，行政、商贸和生活服务功能齐备的新兴城市，成为沟通亚欧的海陆交通枢纽。

从大连开港立市的历史来看，通过短短的几年时间，大连市由原来的荒僻渔村激进发展成为欧美化港口城市，成为新的货物集散中心，这一历史性变革的前提就是大连商港的开发建设。可以说，以港立市是大连城市的根本特征，也从历史经验的角度证明了港口对于大连的极端重要性。

（二）大连自由港的首次开发建设

大连地处黄海沿岸中央，又是西伯利亚铁路的终点，这使大连有资格成为世界商业活动的中心，这也是沙俄选择大连作为"经营满洲之基础"的根本原因。同时，沙俄把大连港规划为东北地区乃至西伯利亚货物的出海口和西伯利亚最大的商港。1898年6月3日，沙俄确定大连湾西南岸为商港港址；6月10日，沙皇以东清铁路董事会指令形式下谕在大连湾建港，并要求切勿放过时机，批准商港命名为"达里尼港"（意为"远方的港口"）。商港的总体规划为可同时停泊千吨级船舶100艘，年通过能力可达32000万普特（折合为520万吨）。其中一期工程可同时停泊千吨级船舶25艘，年通过能力可达8000万普特（折合为130万吨），主要用于满足港口、铁路和城市建设需要的建筑材料的运输需求。同时在一期工程规划区域西部预留800俄丈（1707米）岸线，以备二期工程使用。

从实际建设情况来看，在建港前，沙俄强行征收了东、西青泥洼等村落3300多公顷土地作为商港和市街用地，筑港工人从芝罘（今烟台）等地招雇、木材从美国订购、沙石就地取材。1899年9月28日大连商港开工兴建，由东清铁路公司建设局负责组织施工。至1903年底，商港一期工程基本完成，建成一码头、二码头和甲码头，岸壁延长合计1986米，可同时停靠5000吨级船舶11艘，年通过能力达100万吨以上；形成了东、北两座环抱港区的防波堤；仓库12座，总面积14612平方米；小型船坞1座，可容3000吨级船舶入坞维修；护岸石墙1565米；港区铁路与东清铁路贯通，港区道路与市区道路连接。一期工程的建设使大连港口粗具规模，设施虽然尚不完善，但具备了船舶停靠、货物装卸、旅客上下和水陆联运功能，标志着大连商港的正式形成（二期工程因1904年日俄战争而中止），这也是大连城市建设的开端和大连以港立市的标志。

（三）大连商港的经营管理

在机构设置方面，沙俄于1902年5月30日开始在大连实行特别市制，市长之职由负责商港和城市规划建设的总工程师萨哈罗夫担任。同年6月6日，设立港务局、警察署、消防署等行政机关，其中港务局人员由局长1人、港务次长1人、监督官（兼引航员）3人、华语外语翻译4人、文书3人，共12人组成，开始了对大连商港的管理经营。

航路开辟方面，东清铁路公司海运条例于1901年7月22日出台。其主要内容包括开辟航线，将大连港和符拉迪沃斯托克港连接起来，进而将俄国、中国、日本和朝鲜各主要港口连接起来，保证邮件、货物和旅客的定期运输，形成完整的对外交通体系。从实施情况来看，东清铁路公司董事会于1898年宣布成立轮船公司，俄沙皇于次年授权东清铁路公司组织太平洋水域海运业，1900年，轮船公司开辟了旅顺至符拉迪沃斯托克的定期航线。随着1902年大连商港的投入使用，轮船公司从旅顺迁至大连，自此形成了以大连港为中心，以俄船为主的大连海运业，1903年3月8日，大连至上海、至日本长崎的客货班轮航线开通，时速达16海里的新型轮船"蒙古"号和"满洲里"号投入运营，至此大连海运的主要航路可达中国其他港口和日本、朝鲜及欧洲各港。

腹地辐射方面，东北地区区域广阔、资源物产丰富，大连港的发展需要通过铁路建设实现与腹地的连接。1896年6月3日，沙俄通过《中俄密约》攫取了筑路特权，同年9月8日通过《合办东清铁路公司合同章程》将这一特权具体化。东清铁路，又被称为"东省铁路""中东铁路"，其干线是俄国西伯利亚穿越中国东北境内的一段，西从满洲里入境、中经哈尔滨、东至绥芬河出境；其支线名为"东清铁路南满洲支路"，北起哈尔滨、中经长春、沈阳，南抵大连、旅顺。根据中俄约定，俄国有权经此铁路运送军队及其物资，俄货经此铁路入境者免税，且票价、运费、装卸费用等由俄方自行核定。至1903年7月14日，总长2500多公里，纵贯东北、直达俄境、连接亚欧大陆、沟通大连港与腹地联系的大动脉——东清铁路全线通车运营。

港口贸易方面，1899年8月，大连开港与各国通商，但商港建设刚刚起步，并不具备泊船条件，此阶段沙俄暂以旅顺军港为商港接纳各国商船。1900年到港商船728艘，吞吐量不详；1901年到港商船823艘，吞吐量56万吨；1902年到港商船665艘，吞吐量27万吨；1903年旅顺港贸易被大连港取代。大连商港方面，随着1902年8月大连至公主岭铁路临时通车，大连开始具备水陆联运功能，到港船舶逐渐增多。据不完全统计，大连商港1902年到港轮船717艘、帆船1418只，吞吐量近8万吨、价值480万卢布，进港旅客54134人次；1903年到港轮船792艘，吞吐量激增到30余万吨，贸易发展势头增长迅猛。此外，从货物类别方面，进口货物主要为建筑材料和煤炭等；出口量很少，只有少量的农产品。

1904年2月8日，日俄战争在大连海区爆发，大连商港二期工程中止。战争在大连地区进行了近一年时间，整个海区布设了大量水雷，4月13日俄旗舰"彼得罗巴甫洛夫斯克"触日军水雷爆炸，舰队司令马卡罗夫连同650余官兵丧生。据不完全统计，日俄战争期间在大连港海域舰船沉没数十艘，沉船形成的障碍物以及海面的水雷，严重破坏了港区水域和航道安全。特别是沙俄战败后，在5月27日撤出大连时进行了重点爆破，港内挖泥船等作业船舶全被炸沉，岸上机械设备除2台有轨起重机外其他均变为废墟，自此沙俄统治时期的大连港作为国际贸易港的功能已完全丧失。

（四）沙俄统治时期的经济掠夺

1. 工业垄断。伴随着开港立市一系列建设工程的开工，大连的近代工业也随之产生。大连市区的工业具有典型的殖民地特点，可分为沙俄东省铁路公司经营的沙俄官办工厂、中国买办经营的工厂和其他私人经营的小工厂和小作坊。其中主要的工厂均属于东省铁路公司，如机车修造厂、轮船修理厂、发电厂、煤气厂、铸铁厂等。相比之下，落后的民族工业仅限于简单的生产和生活用品的制造加工和修理，仍属于手工作坊。

2. 商业垄断。沙俄统治时期，强行收买了东西青泥洼等村落3300公顷土地，作为修筑商港和建设市街用地，并通过东省铁路公司南部分公司（设在旅顺）控制经营大连地区的铁路商运、旅馆、商场等。1902年，著名的沙俄商业财团康斯坦丁·阿儿伯尔斯商会和秋林商会先后在大连地区兴办商会，并带动其他中小商家到大连经商，他们通过自由商港和东省铁路，把大量廉价的商品向中国倾销，迅速控制大连的大部分商品市场，建材、铸铁、船舶、电动机械等工业商品和茶叶、医药、煤油等生活用品几乎全被沙俄商家垄断。同时，受益于自由港策略，大连地区还吸引了诸如英国的旭升洋行、和记洋行，美国的茂生洋行、史密斯商会，德国的万利洋行、哈利洋行等当时国际知名的商家共64个，经营洗衣店、照相馆、西服店等，这些外国商家和沙俄设在大连地区的商业机构相互勾结，从而形成了资本实力强、规模可观的殖民地洋商垄断的局面。这也使本就弱小的民族商业纷纷被挤垮和吞并。

3. 金融垄断。沙俄侵占旅顺后，于1898年7月成立了华俄道胜银行旅顺分行，这也是大连地区最早的银行，它拥有铸币权，并在大连地区用卢布取代原流通货币，币制的更换使卢布成为流通和结算的法定货币，并使原货币持有者遭受了巨大损失。同时沙俄的邮局兼有储蓄职能，至1902年底，大连市邮局开户数为1714户，存款15.5万卢布，至日俄战争沙俄撤离后，金融瘫痪导致存款归零。

二、日本殖民时期的大连自由港

日本于1904年5月28日占领大连港、30日占领市区、12月30日占领旅顺军港、1905年1月2日驻旅顺俄军投降，至此，大连地区完全为日军所控制。1905年9月5日，日俄签订《朴次茅斯和约》，在没有清政府参与的情况下将沙俄占有的大连港口和东清铁路长春以南的全部权益转让给日本。同年12月

22日,日本政府迫使清政府签订《会议东三省事宜条约》,清政府对《朴次茅斯和约》中有关大连港口和铁路的规定"概行允诺"。至此,日本以武力和不平等条约攫取了大连港,使之成为日本掠夺东北资源、倾销日本商品的港口。同时与《马关条约》中抢占的台湾省南北呼应,控制了中国沿海最重要的两个海峡——渤海海峡和台湾海峡。

(一) 大连自由港的第二次开港

1905年1月,日军制定《大连湾出入船舶和海运商人规则》,许可日本商船和商人进出大连港。1905年2月11日(日本纪元节),日本政府改俄称"达里尼"为大连、"达里尼"港为大连港。5月8日,辽东守备司令部颁行《货物进出口税则》,核心是对日本船开放、货物免税;对中国船限制、货物征税;对外国船排斥,货物只限于中国船载运并征税,主要目的是提高日货、日船在市场上的竞争力。这个政策遭到各国反对,英美甚至通过外交途径向日本抗议,要求日本实行"门户开放、机会均等"的政策。

1. 港口开放。如前所述,日本军政时期发布的《货物进出口税则》同开放大连港的宗旨是相悖的。1906年6月,日本内阁会议同意废止《货物进出口税则》,同时制定了《关于辽东半岛租借地关税实施政策》。其主要内容为:将大连作为满洲贸易中心而经营;将大连租借地辟为最大限度的自由贸易区域,除军事上的必要限制外,为纯自由港;最大限度地实行自由港方针,免征货物进出口税;船舶吨税(可免征)、海运运费和铁路运费力求低廉;设置大连中国海关,由日本人专管税收事务;允许外国船公司经营大连与日本开放港口间海上贸易。8月22日,日本外务大臣向驻日本各国使节发出了《关于开放大连的声明》,明确自1906年9月1日起开放大连港与各国通商,实行自由港制度。这是大连港历史上第二次对外开放,再度成为国际贸易港。

2. 海关开关。1907年5月30日,中日政府签订了《设置大连海关及轮船内水航行协定》,规定海关税务司一职由日本人担任、租借地内进出口货物免税等。6月26日,关东都督府公布《关东州租借地暂行关税规则》。1907年7月1日,大连中国海关开关,划大连租借地为关税自由区域。

3. 公布港则。1907年11月29日,关东都督府公布《大连港港则》,并在此后的1910年和1925年分别修订并重新公布实施，港则主要规定了水域范围、水域划分、船舶检疫、船舶引水、货物装卸、危险品管理、港区秩序、船舶联检、外国军舰进出、处罚等事项。

4. 海务管理。1908年11月1日设立关东都督府海务局，其具体职能是统一掌管大连地区港口行政事务，包括港务、航路标志、海港检疫、船舶检测丈量、船籍事务、船舶职员及引水员监督等。1913年，大连海务协会成立，为从事与海务有关业务的社团组织，包括船舶检查、海损评估、海事仲裁等。

（二）大连商港的垄断经营

日本政府于1906年11月26日成立南满铁路株式会社（以下简称"满铁"），并于1907年3月5日迁东京总社至大连。1907年4月1日，满铁开业，设大连栈桥事务所经营码头业务、设筑港事务所经营港口建设。以大连港、南满铁路为主的交通运输业是满铁全部经营活动的基础和中心，其实质是借公司之名行机关之实，代替政府经营南满洲。从大连港具体经营机构来看，在1907—1945年，主要经历了大连埠头事务所、大连埠头和大连埠头局三个阶段。但主要职责一直为掌管码头、栈桥及船舶进出港利用岸壁等事项；统一安排和管理在港船舶；统一管理码头货物装卸及堆存；经营仓库保管业务；制定有关规章制度等。

在港口经营过程中，大连码头仓库业得到快速发展。从1907年10月1日大连码头仓库营业开始，逐步向铁路车站延伸，至1916年已扩展至29个车站。此期间的大连仓库业主要体现出三个特点：一是实行火灾保险，由日本保险公司承保、保费由满铁负担，以吸引货物存储；二是提供金融支持，货主凭仓库开具的存货单证，可获得日本正金、正隆银行一定额度的贷款；三是实行混合保管制度，即将不同货主的相同品质货物混合在一起保管，并对参加混保的货主实行资金、降低保管费和运费等优惠政策。通过上述措施，东北仓库业为满铁所垄断，其仓库收入和仓库面积均占东北市场80%以上份额。

在港口建设方面，大连港的第一期建筑工程是沙俄于1903年完成的，第二期工程也于同年开工。日本接收海港后，先是把海港交给日本陆军运输部大连出张所经营，后于1907年4月1日交给满铁并不断扩大港口建设规模以及强化管理。1908年1月，满铁制定了《大连筑港计划案》，建港规模与沙俄的基本一致。满铁在继续建设中，把不便于货物装卸的台阶式码头改建成岸壁式码头，并于1913年完成水陆联运设施建设，使铁路货车与海轮间实现了直接装卸。至1926年12月，满铁按计划已完成4座实堤码头和实堤码头之间的3座顺岸码头及长门汀码头、寺儿沟栈桥、甘井子煤炭专用码头、客运站、大连港办公大楼等，还建成了环绕码头的4座防波堤，使大连港形成了5个完整的港区。在《大连筑港计划案》实施过程中，满铁又于1928年6月编制了《大连港扩张预定计划》，新方案宏大且长远，整个工程分为三期，远期规划到1958年，从中可见日本侵略者长期霸占大连、侵占中国的野心。

在港口作业方面，由原大连埠头事务所所长相生由太郎创办的福昌公司于1909年11月开业，并包揽了大连港全部装卸作业。福昌公司下设华工部、支店和驻在所。其中华工部负责码头工人管理，经营货物装卸；支店是公司设在外埠的代理机构，有奉天、营口、青岛等支店；驻在所是公司设在日本的办事机构，有大阪、神户、东京等驻在所。公司实行把头制度，在大连港形成了满铁—福昌—把头的装卸体系。

此外，在大连商港的经营过程中还伴随着外埠的扩张经营。具体包括1910年设置大连埠头事务所营口支所，经营煤炭出口；1911年设置上海支所，为大连港对外贸易辅助中转站；1912年设置安东支所，经营鸭绿江沿岸木材装卸和运输；1915年设置青岛出张所，并借日军占领青岛之便将大连至上海航线改变为大连经青岛至上海，扩大了海运势力范围，通过水铁联运直接染指山东腹地；1923年大连埠头事务所旅顺出张所设立，主要是利用军港开展对外贸易。

（三）大连商港的畸形繁荣

1. 旅客运输。1905年1月14日，日本大阪商船株式会社"舞鹤丸"由日本神户港抵达大连港，这是日军占领大连后进港的第一艘客船。1908年8月10日，大连—上海第一条定期客运航线开通，并在此后相继开通了大连至青岛、威海、龙口等定期航线，以及大连至日本大阪、神户等航线。1910年开办了以大连港为中心的"日满"水陆客货联运，即日本某铁路车站—日本某港口—船舶—大连港—东北某铁路车站，1911年进一步扩大为"日满俄"水陆客货联运，1913年再扩大为"欧亚"水陆客货联运。同年8月1日大连—台湾海上航线开辟，9月10日起与满铁车站开办水陆客货联运。

从客运量来看，在日本殖民时期，大连港客运量在1908年不足20万人次，到1941年达到历史峰值172万人次，客运量增长的主要原因是从中国各地来东北的劳工数量激增，其次是从日本国内来东北的人员增加。据统计，1908—1943年从大连港下船的人数大大超过上船人数，特别是在1927—1929年，下船人数179万人次，上船人数72万人次，说明相当一部分移民定居大连以及东北各地。

总之，这一时期大连港旅客运输呈现出水陆联运、国际航线、下船大于上船三个显著特点。

2. 货物运输。1907年7月，满铁制定了有利于大连港的"海港发到特定运费"。核心是铁岭以北到达大连港、营口港的铁路货物实施"不等距离等额运费"政策，使得公主岭以南运费降低35%～45%，以北降低45%～50%。这一政策的实施使得南满铁路—大连港的竞争力较辽河水运—营口港以及中东铁路—符拉迪沃斯托克港强出很多。特定运费的实质是日本"大连中心主义"政策的具体体现，即货源垄断。优惠政策下的大连港，仅用5年时间，到1912年便压倒了历来是东北地区最大贸易港的营口，成为东北第一大港；在1919年成为仅次于上海的中国第二大国际贸易港；1936年成为亚洲第一大港。

从具体货物吞吐量来看，1907年吞吐量为83万吨、1909年突破百万吨、1913年突破200万吨、1917年达到300万吨、1919年超过400万吨、1922年超过500万吨、1925年超过600万吨、1927年达700万吨、1928年达800万吨、1929年达900万吨、1934年突破1000万吨、1936年达到1200万吨，为日本殖民时期最高值。

到1937年日本侵华战争扩大后，大连商港的军事作用更加显著，大量日本军用船只以及12万关东军、坦克、大炮等从大连港涌入，因此1937—1939年吞吐量虽都超过1000万吨，但主要是进口增加迅速所致。1941年太平洋战争爆发后，日本海上运输线特别是大连至日本航线遭到盟军严重打击，港口运输量直线下降，1942年降至623万吨，到1944年则只剩232万吨。

纵观日本殖民时期，大连港进出口货物有如下特点：一是出口大幅超过进口。据统计，1907—1944年大连港进出口货物总计21286万吨，其中出口15374万吨、进口5912万吨，出口进口比率为72.2:27.8，为标准的"输出港"。二是出口货物主要是中国东北原料，特别是大豆三品（大豆、豆饼、豆油）、煤炭、生铁，占出口货物总数的73%。三是出口国家主要是日本，其中1907—1931年占50%左右、1932—1940年占70%以上。四是进口货物主要是日本工业商品，主要有水泥、木材、白灰、面粉、砂糖、编织品以及日用百货等，这也是"工业日本、原料满洲"的帝国主义侵略政策的具体体现。

（四）殖民时期的殖民地经济

当日本于1905年和1931年凭借先进的武器先后侵占大连地区和东北后，掠夺资源的多年梦想变为现实，其掠夺也就达到了疯狂的程度。日本殖民时期在东北地区先后修建了总长度达6857.3公里的铁路，为日本扩大军事侵略和经济掠夺打下了牢固的基础，并通过大连港，逐渐夺取和控制了中国东北的对外贸易。

"九一八事变"前，大连地区的工业主要是发展以增值为目的的榨油工业、纺织工业和满足铁路、海运、城市建设和电力工业发展需要的机车业、修造船业、机械工业和窑业，前期尤以榨油工业发展较快。"九一八事变"后，大连地区的工业被推向军事轨道，主要是大力发展战争需要的化学工业、炼油工业、冶金工业和机械工业，机车工业和修造船业也因战争而加快了发展。在军需的刺激下，工业迅猛发展，到了1943年，工厂数猛增至1825个，资本额高达7.36亿日元，年产值达到6.13亿日元，与1941年相比，分别增长了33%、50%和25.4%。从1936年起，大连年工业总产值超过沈阳，成为当时东北最大的工业城市。

表 3-1　　　　　　　　1943 年大连地区主要工业概况

	工厂数（个）	资本额（亿元）	年产值（亿元）	工人数（人）
化学	129	2.5	2.07	9543
机械	331	1.76	1.396	31200
金属	265	0.7	0.63	11300
纺织	92	0.65	0.453	9900

从日本殖民时期大连的几个重点工业项目发展情况来看，在机车工业方面，1908年，日本把沙俄建在大连火车站站内的东清铁道机车制造所迁至沙河口，并从德国进口设备，于1911年建成了沙河口铁道工厂。该厂建有49幢厂房和16个车间，年组装制造能力为机车20辆、客车48辆、货车600辆；年修理能力为机车240辆、客车360辆、货车3600辆。随着日本势力在中国的扩张，满铁进入了扩大经营范围时期，机车厂开始逐步扩大机车生产，从1914年至1921年，年均组装机车8.1台，修理机车156.4台，组装制造货车435.9辆，修理货车2108.4辆。1922年至1931年，年均组装机车量上升到12辆，而机车修理和货车的制造和修理，则因满铁辽阳铁道工厂的建成而有所减少。日本在侵占东北后，满铁进入了全面垄断东北交通和产业的阶段，所以机车厂在1932—1937年，修理机车和制造货车的数量大增，并为侵华日军生产装甲列车、装甲汽车、军用冷藏车和军刀、刺刀等。"七七事变"后，日本全面侵华战争导致机车的需求量进一步增加，1938—1945年铁道工厂机车的年均生产量多达37辆。此外，这一时期满铁大连铁道工厂的最高档产品，是1934年制成的"亚细亚"号流线型特快列车，最高时速130公里，平均时速82公里。

造船工业方面，修造船工业是大连地区现代工业的萌芽，清政府早在1880年创建北洋水师时，就建立了旅顺大坞，沙俄1898年侵占后，又开始在大连建修船厂。日本占领大连后，满铁接管了大连船厂，后又租给日本神户川琦制造所，改名为川琦造船所大连出张所，经过改扩建后，主要承接修船业务。满铁于1923年承租了旅顺船厂，并收回了租给川琦的大连船厂，但由于当时海运行业整体并不景气，1931年，大连船厂被大连汽船株式会社吞并。1932年下半年开始，大连船厂开始制造舰艇，先后为伪满洲国制造自动艇、警备艇及铁路运输货车等，从此逐渐形成了造船、修船、车辆生产、陆用机械制造和陆用机械修理等综合生产能力。全面侵华战争爆发后，满铁对船厂进行了扩建以保证战争需要，随着日军在太平洋战争中节节败退，日本舰船损失较大，为此满铁在1943年8月又提出了扩建方案。到1944年，已拥有3座4000吨以下船台、2座船坞（分别为6000吨级和8000吨级）、1座提升船坞、1座栈桥、142栋厂房、400多台机器设备，年造船能力达到2万吨，年修船能力达10万吨，车辆制造能力为1000辆，年总产值为2000万日元左右、资产总额达到4155万日元。

钢铁工业方面,最早建立的是1918年的大华电气冶金公司,先后生产了高速钢、不锈钢、铸钢、耐火材料和硬质合金等,并从1931年开始生产钨钴硬质合金。1938年,该公司迁至甘井子椒房屯后,改名为"大华矿业株式会社",扩大规模后,平均日产高速钢10吨、其他特殊钢50吨、海绵铁100吨,全厂职工人数达1800多人。此外,生产钢铁的工厂还有进和株式会社(现大钢前身),到1945年,该厂已发展到拥有8个生产车间,年生产能力为高速钢500吨、不锈钢200吨、碳结钢3000吨、轴承钢1000吨。

化学工业方面,化学工业作为军火工业的基础,为满足侵略战争的需要,日本殖民当局相继在大连创建了多处化学工业企业。1935年5月,满铁投资2650万日元,在大连甘井子建立了满洲化学工业株式会社(现大化),平时生产供出口日本的化肥,战时生产军火原料,投产当年就生产合成氨3.32万吨、硫酸1.2万吨、硫铵11.73万吨、硝酸1199吨、硝铵852吨。1938年进一步扩产后,使合成氨的年生产能力达到5万吨、硫铵达18万吨。1941年太平洋战争爆发后,生产重点转为军火原料,至1944年,生产的硝酸已由最初的1199吨增加到1.16万吨,硝铵增加到8930吨,已变为一个完全的军火工厂。同时,为满足战争对燃料油的需要,日本于1935年投资500万日元在甘井子建成满洲石油株式会社(现大连石化),并从美国进口原油,年加工能力达15万吨,后又投资4000万日元进行了先后3次扩建,产品涵盖车用汽油、船用柴油、航空汽油、煤油和沥青,到1942年,该会社的年产值达到1082万日元。

从数据统计上看,1941年,大连地区共有工业企业1372家,投资总额为5.58亿日元。其中日本人经营的企业567家,占工厂总数的41.3%,投资额为5.08亿日元,占投资总额的95.2%;中国人办的企业799家,占58.2%,但投资额只占4.5%。同时,当期大连有973家30人以下的小型企业,其中中国人开办636家,占总数的65.4%,而当时大连地区49家200人以上的企业,却没有一家是中国人开办的,体现出了明显的殖民地经济特点。

(五)日本殖民后期的贸易保护与限制

"九一八事变"后,日本控制了全东北的港口和铁路,自由港政策对日本不再有吸引力，贸易保护主义大肆抬头，对船舶、船员以及货物进出港口进行诸多限制。以船舶限制为例，1933年关东厅公布《关东州船舶进口许可办法》，规定进港船舶须经关东厅长官许可，否则不得进港。1940年8月再次规定中国小船除大连港、旅顺港和普兰店港外，不得进入大连其他30余处港湾、海岸。1941年5月实施《关东州船员征用令》、次年5月公布《关东州战时海运管理令》，成立关东州船舶运营会，明确在关东州置籍的日本船舶均属该会管理。到1944年5月，实施针对大连港和旅顺港的《临时特例》，规定对进出港船舶可不按原有条文办理，完全视日本需要而操作。

贸易限制方面，1938年9月关东州厅向一般货主发布关于压缩预定进口货物的警告，一般贸易受到限制。10月大连港将普通货物保管费用大幅提高：15日内提高25%、25日内提高100%、25日以上提高至400%。1940年4月15日施行《关东州进出口许可规则》，明确479种货物未经许可不得进出口。9月30日实施主要农产品原则上不得进出口，并指定日满商事会社等为贸易统制机关，对一般进出口贸易进行统制，流通领域除指定物品外，其他一律禁止收购、贩卖或委托。1942年1月实施经日本政府批准的《关东州贸易统制令》，经大连港进出口货物由局部转向全面的贸易限制。当时的《泰东日报》对此报道为："近来因贸易统制，或物资配给的强化，使商业之前途陷于悲观"。至此，日本殖民时期的大连自由贸易港已名存实亡。

三、苏联代管时期的大连自由港

1943年11月22~26日，中国、美国、英国三国首脑举行开罗会议，会中美国总统罗斯福向蒋介石提出旅顺港、大连港问题。蒋介石为获得美国支持，同意中美共用旅顺港，大连港为国际自由港。1945年2月11日，苏联、美国、英国三国首脑签订《雅尔塔协定》，内容涉及大连商港、旅顺军港和东北铁路等诸多权益，包括大连商港须国际化，苏联在该港的优越权益须予以保证；苏联租用旅顺港为海军基地须予恢复；中东铁路和南满铁路应通过设立苏中合办的公司来共同经营。这个协定在没有中国代表参加的情况下，意图恢复沙俄在日俄战争前在大连港的特权，是有损中国主权和利益的，正如邓小平所说:"欺负中国的列强,总共大概是十几个……从中国得利最大的,一个是日本,一个是沙俄,在一定时期一定问题上也包括苏联"。①

(一)大连自由港的第三次开港

苏军驻港后,满铁大连埠头局和福昌华工株式会社解体。新设大连中苏自由港,但俄文仍称"达里尼"自由港,港长及各部门要职均由苏籍人员担任。1945年11月8日大连市政府成立后,与苏军当局议定:苏联船舶和军人由苏方管理,中国和其他国籍的船舶和人员由中方管理。这基本确定了苏军控制下的港口、船舶治安管理的基本分工。1946年10月成立了市政府属下的大连海口管理处,开始履行海关职能。

(二)以苏联、朝鲜为主的港口贸易

1945年8月苏军接管大连港时,通往外埠客运航线全部中断。当年12月20日,市政府为繁荣市场,创办了大华贸易公司,购置了2艘百吨以上汽船,分别通往烟台和龙口,承担运输货物和旅客职能。1946年6月国民党军舰占据长山群岛(长海县)海面,大连港通往外埠海上航路梗阻。1948年11月2日东北全境解放后,大连至山东半岛海域得以恢复,大连至烟台定期客运航线开通。1950年大连港设置轮船站专门经营旅客运输,同年塘沽线、威海线、龙口线、青岛线客货班轮陆续上线,大连港旅客运输恢复常态。此外,这一时期最突出的客运业务是送日侨回国,从1946年末至1949年9月,前后共遣送日本侨民20余万人。

货物吞吐量方面,大连港在此期间的货物贸易主要是以粮食、工业原料和燃料为主。1946—1950年历年数据分别为36万吨、18万吨、69万吨、106万吨、182万吨。其中1946年、1947年吞吐量极低的主要原因是国民党军队对港口的封锁。据统计,1946年10月至1949年3月,大连港贸易进出口总值659亿元关东币,其中出口320亿元关东币,苏联占三分之二以上;进口339亿关东币,朝鲜占一半以上。

---

① 《邓小平文选》(第3卷)[M].北京:人民出版社,2014:128.

（三）以中苏合营为主的大连经济

在苏联代管的时期，由于大部分企业都是由苏军监管，经旅大地委与苏军协商，于1947年开始，建立一批中苏合营企业。当时，中苏合营的四大企业是远东电业公司、石油公司、盐业公司和造船公司。中苏合营企业和军工企业成为这一时期的支柱产业。至1948年，新开工公营工厂75家、工业投资50亿元、全市工人数5.47万人、工业总产值达400亿元。

从金融方面来看，日本投降后，大连市政府接收了日伪16家银行，并在整顿的基础上组建了大连中国工业银行、大连中国农业银行和大连中国商业银行。1946年7月1日，三家地方银行合并为大连银行并于1947年4月更名为关东银行。同时，在解放初期，苏军军用票与伪满洲国币、朝鲜币、日本币和中国旧银币在市场上流通，由于币值不一致，导致金融混乱。为稳定币值，大连市政府规定苏军军用票、伪满洲国币和朝鲜币三种货币同价等值，准许上市流通。此后，为加强银行对金融的集中管理，结束市场游资充斥的情况，进一步提高币值、降低物价，于1948年11月发行关东地方性货币，使大连地区流通量缩减27.6%，物价降低了25%~30%，形成了以关东币为单一流通货币的新格局。至1949年末，全市存款21.07亿元，贷款14.45亿元，为稳定大连市场、恢复和发展生产作出了重大贡献。

（四）港口管理与自由港政策

1946年3月30日国民政府行政院宣布暂时开放大连港并保留随时封闭之权。1947年8月15日国民政府行政院决定暂停开放大连港，外轮入港须经行政院特许。8月28日苏联塔斯社奉令声明：苏联船舶有权进入大连港。总体来看，当时大连港的实际情况是苏军控制、美蒋未能染指、中共领导的人民政权掌握的特殊解放区港口。在整个解放战争期间，人民政权利用大连港的便利条件，租用苏联船舶，成功开展了对中国香港、苏联、朝鲜的贸易，保持着局部开放势头，相当数量的粮食、工业原料和燃料依赖港口的便利条件得以进口，恢复了生产、活跃了市场、安定了民生，为人民政权的发展和解放战争的胜利提供了很大助力，这也从另一层面说明了港口对经济和社会发展的重要作用。

第三节　现代大连商港建设与发展

1898年沙俄强租大连，1899年大连开港，1905年沙俄将大连港全部权益"转让"给日本，1945年大连港由苏联无偿租借30年。这期间涉及大连港的国际约章有十多个，从而形成了大连港的历史遗留问题。中华人民共和国成立后，1949年12月毛泽东主席出访苏联，1950年1月周恩来总理赴苏谈判具体事宜。通过艰苦谈判，1950年2月14日，周恩来和维辛斯基分别代表中苏两国政府在莫斯科签订了《关于中国长春铁路、旅顺以及大连的协定》，一揽子解决了大连港、旅顺港、东北铁路和苏联驻军等一系列问题。

根据上述协定，中苏两国要在1950年内完成对大连港问题的处理。1950年12月31日，在中苏联合会议事录上明确自1951年1月1日起，苏联政府将大连港移交中国政府。2月1日，移交仪式在大连港举行，移交的大连港陆域面积8.07平方公里，水域面积85.6平方公里。自此，中国收回大连港，结束了自1899年开港以来便由外国人统治和管理的历史，进入了大连港由中国自行管理的新时期。

一、改革开放前的大连商港建设与发展

（一）改革开放前的港口管理

港务管理方面，根据国家1950年《关于统一航务港务管理的指示》，1951年3月交通部决定在大连等5个重要港埠设立区港务局，区域内小港归区港务局领导。同年4月28日，东北人民政府决定营口、安东（丹东）两港脱离东北航务总局由大连港接管，大连港接管后设立营口分局和安东办事处经营港口生产。1957年7月，营口、安东两港从大连港划归辽宁省交通厅。

航务管理方面，1951年7月1日东北航务总局与大连航务局合并，在大连成立了北洋区海运局，经营连云港以北海域客货运输。1953年5月1日北洋区海运局与华东区海运局合并成立上海海运局。6月10日上海海运局大连办事处成立，经营青岛以北海域客货运输。

对外开放方面，1960年6月1日，大连港正式对外开港，可直接同资本主义国家和地区进行贸易和航运往来。1976年7月1日大连新港正式对外开港。从历史上看，大连港曾三次开港，1899年和1906年两次开港属租借口岸；1946年第三次开港属条约口岸，但1947年暂停开港。1951年中国收回大连港后，一直同苏联、东欧等国家通商贸易。1954年9月23日大连港对日本开放。1960年开港通商范围扩大到全世界。应该说，大连港的开港对这一时期我国组织货物出口、进口国家建设急需物资、活跃国内市场具有重要意义。同时，开港前后，大连口岸服务系统如外办代理、仓储、对外运输、对外供应等纷纷建立并逐渐完善，延长了港口产业链。

港口建设方面，1951—1972年的22年间，大连港累计投资8000万元，实现新增年通过能力800万吨。1973年周恩来总理针对全国港口通过能力严重不足的问题，作出了"三年改变港口面貌"的指示，港口建设被提到国家议事日程上，大连港也开始了大规模的港口基本建设，完成了大连新港项目。1973年至1978年6年时间，累计投资31000万元，新增年通过能力达2300万吨。通过基本建设和技术改造，港口通过能力显著提高，同时增加了工业产值、修船能力和国际客船靠泊能力。

（二）外贸蓬勃发展的港口贸易

旅客运输方面，1951年大连港客运航线有通往烟台、塘沽、龙口、威海以及青岛等5条航线，1952年开通了长山线（包括大长山、小长山、獐子岛、海洋岛等）。1956年开通的连申线（上海），成为东北地区和华东地区人员往来、货物流通的重要通道。客运航线中上海、烟台、塘沽、青岛4条航线同时对外国旅客提供服务，客运实行江海、铁路、公路联运。旅客吞吐量方面，1951年为35.8万人次，到1961年突破100万人次，1979年突破200万人次。

货物运输方面，1951年大连港有东部、西部、寺儿沟、黑嘴子、甘井子

5个装罐区，1959年增设香炉礁装卸区，1974年增设新港作业区经营港口货物装卸。从类别上看，寺儿沟和新港主营油品、甘井子主营煤炭、黑嘴子主营地方船舶、其他作业区主营一般性杂货，以钢铁、粮食、煤炭、化肥、木材、矿物为主。吞吐量方面，1951年为273万吨；至1959年突破1000万吨，恢复至历史最高水平；1973年首次突破2000万吨，达2154万吨；1979年再上台阶，突破3000万吨。此外，大连港在1974年的外贸吞吐量为1180万吨，超过上海成为全国外贸第一大港；1975年外贸吞吐量占比为60.7%，首次超过内贸；1980年大连口岸外贸出口额占全国外贸出口总额的22%，居全国首位。从这一时期开始，大连港外贸吞吐量、外贸货物比重以及出口值始终处于全国领先地位，并保持到90年代初期。

（三）曲折中不断恢复的地区经济

大连地区的国民经济恢复虽然起步较早，但到1949年末，全市工业总产值仅为当时历史最高年份1943年的55%，工厂普遍存在开工不足、成本高、质量差、浪费大、管理不善和生产能力低下等问题。在中华人民共和国成立初期，大连市政府通过提高工业产量、发展农业生产、活跃市场贸易、加强货币管理等手段，使大连地区的财政收支基本趋向平衡，基本建设、文教、卫生和人民生活等各方面也都有了较大的发展和提高。此后，在1953年，中共中央发布了过渡时期总路线，大连地区也进入了对农业、手工业和资本主义工商业的社会主义改造和实施第一个五年计划的新阶段。到"一五"计划完成的1957年，大连全市工业总产值达到14.32亿元，较1949年增长了5.7倍，农业总产值3.97亿元，粮食总产量达到6.35亿公斤，全市基建投资总额累计为4.08亿元，社会商品零售总额达到3644.7万元。

但是，随着1957年整风运动和反右派斗争的开展，以及大跃进运动的展开，大连地区经济受到较大影响、人民生活水平明显下降，再加上严重的自然灾害，大连市国民经济从1959年到1961年遭遇了严重困难。为摆脱困境，大连市政府自1961年开始实施国民经济调整，通过恢复和发展农业生产、整顿工业企业、加强财政管理、整顿商业等措施，国民经济随之出现好转。1963年，粮食总产值达11.4亿元，恢复到1957年的95%；工业总产值18.9亿元，较1957年增长32.4%；地方财政收支平衡并有盈余。然而，这一好转随着"文化大革命"的到来被彻底改变，1966—1976年，历时10年的"文化大革命"给大连地区造成了巨大损失，经济损失难以估量，百废待兴。

二、改革开放后的大连商港开发与开放

历史的脚步迈进了改革开放的新时代，大连也迎来了历史上最辉煌的时期，国民经济进入了持续健康发展的轨道，大连逐步成长为渤海经济圈重要的经济中心之一，并在东北地区对外开放中发挥着更加重要的作用。

（一）改革创新成为港口发展的重要特征

1950年7月国家统一港务管理，从而形成了"政企合一"体制。改革开放后，"政企合一"体制与经济发展不协调现象日益严重，大连港也率先在全国港口企业中进行管理体制改革。

1981年7月1日，大连港上报以"政企分开"为核心的《港口管理体制改革方案》，10月26日经交通部和辽宁省商定形成了《大连港口体制改革试行方案》上报国务院，12月21日国务院批复方案，1982年1月12日政企分开命名大会在大连港举行。国务院的批复指出：实行政企分开后，大连港口管理局是国家管理港口的行政机构，主要负责港口行政管理和规划建设，由交通部和大连市双重领导、以交通部为主；大连港装卸联合公司是经济组织，主要从事港口装卸运输，实行独立核算、自负盈亏；建立党委领导下的经理负责制、职工代表大会制，直属交通部领导。这次改制的积极意义在于大连港开始从政府部门的附属，向自主经营、自我发展、自负盈亏的企业转变，但实际上由于政府部门和口岸管理系统改革滞后，改革的形式大于内容，港口建设发展缺乏超前性，加上对国际航运业船舶大型化发展趋势的关注不足，使大连港的发展耽误了时间、错过了时机。

1984年4月6日，中央书记处和国务院召开座谈会，建议进一步开放大连等14个沿海港口城市，作为中国实行对外开放的一个新的重要步骤，30日中共中央、国务院批转了座谈会纪要。纪要指出：大连是东北主要港口城市，

从发挥东北老工业基地作用出发，利用日本资金和技术需要，通过大陆桥对苏联、欧洲发展转口贸易需要，大连在某些政策上可以更开放些。9月25日国务院批转大连进一步对外开放和能源交通建设等问题的会议纪要，作出兴办开发区、加强口岸体制改革和港口建设、加快大窑湾新港区建设、开展"大陆桥"国际联合运输试运、改革口岸对外贸易体制、赋予省级贸易权限等12项决定。这些政策或直接或间接涉及大连港口，目的是通过口岸改革和港口建设形成外向型发展新局面。1985年5月4日国务院批复大连城市总体规划，确定城市性质是"港口、工业、旅游城市"，从城市功能上看，港口排在第一位，这说明了国家从上到下对大连港口经济的高度重视。

1986年，大连港下放地方，开始实行中央和地方双重领导、以地方为主的管理体制。根据国务院关于大连港管理体制改革会议纪要，将原大连港装卸联合公司，中国外轮理货公司大连分公司，大连港口管理局的建港、公安、岸线管理、引航、陆域管理及外事等部门合并组成大连港务局，从而进一步扩大港口自主权，使港务局成为名副其实的经济实体。

2003年4月7日，大连市政府召开大连港政企分开管理体制改革会议，宣布组建市政府所属的港口管理局，承担交通部下放地方和市交通口岸局划转的港口管理职能以及大连港务局移交的港政管理职能。同时，组建大连港集团有限公司，大连港自此成为名副其实的公司制企业。从1982—2003年，从"政企合一"到"下放地方"再到建立企业集团，大连港完成了向现代企业制度转变的三步走。

2003年10月，中央作出把大连建设成为东北亚重要的国际航运中心的决策，在我国18000公里的海岸线上，1996年中央定位上海为国际航运中心，香港已经是国际航运中心，毗邻的深圳也迅速崛起。自此，在中国南部以香港、深圳为代表，中间以上海为代表，北部以大连为代表的国际航运中心格局形成，体现了国家经济发展重心由南及北、渐次递进的战略意图。

2004年8月21日，大连市发布《关于加快东北亚重要国际航运中心建设的实施意见》，明确大连港的功能定位一是环黄渤海地区干线港和全国沿海主枢纽港，二是东北经济区联结国内外市场的航运中心。重点任务是加快推进海港和空港基础设施建设，提升港口功能，引进和培育大型航运企业，构造密集发达的全球运输链网，加速推进港口企业制度创新、实现港口资源整合，全力推进集疏运体系建设、强化港铁一体化的海铁联运功能，大力发展现代物流业和临港产业、为航运中心提供功能和产业保障。

2006年8月31日，国务院批准设立大连大窑湾保税港区。保税港区具有港口、物流、加工三大功能，可以全面开展港口作业、仓储、中转、国际配送、国际采购、转口贸易、展示、检测维修、研发加工等九项业务，是当时内地开放层次最高、政策最优惠、功能最齐全、区位优势最明显的特殊区域。大大增强了港口集散、牵动、辐射三大功能，成为吸纳全球经营者进行商业活动的中心。

2009年7月，《辽宁沿海经济带发展规划》上升为国家战略，明确大连提升核心地位和发挥龙头作用，增强综合实力，完善服务功能，建设东北亚重要的国际航运中心、物流中心和区域性金融中心及现代产业聚焦区，带动区域加快发展，服务东北老工业基地全面振兴。

（二）百年老港终成亿吨大港

港口建设方面，面对多年来制约大连港发展的设备陈旧、功能单一等问题，通过实施大连老港区改造的世纪搬迁工程，使大连港口新增专业化泊位72个，专业化集装箱泊位由4个发展至14个。大窑湾港区作为三大核心港区中的核心，已拥有世界一流、国内最大最先进的30万吨矿石专用卸船码头和水深18.6米转水码头，拥有国内最大的45万吨级原油码头、国内最大的中石油液化天然气码头和国内港口规模最大的总储存能力超过1600万立方米油罐群，拥有可靠泊1.4万标准箱集装箱船舶的集装箱码头。2012年，大窑湾北岸港区开工建设，标志着大连综合性大型国际深水港建设迈上了新的台阶，"世界有多大船，大连就有多大港"的承诺正在实现。截至2016年底，全市共有各类码头泊位237个，其中生产性泊位212个、万吨级以上生产性泊位96个，年通过能力2.78亿吨。大连百年老港的战略性调整和升级改造取得明显成效，初步形成了布局合理、层次分明、分工明确的现代化、专业化、集约化的港口集群，成为石油、粮食、矿石、商品汽车、客货滚装运输的重要国际枢纽港。同时，大连空港作为国际航运中心建设的重要组成部分，两次扩建工程使航站楼面积达到13.6万平方米、跑道长3300米、停机坪66万平方米、停机位42个，符合4E级I类国际机构标准，可供除A380外各种大型飞机安全起降。

旅客运输方面，大连港在20世纪50年代形成的客运航线一直延续到80年代中期，没有发生变化。80年代中期以后，在市场经济作用下，航运市场垄断状况有所改变。1985年3月29日大连—广州定期客货班轮开通，航程达1348海里，是国内最长的海上客运航线，1986年开通秦皇岛不定期航线，1990年大连港第一条客车滚装班轮烟台线正式开通，1992年龙口线、1994年威海线、1995年连云港线、1996年塘沽线、莱州线、上海线相继开通，至此，传统的客货班轮被客车滚装班轮所取代。旅客乘降船地点也由传统的大连港区扩大到大连和香炉礁2个港区。从旅客吞吐量统计上看，1982年为246万人次，1985年突破300万人次达334万人次，1988年突破400万人次达412万人次，1995年突破500万人次达509万人次，1998年突破600万人次达634万人次，1999年达656万人次为历史峰值，此后由于受民用航空迅速发展和铁路提速以及高速公路兴起等因素的影响，旅客吞吐量逐年下降，2002年为588万人次，至2016年已降至377万人次。

货物运输方面，1982年大连港以第一、第二、黑嘴子、香炉礁、甘井子、寺儿沟、新港7个作业区和客运站为主要生产单位，经营客货运输。1987年增设大连港港务公司主营煤炭、危险品和杂货装卸，1991年增设大窑湾港务公司主营集装箱、散杂货装卸，1996年增设大连集装箱码头有限公司专营集装箱装卸。从货物吞吐量统计上看，1982年为3400万吨，1984年突破4000万吨，1989年突破5000万吨，1994年突破6000万吨，从1979年的3000万吨到1994年的6000万吨，15年翻了一番，年均增长200万吨，但就全国主要港口而言，大连港吞吐量增长速度缓慢，在1985年被秦皇岛港超越、1993年被广州港超越，1995年被宁波港超越，由全国第二大港退居至第五位。1995年增长开始加速，1997年突破7000万吨，每增长1000万吨首次由5年缩短至3年。此后，吞吐量增长速度进一步加快，每年近千万吨，2001年突破亿吨，加入亿吨大港行列，百年老港终于成就亿吨大港。2015年，大连港吞吐量达4.01亿吨，2016年达4.4亿吨。此外，从吞吐量构成来看，改革开放后大连港贸易构成发生了显著变化，主要体现在滚装车和集装箱快速增长、石油及制品稳定增长、其他货种一般增长。

（三）与港口同步发展的大连经济

1978年以来，大连进入了经济实力提升最快、社会建设成效最好、城乡面貌变化最大、人民群众获得实惠最多的时期。在城市综合经济实力、"三个中心"建设、现代产业体系打造、社会民生和可持续发展能力等方面均取得了很大成绩。但也需要看到的是，近几年，受制于宏观经济下行以及东北地区经济发展困顿等多重因素影响，大连经济的发展步伐逐渐放慢。

改革开放以来，大连市国民经济增长速度逐步加快，综合经济实力显著增强。地区生产总值由1978年的42.1亿元增加至2016年的8150亿元，增长193.59倍，年均增速达20.7%。公共财政收入以及固定资产投资的年均增速也分别达到20.3%和24.5%，成为东北地区经济总量最大的城市，保持了区域竞争中的优势地位。

城市发展全新格局逐步形成。大连城市空间沿黄、渤两海及沈大、丹大两线呈"V"形不断延伸和扩展，发展模式由过去以行政区划为主转变为以经济功能区为主，形成了一批分布合理、各具特色的经济区。2014年，整合普湾新区、金州新区、保税区成立新市区，总面积达2299.6平方千米的金普新区获批成为第十个国家级新区；2017年，国务院印发的《中国（辽宁）自由贸易试验区总体方案》中，确定的实施范围119.89平方公里中大连片区占一半以上，达到59.96平方公里（含大连保税区1.25平方公里、大连出口加工区2.95平方公里、大连大窑湾保税港区6.88平方公里），这将成为大连未来的潜力和希望所在。目前，大连多点支撑、全域开发开放的新格局和城市与乡村统筹一体化发展、功能区与行政区融合发展、产业园区与港口及城市互动发展的良好局面基本形成。

城市综合服务功能全面提升。港口海运与机场空运成功实现无缝对接，构筑了以海港、空港物流为主，海铁联运为辅的物流运输体系，东北亚国际物流中心功能不断完善，国际航运中心主体框架基本形成。主要金融指标稳步增长，金融增加值占地区生产总值的比重不断提高，金融中心指数列同类城市第6位。大连商品交易所上市新品种交易量占全国交易量的近四成,获评中国最佳期货交易所,抢占了全球金融领域一个新的制高点,区域性金融中心地位基本确立。

新型现代产业体系基本确立。加快制造业向中高端迈进,数控机床、轨道交通、核电装备等领域推出一批新产品、新技术,先进制造业高端化、集群化发展。新能源装备、海洋工程装备、新一代信息技术、新材料以及生物医药等新兴产业取得成效,战略性新兴产业持续壮大。

城市发展活力充分迸发。大连市集聚世界500强和行业百强企业400余家,实际使用外资数额连续多年居副省级城市前列。城市化率不断提升,人口城市化率接近85%,城乡环境和生态品质大幅提升,大连先后被评为国际花园城市、国家森林城市,在全国和谐城市竞争力排名中位列第8。成功承办多届夏季达沃斯年会,城市影响力和美誉度全面提升。大连已成为东北地区经济总量最大、最具发展活力的城市。

公共服务质量大幅改善。大连市就业、社会保障、社会救助、住房、交通等与百姓切身利益相关的问题全面改善。城乡居民收入大幅提高,最低收入水平已达到1500元/月以上,居副省级城市前列。城镇登记失业率保持在4%以下,大连在全国"创业型城市"绩效评估中名列第一。率先统一城乡基本养老金,养老保障制度覆盖城乡全域,城乡居民和职工社会保险待遇逐年提高,基本建成统筹城乡的社会保障体系,各项保障标准位于东北三省前列。教育、卫生、文化、体育等社会事业均衡化、公益化发展,大连荣膺"全国文明城市"四连冠。

三、当前大连港口发展特点

进入21世纪以来,随着大连港集团公司的成立和国际贸易形势的变化,大连港口逐渐呈现出港口经营国际化、港口服务物流化和港口管理数字化等新的特征。

(一)港口经营国际化

港口经营国际化的基本要求是通过全方位开放,实现产权结构多元化和要素资源配置国际化，具有国际化的眼界和理念、管理和服务，遵循国际通行规则，最终达到国际一流水准。从大连港来看，通过与航运、货主、铁路、物流等企业结成战略联盟，在港口核心业务和延伸服务项目方面进行全面合资合作。

具体来看，在合作经营码头业务方面，1996年与新加坡港务集团合资成立大连集装箱码头有限公司（DCT），经营大窑湾一期集装箱码头业务；2003年与日本邮船株式会社、中远太平洋有限公司三方组建大连汽车码头有限公司；2004年与新加坡港务集团、中远集团（COSCO）和马士基集团（Maersk）四方成立大连港集装箱码头有限公司（DPCM），主营大窑湾二期集装箱码头；2006年与新加坡万邦集团、长兴岛临港工业区三方成立大连长兴岛港口有限公司，共同开发长兴岛港区；2007年与中海集团、日本邮船三方成立大连国际集装箱码头有限公司（DICT），主营大窑湾三期集装箱码头。在合作开辟集装箱航线方面，先后开辟了多条集装箱远、近洋航线，其中远洋航线涵盖了美西线、美东线、欧洲线、欧地线、地中海线、中东线、黑海线、澳新线、东非线等世界主要航线；近洋航线仅日韩两国就达30余条，东南沿线、印度线、中国台湾线、中国香港线、马德拉斯线均有船公司上线运营。

（二）港口服务物流化

港口服务物流化的关键在于整合各种运输资源、优化港口运输物流链、衔接物流链上下游，为客户提供综合性、低成本物流解决方案、获得稳定货源并实现可持续发展，从而由传统的装卸"点"向现代的物流"线"转变。从大连港来看，2003年与大连保税区联合开发建设的大连国际物流园开园，这是我国第一个通过交通部审查的港口物流项目；2004年国务院批准大连保税区与港口联动试点，区港联动就是港区一体化，将保税区政策优势和港口区位优势结合起来，提高开放层次，并将国际物流园区过渡到保税物流园区，实现从企业申请、海关审批、卡口验放、备案清单到电子账册的整个过程均在海关监管信息系统平台上完成，达到了"无纸报关、无纸通关"，"无人值守、自动验收"。

港铁物流链方面，大连港口大宗货物铁路集疏运份额占70%以上，因此完善铁路集疏运体系是发展港口物流的重要环节。通过与铁路合作，通过"定点、定时、定价、定车次、定线路"的"五定"集装箱班列、购置专用车、开通"龙组"专列等，拓展物流服务网络，通过信息化增值服务、港口物流、内陆联运、支线中转，形成了港铁航一体化物流服务网络。

集装箱班列方面，通过港海合作开发经营模式将口岸功能向内陆进一步延伸，是集装箱班列运输的特点。具体到大连港方面，先后开通了大连—沈阳、大连—哈尔滨、大连—长春、大连—延吉、大连—通辽、大连—满洲里等集装箱班列。特别是大连—满洲里的集装箱班列，使国际海铁联运业务通过大连港直接延伸到俄罗斯及欧洲，成为大连港发展欧亚大陆桥运输的重要节点，改变了中日韩与俄罗斯和欧洲之间海运货物绕行状态，增强了大连港的国际中转功能。

（三）港口管理数字化

港口管理数字化的核心是加快信息化进程。从大连港来看，自1980年开始实施信息化建设，并大体经历了普及推广应用和集成化开发应用两个阶段。从内部体系来看，大连港ERP核心系统自2005年全面启动，实现了账户管理、合同会签、远程登录等功能，加速了港口从管理角色向服务角色的转换；从外部体系来看，建立了以大连口岸物流网为主体，涵盖运输部门、监管部门、货主企业、金融机构之间的电子化协作联动网络，通过物流数据传输、转换和处理，实现物流信息数字化和物流运作网络化。

第四节 大连港城关系分析

大连自建市以来，经过100多年的发展，已从渤海湾边的小渔村跃升为全国著名城市之一。纵观大连的历史发展进程，大连城市兴起的轨迹是

"以港兴市、以商成市"。可得出一个结论：大连的发展史就是一部港城共兴史。

大连的地区资源有限，历史上也没有成为政治中心，其得以兴起，应归功于其地理优势。大连地理位置的优越性，只有在海运发展的情况下才能显现出来，是通过港口来发挥作用的，因此港口是大连发展壮大的根本保证。"三面环海"、"腹地广阔"是人们经常形容大连地理位置优越的字眼。在港口工业发达之前，海洋并不能赋予人类多少优惠，城市也就得不到发展。海运发达，靠海才有优势，从这个意义上讲，大连的命运天生就和港口联系在一起。具体来说，在港口经济体系中，港口发挥着综合运输枢纽的功能，将水上运输与公路、铁路、管道等运输方式有机联系起来，将港口城市与其经济腹地有机联系起来。区域经济发展需要有便捷的内外部经济联系、统筹规划和细分的产业布局，以及自由流动的资金、资源、信息、技术等。港口经济的辐射效应通过交通运输网络的发展而不断扩散，带动了临港产业、物流仓储业的发展，影响着港口城市的功能布局、产业布局，最终促进港口所在区域的经济一体化。

同时，城市及其腹地是港口的生命之源。港口腹地范围的大小、经济资源的丰富和经济水平的高低及其所依托的城市经济社会发展水平及潜力，是港口生存和兴衰的基础条件。大连港口的形成和发展，促进了大连城市的兴起，而大连城市经济的振兴，又带动了港口规模的扩大。

一、大连港城关系的演变过程

大连港口发展与城市发展密切相连。大连港的发展取决于大连城市经济尤其是外向型经济发展所产生的引致需求，是大连市发展带动了港口发展。而港口作为大连市重要基础设施，对大连市和东北地区经济发展也具有强大的推动作用。但在大连港城发展过程中，其港城关系也在不断演变，其演变规律集中体现在港口发展对城市发展的作用上，并符合港城生命周期理论，即可分为生长期、发展期、成熟期、转型期等几个发展阶段。

(一)大连港城关系的生长期

港口城市在生长期开始孕育发展,建立起港口与城市的初始联系。在港口城市的生长期内,港城关系最重要的影响因素即港口的中转运输功能,这是港口的最基本功能,由这一基本功能引发而产生的港务、储运部门通常被称为港口直接产业,它是港口城市兴起的初始条件,作为最初媒介联系起港口与城市。在这一时期,港口对城市的推动作用十分显著,而港口城市对港口的依赖性也非常强,港口与城市之间的关联强度最高。

从大连正式开港一直到改革开放以前,是大连港城关系的生长期。在这段时期里,港口功能简单,但城市对港口的依赖性很强,港口与城市相互依存、共同发展。因为地理条件,在大连湾设立了港口,昔日的小渔村成为沟通亚欧两洲的海陆交通枢纽,成为拥有4万多人口、4.25平方公里城建区域面积的港口城市。在空间上,港城共居一地,工业、商业、农业、港口活动和人们居住混杂在一起,即在地域上紧密接壤,各功能之间没有特别的空间界限存在,相互依赖、共存共荣。

(二)大连港城关系的发展期

随着港口功能的不断完善,港口城市进一步发展,港城继续相互关联。这一时期是港口工业型经济发展的主要阶段,其最重要的作用因素升级为港口的工业功能。临港工业在港口陆域集聚发展形成了港口城市成长的强大动力,成为这一阶段港城关系的重要媒介,并带动城市经济呈几何级数增长。在港口关联产业、依存产业成为港口城市主要经济支撑部门的同时,港口与城市相互关联与融合,逐渐走向一体化,在发展期,港城关系逐渐趋强。

自改革开放以来,大连港飞速发展,通过带动海运代理、金融、保险等关联产业的发展,进一步增强对大连市的影响。大连港直接产业和关联产业产生巨大的产业带动力,奠定了大连城市的产业结构。大连城市的发展也为大连港的发展奠定了良好的基础,工业与商业的迅速发展,大连日益增长的国际贸易带来了港口规模的日益膨胀,要求老港区的港口功能从大连中心分离出去。这是因为大连港的发展超出了大连城市的容纳空间,大连港设施的急剧膨胀影响了大连城市土地的利用方式,大连城市迫切需要开辟自己的工业、商业和住宅区,重新规划港口和城市之间的协调发展。1998年大连港务局提出将港区货运功能外迁至大窑湾港区,大连港的港口设施逐渐撤离城市临海地区。出现这种现象的原因主要有以下三个:

首先是经济发展的要求。由于大连湾内的港口泊位有限,总通过能力远低于实际吞吐量,造成码头的超负荷运行,这一障碍直接影响到大连港的发展。大连港要想发展,就必须跳出大连湾另辟蹊径建立深水港。其次是疏港交通的要求。大连港年货物吞吐量不断上升,对于疏港交通的要求也不断提高。港口通道用地紧张,这给港口带来了来自航运业和城市社区两方面的压力。一方面,航运公司要求港口后方通道尽量避免直接穿越城市以保持通道的通畅;另一方面,城市社区也因承受这疏港交通和集装箱货运站带来的交通阻塞、噪声和污染的种种烦恼而要求港口迁出城市中心。最后,临海区域地价的迅速上升也迫使港口设施迁出市区。由于级差地租效应,大连港应把港口设施转移,在老港区发展房地产、商业、办公楼、会务中心、旅游等多元化经营。

(三)大连港城关系的成熟期

当港口城市进入成熟期后,其发展主要依赖港城的集聚效应。港口功能的升级完善,港口直接产业、关联产业的深化发展,构成了良好的城市发展条件,并由此产生了空间集聚力,吸引大量与港口无明显联系产业在此集聚,加之临港产业集聚水平的不断强化,港口城市各类产业的发展提升了就业与消费水平,成为促进城市商贸、经济发展的重要保证。随着港口城市多元型产业体系的完善,港口城市的生长进入第三阶段,即多元化经济发展阶段,港城之间关系趋于减弱。

大连建设东北亚重要国际航运中心,面临着激烈的竞争,大连港口的功能出现多样化,逐步从装卸发展到集装卸、客运、旅游、物流等于一身。由于大连港的产业带动作用,大连城市的产业体系逐步完善,并朝多元化方向发展,大连市形成了港口经济以外的新的经济增长点,但大连市的发展仍然以港口为中心。大连港的辐射力超出大连市,对整个东北地区都有很大的影响。

（四）大连港城关系的转型期

港口城市最终将进入转型期，即港口无法再继续作为强劲动力推动城市发展。当港口功能逐渐趋于完善，港口城市进入多元型发展后期，其发展不再需要依附港口及其相关产业，而是需求助于新动力才能保持原有增长势头继续发展，在这一阶段，港城关联程度最低。

大连港城关系的发展将逐渐变得缓慢甚至停滞，大连市依靠已建立起来的产业结构进入自增长时期。城市规模的扩大、产业结构的完备，将使得大连港对大连市的贡献度下降。这时的大连面临两种关键选择：一是进入衰退阶段，即港口渐渐失去往日的辉煌，逐渐被城市内其他产业或附近港口所替代；二是进入新的成长阶段，即港口寻求到新的发展途径，开始新的生命周期，这种周期并不是原始生命周期的简单重复，而是在原来成熟期基础上的进一步发展。对于港口的新生，可以采用平稳型和创造型两种不同的方式。平稳型的港口新生主要是指港口对传统功能的进一步发掘，充分发挥自身的装卸功能，例如加深码头水位、兴建新码头等。而创造型的港口新生，是使港口通过创造性的功能转型，寻求港口发展的新增长点。

二、大连港口与城市的互动影响

（一）城市因港口而发展兴起

港口开发促进了大连经济的快速发展。首先，港口经济作为地方经济的一部分，直接创造国内生产总值、上缴地方税收和产生新业机会。例如，2016年大连港集团资产总额达319.0亿元，实现营业收入128.1亿元，净利润达5.3亿元，员工数量近3万人（含退休人员）。其次，港口具有集聚产业、发展对外贸易的得天独厚的优越条件。港口的发展促使相关企业、供应商和关联产业相对集中，促进区域间物品、人才、资金、信息等生产要素的沟通和交流，带动仓储、运输、物流、加工、贸易、金融等相关服务发展，形成相关链条，构成广阔的经济辐射面，从多方面带动大连城市经济的发展。

港口发展促进了大连城市基础设施的建设。城市基础设施是城市生存和发展所必须具备的工程性基础设施和社会性基础设施的总称，是城市中为顺利进行各种经济活动和其他社会活动而建设的各类设施的总称。大连港本身就是大连市重要的交通设施，在大连市的对外交往中起着重要作用。同时，大连港及港航产业的蓬勃发展为大连城市基础设施建设提供了资金来源，而大连城市基础设施的建设亦需着眼于大连港及相关产业的需求。

港口发展推动了大连社会事业的发展。社会正常运转与不断发展，社会成员的生活与福利，需要各种社会性事务的支持和保障，不仅包括传统的科技、教育、文化、卫生和体育事业，还包括社会福利、社会救济、社会保障等内容。大连港口及相关产业的发展，是大连社会事业发展的催化剂，推动了大连各项社会事业的发展，为城市公共事业和城市财政收入提供资金来源的同时，创造的就业机会更利于大连城市的社会安定。

（二）港口依托城市的发展而进步

以港兴市、以市促港，"港""市"两者相互促进，相得益彰，大连城市经济的振兴，将对港口发展起到重要影响。

城市对大连港口发展的要素支撑。城市发展能为港口的发展提供重要的腹地支撑和资源要素支撑。大连市是大连港最直接的经济腹地，是大连港转运货物的重要来源。近年来，随着大连经济的不断发展和产品竞争力持续提升，大连港口的货物吞吐量不断增加、货物种类与日俱增。同时，这又带动大连港的货物运输专业化程度不断提高。此外，大连市较为雄厚的资金、技术、人才等要素资源，也为大连港的发展插上了腾飞的翅膀。

城市为港口发展提供经济和政策支撑。港口的发展离不开资源、土地、集疏运等硬件设施，不能缺少金融和贸易等软件环境，更需要政策的大力支持。大连城市经过百年的发展建设，已经成为东北地区重要的经济中心城市，具备良好的金融贸易环境和健全的管理体制，使大连港在港口服务、金融结算、通关服务等方面的能力不断提升，为长远发展打下了扎实的基础。同时，在大连港的发展过程中，城市在各个阶段与时俱进，通过对城市的管理与规划，突出港口功能，优化港口布局；通过制定港口发展规划和对港口功能进行定位，指导港口的有序发展；通过完善集疏运体系和经济互补政策，加强港口与腹地的联系，扩大港口的辐射范围；通过实行更为开放的经济政策，积极推进自由区建设；通过加强港口设施、装卸设备等硬件的建设提升港口的竞争力，从而实现港口的最大效益。

（三）大连港口发展和城市发展的规模协调

通过分析1950—2016年大连市港口吞吐量与城市地区生产总值增长状况，可以看出大连市港口吞吐量与增长关系具有一定的阶段性和规律性，二者之间的互动关系如图3-1所示，即大连市港口吞吐量总是随着国民经济的增长而增长。细分来看，又会发现在这种互动增长过程可分为三个阶段，第一阶段是改革开放以前，即大连港的生长期，港口吞吐量低速增长，表现为港口吞吐量对地区生产总值的弹性不足，这主要是因为大连市经济发展初期满足不了港口建设需要的大量资金投入，所以经由海运的货物量相对较少。第二阶段是改革开放以后，是大连港的发展期，港口吞吐量高速增长，表现为海运量对地区生产总值的弹性较强，这主要是因为此阶段港口设施已经具有一定规模，可以较好满足大连市经济发展的海运要求，同时大连市经济高速发展，产生大量适合海运的货物量，但要注意的是这些货物量中的大部分是以散货为主的原材料或初、中级产品，它们虽然数量巨大但是技术含量与利润含量有限。第三阶段是大连港的成熟期，大连建设成为东北亚重要国际航运中心以后将处于这一阶段，不能简单地说海运量是高速还是低速增长，因为随着大连市经济的发展，产品的技术含量逐步提高，它们表现在数量上并不可观然而带来的产值却很高，主要表现为集装箱货物的高速增长。简言之，在经济粗放型发展时期，只要港口海运设施充足，那么海运量会以较高的速度增长；而在经济集约型发展时期，海运量增长会相对放缓。大连市现在正处于从粗放型经济向集约型经济的转型期，港口吞吐量与地区生产总值高度相关，弹性较强。这主要体现在，大连港的港口货运量中大部分为生产原材料或初、中级加工品，集装箱适箱货不足，大连港约90%的集装箱适箱货都是由当地产生，这说明大连想要成为未来的东北亚航运中心，目前港口的辐射能力有待进一步提高。

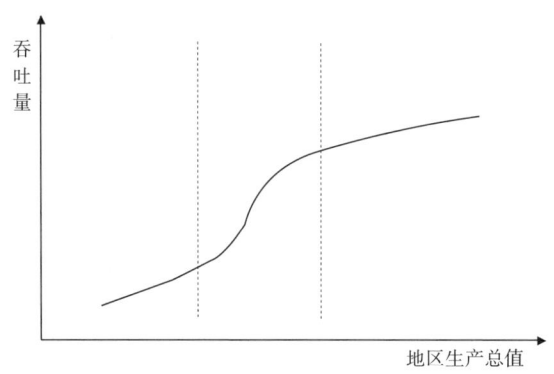

图 3-1 大连港口吞吐量与大连市地区生产总值增长关系

三、大连港城互动发展的趋势分析

当前，在内外因素推动与作用下，大连港城互动关系具有新的特点与趋势。随着"无水港""物流港""空港""信息港"的出现和发展，港城互动的范围不断扩大，形式和途径也变得更加丰富；随着高新技术产业化和经济全球化的发展，由过去的城—港两点一线，更多地向海—港—城三点一线发展；随着气候和能源问题日益严重，对港口和城市都提出了向绿色化、环保化、低碳化方向发展的要求。具体来看，体现为港口和城市之间互动范围不断扩大和互动途径不断丰富两方面。

在港口和城市互动范围方面，以往的港城互动主要局限于一城一港之间，空间范围比较有限；港口与城市互动形式主要局限于港口与产业、港口与城市等方面，但近些年随着港口内涵的不断丰富以及交通通信手段的持续升级，港口与城市互动的范围扩大，已经扩大至港口与多个城市或城市群、与整个区域的互动。

（一）港口与中心城市的互动扩大

港口与中心城市的互动是港城互动的核心层，随着港口和城市的快速发展和土地资源日益紧缺、环境承载力约束加大，两者在空间用地、对外交通、自然环境、功能等方面间的矛盾也日益显现。突出表现在：空间上港城不分,大连主城区的沿海岸线几乎完全被港口、临港工业所占据,相互争地;港口集疏运设施规划建设相对滞后,港口附近交通拥堵矛盾突出,运输码头与工业码头紧邻市区难以满足现代化港口城市的发展要求,港口与工业的发展也因城市的要求受限;港口产业发展与保护城市环境之间统筹协调不够,临港工业和港口作业对大连城市环境的负面影响日益显现。

只有处理好港口与中心城市的互动关系,才能促进港城的良性互动。从大连的情况来看,随着港口外迁和城市化发展的进程,港口与中心城市的互动已经分为两个方面:一是港口与中心城区互动,随着市区码头的作用逐渐被大窑湾等港区所取代,大连中心城区以发展现代服务业为主已是必然趋势,主要发展金融、贸易、旅游、物流等支持航运中心建设的服务产业。二是港口与临港城区互动,随着港口功能开发的深入,临港的金普新区、长兴岛等城区面临着功能提升的任务,在建立海陆联动集疏运网络和金融信息服务体系的同时,优化和完善临港产业布局,推动企业向基地集中,促进要素资源集约利用,提升临港产业的集聚度。

(二)港口与周边城市的互动

港口与周边城市互动是港城互动的紧密层,城市群或者城市经济区是较为常见的组织形式。法国地理学者戈德认为,城市群是城市发展到成熟阶段的最高空间组织形式,是在地域上集中分布的若干城市和特大城市集聚而成的庞大的、多核心、多层次城市集团,是大都市区的联合体。大连与周边城市地缘相近、人缘相亲、文化相融,长期以来形成了非常紧密的互相支持、合作共赢的良好局面。而大连港在这种城市之间的互动中将起到非常重要的桥梁作用,对于巩固大连港的传统腹地意义重大。

(三)港口与内陆城市的互动

港口与其他城市互动是港城互动的松散层,一直以来,大连港就与沈阳、长春等地有着良好的合作关系,通过开拓海铁和海空集装箱联运,推进大通关建设,延伸大连港集装箱运输链,增强港口辐射力,密切与内地城市的经济联系。

（四）港口与港口的互动

在港口与城市互动的途径方面，以往主要局限于港口与产业、港口与城市等方面。港口与产业关系是港城关系的依托，而港口与城市（空间布局、功能）关系是港城关系的中心。随着时代的发展，港城互动的途径在继续保留、充实原有形式和途径的基础上，又出现了新的互动形式与途径。在新背景下，建立港口联盟是港口与港口互动较为普遍的途径。所谓港口联盟，就是指港口企业在保持自身独立性的基础上，通过一系列的契约关系而建立的长期而又较为稳定的合作伙伴关系，并在相关业务领域采取协作行动，基本实现港政管理统一或港口企业经营管理统一。经济全球化和区域一体化发展为港口提供了充足的货源，促进了港口物流业的激烈竞争。区域港口之间的紧密合作，有利于降低内耗、共同发展。《辽宁沿海经济带发展规划》的实施，有助于促进大连港与周边营口港、锦州港等的合作，但要成为东北亚国际航运中心的主要港口群，还有不少差距，存在不少发展瓶颈。因此，建立港口联盟，形成强港带弱港、弱港促强港的互动格局十分必要。

第四章　大连建设自由港的战略意义

　　随着科技的进步、信息交易费用的不断降低、国际贸易和投资的飞速发展，世界经济正逐渐融为一体。当前国际经济形势错综复杂，国际贸易保护主义有所抬头，但经济全球化依然是不可逆转的趋势，并得到了越来越多国家和地区的参与和推动。改革开放以来，我国一直是经济全球化、自由贸易的积极参与者、推动者和受益者，近40年来，在中国共产党的领导下，我国坚定不移地扩大对外开放，从沿海到沿江、沿边，从东部地区到中西部地区梯次开放，从贸易到投资，从货物贸易到服务贸易，从"引进来"到"走出去"，逐渐形成了全方位、多层次、宽领域的对外开放格局。我国的对外开放取得了巨大成就，成功实现了从封闭半封闭经济到全方位开放的伟大历史转折，促进我国经济社会各方面取得了显著进步。党的十八大以来，我国确定了新的开放策略，采取了一系列新的举措推进更高水平的对外开放，推动"一带一路"倡议、设立"自由贸易试验区"，通过进一步对外开放提升全球价值链条，推进国内深化改革，推进区域协调发展。当前中央正在大力推动东北老工业基地振兴、环渤海经济圈发展，作为东北老工业基地振兴龙头及环渤海经济圈重要城市的大连需要发挥更加积极的作用，通过建设自由港的方式进一步提升对外开放水平，引领东北老工业基地实现全面振兴、推进环渤海经济圈向更高水平发展。

第一节 经济全球化与我国对外开放

随着经济国际化浪潮的推进,国际经济活动的障碍逐步减少,世界经济的整体性增强,世界市场的力量正冲击着各国的经济边界。经济全球化的趋势表明,如果一个国家不想被世界所抛弃,只能是顺应全球化、融入全球化,使本国经济融入世界经济之中。从我国改革开放近40年的历史看,我国改革开放的过程正是我国打开国门,主动融入全球化的过程。

一、经济全球化的趋势变化

2008年国际金融危机后,世界经济开始调整、变革,经济运行出现了新情况、新问题,如经济复苏缓慢,全球贸易和投资低迷,国际大宗商品价格持续波动等。与此同时,国际金融危机也使得地缘政治因素错综复杂,传统和非传统安全风险相互交织。一些西方国家政策趋于保守,贸易保护主义有所抬头,以反开放、反自由贸易、反建制为主要特征的"逆经济全球化"思潮开始涌动。但这一思潮并未成为国际社会的主流,整个国际社会支持经济全球化深入发展的总体态势并没有改变,经济全球化的发展趋势没有变,引领发展潮流的作用没有变,促进各国经济发展的发动机作用也没有变。尤其是随着互联网科技迅猛发展,交通通信成本的下降,全球价值链和国际供应链中的商品生产更多依靠跨境分段式组装,这是世界贸易和经济全球化将继续向前发展的基本动因。近期召开的国际会议上,世界主要经济体均表达了对全球化、贸易自由化的支持。如2016年杭州G20峰会、2017年汉堡G20峰会均传递了支持经济全球化、贸易自由化的主张,经济全球化仍是当今世界的主流。

关于"经济全球化",习近平总书记在多个场合阐述中国的立场以及中国的策略。习近平总书记提出"经济全球化进程不会改变","经济全球化符合经济规律,符合各方利益","经济全球化是一把双刃剑,既为全球发展提供强劲动能,也带来一些新情况新挑战,需要认真面对。新一轮科技和产业革命正孕育兴起,国际分工体系加速演变,全球价值链深度重塑,这些都给经济全球化赋予新的内涵","要发展壮大,必须主动顺应经济全球化潮流"。习近平总书记为我国如何适应全球化、推动全球化给出了答案。习近平总书记指出:"我国是经济全球化的积极参与者和坚定支持者,也是重要建设者和主要受益者。我国经济发展进入新常态,妥善应对我国经济社会发展中面临的困难和挑战,更加需要扩大对外开放","对外开放是中国的基本国策,中国利用外资的政策不会变,对外商投资企业合法权益的保障不会变,为各国企业在华投资兴业提供更好服务的方向不会变","中国开放的大门不会关上,要在更大范围、更宽领域、更深层次上提高开放型经济水平"。

二、我国对外开放策略

随着全球政治经济环境的变化、美国等国家贸易保护主义的抬头以及以我国为代表的新兴市场国家在全球治理中作用的增强,我国在全球化中的地位发生了改变,从以往适应全球化、融入全球化到当前积极推动全球化,参与全球化治理。参与、推动全球化方式也发生了改变,从以往主要依靠低成本劳动力为要素作为世界工厂参与全球化,转向以货币资本、贸易规则制定等为核心来推动全球化。与此相适应,我国的开放模式、开放路径、开放方式也正在发生转变。党的十八大对我国对外开放提出了更高的目标、标准和要求,党的十八届三中全会在全面深化改革的总目录下进一步明确了我国新一轮对外开放的着重点、路线图和时间表,我国对外开放进入一个新的阶段。

(一)党的十八大报告对我国对外开放提出的要求

党的十八大报告与十七大报告相比,要求更高,开放尺度更大,开放的任务也更加具体。党的十八大报告在开放战略的实施、开放型经济体系、开放模式问题等方面赋予了我国对外开放战略新的内涵,是当前我国对外开放遵循的最基本的原则。党的十八大报告强调开放的整体性、系统性，突出强调开放的主动性，重视开放的质量与效益，凸显内外统筹的科学发展思路。

表 4-1　　　　　　　　　　党的十八大报告的论述

党的十七大报告论述	党的十八大报告论述
提高开放型经济水平	全面提高开放型经济水平
坚持对外开放的基本国策	实行更加积极主动的开放战略
完善内外联动、互利共赢、安全高效的开放型经济体系	完善互利共赢、多元平衡、安全高效的开放型经济体系
把"引进来"和"走出去"更好结合起来。创新利用外资方式，优化利用外资结构。创新对外投资和合作方式，加快培育我国的跨国公司和国际知名品牌	提高利用外资综合优势和总体效益，推动引资、引技、引智有机结合。加快"走出去"步伐，增强企业国际化经营能力，培育一批世界水平的跨国公司
加快转变外贸增长方式，立足以质取胜，调整进出口结构，促进加工贸易转型升级，大力发展服务贸易	加快转变对外经济发展方式，推动开放朝着优化结构、拓宽深度、提高效益方向转变
深化沿海开放，加快内地开放，提升沿边开放，实现对内对外开放相互促进	创新开放模式，促进沿海内陆沿边开放优势互补，形成引领国际经济合作和竞争的开放区域，培育带动区域发展的开放高地
实施自由贸易区战略，加强双边多边经贸合作	统筹双边、多边、区域次区域开放合作，加快实施自由贸易区战略，推动同周边国家互联互通
注重防范国际经济风险	提高抵御国际经济风险能力

（二）党的十八届三中全会关于对外开放的部署

党的十八届三中全会通过的《中共中央关于全面深化改革若干重大问题的决定》（以下简称《决定》），对党的十八大关于开放的大政方针和基本原则转化为新一轮开放的方案设计及新的举措。《决定》明确提出"构建开放型经济新体制"的目标，要求"适应经济全球化新形势，必须推动对内对外开放相互促进、引进来和走出去更好结合，促进国际国内要素有序自由流动、资源高效配置、市场深度融合，加快培育参与和引领国际经济合作竞争新优势，以开放促改革"。围绕这一目标，新一轮开放重点采取了三个方面的新举措：一是放宽投资准入，包括统一内外资法律法规、扩大企业及个人对外投资、加快同有关国家和地区商签投资协定等。二是加快自由贸易区建设，包括坚持世界贸易体制规则，坚持双边、多边、区域次区域开放合作，改革市场准入、海关监管、检验检疫等管理体制等。三是扩大内陆沿边开放，包括推动内陆贸易、投资，技术创新协调发展，支持内陆城市增开国际客货运航线，加快沿边开放步伐等。

这些新举措，充分体现了我国"以开放促改革"的既定做法。其中投资准入是全球开放的通则；以自由贸易区为载体的开放也是全球开放的普适性案例，随着自由贸易区战略实施的拓展，自由贸易区将在我国新一轮开放中发挥引领作用；鼓励对外投资表明我国开放的双向程度更高；与有关国家和地区签署投资贸易协定更具有自我规范和约束的作用；内陆沿边开放更具有针对性，更有利于与周边国家形成更大的市场。这些是我国开放的有力之举，也是全面深化改革的重要组成部分。

（三）党的十九大报告对对外开放提出的新要求

党的十九大报告对我国对外开放提出了一系列新的要求，开放力度较十八大更大，并首次提出了建设自由贸易港的概念。党的十九大报告明确指出要"推动形成全面开放新格局"。要以"一带一路"倡议为重点，坚持"引进来"和"走出去"并重，遵循共商共建共享原则，加强创新能力开放合作，形成陆海内外联动，东西双向互济的开放格局。首次提出赋予自由贸易试验区更大开放自主权，探索建设自由贸易港的新要求。新的要求、新的论述将进一步提升我国对外开放水平，建设自由贸易港将搭建资源高效配置的平台，有利于发展大宗商品离岸交易，使我国对外贸易赢得更多话语权。

三、我国正在推进新一轮高水平对外开放

（一）新一轮高水平对外开放主要内容

当前我国正在推动新一轮高水平的对外开放，这是我国应对经济全球化和区域经济一体化的重要战略举措。新一轮对外开放主要有六方面内容：一是扩大开放的领域，打造一个吸引外资的制度高地，不断扩大外资市场的准入，更好地促进对外投资健康规范的发展；二是增强开放的活力，以增强企业活力为中心，为企业松绑、鼓劲、助力和减负；三是提高开放的质量，实

施"优进优出"的开放战略,加快培育外贸竞争的新优势,促进外贸从以前的"长个子"向"长骨骼、长肌肉"转变,而且坚持引资、引技和引智并举,提高对外投资的质量和水平,提升我国在全球配置要素资源的能力;四是优化开放的布局,协同东中西部对外开放,逐步形成分工协作、互动发展的开放型经济新格局;五是完善开放体制,坚持创新驱动,在深入推进供给侧结构性改革、复制推广自贸区试点经验等重点领域要取得突破,在开放型经济发展的体制改革和制度创新方面要实现新的跃升;六是推动共同开放,坚持区域和多边双轮驱动,支持多边贸易体制主渠道的地位,加快自由贸易区的建设,积极参与全球经济治理和公共产品的治理,推动开放型世界经济的发展。

新一轮开放是全面、高层次、对等的开放,是经济、社会、行政、文化等主要领域的同步开放,是按照国际较高标准制度性规范性的开放,因此需要重点改进三方面工作:一是要发挥好市场在资源配置中的决定性作用。我国新一轮对外开放要着眼于完善社会主义市场经济,充分发挥市场的决定性作用和在资源配置中的基础性作用,最大限度地减少政府对资源的直接配置,推动资源配置按照市场规则、市场价格、市场竞争实现效益、效率最大化。二是改革行政审批管理制度。通过对外开放倒逼市场开放和投资审批体制改革,使得政府从交易市场的直接管理者、参与者转变为市场秩序构建者和市场规则的维护者、监管者。三是促进行政管理的透明化、规则化、程序化、规范化。进一步明确政府的权责清单,以法律法规明确政府的行政行为,推动行政管理的透明化。

(二)推进新一轮高水平对外开放的意义

新一轮高水平对外开放是适应经济全球化新趋势需要的对外开放。2008年以来经济全球化及贸易自由化出现一些新的特点及趋势,国际贸易投资规则较以往发生了一定的变化,经济全球化红利更多来源于知识技术创新。作为全球第二大经济体的中国,融入全球化、推动全球化、参与全球治理需要通过进一步开放来促进产业提升和知识经济发展,通过提升对外开放水平接受国际贸易投资新规则,发出中国的声音。

推进新一轮高水平对外开放是推动我国经济转型和全面深化改革的现实

需要，是我国经济社会发展的必然选择。从历史上看，对外开放在完善我国社会主义基本制度方面发挥了重要的作用。尤其是加入世贸组织后，在全面对外开放的格局下，我国逐步建立了与社会主义市场经济体制相适应的制度体系。在经济领域，逐步完善社会主义市场经济，完善各项制度和法规，在法律法规、制度建设方面逐步与国际接轨。经济新常态下，我国经济社会发展依然面临着不少问题，尤其是我国的东北地区面临着较大的经济下行压力，这些问题的存在与现有体制、机制、制度、政策等方面不完善、不合理存在着很大关系。在这种情况下，需要通过进一步扩大开放，通过对外开放倒逼国内体制、机制、政策、制度方面的革新，创造新的改革红利以实现两个一百年奋斗目标，实现中国梦。

第二节　对外开放的梯度演进与区域均衡发展

党的十一届三中全会后，我国实行了改革开放的政策，我国对区域经济政策也进行了重大的调整：逐步放弃了牺牲效率的"平均主义"同步发展的战略，采取了效率优先的非均衡发展战略，这种非均衡的区域经济战略开始从地缘优势、资源优势、技术优势等多个方面考虑，改变了过去人为强力布局工业产业的做法。

一、对外开放的梯度演进

我国改革开放整体上呈现梯度演进的格局，首先在东南沿海设立特区，在此基础上开放沿海港口城市，建立沿海经济开发区，开放沿江、内陆和沿边城市的顺序依次展开，从区位上看，是从南到北，从东到西，意图通过东部经济的发展，带动和辐射全国其他地区经济，最终达到共同富裕。这一时期，我国经济重心加速南移，南方的经济重心地位凸显，我国经济格局出现了明显的南强北弱现象。在南方形成了中国经济腾飞的两架"主引擎"——长三角与珠三角,两大经济圈成为带动中国经济增长的主要驱动力量。

进入21世纪,尤其是党的十八大以来,在"五大发展理念"的指引下,我国积极实施区域协调发展战略,提出了京津冀协同发展、启动新一轮东北老工业基地振兴、设立雄安新区,同时启动新一轮高水平对外开放,以缩小南、北部,东部与东北地区的差距。新的区域经济发展战略的推进,使我国改革开放重心开始向北转移。

从区位条件看,北方地区及东北老工业基地有足够的理由成为新一轮高水平对外开放的先导区。我国西南地区虽然人口接近两亿,但只有四川盆地的平原面积达3.9万平方公里,具有组建都市圈的条件。西北地区是黄土高原,地广人稀,主要城市间的距离常达数百乃至上千公里,无法在较小的地域内形成需求规模,不具备组建都市圈的条件。而环渤海及东北地区具有发达便捷的交通、雄厚的工业基础和科技教育实力,丰富的自然资源,密集的骨干城市群等方面优势,通过进一步扩大开放有望成为继长三角、珠三角之后又一拉动中国经济增长的经济圈。

从经济增长的结构变化看,我国改革开放重心向北转移也是推进我国工业化进程的需要。在改革开放前,我国工业布局是东轻西重,南轻北重。改革开放的80年代,我国主要是轻型增长模式,在短缺市场环境下,消费需求增长较快,轻工业投资较快,此时香港向广东转移了家电等轻型制造业,同时这些轻型产业市场需求相当好,从而实现了珠三角经济的繁荣。而到了90年代,长三角承接了新加坡、中国台湾的高科技电子产业的转移,迎来了高增长。随着我国进入工业化中后期,制造业将成为带动未来我国经济增长的重要推动力,而我国北方尤其是东北地区有着非常好的重工业基础,具有成为新的经济增长极的基础条件。

二、深圳设立特区与珠三角经济繁荣

(一)经济特区设立的背景

我国改革先行一步的试验区始于经济特区。经济特区率先将社会主义制度和市场经济有机结合起来，为全国推进改革开放探索了道路。20世纪70年代国际形势走向缓和，中国相继打开了中美、中日关系的大门，为我国对外开放提供了良好的国际环境。同时国际关系走向缓和、世界经济一体化加快，一部分国家、地区抓住机遇，对内改革，对外开放，实现了经济的腾飞。特别是被称为亚洲"四小龙"的中国香港、新加坡、韩国和中国台湾经济腾飞给我国极大的震动，同时也提供了可借鉴的经验。1980年党中央选择在深圳、珠海、汕头、厦门设立经济特区，开始实施对外开放试点。经济特区在计划体制、企业体制、价格体制、流通体制、财政体制、信贷体制、外经贸管理体制、外汇管理体制、劳动人事体制、工资体制、基建管理制度等方面率先进行了试验。设立经济特区使得深圳乃至广东省成为改革的先驱。

（二）特区设立与深圳的崛起

深圳成为经济特区后，逐步突破传统计划经济体制的羁绊，引入市场经济体制，经济增长取得了引人注目的成绩。设立经济特区初期的1980—1984年，深圳经济增速高达58%，而全国GDP年均增长10%。4年间深圳的经济总量增长了5倍多，而全国的经济总量仅增长了50%。此后深圳继续推进改革开放，经济社会发展取得了巨大的成就。

一是创造了深圳经济发展的奇迹。1979—2016年深圳生产总值从1.96亿元增长到1.95万亿元，占广东省地区生产总值的24.5%、全国GDP的2.6%，在全国大中城市稳居第四位；地方预算内财政收入从0.2亿元增长到7900亿元；全市人均生产总值从606元增长到16.7万元。深圳36年的改革开放不仅创造了世界罕见的"深圳速度"，而且还实现了领先全国的"深圳效益"。

二是打造了国际化程度高的外向型经济格局。截至2016年底深圳历年累计批准外商直接投资项目60434个，累计合同外资金额1882.6亿美元，累计实际使用外资金额842.5亿美元。2016年深圳外贸进出口总额26307亿元，其中出口总额15680.4亿元，分别占全国和广东省出口总额的11.3%和39.7%；进口总额10626.6亿元。出口总额连续24年居内地城市首位。深圳对外开放成就显著，已成为我国经济外向型和开放程度最高的城市之一。

三是已经建成国内重要的中心城市。2016年末深圳常住人口1190.8万人，是仅次于北京、上海、广州的一线城市。集装箱吞吐量2397.9万标准箱，稳居全球集装箱枢纽港第3位；机场旅客吞吐量4197.5万人次，保持全国第4大机场的地位，形成了以现代化海港、空港为枢纽，以高速公路、铁路为骨架的综合立体交通体系，成为全国重要的物流枢纽和区域性运输中心。以金融、商贸、旅游、信息等为主体的现代化服务业迅速发展，成为全国重要的资金、商品、劳动力、人才、技术流动的聚集地，对内对外的辐射能力、带动作用日趋突出。

四是构建了具有强劲竞争力的现代产业体系。高新技术产业、金融产业、物流产业、文化产业得到快速发展，已成为深圳的四大支柱产业。2016年四大支柱产业完成增加值1.25万亿元，占GDP比重高达64.1%。

（三）深圳特区发展与珠三角经济的繁荣

深圳的改革开放不仅使深圳一跃成为国内一线城市，而且在珠三角地区充分发挥了中心城市的辐射、带动、引领作用。深圳在经济体制改革、行政管理体制改革和对外开放等方面在珠三角地区乃至中国大陆均起到了领航作用、示范作用，有力推进了珠三角地区经济社会持续健康发展。

首先，深圳作为资源聚集的中心，在资本、技术、人才、信息、基础设施、交通运输、市场容量、文化活动以及居住条件等方面，比周边地区拥有更多的优势，使得各种资源、生产要素和生产活动不断向深圳聚集，从而产生聚集的规模效应和经济效益，使深圳成为珠三角经济发展的增长点。在此基础上，深圳充分发挥经济特区的窗口、试验田和示范区的作用，在高端要素的集聚，科技创新，文化引领和综合服务功能等方面，不断以其所具有的实力拓展腹地空间，为产品、服务寻求足够大的市场，客观上以其技术、资金、管理、观念、生产体系等优势提高和带动了腹地经济的发展。

其次，深圳强大的经济实力为区域的各项创新提供了坚实的物质基础，使其成为各种新观念、新思想的诞生地或首播地，新体制、新机制的发祥地或示范地。深圳聚集了大量的研究机构和各类高素质的人才，信息渠道通畅，创新意识很强，对珠三角的全面创新和快速发展形成有力支撑。

最后，深圳对周边地区具有很强的示范效应。深圳作为区域中的龙头，在经济发展、科技进步、生活方式的改变等各个方面都走在周边地区的前面,对周边地区具有很强的示范效应。

在深圳的带动及示范作用下,珠三角地区经济实现了持续快速的发展,目前已经成为我国最具活力的地区之一,在全国经济社会发展和改革开放大局中具有突出的带动作用和举足轻重的战略地位。1980年珠江三角洲的地区生产总值仅为116.3亿元,仅占广东省的47.3%、占全国GDP的2.6%,到2016年珠江三角洲地区生产总值总量达6.8万亿元,占广东省的85.4%、占全国GDP的9.1%。广东省经济总量占全国的比重也由1980年的5.6%跃升到2016年末的10.7%,实现了从经济比较落后的农业省向全国第一的经济大省的历史性跨越。

三、浦东新区建设与长三角经济发展

随着深圳特区试验区的成功以及带动珠三角经济发展的成功实践,党中央在20世纪90年代初确定了开发开放浦东新区的重大决策,以通过浦东新区的开发开放带动上海、长三角经济的发展。当前浦东新区已经成为我国对外开发开放最为成功的地区第一,成为上海现代化建设的缩影、中国改革开放的象征之一,不仅对上海活力再造和功能拓展提供了载体和空间,而且对长江三角洲乃至整个中国的经济发展发挥了带动和引领作用。

(一)浦东新区开发开放历史背景

1978年党的十一届三中全会标志着我国进入以经济建设为中心的改革开放新时期。全国上下呈现出生机勃勃的发展新貌,然而整个20世纪80年代上海经济发展的总体速度仅为7.4%,低于全国平均9%的增长速度,上海也逐步失去了在中国国民经济和社会发展中大幅领先的地位,到20世纪90年代初,上海经济总量由第1位降到了第6位,落后于广东、山东、江苏、辽宁、浙江。当然,其时上海经济发展面临的严峻挑战,既有自身发展问题,也有体制机制、思想观念的约束,亟须作出新的战略决策,以重振雄风,发挥其在全国社会主义现代化建设中应有的作用。

在这一背景下，1990年4月，党中央、国务院宣布浦东开发开放。我国改革开放的总设计师邓小平同志曾指出："开发浦东，这个影响就大了，不只是浦东的问题，是关系上海发展的问题，是利用上海这个基地发展长江三角洲和长江流域的问题。"他强调："上海开发了，长江三角洲，整个长江流域，乃至全国改革开放的局面，都会不一样。"

（二）浦东新区开发开放与上海经济发展

浦东开发开放把上海推向中国改革开放的前沿。浦东开发开放27年来，实现了经济社会的跨越式发展。一是经济总量，1990年浦东的地区生产总值为60.2亿元，到2016年时，已跃增到8731.8亿元，占上海市经济总量的比重从7.7%上升到31.8%。二是财政总收入，1990年浦东财政收入不足10亿元，2016年已超过3000亿元，增长了300倍。三是人民群众收入水平保持较快的增长态势，到2016年底，浦东新区居民人均可支配收入5.5万元，是全国平均水平的2.3倍。浦东的开发开放使上海彻底摆脱了城市基础设施老化、产业结构层次较低、总体经济实力相对下降的困难局面，为上海这座百年老城在新历史条件下的再度腾飞发挥了巨大作用。

浦东开发开放之初上海产业结构不尽合理，第三产业的比重较低，第二产业中传统工业的比重较大，深加工化和高技术化趋势不明显。27年来，浦东开发开放坚持以产业结构优化推动功能拓展和发展方式的转变，优先发展以金融为核心的现代服务业、以自主创新为核心的高科技产业，为上海产业结构合理化发挥了先导作用，逐步形成了现代化服务业和先进制造业共同推进经济发展的格局。第三产业占地区生产总值的比重由开发初期的20.1%上升到2016年的76.2%，产业亮点主要集中在金融服务业、会展旅游业、现代物流业、高新技术等产业。第二产业继续保持平稳发展态势，大量外资外技的进入，促进了上海的工业结构向高级化、集约化方向发展，带动汽车、通信和精细化工等行业的技术水平跨入世界先进行列，电子信息、生物医药、新材料、光机电一体化等高新技术产业快速成长，包括软件产业和信息服务业、文化创意产业等在内的创新经济迅速发展。浦东开发开放以来，5个国家级重点区域的建设不断推进，为上海城市功能的拓展发挥了核心功能的作用。陆家嘴金融贸易区、张江高科技园区、金桥出口加工区、外高桥保税区、中国（上海）自贸区已成为上海先进生产力的代表和象征。陆家嘴作为国内金融机构最密集、金融要素市场最完备的地区之一，基本确立了国内金融中心的地位。浦西以浦东为"龙头"推动产业的调整，取得互相促进，加速发展的效应。一批老国有企业和集体企业在浦东投资，并与外商投资经济嫁接，提升了产业能级，成为上海工业新高地建设的重要力量；一批国有企业在资本市场通过募集发展资金，改善资本结构，实现了产权制度改造；一批国有企业在要素市场上进行了多方面整合，规范了市场进退行为，逐步强化了优胜劣汰的市场机制；一批国有企业在产业升级中作出了有进有退的战略调整，构建了支柱工业的生产集群，各产业间技术进步的相互溢出效应，推动了工业整体进步。同时，一大批混合经济和非公经济迅速发展也为国有企业的改革调整提供了包括资本嫁接、产业结构调整、劳动力就业等方面的良好社会条件。通过浦东的辐射效应，消化吸收国际先进技术，创造国内技术领先产品，推动了传统产业升级，上海的产业水平特别是工业的科技含量不断提高。随着金融保险服务功能的进一步强化，上海金融信息化进程加快，金融业务进一步扩大，资本市场在不断规范中继续发展。通过浦东开发开放，上海城市的功能和性质发生了巨大而深刻的变化，从相对单一的工业生产基地转变成了一个国际性的多功能中心。上海的产业结构、产业布局和整体经济结构得到了优化，进而全面提升了上海整个城市的运作效率和经济效益。实践证明，浦东高起点、高强度、宽领域、全方位的开放，为上海建成国际经济、金融、贸易、航运中心奠定了重要基础。

（三）浦东新区开发开放与长三角经济繁荣

开发开放浦东后，按照建设"以上海为龙头的长江三角洲及沿江地区经济带"的要求，上海制定了"开发浦东、服务全国、优势互补、互惠互利、联动发展、共同繁荣"的区域经济协作政策，提出让兄弟省市共享浦东开发开放资源，要打"长江牌""中华牌""世界牌"，要在为全国服务中加快发展自己等思路，并采取了一系列政策措施。这些政策措施的实施，不仅促进了上海的振兴，而且对长江流域和全国的经济发展起到了良好的辐射和带动作用，使上海成为全国资金流、商品流、技术流、人才流和信息流的集散地和交汇枢纽。浦东的开发开放给周边省市经济发展带来了更多的发展机遇，中共中央赋予浦东开发的一系列优惠政策吸引了大量外商将资金投向浦东及其周边地区，浦东在奉行重点吸收国际著名跨国公司投资策略的同时，使一些中小资本将投资的方向选到邻近浦东的省市，从而使长江三角洲地区尤其是苏南地区外向型经济发展加快。以浦东开发开放为龙头，我国逐步形成沿海、沿江、沿边、沿路和内地省会城市全方位大开放的格局。到20世纪末，长江三角洲已崛起成为迅速发展的城市群，长江流域的江苏、浙江、安徽、江西、湖南、湖北等地都跨入了高速增长的行列，成为我国经济发展的重要支撑。

四、中心城市对外开放带动区域经济发展的经验

从我国改革开放的历程看，重大历史关头国家的重大开放举措往往使得一个城市实现了经济快速发展并实现了转型，在此基础上带动一个区域经济实现繁荣发展，珠三角的繁荣得益于深圳特区的建立，长三角经济圈的形成则受益于上海浦东新区的开发开放。东北地区的振兴也需要国家给予东北地区重大的开放政策，以实现东北地区经济的繁荣发展。党的十八届三中全会通过的《中共中央关于全面深化改革若干重大问题的决定》全面回顾改革开放的成功实践，总结出重要经验，这些经验是新一轮高水平对外开放必须坚持的基本原则。从对外开放与区域经济发展角度看，成功的对外开放主要呈现以下三方面的特点：

一是坚持以解放思想引领改革开放，冲破不合时宜的观念束缚。解放思想是正确行动的先导，是推动改革开放的强大动力。无论是深圳特区、还是上海浦东，开发开放均是解放思想的结果，也只有解放思想才能从实际出发，求新思变，将解放思想形成的共识，转化为政策、措施、制度和法规。

二是坚持以人为本，激发和保护人民群众的积极性和创造性。全心全意为人民服务是我们党的根本宗旨，而不同时期的全心全意为人民服务又有着

不同的内涵。改革开放初期,解决人民吃饱穿暖是为人民服务,我们创造性地建立了经济特区。在东欧剧变、苏联解体,社会主义建设面临着迷茫的情况下,我们党提出了浦东新区开发开放的战略,使上海重新焕发了勃勃生机,也引领了改革的春风,使我国逐步迈入了小康社会,这也是全心全意为人民服务。在全面迈入小康社会的今天,实现中国梦是全国各族人民的共同心愿,解决当前区域经济发展不平衡尤其是东北经济下行压力较大的问题,推动东北老工业基地振兴也是全心全意为人民服务。

三是坚持统筹协调,以世界的眼光谋划开放发展。从深圳特区、上海浦东开发开放的经验看,上述地区的开发开放均是把握了国际国内两个大局,以世界的视角、发展的眼光,加强战略思路、战略规划,善于从国际形势发展变化中把握机遇,应对风险挑战,营造良好的国际环境。

第三节　大连对外开放与东北老工业基地振兴

党中央、国务院对东北地区发展历来高度重视,2003年做出实施东北地区等老工业基地振兴战略的重大决策,采取了一系列支持、帮助、推动振兴发展的专门措施。但经济进入新常态后,东北老工业基地经济增长快速下滑,原有体制、机制矛盾凸显,亟须借鉴中心城市扩大对外开放带动区域发展的成功经验,通过大连的开发开放带动东北老工业基地实现全面振兴。

一、当前东北对外开放程度有待进一步提升

2013年以来,随着我国经济发展进入新常态,东北地区经济下行压力增大,部分行业和企业生产经营困难,体制机制的深层次问题进一步显现,经济增长新动力不足和旧动力减弱的结构性矛盾突出,发展面临新的困难和挑战。主要有:市场化程度不高,国有企业活力仍然不足,民营经济发展不充

分；科技与经济发展融合不够，偏资源型、传统型、重化工型的产业结构和产品结构不适应市场变化，新兴产业发展偏慢；资源枯竭、产业衰退、结构单一地区（城市）转型面临较多困难，社会保障和民生压力较大。东北老工业基地面临的这种困境与东北地区对外开放程度较低存在较大关系。

从历史上看，改革开放初期，沿海地区的问题并不比东北三省少，这些地区与东北三省至多处在同一起跑线上，因为，当时东北三省依然拥有重工业基地的优势，所以沿海地区的问题反而显得更为严重。改革开放后，尽管沿海地区也曾面临着诸如企业改革、资本、技术等方面的严重问题，但这些地区较快地通过开放实现了企业改革—市场选择—对外开放的互动关系，不仅迅速地把自身定位于内外经济交流的战略支点地位，而且根据开放经济的需要对自身的产业结构进行了调整，由此形成了强大的区位优势。改革开放以来沿海地区之所以取得举世瞩目的巨大成功，关键在于这些地区实现了改革与开放的良性互动，改革促进开放，而开放反过来驱动改革并为其营造必要的环境，由此形成了发展所需要的强大的驱动力。与此相比，改革开放后，东北三省与沿海地区的发展成反比例并形成了落差，尤其是经济进入新常态后，这种落差更加明显。出现这种落差的一个重要原因就是东北地区在封闭的经济环境里形成的重工业基地在开放的环境下丧失了市场竞争力，加之改革开放以来东北三省并未能迅速地加大自身的开放力度，未能形成开放与改革的良性互动，由此丧失了甩开包袱迅速发展的基本条件。

当前东北地区与东部发达地区相比，无论其对外开放的范围还是力度都存在巨大的差距，2016年东北三省合计的进出口贸易依存度仅为16%，远低于全国32.7%的水平。同年吸收的外商直接投资不足70亿美元，仅占全国吸收外资总额的5.5%，与三省地区生产总值占全国GDP总额7%的比重很不相称。这表明，东北地区基本上还处于封闭的内循环状态。东北三省呈现马蹄形半封闭状态，只有位于马蹄口的大连具备对外开放的优势，这就需要大连发挥更加积极的作用，通过自身加大对外开放步伐带动东北地区整体开放。

对外开放度的不足导致了东北三省部分地区经济发展滞后。这些地区不仅因远离经济发达地区无法形成经济的互动，而且也因无法形成自身的比较优势而被动地接受经济发达地区单向的经济辐射，其结果会使这些地域的经济发展较为缓慢。经济发展缓慢势必产生一系列的问题，如无法吸引外部的资本和技术、企业的亏损面扩大、失业人口增加、人才大量流失等。

二、中央为东北振兴发展绘制的"路径图"

党的十八大以来，习近平总书记多次在不同的场合为东北老工业基地新一轮振兴发展提思路、指方向，对东北老工业基地振兴发展提出了一系列重要安排部署，这是引领东北老工业基地对外开放的根本遵循和行动指南。

（一）攻坚克难、艰苦创业，振兴东北地区等老工业基地

2013年3月6日，习近平总书记参加十二届全国人大一次会议辽宁代表团审议时指出：要进一步做好攻坚克难、艰苦创业的思想准备和工作准备，大力实施振兴东北地区等老工业基地战略，加快建设社会主义新农村，全面增强工业核心竞争力，促进资源型城市可持续发展，建设向东北亚开放的重要枢纽。

（二）振兴老工业基地要敢打市场牌、改革牌、创新牌

2013年8月28日至31日，习近平总书记在辽宁考察时强调：全面振兴东北地区等老工业基地是国家既定战略，要总结经验、完善政策，深入实施创新驱动发展战略，增强工业核心竞争力，形成战略性新兴产业和传统制造业并驾齐驱、现代服务业和传统服务业相互促进、信息化和工业化深度融合的产业发展新格局，为全面振兴老工业基地增添原动力。老工业基地要想创造优势、化危为机，必须敢打市场牌、敢打改革牌、敢打创新牌。要抓住新一轮世界科技革命带来的战略机遇，发挥企业主体作用，支持和引导创新要素向企业集聚，不断增强企业创新动力、创新活力、创新实力。

（三）振兴老工业基地要靠深化改革

2014年7月7日，习近平总书记在中央办公厅赴辽宁回访调研组呈报的调研报告《辽宁老工业基地转型升级全面振兴发展亟待突破四大瓶颈》上作出重

要批示。批示强调：辽宁当前遇到的困难和问题，归根结底仍然是体制机制问题，是产业结构、经济结构问题；解决这些问题归根结底还是要靠深化改革。

（四）振兴老工业基地要做好加减乘除

2015年3月9日，习近平总书记参加十二届全国人大三次会议吉林代表团审议时强调：东北等老工业基地振兴发展，不能再唱"工业一柱擎天，结构单一"的"二人转"。要做好加减乘除，加法——投资、需求、创新，减法——淘汰落后产能，乘法——创新驱动，除法——市场化程度。现在加法多、其他少，亟待补课。

（五）振兴老工业基地要向经济建设这个中心聚焦发力，打好发展组合拳

2016年3月7日，习近平总书记在参加十二届全国人大四次会议黑龙江代表团的审议时强调，振兴老工业基地要向经济建设这个中心聚焦发力，打好发展组合拳。在"重大战略"面前，要"用新发展理念衡量工作、指挥行动、训练干部"；在"全面深化改革"方面，要"冲破束缚各方面创造活力的体制机制障碍"，国有企业要深化改革，要"借东风"，激发内生动力，在竞争中增强实力；在"生态文明建设"方面，要"为可持续发展预留空间"；在"推进法治建设"方面，要"着力打造全面振兴好环境"；在"提升工作精气神"方面，强调领导干部"既要想干愿干积极干，又要能干会干善于干"。

（六）实施东北老工业基地振兴战略，要推进供给侧结构性改革

2017年习近平总书记参加十二届全国人大五次会议辽宁代表团审议时强调：供给侧结构性改革是辽宁振兴必由之路。要抓住主要矛盾，明确主攻方向，推进辽宁供给侧结构性改革继续取得新进展，下决心振兴辽宁工业，再创辽宁工业辉煌。不论经济发展到什么时候，实体经济都是我国经济发展、在国际经济竞争中赢得主动的根基。辽宁老工业基地是靠实体经济起家的，新一轮振兴发展也要靠实体经济。要重点抓好产业转型升级，形成具有持续

竞争力和支撑力的工业体系，推动形成战略性新兴产业和传统制造业并驾齐驱、现代服务业和传统服务业相互促进、信息化和工业化深度融合、军民融合发展的结构新格局。要把国有企业作为辽宁振兴的"龙头"，坚定不移把国有企业做大做强做优，培育核心竞争力，争当创新驱动发展先行军，加快培育具有较强创新精神和创新能力的企业科技人才队伍。

三、东北老工业基地振兴需要扩大对外开放

随着中央启动新一轮东北振兴战略，东北资源富饶、重工业基础雄厚、人才储备丰富、交通等基础设施完善、产业门类相对齐全、支柱产业明显、区域整合条件较好等区位优势将进一步显现，但需要东北地区进一步解放思想，扩大对外开放，理顺改革与开放的关系，通过全面扩大对外开放推动东北地区的内部改革，实现老工业基地的全面振兴。

（一）全面对外开放是东北老工业基地振兴的需要

当前，全球经济增长速度放缓，国际经贸规则酝酿变革，世界多极化、经济全球化进一步发展，国际政治经济环境发生了深刻的变化。国内经济发展进入新常态，经济结构深度调整，各项改革全面推进，我国改革开放正站在新的起点上。面对新形势新挑战，迫切需要构建"新体制"，破除体制机制障碍，进一步提高开放型经济水平。"十三五"时期是全面建成小康社会的决胜阶段，是全面振兴老工业基地的关键时期。

东北经济振兴的关键是产业结构高级化，由工业拉动的全行业调整和改造。而对外开放，特别是综合对外开放能力的提高则是推动传统产业技术进步和促进参与区域合作的关键因素。东北地区能否成为外国先进技术的引进和消化市场、口岸与腹地分工合理的出口加工中心、重工业出口创汇的基地，这些都有赖于本地区对外开放的深度与广度。此次国家推出新一轮老工业基地振兴战略等，重点是通过调整和改造战略，发挥国家政策效应和东北地区产业、资源、科技、劳动力及区位优势，进一步提高老工业基地的对外开放水平。新一轮东北振兴不是简单意义上的拿出一点钱、改善一下环境、

更新一些设备，而是以工业为主导，涉及全行业的一场变革。这场变革的动力就是对外开放，通过吸引国外先进的资金和技术、人才和管理经验，带动全社会的开放。从这个角度说，对外开放是东北地区实现全面振兴的必经之路。

（二）东北具有全面扩大对外开放的条件

东北地区位于东北亚区域中心，东、北、西分别与俄罗斯、朝鲜、蒙古国为邻，隔日本海与日本和韩国相望，南濒渤海湾与首都圈和华北连接，不仅在地理区位上是全国乃至东北亚的战略所在，在区域资源方面优势明显，自然资源丰富，重工业和农业发达，中华人民共和国成立至20世纪80年代经济发展一直高于全国平均水平，是全国重要钢铁、化工、能源、机械、林业和粮食基地。东北地区的资源及综合工业体系、科教人才优势是东北自身振兴和崛起的基础。虽然当前东北地区经济发展面临着一定困难，但基础后劲十足，具有全面对外开放的基础和优势。

东北是中国参与东北亚合作的桥头堡，是中国参与东北亚分工合作的基石。由于东北亚地区存在中、日、俄等世界主要大国，不仅经济和贸易规模占世界20%以上，在世界上首屈一指，而且对世界政治、经济格局的影响也日益加深。在全球经济一体化的进程中，中国参与东北亚的机遇明显在东北地区。尤其是在有限资源日渐减少的今天，东北亚地区可以说是全球为数不多的最后一片大规模资源天然宝库。在东北亚合作的深度与广度对东北经济的拉动作用日益明显的同时，没有东北的全面对外开放，东北亚的生产、投资、金融等合作是不可能的。

在当前经济全球化和我国新一轮对外开放的背景下，东北老工业基地需要进一步深化改革开放战略、"四个统筹"协同推进。东北的全面对外开放，重点是突破旧体制中阻碍发展的障碍问题，建立市场配置资源新机制，形成经济运行管理新模式，形成全方位开放新格局，形成国际合作竞争新优势，更加积极地促进内需和外需平衡、进口和出口平衡，实现开放型治理体系和治理能力现代化，以对外开放的主动赢得经济发展的主动、赢得国际竞争的主动，以开放促改革、促发展、促创新。

四、以大连全面对外开放引领东北对外开放步伐

大连是东北地区对外开放的龙头，是东北走向世界的门户，是东北地区开放程度最高的地区。大连对内是东北地区海陆联运中心，对外是国际航线的要冲，承担东北地区70%以上的海运货物和90%以上的集装箱运输。改革开放以来，大连是第一批14个沿海开放城市之一、第一批计划单列市、第一批副省级城市，具有比较完整的对外开放体系。国家在大连设立了全国第一个经济技术开发区、东北地区第一个保税区、保税港区、出口加工区、高新技术园区，积累了比较丰富的对外开放经验。大连金融、物流、信息、航运等现代服务业比较发达，保税区、保税港区在全国海关特殊监管区域中运作规模和水平始终居于前列。2003年国务院实施"振兴东北老工业基地"战略，将大连确立为东北亚重要的国际航运中心。2009年辽宁沿海经济带上升为国家战略，进一步明确"三个中心、一个集聚区"的定位，要求大连在东北地区发挥龙头和核心作用。2014年大连金普新区获批成为第10个国家级新区，将推动大连在更高的战略平台上实现新跨越。2016年中国（辽宁）自贸区获批，主体依然在大连。虽然近两年与东北地区其他城市一样，大连经济发展面临着较大的下行压力，但是大连仍是东北地区最具有活力、最开放的地区。2016年大连地区生产总值同比增长6.5%，贸易市场扩展到全球196个国家和地区，外贸进出口总额514.7亿美元，占东北三省的42.6%；吸引外商直接投资30亿美元，占东北三省的42.9%。

在世界经济一体化的全方位推动下，大连这样的港口城市重要性日益突出。一方面在世界经济一体化的作用下，跨国公司国际分工地域范围不断扩大，沿海地区的产业集聚和产业派生能力不断提升，港口货源不再单纯地依赖于内陆腹地市场，而是综合利用国际国内两种市场、两种资源，港口腹地范围实现向海外扩展。在港口腹地海外转向的过程中，跨国公司的精细的组织、科学的配套方式使得劳动地域分工更加细化与合理，提高了腹地区域产业链延长及重组的能动性，为区域经济创造出新的增长点。另一方面内陆腹地的经济发展更加依托港口城市。港口城市作为内陆广阔腹地的前沿地区，

其产业的国际化程度和与世界市场的对接程度反映了腹地经济的发展实力与未来的潜力。内陆腹地要想加快国际化进程，就必须首先与国际性枢纽港口城市建立密切的关系，依托港口城市的开放性、先进性直接带动腹地城市的经济发展。因此东北地区的对外开放必须依托大连的全面对外开放，依托大连进一步提升开放水平。

五、建设自由港是大连全面对外开放的战略选择

改革开放近40年来，大连所取得的巨大成就，主要得益于对外开放，未来的发展更要依靠对外开放。当前大连开放型经济发展正步入转型升级的关键时期，要完成新一轮国家改革开放战略，就是要以国际贸易投资新规则为标杆，建设我国开放度和贸易便利化程度最高的自由港。为此大连要坚持"四个全面"战略布局，深入实施开放引领战略，创新发展理念，统筹全市开放布局，加快打造大连参与国际经贸合作和竞争的新优势，在更大范围、更广领域和更高层次实现对外开放的新发展。

（一）建设自由港是推进"一带一路"倡议需要

"一带一路"倡议目的在于共建国际经济合作走廊，推动形成区域经济一体化新格局，旨在打造利益共同体、命运共同体和责任共同体。大连地处"一带一路"的桥头堡和延伸点，同时也是东北振兴的战略要地，要从国家战略布局上认识大连在这一重大战略中的战略地位，担负起应当承担的战略责任。"一带一路"倡议，是中国全方位对外开放的顶层战略，涵盖东北亚地区。中日韩三国同处东北亚，人口达15亿以上，三国的国内生产总值占全球生产总值将近1/5。在贸易方面，中日韩三国的贸易量在2015年已占全球贸易总额的35.1%。大连作为中国面向东北亚的重要门户，是推进中国与日韩等国经济融合发展重要窗口城市。与国内其他区域相比，通过大连与东北亚地区开展区域合作具有地理位置上的绝对比较优势。大连可通过公路、铁路等方式连接朝鲜和蒙古国，通过港口与韩国、日本通航，自然资源丰富，工业基础雄厚，与韩日经济具有互补性，具有开展东北亚区域合作的基础。

"一带一路"倡议实施及国务院出台的《关于全面振兴东北地区等老工业基地的若干意见》，从政策上为大连转型发展，全方位扩大对外开放提供了新机遇。

大连的对外开放与大连港有着紧密的联系，大连扩大对外开放要依托港口。大连港是落实中央批复大连改革方案、建设东北亚航运中心、物流中心的重要载体。大连港与主要港口城市已经建立起多个合作网络和机制，作为国际集装箱干线港，它将成为大连"一带一路"经贸拓展的重要出海口。连满欧亚联运大通道已经打通，以大连为上岸港，把我国大陆及香港、日本、东南亚各国供俄罗斯和西北欧的货物，经哈（尔滨）大（连）铁路、滨（哈尔滨）洲（满洲里）铁路，由我国最大的陆路口岸、内蒙古的满洲里出境，沿西伯利亚大铁路，经俄罗斯的莫斯科到俄边境城市布列斯特分流，再经波兰的华沙、德国的柏林、到荷兰的鹿特丹港。此条线路贯通我国东北三省和内蒙古北部，经大连、沈阳、哈尔滨3个特大城市和若干中小城市，横跨松辽平原，工农业发达。大连作为连满欧亚联运大通道国际海陆联运的节点——东方桥头堡，在丝绸之路经济带的建设中具有连接东西、沟通南北的枢纽作用，对于"政策沟通、道路联通、贸易畅通"具有直接关联，在实现"五通"中具有全局作用。因此，这就需要在大连采取大动作，进一步扩大对外开放，在政策上赋予明显超过保税区、自贸区的优惠和开放度。

建设大连自由港是实现扩大对外开放的制度安排以及合作机制、时空组织模式的最有效的形式。大连作为连满欧亚联运大通道的重要节点城市有巨大的内生性市场基础和辽阔的经济腹地，从国际上看，连满欧亚联运大通道南接经济蓬勃向上的东亚地区、东南亚地区，北连世界经济实力强、市场容量大的欧洲经济区。从国内看，以大连为节点的连满欧亚联运大通道，贯穿我国东北各省市，其发展对东北老工业基地的振兴将起到更加重要的作用。在连满欧亚联运大通道从交通走廊向跨国经济带的转型中，充分发挥桥头堡"增长极"的功能，实现这一新的优势区域的快速发展，带动有关区域和产业实现全面发展，建设大连自由港是必然选择。建设大连自由港将成为世界上直接服务范围最广、服务人口最多、服务腹地最深入、服务集群最发达的自由贸易港，将对我国东部沿海地区、我国东部与东北地区两大地带的产业结构的优化升级发挥重要促进作用。

（二）建设自由港是实现东北老工业基地全面振兴的需要

建设大连自由港可推动大连经济实现跨越式增长。随着经济全球化的发展，港口已经成为一个国家或地区参与国际分工合作与竞争的重要战略资源和比较优势。港口经济具有强大的辐射功能和带动功能，据有关部门测算，以港口为节点的产业发展中，港口本身收益为8.0%，航运业收益为17.0%，社会收益为75.0%。世界各国和地区都高度重视发展港口。现代物流业是朝阳产业，在国民经济运行中将发挥越来越重要的作用。中央已经明确批复大连建设东北亚国际航运中心、东北亚国际物流中心。目前，大连对东北亚资源的集聚功能和对周边地区的辐射功能不强，还不能完全起到带动东北地区发展的龙头作用。如果建立大连自由港，将自由贸易区政策优势和大连区位优势结合在一起，可实现物流区及港口在地域、功能、运作上的联合和港口功能最大化，极大促进港航产业、仓储业、物流产业、商贸产业的联动发展，全面提升大连的国际航运、国际贸易功能，开拓和吸引国际航运中转业务以及大陆桥运输业务，把大连建成我国东北亚地区重要的集装箱干线大港、东北亚国际航运中心和国际物流中心。

建设大连自由港可推进东北老工业基地振兴。建立大连自由港可以节约大连乃至整个东北地区的经济贸易和投资的交易成本，降低市场风险，减少贸易摩擦，有效配置区域内的经济资源。有利于大连乃至东北地区经济合作和整个东北老工业基地的振兴。大连自由港建立后，不仅可带动整个东北地区的开发开放，实现东北老工业基地的振兴，而且将对全球经济一体化进程产生重要的影响。从国内战略看，大连港处在我国东部沿海北部，是我国沟通南北、连接环渤海经济圈及东北地区的枢纽港，在我国区域经济协调发展中具有重要战略地位。建立大连自由港有利于沿海经济发达地区借助大连这个中间环节向东北地区扩展，加强东北老工业基地经济发展与沿海经济发展的沟通与交融，带动东北地区的发展。从国际战略来看，连满欧亚联运大通道沿线国家和地区的生产力状况差异较大，西欧、东南亚等国的生产力水平也处于发达或较发达的地位，而沿线俄罗斯、中东欧国家经济发展稍逊。连满欧亚联运大通道的开通，缩短了亚欧国家和地区间的贸易运输距离，是亚欧国家和地区间贸易运输实现快速、简便、廉价和安全的最佳路径。通过这条便捷的国际通道，可以扩大沿线的对外贸易和加强国际交往与合作。建立大连自由港将使大连港成为东亚、东南亚经济带同东北亚各国之间稳定经济联系的国际运输枢纽港。

第五章　大连建设自由港的现实基础

大连是我国重要的港口城市，是具有工业、贸易、旅游、科技等多功能的经济中心城市，是我国东北及内蒙古东部地区对外开放的窗口。大连是计划单列市，享有省级经济管理权限，在我国国民经济建设和对外开放战略中具有重要的地位和作用。改革开放以来，大连凭借自身的地理优势和经济特点，进入了经济实力提升最快、社会建设成效最好、城乡面貌变化最大、人民群众获得实惠最多的时期，在东北地区率先呈现出全方位对外开放的格局态势，集聚了较强的综合经济实力，具有雄厚的产业基础，大连建设自由港有许多优势和巨大的开发潜力。

第一节　大连港口建设与腹地经济发展

一、大连港口建设情况

（一）自然条件

大连地处辽东半岛南端，拥有全国最长的海岸线，达1906公里，其中深水岸达404.6公里，水深平均–18米，最适合建设深水良港。我国东部沿海处于大陆架，渤海湾内水深不过–9米，可以建深水泊位的地方不多。天津、秦皇岛、锦州、营口等地必须用挖泥船挖出一段深水航道才能建成深水泊位，不仅需要长期清淤，而且其航道的长度、宽度、深度等均受到限制，一些超大型船舶还需等待高潮位才能行驶和靠泊。而大连则不同，大连旅顺老铁山南部水深-37米，是我国东部沿海最深的深水区域，大窑湾港区水深多在-10至-33米之间，港外航道水深达到-50米。大连港阔水深、不淤不冻，自然条件非常优越。从区位上看，大连港位居西北太平洋的中枢和东北亚经济圈的中心，是该区域进入太平洋、面向世界的海上门户，也是转运远东、南亚、北美、欧洲货物最便捷的港口。与此同时，大连港作为哈大线的终点，地处我国辽东半岛南端，背靠东北地区和内蒙古东部地域辽阔、资源丰富的广阔腹地，是东北地区最重要的综合型外贸口岸。

（二）港口布局

近年来，大连港不断加大建设力度，已形成以"一岛两湾"为核心的港口布局。"一岛"是长兴岛临港工业型港区，"两湾"是指大窑湾港和太平湾港。目前大连以大窑湾集装箱港区为核心，鲇鱼湾港区、大孤山散矿中转港区、北良港区、和尚岛港区为辅助支撑，已构筑大连港综合运输的核心枢纽，这将成为大连建设自由港的重要载体。大窑湾港区作为大连港区中的核心，已拥有世界一流、国内最大、最先进的30万吨矿石专用卸船码头和水深18.6米中转码头，拥有国内最大的45万吨级原油码头、国内最大的中石油液化天然气码头和国内港口规模最大、总储存能力达2050万立方米的油罐群，拥有可靠泊1.8万标准箱集装箱船舶的集装箱码头。长兴岛核心港区已建成30万吨级原油码头在内的10个泊位。太平湾核心港区也在2012年正式开工建设，目前已有3个泊位建成投产。截至2015年末，大连港拥有生产性码头泊位222个，年通过能力2.88亿吨；1000吨级以上生产性泊位183个，年通过能力2.87亿吨；万吨级以上生产性泊位103个，年通过能力2.55亿吨；集装箱泊位14个，年通过能力1200万标准箱；内陆干港16个，集装箱班列25条，已成为石油、粮食、矿石、商品汽车、客货滚装运输的重要国际枢纽港。

（三）集疏运网络

大连港以集聚航运要素和航运资源为主要目标，通过海铁联运和环渤海内支线运输等方式，不断强化其枢纽港地位，已形成多层面、专业化的海铁联运体系架构。大连港以大连为中心，连接丹东、营口、锦州、秦皇岛、曹妃甸、龙口、烟台、威海等港口，辐射整个环渤海地区港口的公共支线网络已全面铺开，环渤海内支线每周达30余班。截至2016年末，大连港已与中海、中远、马士基、达飞、地中海航运等50余家国内外主要船公司开展集装箱班轮业务，与160多个国家和地区的300多个港口建立了航运往来，航线覆盖100多个港口，拥有集装箱航线100余条，航线网络覆盖欧洲、地中海、黑海、美西、南美东、中东、澳新、东非、西非等全球主要贸易区域，集装箱中转也实现了黄渤两海全覆盖。在此基础上，近年来大连港积极融入国家"一带一路"倡议的战略布局，先后开通了满洲里集装箱过境班列和西非远洋集装箱干线，成功开通了大连至沈阳、长春、双辽的客车化集装箱班列、大连至白俄罗斯的中白班列、中航互联快线以及全国首列全冷藏班列、新西伯利亚至大连回程过境班列，实现了重去重回的双向运作，"辽满欧"过境集装箱班列进入常态化运营。2016年，大连港又与中铁集、沈阳铁路局、中远集运、三星电子签署战略合作协议，共同推进"中韩俄"国际物流通道建设；与哈尔滨、通辽开展中欧班列业务合作，打造"连哈欧""连通欧"过境班列；依托"辽满欧"国际物流大通道建设，积极推动覆盖东北"三省一区"的全产业链战略联盟建设。当前大连港已经开辟了25条海铁联运集装箱班列，每周60余班往返于大连与东北腹地之间的集装箱班列、循环车组、跨境专列、快递专列等，实现了多式联运中的无缝链接和有效转运，打通了以大连为起点，经俄罗斯通往欧洲国家的"新亚欧大陆桥"铁路通道，海铁联运量多年位居全国第一位。

此外，辽宁在全国率先实现省辖市全部通高速公路，沈大公路是目前全国里程最长的8车道高速公路，大连已经形成了高速公路网、区域联通网、经济干线网、农村内公路网和环黄渤海公路的"四网一环"公路格局，实现了"两小时经济圈"的公路建设目标。大连拥有运输车辆10.6万台，其中集装箱车辆3100台，甩挂运输车辆500台；集装箱中转场站42个，年均运输、中转能力分别达450万和250万标准箱。大连实现了连接全国的城际运输干线网络以及物流最后一公里的门到门运输，形成了城市最便捷的物流配送格局。大连国际机场是东北地区客货吞吐量最大、国际国内航线和航班数量最多的机场。1975年国家投资建设了东北输油管网，其中铁岭至大连管网平均每年实现管道运输千万吨以上。大连新港至大连石化原油输送管道工程线路长41.2公里，与东北输油管网铁大线相连，每年可以运输600多万吨的进口原油。总体上看，大连已经初步形成以港口为门户，以铁路为动脉，以公路为骨架，民用航空、管道运输、海上运输相配套，贯通东北腹地，连接山东半岛和东南沿海，面向东北亚的区域综合运输体系。

（四）港口吞吐量

大连港吞吐量一直居全国各大港口前列。2016年全年实现海港货物吞吐量4.37亿吨，同比增长5.3%；集装箱吞吐量958万标准箱，同比增长1.4%；水路货运量1.26亿吨，同比增长0.7%；水路货运周转量8137亿吨公里，同比增长4.0%；空港完成旅客吞吐量1525.7万人次，同比增长7.8%，货邮吞吐量14.9万吨，同比增长8.8%；航空运输周转量8.17亿吨公里，同比增长15.1%。2016年大连港货物吞吐量、集装箱吞吐量排名全国第八位。

二、大连港的经济腹地

大连港经济腹地可以分为两个方面：一是核心腹地，主要包括辽宁省、吉林省、黑龙江省以及内蒙古自治区东部的呼伦贝尔市、兴安盟、通辽市和赤峰市，被称为"东北经济区"。东北经济区总面积124.14万平方千米，约占全国土地面积的12.9%。作为大连港的核心腹地，东北经济区地处东北亚开放地带，是以石油化工、钢铁、矿冶机电设备、汽车制造、森林工业为主导产业的全国最大的重工业基地和粮食、原木、甜菜、畜牧产品的重要基地，由于国内、国际经济分工的原因，每年有大量钢铁、木材、粮食、原油、矿石、机械设备等调出调入，成为大连港最大的货源发生地和消化地。北起哈尔滨南至大连的哈大经济带，凭借直接便捷的铁路、公路和空中航线连成一线。辽宁、吉林、黑龙江三省总面积近80万平方公里，总人口1亿多，相当于一个中等国家水平，消费能力巨大，将为大连自由港建设提供强有力的支撑。二是中转腹地，主要包括我国环渤海湾地区的山东、河北、辽宁、北京、天津在内的三省两市，总面积约51.45万平方公里，约占全国面积的5.3%，是东北、华北、西北、华东四大经济区的交汇处，地理位置重要、交通网络密集、科技力量雄厚、资源丰富、经济发达，具有广阔的发展前景。除上述地区外，还包括蒙古国的东部、韩国、朝鲜、日本、俄罗斯的西伯利亚和远东地区等，即整个东北亚地区，土地面积大约为800万平方公里，是亚太经济地区的一个重要组成部分，也是亚洲经济发展最具活力和潜力的地区之一。

大连与东北亚国家之间保持了经常性的多领域友好往来。东北亚合作为大连港建设与东北振兴营造了良好的国际环境。20世纪区域经济合作取得长足进展的显著标志是欧洲经济圈、北美经济圈和亚太经济圈的形成，21世纪的区域经济合作将在东北亚取得重大进展。中日韩俄这四个东北亚地区经济科技实力最强、发展潜力最大的国家携手合作，将成为21世纪区域经济合作的新热点。大连自由港建设将极大地推进东北亚地区国家间的合作和经贸往来。

三、大连港与经济腹地的关系

（一）港口发展对腹地的影响

港口的建设和发展打破了区域经济系统原始的平衡态发展结构，诱发了货物流、人才流、技术流和信息流等向港口地区加速集聚，区域配套基础设施逐渐完善，最终产生了以港口为中心的港口城市。随着全球经济一体化以及运输物流化的不断推进，港口功能呈现出多元化发展态势，除转运业外，临港产业的大规模扩张，集装箱运输、现代物流、金融、保险等关联产业迅速发展，使港口与腹地关系呈现出越来越紧密的特征，其中临港产业、集装箱运输和现代物流对港口与腹地关系产生的影响最为突出。

1. 临海产业带和临港产业的发展对腹地的影响。临海产业带和临港产业的迅猛发展，完全是中国工业化和城市化发展的客观需求。一方面，我国目前正进入以承接欧美及日韩的以石油化工、钢铁冶炼、修造船、汽车制造为主的产业转移和产业升级的工业化新阶段，这些产业所需要的原材料及其制成品依赖于沿海港口大进大出，因此在其发展过程中日益向沿海临港地区集聚。同时，中国内陆资源如石油和矿石等供应严重不足，致使现代化建设需要的大量资源需要通过港口来获得。为了更便捷地获得国际资源，降低物流运输成本，从而提高市场竞争力，更多的内陆临矿型企业开始向临海和临江型企业转变，促进了港口向腹地不断拓展。这种转变，日本是在20世纪七八十年代完成的，在东京湾、伊势湾等沿海地带形成了密集的面向国际市场的产业集群；韩国则是在八九十年代完成制造业集聚的，在釜山一带形成了钢铁、汽车、船产业集群，实现了经济腾飞。另一方面，中国的城市化加快了人口和劳动力向沿海沿江城市集聚，因为临港产业往往是源头产业，容易形成产业集群，带动众多的产业链，从而安置更多的劳动力。人口和劳动力的转移有助于内陆腹地加快发展。

上述两方面的动力，对港口和腹地的关系主要产生三方面影响：第一，中国沿海港口越来越具有能动的资源配置功能。港口在区域资源配置中的重要作用主要表现为：吸引跨国公司资源，在港区后方陆域配置形成国际性、区域性加工基地和配送中心；吸引国内优良资源，在港区后方汇聚形成连接内陆的经济增长点；吸引城市优势资源向临港地带集中，形成面向国内外的新兴产业群；通过枢纽的辐射和集疏运网络布局，推动港口所在城市的产业资源向腹地配置。在经济全球化的作用下，由跨国公司内部的国际分工导致的"要素输出"，进一步加大了海运和港口在世界范围内配置资源的能动作用。第二，港口过分依赖内陆腹地货源的状况得到改变。港口配置资源的功能与市场一起发挥作用，极大地提升了中心城市的经济集聚和产业派生能力，使港口所在中心城市的生产力布局趋于优化和充满活力，改变以往偏重于依赖内陆腹地资源的情况，实现综合利用海内外两种市场、两种资源，创造新的经济增长点和产业链。当然，内陆腹地在港口发展中的作用减弱应该是一个阶段性的现象，这个阶段在我国可能还需要10年左右。一旦沿海产业集聚达到相当规模，沿海制造业基本处于相对饱和，或者我国国内产品在国际市场上的发展空间受到严重挤压而寻求国内市场作为重要动力时，内陆腹地将再度对港口发展起重大作用。第三，内陆腹地的经济发展更加依赖于港口城市。沿海港口资源配置功能的强度，反映了港口所在城市产业的国际化程度和与世界市场的对接程度。内陆腹地要想加快国际化进程，就必须首先实现与国际性枢纽港口城市的对接。从这个意义上说,东北三省需要对接大连,需要大连港口的大发展,这对于我国东北腹地经济发展具有非常重要的战略意义。

2. 集装箱运输对港口与腹地关系的影响。集装箱运输将跨国公司的全球化战略演绎得更加经典。众所周知,全世界国际贸易海上运输量的70%是跨国公司创造的。集装箱运输是跨国公司全球配置资源最便捷的载体,因为集装箱运输拥有班轮全球航线网络和多式联运的全程、全方位触角。目前亚洲是世界制造业最密集的区域,而我国是世界制造业最主要的基地,集装箱运输的重心已经转移到了亚洲,特别是我国。2016年世界集装箱港口完成吞吐量最多的十大港口中,中国有7席,大连港排名全球第15位。集装箱运输的发展,对港口与腹地的关系所产生的影响是:第一,内陆腹地通过港口和集装箱运输实现了与世界市场的无缝对接。集装箱运输的最大优点就是门到门运输。当货物在内陆工厂装入集装箱,通过多式联运,就可以直接到达国际市场的用户手中,这种无缝对接,使内陆腹地极大地缩短了与世界市场的距离,从而具备了更多吸纳外资和外贸企业的新优势。第二,集装箱运输成为港口城市和内陆腹地的重要经济资源。从港口城市来说,当集装箱航线在枢纽港越开越密时,跨国公司的地区性总部、结算中心、运营中心乃至跨国公司总部本身都会随之落户,站在跨国公司背后的国际性金融、保险机构也会跟进。因为大型国际班轮公司背后都有若干个大型跨国公司的业务作为支撑,这种业务保障使得国际班轮公司的船舶大型化和公司之间的联盟成为可能。大型跨国公司在全球布局时,必然要考虑港口和集装箱运输的便利条件。所以,集装箱运输资源和金融贸易资源一样,都是主要港口所在的经济中心城市现代化发展中的战略性资源。再从内陆腹地来看,只有当港口具备了集装箱多式联运通达条件时,才有可能吸引跨国公司的投资。由此,无论是港口城市还是内陆腹地,谁占领了区域内集装箱运输的高地,谁就在区域经济发展中占有领先优势。

3. 现代物流的发展对港口与腹地关系的影响。物流是物品从供应地向接收地的实体流动过程,包括运输、搬运、储存、保管、包装、装卸、流通加工和物流信息处理等基本功能活动。现代物流在经济全球化和信息化的推动下,正在全球范围内得到迅速发展。当现代物流兴起之后,港口与港口之间的竞争已经取决于物流链竞争,物流链的发展状况是决定港口生存和发展的关键。于是,港口企业正在通过各种形式与腹地、与企业生产及流通过程中涉及将产品或服务提供给最终用户活动的上下游企业组成网链结构。通过现代物流技术和信息平台,构筑起众多的依赖港口枢纽的物流链。当前,港口主要通过以下方式构筑物流服务链:(1)与航运、公路、铁路企业共同构筑物流链;(2)与货主联合构筑物流链;(3)与大型专业物流公司联合构筑物流链;(4)与生产要素市场和消费市场物流资源整合,开拓物流链。港口物流发展对港口与腹地的影响主要表现为:第一,现代物流整合了各种运输资源,有助于加强港口与腹地间的联系。现代物流使港口与铁路、公路、航运等多种运输方式有机衔接,使沿海港口与内河港口形成有机的物流服务通道,并通过内河港口为节点,辐射连接众多的物流链,将港口与腹地更紧密地联系在一起。第二,现代物流技术能使港口为腹地企业提供更便捷、更个性化的服务。第三,现代物流促进了港口与内陆企业的资本嫁接和产业整合。港口物流链的竞争,使得内陆大型企业有机会参与沿海和沿江港口建设,自行构筑通向世界市场的物流链,或者与港口企业进行资本嫁接成为战略合作者。总之,如何充分发挥港口的资源配置作用,内陆腹地如何更加密切与沿海港口的联系,利用港口走向世界,是当前我国新一轮高水平对外开放中需要高度重视的课题。

(二)经济腹地对港口发展的反作用

从根本上讲,腹地经济状况对港口兴衰起着重要的作用。随着世界经济一体化的发展,海洋腹地的作用是上升的,因为海洋腹地涉及了国外资源和市场的利用。从国内情况来说,经济腹地状况对港口的影响主要表现在三个方面,即腹地经济结构影响港口的发展方向,腹地商品经济发展水平及规模影响港口的发展规模,腹地一体化程度影响港口物流产业的发展。

1. 腹地经济结构变化影响港口发展方向。在港口促进腹地经济发展的同时,腹地经济的发展又为港口的发展提供支持和保障。城市及腹地经济的发展,不断使港口的货物种类发生变化,也使港口的功能战略、服务范围、生产特点和地位作用相应发生变化。随着运输货物种类和数量不断增多，港口运输货物由一般散杂货物向大宗干散货、集装箱专业化方向发展；港口由人流、物流运输方式换装的单一功能，到拓展运输功能、发展物流业、临港工业，逐步形成面向海洋，以信息化、生态化为主的综合流通枢纽和海洋经济基地，形成海内外两个辐射面的海洋经济综合流通网带，港口的地位和作用得到提升。港口沿海城市及腹地在建立了一定的经济结构后，对其经济运行中的资源条件做出了质的选择和量的规定，从而影响着港口的发展方向。

2. 腹地经济发展规模影响港口发展规模。港口在性质上属于服务业，有着与其他服务业共同的特点，即它也需要依附于生产制造业和商贸业而存在。因此，腹地经济规模越大，生产和商贸越繁荣，港口可发挥的空间就越大，其规模就有可能越大。目前我国已经形成了多个沿海经济发达区域，比如以上海为龙头的长三角经济区、以深圳为核心的珠三角经济区，这些临港区域的港口规模都比较大。我国沿海经济发展的实践表明，临港腹地经济越发达，制造业及商贸业越活跃，港口就有越良好的客户群和市场基础，就有大规模发展的可能。

3. 腹地经济一体化影响港口物流产业的发展。腹地经济一体化进程的加快，导致此地区进行着不同内容的经济结构调整，企业间重新组合，使工业企业、商业企业和流通企业间的融合和联盟日趋频繁，产生许多管理制度的创新，供应链管理就是通过对相关企业资金流、物流、信息流的管理，在相关企业间建立合作伙伴关系，提高整个链条上相关企业的竞争力，这直接导致专门为供应链相关企业提供物流服务的企业组织的出现，从而促进物流业的发展。世界经济全球化的同时，腹地经济的一体化步伐也在逐步加快。腹地区域中心城市在推动港口物流产业方面发挥着主导作用，而区域内各经济主体之间的经济联系必须通过大量的物资流通得以实现，从而为港口物流产业的发展提供了巨大的发展潜力和需求市场。

改革开放初期，东北腹地经济的蓬勃发展为大连港带来了滚滚货源，曾居全国第二大港和外贸第一大港。从1993年港口货物吞吐量被广州港超过后，在全国主要大港中的位次一路下滑，直到2009年以后稳定居于我国港口吞吐量的第八位。大连港目前落后的原因很复杂，有周边港口分流导致的货源不足，也有管理体制和运行机制僵化，导致生产效率低下以及市场和服务意识落后，但主要是腹地经济发展缓慢的掣肘。上海港的直接经济腹地包括上海市、浙江北部和江苏南部部分城市，即上海、南京、南通、无锡、常州、镇江、扬州、盐城、台州、淮安、杭州、宁波、舟山等14个城市；深圳港直接经济腹地为深圳、惠州、东莞；广州港的直接经济腹地为广州、佛山、东莞、中山、江门五个地区；宁波港的直接经济腹地有宁波、台州、温州、舟山、绍兴、金华、杭州、丽水；天津港的直接经济腹地为天津、北京、河北、山西；青岛港的直接经济腹地为山东、河南；秦皇岛港直接经济腹地为河北、内蒙古、辽宁；大连港直接经济腹地为辽宁、吉林、黑龙江和内蒙古东部地区。相对而言，东北三省近些年来，经济发展相对缓慢，因此对大连港的迅速发展形成了制约。

第二节　大连产业发展状况与布局

党的十八大以来，大连市委、市政府抓住新一轮高水平对外开放的机遇，主动适应经济进入新常态的实际，大力推进供给侧结构性改革，推进产业结构战略性调整，加快改造传统产业，鼓励和支持优势骨干企业研发具有自主知识产权的产品，实现由"大连制造"向"大连创造"的战略升级，大连已经集聚了足够的综合经济实力，具有工业基础优势，具备了建设自由港市的产业基础。

一、支柱产业发展状况

改革开放近40年来大连经济连续保持快速增长，虽然2013年后受国内外经济环境影响，大连经济增速出现阶段性下滑，但当前经济已经出现企稳回升态势，各项经济指标仍具备较强竞争力。2016年，大连实现地区生产总值同比增长6.5%，经济总量居全国各大城市第17位，东北地区首位。从三次产业结构上看，2016年三次产业构成比例为5.8∶42.8∶51.4。大连工业基础雄厚，工业门类齐全，综合配套能力较强，目前已形成以石化、装备制造等为主的工业体系，是我国重要的重工业制造基地。根据国际综合评价理论体系判断，当前大连已经进入工业化进程，并处于工业化中级阶段的后期，正向工业化高级阶段迈进。

（一）石化产业

大连石化产业诞生于20世纪30年代，与城市建设发展伴行了近90年。改革开放以来，大连一直致力于发展石化产业，推动石化产业结构调整，从单一炼油向"油头化尾"发展，石化产业已粗具规模，目前是中国最大的石油炼制基地，长兴岛（西中岛）是国家七大石化产业战略基地之一。目前大连规模以上石化企业近140家，占全市规模以上工业企业总数的4.4%，增加值约占规模以上工业增加值的1/4、地区生产总值的1/10，石油炼制能力达到每年3000万吨。近年来大连石化产业中重点企业的总量规模和利税水平都较大幅度领先于其他行业企业。在2014年主营业务收入超百亿元的12家企业中，石化企业有5家，其中中石油大连石化公司、大连西太平洋石化有限公司、逸盛大化石化有限公司、恒力石化（大连）有限公司以绝对优势位居前四位，大连福佳·大化石油化工有限公司居第八位；在2014年全市利税排名中，中石油大连石化公司、大连福佳·大化石油化工有限公司位居前两位。

石化产业是大连自营出口和港口吞吐量的重要支撑，成品油出口占自营出口总额的近10%，居出口商品前列；油品吞吐量是大连港吞吐量第一大货种，石油、天然气及制品吞吐量占全港吞吐量的15%，大连已成为东亚地区和国内最大的油品及其制品上岸和下海的集散仓储地之一。

大连石化产业在产业链布局上，主要涉及基本有机化工生产过程的原油炼制和对二甲苯（PX）生产以及有机化工生产过程的对苯二甲酸（PTA）生产。大连原油炼制占全市石化产业近五成，工业总产值较大的中石油大连石化公司和大连西太平洋石化有限公司主要加工炼制各种成品油和石蜡，其余石油加工企业多是从炼油厂购入基础油，调和勾兑成润滑油成品。近年来，随着大连恒力石化（大连）有限公司和逸盛大化石化有限公司生产能力的不断扩容，大连已发展成为全国PTA生产能力最大的城市。

（二）装备制造业

大连装备制造业具有百年历史，经过多年发展，已经形成了门类较全、基础雄厚、产业具有一定市场优势的装备制造体系，是国内和辽宁省装备制造业的重要基地。2016年，大连装备制造业规模以上企业898户，涉及金属制品、通用设备、专用设备、交通运输设备、电气机械及器材、电子及通信设备、仪器仪表等多个行业门类，总体规模占全市规模工业的36.9%，实现增加值596.6亿元，连续11年为大连第一支柱产业。

大连装备制造业技术先进，多个行业处于国内领先地位。大型船舶、机床、轴承、起重机械、内燃机车、制冷设备等行业仍然保持在国内的领先地位。经过"十二五"规划以来的技术创新和技术改造，在核电设备、风电设备、大型石化装备海洋工程装备、城市轨道交通设备、新能源汽车方面又取得了长足进步，整体提升了大连装备制造产品的水平和档次，在国家重点工程建设上发挥了重要作用，在核岛主设备及相关配套设备、高速高精复合类数控机床、"和谐"型内燃和电力机车、海洋工程装备、大型船用曲轴、3兆瓦及以上风电机组核心部件、精密和特种轴承等领域取得国内领先地位。优化和升级了散货船、集装箱船和油船三大主力船型，形成一批世界品牌船型，主流船舶的设计技术达到世界先进水平，目前正在向大型集装箱船、LNG船、滚装船、化学品船、大型汽车运输船等高技术高附加值船舶建设方面发展。通过与中国一汽集团等企业合作，实施了混合动力汽车、纯电动汽车及配套零部件的研制，以及新型动力电池、混合动力和纯电动电机及控制系统的研发和生产。

大连湾临海装备制造业聚集区、瓦房店轴承、金州新区装备制造成为国家新型工业化产业示范基地，正在加快形成核岛主设备、海洋工程装备、大型石化装备、智能制造装备、轴承等产业集群效应。金州新区成为中国汽车零部件制造基地，奇瑞汽车、东风日产等项目陆续投产，整车产业蓬勃发展。在传统优势产品继续保持市场竞争力和占有率的前提下，在核电、风电、数控机床、高技术船舶和海洋工程、铁路机车和城轨车辆、重大型石化设备、高技术高附加值轴承、汽车整车和发动机等领域，形成一批具有国际领先（先进）、填补国内空白和实现国产化的产品。

依托优越的区位和产业基础优势，着力推进"走出去"和"引进来"，广泛与世界知名企业开展合资合作，引进了世界先进的技术和优势产品，提升了产业在国内外的知名度和竞争力。大连冰山与三洋合资成立的制冷设备公司成为国内最大的制冷空调成套设备生产基地、大连造船与香港茂盛合资成立的海洋工程公司是国内最具优势的海洋工程制造企业等。通过实施海内外先进企业的并购工程，直接掌握世界一流核心技术和产品，提升了企业的实力和竞争力，如大连远东工具并购德国沃克（高速钢刀具）和美国肯纳金属公司以及GREENFIELD公司切削工厂，大橡塑并购加拿大麦克罗和捷克布祖卢克，瓦轴收购德国KRM公司等。

（三）电子信息制造及软件信息技术服务业

电子信息制造业是大连的重要支柱产业之一，且多年保持辽宁省乃至东北地区电子信息制造业龙头地位，主营业务收入占辽宁省40%以上，占东北三省1/3强。大连拥有国家级视听产品和国家级电子元件两大产业园，金州电子信息产业园获批国家级新型工业化产业示范基地，花园口经济区成为全国第七个国家级新材料产业基地，产业集聚效应初步形成。

大连电子信息制造业重点产品优势突出。主要产品有激光视盘机、液晶显示屏、打印机、汽车音响、移动通信基站、程控交换机、半导体分立器件等，部分产品技术和产量在国内外领先。华录建立了国内首条蓝光DVD生产线；华录的激光视盘机远销美国和日本，占其市场份额分别为10%和40%；环宇的通信专网设备位列全国前三，大连辽无二电器有限公司的中小型船用导航雷达市场占有率全国第一，富士电机马达产量位居全球第二，欧姆龙的电子血压计占全球市场的50%以上，汽车音响CD机芯产量占全国的80%。大连电子信息制造业拥有国家级企业技术中心3家，省级企业技术中心11家，市级企业技术中心1家，共有科技研发机构和企业62家，占电子产品制造企业总数的35%，技术开发经费占产品销售收入的2%，认定高新技术企业77家。其中华录的数字音频编解码标准被作为国际标准，环宇承担多个国家863技术攻关项目，东方科脉自主研发的液晶电子纸技术水平国际领先并填补国内空白，现代高技术、中盈电子、大森数控、艾科科技、国彪电源、海创高科等企业不断加大研发投入，攻关关键技术，产品价值链逐步从低端向高端延伸，技术水平达到业界领先水平。

外资企业集聚大连。万宝至马达株式会社、佳能株式会社、富士发英株式会社、东芝株式会社、欧姆龙株式会社、罗姆株式会社、阿尔派株式会社等相继在大连建立了其在中国内地的第一家工厂。英特尔大连芯片厂是英特尔在亚洲设立的第一座芯片厂。

大连软件和信息技术服务业发展迅速。2015年，软件和信息技术服务业实现销售收入1500亿元，软件出口37亿美元，位居全国前列，企业2000多家，从业人员20万人。大连软件和信息技术服务业的业务领域不断拓展，已形成了软件研发、系统集成、信息技术服务、数字内容、业务流程外包、互联网服务、集成电路设计、工业设计等多类别、多业态互动发展的良好局面。

二、主导产业空间布局

经过多年的发展，大连目前形成了"一个核心区，两条产业带，多个组团式园区"的产业分布格局。一个核心区指大连城市的主城区，这里聚集了较为密集的科技、资本、人才等经济要素，这一区域是大连的行政文化中心、商务中心、现代服务业核心区，形成城市经济的"内核"。两条产业带主要是指围绕大连城市主城区沿不同方向培育的两个带动力强的经济带。一是由大连经济技术开发区、大连保税区、出口加工区、大窑湾港区等经济功能区形成的一条产业带，其核心位于金普新区，这条产业带是外向型经济集中区，是大连工业特别是开放型工业的主体；二是从旅顺开发区延伸到长兴岛形成的一条产业带，主要是以修造船和石化为主的开放型临港产业区，承接国外临港产业和东北工业基地重大产业的转移，是大连市新兴产业基地和经济增长区域。两条产业带的核心是"两区一带"。"两区一带"是大连的临港装备制造业聚集区、临海装备制造业聚集区和造船产业带。临港装备制造业聚集区指能利用大窑湾公共港区进行产品的制造和流通的装备制造业园区，主要为大连开发区、保税区、双D港、金州开发区等地区，重点发展汽车及汽车零部件制造、机床制造、轨道交通制造业。临海装备制造业聚集区是指企业可以自建码头的装备制造业园区，主要指大连湾棉花岛地区，重点发展重大装备及海洋工程。造船产业带是指大连沿渤海湾从长兴岛到旅顺开发区的造船产业园区。

多个组团式园区。发挥大连区市县不同区域的资源和产业优势，承接国内外产业，按照布局合理、产业各具特色的要求，重点培育沿两条产业带的长兴岛经济技术开发区、花园口经济区以及涉农区市县的各新兴产业园区。大连城镇点状产业布局包括：皮杨陆岛经济区、登沙河临港工业区、旅顺开发区、营城子工业区、三十里堡临港工业区、海湾工业区、松木岛化工区、瓦房店工业区等新兴产业园区及一批经济重镇，这些城镇点状园区将成为大连产业增量的集中成长区。

第三节　大连对外开放与经济社会发展

改革开放以来，大连对外开放领域由初期的一般加工业和餐饮服务业拓展到基础工业、基础设施和一些服务贸易业，从劳动密集型产业扩展到资金密集型和技术密集型产业；对外经济技术交流与合作，从中小企业发展到大企业、大财团和跨国公司；外商直接投资、借用外债等多种方式被广泛采用。三十多年来，大连作为国家整体对外开放战略的排头兵，从扩大出口、招商引资到开放先导区建设，开放领域越来越宽，开放格局越来越大，基本形成了全方位、多层次、有重点、多渠道、宽领域的对外开放格局。2013年国家发展改革委首次发布了《中国城市对外开放指数研究报告》，公布了包括27个省会城市、5个计划单列市在内的32个城市对外开放度得分及排名，大连开放度位列全国各大城市第七位，东北地区首位。

一、对外贸易成为经济发展的重要引擎

作为全国首批开放的14个沿海城市之一,对外贸易是大连开放型经济的重要组成部分。经过30多年的发展,大连对外贸易发展迅速,外贸规模持续增长,占据了辽宁省的"半壁江山"。2016年大连外贸进出口总额514.7亿美元,占辽宁省的59.5%,其中出口244.1亿美元,进口270.6亿美元。大连外贸依存度[①]较高,2006年曾达到90.09%,高于同期全国水平近30个百分点。从2007年开始,大连的出口依存度和外贸依存度都有明显下降,其中出口依存度从48.1%下降到2016年的20.5%,外贸依存度从90.09%下降到2016年的43.1%。这主要是由于2006年以后,大连的房价、地价上涨速度快,投资作为拉动经济增长的"另一驾马车"的作用逐渐增强,从2006年到2012年,大连固定资产投资规模从1469.5亿元人民币增长到5654.1亿元,增长了2.8倍多,而同期进出口总额只增长了2倍,造成对外贸易在地区生产总值中的比重明显下降。此后随着经济进入新常态,受国际市场低迷影响,外贸进出口增速有所下滑,导致外贸依存度出现较大程度下滑。大连外贸结构呈现以下特点:

(一)外贸产品结构不断优化

经过多年的发展,大连外贸产品结构不断优化,其中机电产品、高新技术产品、高附加值产品出口持续增长。2015年,大连机电产品出口115.8亿美元,占全市出口比重44.9%,高新技术产品出口25.6亿美元,占全市出口比重9.9%。船舶、成品油、电器及电子、机械及设备、服装纺织、农产品等成为大连优势出口产品,原油、成品油和农产品成为大连最主要的进口产品。大连出口产品结构以工业制成品为主,从2009年开始,大连工业制成品出口保持在70%左右的比例,且规模和占比都呈现出逐年扩大的趋势。工业制成品出口比例增高,表明大连的贸易产品结构和层次在进一步优化、产品附加值在不断提高。在大连对外贸易发展的过程中,工业制成品内部结构也在发生变化,机电产品出口增长明显加快,占比上升。

---

① 外贸依存度=(出口+进口)/GDP,出口依存度=出口/GDP,进口依存度=进口/GDP。

（二）加工贸易出口占比较高

随着在大连的外资企业越来越多，加工贸易作为特定历史条件下发展起来的贸易方式，发展速度十分惊人，1995年加工贸易即在大连外贸出口中占据了大半壁江山，达到59%，2002年加工贸易所占比重攀升到68%。此后，加工贸易增速有所放缓，但占比依然较高。2015年大连一般贸易出口94.7亿美元，占比36.7%，加工贸易出口137.4亿美元，占比53.3%；一般贸易进口124.2亿美元，占比42.4%，加工贸易进口85.8亿美元，占比29.3%。随着大连加工贸易的发展，加工贸易企业相互之间的配套程度提高，不少企业使用国产原材料、零部件的比例不断提高，从而造成一般贸易进口占比上升，加工贸易进口占比下降，加工贸易增值率不断提高，加工贸易的产业链延伸效用得到不断体现，这对带动大连产业结构调整具有积极作用。

（三）外贸市场多元化程度较高

目前，大连外贸企业已与200多个国家和地区建立贸易往来，出口市场覆盖5大洲196个国家和地区。日本、东盟、欧盟、美国、中国香港、韩国等传统市场进一步巩固，新兴市场不断扩大，对拉丁美洲、大洋洲、中东等新兴市场出口快速增长。整体来看，大连出口主要以亚洲国家和地区为主。2015年，大连对亚洲出口161.5亿美元，占大连全部出口总额的62.6%，日本、东盟、韩国是大连在亚洲最大的贸易伙伴，其中对日本出口65.3亿美元，占比为25.3%，主要出口产品集中在服装、成品油、电视接收装置等，主要进口产品有钢材、集成电路、塑料制品、金属加工机床等。对东盟、韩国出口额达42.6亿和21.4亿美元，出口占比分别为16.5%、8.3%。除亚洲以外，美国和欧盟是大连重要的贸易伙伴，2015年，大连企业对美国出口31.4亿美元，占比12.2%，对欧盟出口34.7亿美元，占比13.4%。以上5个国家或地区的出口额合计195.4亿美元，占大连当年出口总额的75.7%。

（四）对外贸易经营主体日益多元

外商投资企业是大连对外贸易的主力军，在大连对外贸易中占比较高，这得益于大连在吸引外资方面所取得的成就。近年来，随着大连外贸的不断发展，私营企业作为后起之秀在大连对外贸易中所扮演的角色日益重要。2015年，大连外商投资企业出口137亿美元，占比53.1%，民营企业出口77.8亿美元，占比30.2%，国有及国有控股企业出口43.2亿美元，占比16.7%。自2002年以来，大连外商投资企业出口一直保持较快的增长态势，但随着外贸经营主体的多元化，其出口占比在2005年达76.5%后开始呈现较为明显的下降趋势。2015年外商投资企业出口占比较高点下降23.4个百分点，但仍占大连出口总额的半数以上。与外商投资企业占比逐渐下降相对应的是民营企业占比迅速上升。2002年以来，大连民营企业出口增长迅猛，2015年达到77.8亿美元，与2002年相比出口占比从1.8%上升至30%，提高了28.2个百分点。

二、利用外资助推经济增长和转型升级

（一）利用外资规模不断扩大

大连利用外商直接投资先后经历了探索起步、全面突破、快速发展以及注重质量等多个发展阶段，成效显著。2009—2012年大连实际使用外资连续4年居副省级城市首位，2013年随着经济进入新常态以及东北经济增速放缓，大连实际使用外资增速虽然有所放缓，但仍处于较高水平。截至2015年末，大连累计批准外商投资企业15446家，投资总额1433.4亿美元，实际使用外资1001.6亿美元，已有5000余家外商投资企业开业投产。

（二）外商直接投资领域逐步扩展

从1990—2009年，大连利用外商直接投资主要以投向第二产业为主，占比58.1%；居第二位的是第三产业，外商直接投资对大连经济发展影响的比重为40.5%；最后投向第一产业的比重只有1.4%。进入21世纪后，随着国家振兴东北老工业基地，建设东北亚重要的国际航运中心，全市先进制造业领域和现代服务业领域利用外资突飞猛进。服务业已经成为大连利用外资的重要领域。2015年大连批准服务业投资项目204个，注册外资额21.7亿美元，实际使用外资24.6亿美元，占大连实际使用外资的比重达91.1%，远超过第二产业，成为外商投资大连的主要领域。

（三）外资来源日益多元化

大连利用外资来源已经由最初以日本、中国香港为主扩展到了全球80多个国家和地区。按地域划分，外商直接投资企业主要来自亚洲。2015年，来自亚洲地区的直接投资项目183个，实际使用外资26.3亿美元，占全市当年外资比重分别高达82.4%和97%。按国别和地区划分，主要以中国香港、日本、美国、韩国和欧盟为主。截至2015年末，大连共有中国香港企业3074家，日本企业4618家，美国企业1638家，韩国企业2765家，欧洲企业819家，实际在大连投资分别为345.6亿美元、180.6亿美元、60亿美元、66.2亿美元和46.7亿美元。

三、大连外向型工业园区拓展了经济空间布局

改革开放后我国先后设立了很多具有特殊开放政策的区域，这些区域在大连几乎都有设立，形成了地域相接、功能互补、上下互动、产业集成、各具特色的格局。这些开放先导区为大连的对外开放发挥了重要的示范和带动作用。大连经济技术开发区为利用外资、发展外贸出口发挥了积极的牵动作用；大连高新技术产业园区为引进发展现代高新技术产业，建设世界软件和信息服务外包型领军城市奠定了坚实基础；大连保税区成为大连改革开放以来仿效自由贸易园区模式发展国际贸易、仓储、物流和出口加工业的先行区；大连金普新区，突出先行先试，构建面向东北亚区域开放合作的战略高地，体制创新与自主创新的示范区，引领服务东北地区全面振兴的重要增长极，老工业基地城市转变发展方式的先行区，具有国际竞争力的先进制造业与现代服务业集群发展基地，中国（辽宁）自贸区大连片区就位于金普新区辖内。此外大连还有19个省重点园区。当前大连已经构建了以沿海经济带重点区域为支撑，以政策功能区为先导，覆盖四大城市组团，由南向北、梯次推进的全域开放新格局。

（一）大连经济技术开发区

大连经济技术开发区是1984年经国务院批准成立的全国第一家国家级开

发区，是大连乃至辽宁改革开放的前沿、窗口和中心地带，是东北地区最具开发潜力和开放活力的政策高地。美国英特尔、德国大众、日本东芝等来自世界49个国家和地区的3500多家外商投资企业进驻，投资总额190多亿美元。其中，世界500强企业69家。第二产业发达，工业增加值占全区生产总值、工业税收占全区税收总额比重都达到了60%以上。石油化工、装备制造产业集群产值接近800亿元，电子信息产业集群产值达550亿元，正在向千亿级产业集群迈进。汽车及零部件、现代冶金、生物医药、食品加工等百亿级产业集群稳步增长。产值达到亿元的工业企业超过200家，超10亿元的企业达到29家，超百亿元的企业6家。

（二）大连保税区

大连保税区是我国目前行政管辖面积最大、唯一集"保税区、出口加工区、保税港区"管理于一身的特殊经济区，也是除自贸区外东北地区开放层次最高、政策功能最全、区位优势最突出的综合经济区。1992年5月，大连保税区经国务院批准设立，是我国最早成立的保税区之一。2000年4月，大连出口加工区经国务院批准设立，并作为我国首批出口加工区试点，开创了在保税区内建出口加工区的先河。2004年8月，大连区港联动试点获国家批准，大连保税物流园区封关运作。2006年8月，大窑湾保税港区经国务院批准设立，是继上海洋山保税港区之后我国第二个保税港区，也是中国北方首个正式封关运作的保税港区，对大连乃至整个东北地区的对外开放起到了龙头牵动作用。大连保税区集聚了港口物流、自贸区政策、集疏运体系等国际航运中心核心发展要素，是大连国际航运中心、国际物流中心、国际贸易中心的核心功能区，每年大连70%以上（近3亿吨）的港口货运总量、90%以上的国际物流、东北地区95%以上的外贸集装箱在这个区域产生，在"东北振兴""一带一路"、自贸试验区建设等国家战略实施中发挥着不可替代的重要作用。经过20多年快速发展，大连保税区已成为东北与国际经济运行惯例接轨的重要平台、沟通国内外两个市场的重要桥梁、拉动区域外向型经济发展的重要载体。

(三)大连高新技术产业园区

大连高新技术产业园区是国务院1991年3月首批批准的国家级高新技术产业园区之一,由位于大连西部的七贤岭产业化基地、软件园和东部的双D港组成,是中国东北高新技术产业集聚的高地和自主创新的平台。2008年被科技部评为"国家先进高新区",是大连高新技术产业基地、自主创新平台、软件和服务外包的核心区,也是大连的对外开放先导区、科技兴市的示范区、高新技术产业集聚区。目前注册企业5000余家、高新技术企业超过900家、出口型企业超过380家,IBM、惠普、爱立信、戴尔等世界500强企业超过100家。大连高新区发展以软件和信息技术服务外包为主导,以网络及电子商务、动漫游戏及文化创业、生命科学、设计、新材料和新能源、智能制造、科技金融为特色的现代服务业,先后被授予中国唯一的"国家软件产业国际化示范城市"和"国家创新型软件产业集群",中国首家"国家创新型特色园区",以及中国"国家软件产业基地"和"国家软件版权保护示范城市"等国家软件产业的所有荣誉。2013年,高新区荣获"国家级文化和科技融合示范基地",成为全国创新创业的高地。大连高新区是科技创新的平台,基础设施齐全、创新创业体系功能完备,拥有集综合孵化、专业孵化、国际孵化和二级孵化于一体的特色孵化网络体系。拥有近百个国家级研发中心和企业研发中心,8个公共技术服务平台;自主创新成果不断涌现,知识产权申请及授权总量居大连首位。

(四)大连长兴岛经济技术开发区

大连长兴岛经济技术开发区位于辽东半岛西侧中部,渤海东岸,总面积502平方公里,由长兴岛、西中岛、凤鸣岛、交流岛、骆驼岛五个岛屿组成,其中长兴岛本岛面积252.5平方公里,是长江以北第一大岛、中国第五大岛。2010年4月国务院批准升级为国家级经济技术开发区,同年6月辽宁省政府决定在长兴岛设立辽宁省综合改革试验区。长兴岛经济技术开发区重点发展船舶制造、石油化工、装备制造、高新技术、现代服务和港口物流产业,建成东北重要临港产业集聚区、大连东北亚国际航运中心重要组合港、大连拉近和辐射东北腹地的重要节点。

(五) 大连花园口经济区

大连花园口经济区位于辽东半岛东南部、大连东北部,为大连所辖六个先导区之一。南濒黄海与长山群岛隔海相望,北依群山与庄河城山镇接壤,东邻庄河大郑镇,西隔碧流河与普兰店区相邻。全境总面积468平方公里,陆域面积268平方公里,海域面积200平方公里,自然海岸线长41公里,滩涂面积4000公顷,浅海面积8000公顷。2005年12月,大连花园口工业园区被辽宁省政府列为辽宁省沿海对外开放五大重点区域之一,成为省级重点开发区,享有省级开发区经济管理权限。2009年7月,《辽宁沿海经济带发展规划》获得国务院批准。至此,大连花园口经济区被纳入国家战略。2009年9月,大连花园口经济区被国家发改委列为"国家高技术产业新材料基地",全国七家之一,东北唯一一家。

(六) 大连金普新区及中国(辽宁)自贸区

金普新区位于辽宁省大连中南部,大连金普新区是中国第十个国家级新区,也是东北三省地区第一个国家级新区,范围包括大连金州区全部行政区域和大连普湾新区部分区域,总面积约2299平方公里。2016年5月大连金普新区被国务院列为开放型经济新体制综合试点试验地区。中国(辽宁)自贸区大连片区位于国家级新区金普新区范围内,面积约为60平方公里(占辽宁自贸区的50%),包括大连开发区区块28平方公里、大连保税区区块约32平方公里,是中国(辽宁)自贸试验区最大的片区,具有良好的发展基础。大连片区重点发展港航物流、金融商贸、先进装备制造、高新技术、循环经济、航运服务等产业,推动东北亚国际航运中心、东北亚国际物流中心建设进程,形成面向东北亚开放合作的战略高地。

四、全方位对外开放与大连经济社会发展

经过近30年的不懈努力,大连经济与世界经济体系的联系日益紧密,已基本构建起内外联动、互利共赢、安全高效的开放型经济体系,开始在更深层次、更宽领域配置资源、组织市场,全面提升经济国际化水平。

(一)开放型经济带动了经济发展

改革开放以来,投资和出口已经成为大连经济高速增长的支撑点和强大的经济引擎。而且,随着大连开放型经济的快速发展,利用外资、对外贸易和对外经济合作的规模不断扩大,在很大程度上拉动了大连经济的持续增长。一方面对外贸易的地位和作用日益增强。改革开放以来,外贸出口对大连经济增长的贡献日益突出。尤其是在经济进入新常态下,进出口的恢复性增长拉动经济增长的作用显得越发重要。另一方面外商投资企业的贡献度不断加大。改革开放后,外资大规模流入,有效地缓解了长期制约大连经济发展的资金短缺问题,成为全市固定资产投资的重要组成部分,最直接地促进了经济增长。30年来,外商投资企业对大连经济持续、快速、健康发展的促进作用明显,在扩大就业、增加税收、引进先进技术和管理经验方面的贡献巨大,对全市经济发展和现代化建设功不可没。

(二)开放型经济促进了经济结构调整

升级优化了产业结构。从20世纪80年代开始,大连借助对外开放先行优势,先后抓住劳动密集型产业、资本密集型产业以及IT产业为代表的高新技术产业生产制造环节大规模转移机遇,推动大连产业结构升级和技术进步,振兴了轻纺产业,实现了机电产业的迅速发展,提高了高新技术产业在地区生产总值中的比重。服务领域通过引进国外金融保险机构、物流公司、跨国商业连锁集团等,积极发展新型服务业态,拉动消费,带动全市第三产业迈向现代化。

改善了固定资产投资结构。随着大连利用外资规模的持续扩大,外商投资企业固定资产投资额不断增加,在全市固定资产投资总额中所占比重日趋提高,对推动大连经济发展的贡献度逐步增强。外商投资已经成为全市固定资产投资的重要组成部分,对经济发展的支撑作用越来越大。

提升了产业整体技术水平。大连在引进消化吸收再创新中大力提高产业整体技术水平。特别是外商投资企业对大连产业技术升级起到了积极的推动作用。大连现代农业的发展、机电产业的腾飞、服务外包产业的崛起都离不开外商投资企业的贡献。

（三）开放型经济推动了大连政府体制机制更加市场化

大量外资企业的进入，带来了较为完善的企业制度及与之相适应的先进的管理模式、组织方式，使大连企业得以在学习和模仿中不断改进自身的生产作业方法、组织形式、管理模式、营销策略，完善产权制度和公司治理结构。加快建立现代企业制度，提高自身的管理水平和组织能力，提升企业整体素质。作为国家首批综合改革试点城市，大连率先在公共服务领域引进外资，组建合资或民营公交公司、合资港口经营公司，加快了公共基础领域的体制改革步伐；通过合资合作推动国有大中型企业改组、改造、改制，基本完成了国有大中型企业改革任务；较早在污水净化、环保产品生产领域引进外资和民间资本，激活环保市场，加大了环境保护力度；制定一系列优惠政策，鼓励个体私营经济在扩大开放中实现自身发展。

（四）开放型经济使大连成为名副其实的东北振兴龙头

30年的改革开放，大连不仅自身成为开放度最高、竞争力较强的一个区域，而且对东北地区的经济辐射和服务能力明显增强。口岸和区位优势日益显现，大连依靠其在东北地区独特的区位优势和不冻良港的口岸优势，不仅肩负着引领和带动辽宁省及东北地区实现振兴的重任，而且成为东北地区进入国际经济大循环的重要桥梁和纽带。2016年东北三省进出口总额1209.6亿美元，其中大连地区514.7亿美元，占东北地区进出口总额的42.6%。大连港成为东北地区重要的出海口和物流集散地，东北地区70%以上的海运货物和90%以上的外贸集装箱经由大连出口到世界各地。产业辐射、带动作用明显增强。大连从20世纪80年代开始借助对外开放先行优势，推动产业结构升级和技术进步，提高了高新技术产业在地区生产总值中的比重。通过发展高端产业，大连带动了东北地区的产业结构调整和优化及新兴产业基地的建设，特别是发展电子信息和软件产业及现代服务业，使大连产业竞争力和辐射力不断提升。目前，大连的信息产业总量占东北三省的50%，占辽宁省的70%，软件业销售收入占辽宁省的50%多。

第四节　大连城市发展与三个中心建设

进入21世纪以来，大连在城市综合经济实力、东北亚国际航运中心、东北亚国际物流中心、区域性金融中心等"三个中心"建设、现代产业体系建设、社会民生和可持续发展能力等方面均取得了显著成绩。

一、大连东北亚国际航运中心

2003年10月，党中央、国务院在《关于实施东北地区等老工业基地振兴战略的若干意见》中提出"充分利用东北地区现有港口条件和优势，把大连建成东北亚重要的国际航运中心"。2009年7月，国务院通过《辽宁沿海经济带发展规划》，进一步明确了东北亚国际航运中心建设是提升大连核心城市功能的首要任务。当前大连东北亚国际航运中心建设取得了巨大成就。

（一）海港和空港基础设施建设取得跨越式发展

大连港是百年老港，陈旧的设备、单一的功能，多年来制约着大连港的快速发展。对此，大连提出"调整结构、完善功能、加快建设、提升水平"的建设思路，并实施了大连老港区改造的世纪搬迁工程。"十二五"期间，大连港口新增专业化泊位72个，专业化集装箱泊位由4个发展到14个。2012年，大窑湾北岸港区开工建设，标志着大连综合性大型国际深水港建设迈上了新的台阶，"世界有多大船，大连就有多大港"的承诺正在实现。长兴岛核心港区建设与大连国际航运中心建设几乎同时起步，目前已有10个泊位投产，2013年底建成30万吨级原油码头；太平湾核心港区于2012年正式开工，正在按计划加紧建设。截至2015年底，全市共有生产性泊位189个、万吨级以上生产性泊位103个，年通过能力2.55亿吨。大连百年老港的战略性调整和升级改造取得明显成效，初步形成了布局合理、层次分明、分工明确的现代化、专业化、集约化的港口集群，已成为石油、粮食、矿石、商品汽车、客货滚装运输的重要国际枢纽港。

大连空港作为国际航运中心建设的重要组成部分，两次扩建工程顺利完成，航站楼面积达到13.6万平方米，跑道长3300米，停机坪66万平方米，停机位42个，符合4E级I类国际机场标准，可供除A380外各种大型飞机安全起降。

（二）海港和空港运输实现历史性突破

从2003年到2016年，大连海港年货物吞吐量实现了从1亿吨到4.4亿吨的跨越；集装箱吞吐量从2003年的167万标准箱发展到2016年的958万标准箱。2016年大连港口货物吞吐量和集装箱吞吐量均位居全国第8位。以聚集航运要素和航运资源为主要目标，通过海铁联运和环渤海内支线运输等方式，大连港的枢纽港地位不断强化，形成了多层面、专业化的海铁联运体系架构。以大连为中心，连接丹东、营口、锦州、秦皇岛、曹妃甸、龙口、烟台、威海等港口，辐射整个环渤海地区港口的公共支线网络全面铺开，环渤海内支线每周30余班，海铁联运集装箱班列现有50余个站点，每周密度达到70余班，同时打通了以大连为起点经俄罗斯通往欧洲国家的"新亚欧大陆桥"铁路通道，海铁联运量在2012年达到峰值，当年完成69.6万标准箱，居全国第1位。2003年，大连空港旅客吞吐量达342万人次，随后年年以百万人次递增，2010年旅客吞吐量突破1000万人次，成为全国第16家千万级机场，跨入世界大型机场和全球繁忙机场行列，到2016年已经达到1525.7万人次。

航班和航线的逐年增长，是海空两港跨越式发展的重要保障。大连港已经与世界160多个国家和地区、300多个港口、超过50家国内外大型航运企业建立了港航运输或经贸合作关系，基本覆盖全球主要航区。大连机场有31家航空公司进驻，150多条国内国际航线通往15个国家和地区的92个城市，特别是大连至日本、韩国和俄罗斯的航线数量、通航城市和航班密度，都处于全国各机场前列，大连已经初步确立了中国面向东北亚地区的门户枢纽机场地位。与此同时，全市水路运输行业加快升级步伐。运输能力从2003年的266万载重吨上升到2016年的12612万载重吨，占全省运力总量的90%。

（三）口岸软环境建设取得阶段性成果

大连在国内首创"一站式"服务和"一网式"交易模式的航运交易市场成功运行；聚集高端要素的船舶交易市场等3个专业化市场、凸显人才优势的航运金融研究院等3个软实力研究院、仲裁结果可在140多个国家和地区得到承认和执行的国际航运仲裁院相继成立；东北地区首个航运指数——大连航运运价指数正式对外发布；东北地区首只由地方政府主导发起的投资资金——大连港航产业基金设立；建设银行在全国唯一的"物流金融产品创新中心"和国家开发银行"全国船舶融资产品中心"落户大连。

口岸功能得到不断完善。旅顺新港和庄河港正式对外开放，长兴岛港68个泊位对外开放，可满足长兴岛未来8～10年的发展需要。积极发展跨区域口岸合作，实现了大连与华东、华北、西南等地互为口岸、互为腹地，大连口岸功能得到延伸和拓展。深入推进"大通关"工作，探索和推进诚信管理、风险管理等通关创新模式，在全国率先与各查验单位共建和谐口岸。口岸信息化建设显著提升，大连口岸数据中心、大连港船舶动态跟踪系统等20多个信息化重点项目投入使用，大连口岸电子报文应用种类已覆盖港航业务全流程，仅港检联动查验系统每年就为相关企业节省通关成本2亿元。

二、大连东北亚国际物流中心

自2003年国务院明确提出把大连建成东北亚重要国际航运中心以来，大连现代物流业发展进入了一个全面启动、系统整合、快速发展的新时期。2015年，全市物流业增加值815亿元，占大连地区生产总值的比重由2010年的9.5%上升到10.5%；大连社会物流总额2.4万亿元；大连社会物流总费用为1222亿元，占地区生产总值的比重15.8%；大连物流总收入1489亿元。物流业已成为全市经济发展的基础性主导产业，对促进产业结构调整、转变经济发展方式、提高国民经济竞争力起到重要支撑作用。

（一）综合运输体系逐步完善，运营能力整体增强

海港、空港、公路、铁路和内陆港等基础设施建设飞速发展，特别是海港和空港实现了物流枢纽节点的功能升级。加强海铁联运，大连在东北腹地的大中型内陆港达到15个，开通集装箱班列线路22条；加强海空联运，港口海运与机场空运成功实现无缝对接；加强海公联运，实施免收进入大连港的集装箱车辆高速公路通行费。注重物流节点建设，大窑湾保税物流园、空港物流中心和香炉礁物流园等功能逐步完善，中铁铁龙大连冷链物流基地、大连水产品冷链物流园区等一批物流园区项目进展顺利。大连已初步形成了集海、空、铁、公、管等多种运输方式于一体的综合物流运输体系，整体运营能力持续增强。

（二）物流主体形式多元，实力不断增强

大连现有物流企业6000余家，规模不断扩大，品质持续提高，形成了有多种所有制、不同经营规模和服务模式的物流产业群体，物流企业整体呈现出投资主体多元、分布领域广泛、经营各具特色、中外企业竞相发展的态势。以大连港集团有限公司、中铁铁龙集装箱物流股份有限公司、大连远洋运输公司等为代表的国有物流企业加快重组与业务转型，依托原有物流基础、客户资源和经营优势，在转型升级中突破传统经营模式，物流功能全面提升；以秦德煤网、中床物流、因泰物流等为代表的民营物流企业蓬勃发展，借助供应链一体化发展理念，利用自身优势，把物流解决方案嵌入到客户流程优化和供应链管理等重要环节，形成了较大的市场竞争力和影响力；以马士基、罗宾逊、日本邮船等企业为代表的一大批国际物流企业纷纷入驻大连，以先进的管理水平和技术、完善的业务模式影响和推动了大连现代物流业发展。目前，大连已有A级物流企业25家（5A级6家，4A级9家，3A级10家），省级现代物流示范企业33家，现代物流示范园区1家。

（三）信息平台建设逐步完善，信息化程度提高

物流信息化基础设施和物流信息平台建设发展迅速，先后有大连口岸数据中心、集装箱码头对外商务服务系统（EPC）、大连港船舶动态跟踪系统

（AIS）、出口电子监管系统、辽宁电子口岸平台、检港联动快速查验系统（EOS）、铁路及海运车/箱/货动态跟踪信息服务系统、东北区域多式联运协同服务信息平台等20多个物流信息化重点项目相继投入使用。以大连口岸物流网、锦城全球订舱中心等为代表的物流信息平台不断完善。太平湾经济区规划打造辽宁省综合物流信息平台，为各类型企业提供物流、贸易、航运等方面的综合信息，实现了物流公共信息、物流管理及园区管理三大功能。

三、大连区域性金融中心

2009年，国家实施辽宁沿海经济带开发开放战略，明确大连"三个中心、一个聚集区"的战略定位，大连区域性金融中心建设由此上升为国家战略。大连区域性金融中心建设借势全域城市化，克服了国际金融危机带来的不利影响，金融业逆势而上，实现了跨越式发展。

（一）金融发展水平较高，区域性金融中心粗具规模

近年来大连金融总量增长较快，对经济社会发展支撑作用显著增强。2016年大连金融业实现增加值740亿元，金融业增加值占地区生产总值的比重达9%，是大连经济发展的支柱行业。截至2016年末，大连金融机构本外币各项存款余额达到1.5万亿元，本外币各项贷款余额1.1万亿元；证券交易总额2.9万亿元；保险公司实现保费收入277.3亿元，保险深度3.4%，保险密度3969元/人，居东北之首。期货市场累计成交15.4亿手，成交金额61.4万亿元，同比分别增长37.7%和46.4%，成交量和成交额分别占全国市场的37.4%和34.6%。在国务院综合开发研究院（中国·深圳）《中国金融中心指数报告》中，大连连续五年居全国副省级市第六、东北首位。2015年大连首次入选英国伦敦金融城国际权威咨询机构Z/Yen发布的《全球金融中心指数（GFCI）报告》，成为继上海、深圳、北京后中国大陆第四个入选城市，位列全球82个入选城市第51位。截至2016年末，全市金融总资产2.4万亿元，上缴地税66.8亿元，占全市地方税收和服务业地方税收的16.7%和24.9%。

（二）金融机构体系日趋完善，服务能力不断增强

大连是全国金融机构种类最早齐全的城市之一。近年来大连金融机构数量、种类持续快速增长，仅"十二五"时期大连新设和引进各类金融和融资机构257家，其中新设银行类机构10家、保险公司11家、证券类机构28家、期货类机构5家、小额贷款公司51家、股权投资机构89家、交易场所23家、融资担保机构23家、其他机构14家，新增财务公司、互联网金融、第三方支付等新兴业态。截至2016年末，全市各类机构741家，其中银行、保险、证券、期货、信托等金融机构264家；小额贷款、融资担保、私募基金、股权投资、融资租赁、金融中介、后台服务等融资服务类机构477家。金融营业网点3500余个，金融从业人员8万余人。已初步形成金融、融资及中介服务等种类齐全、功能完善的现代金融服务体系。

（三）金融总部实力倍增，对外辐射功能明显提升

近五年来大连新增金融总部9家，截至2016年末大连法人金融机构总量达17家。大连银行成功引入战略投资者，资产质量、资本实力和可持续发展能力大幅提升；大连农信社全辖改制设立大连农村商业银行，经营指标连续5年大幅增长，达到监管二级标准；华信信托连续保持全国信托业最高监管评级，资本实力、盈利能力和可持续发展能力大幅提升；百年人寿资本金增长6倍，总资产增长30倍，全国同业排名5年上升41位；大通证券积极拓展业务范围，成为全省第一家全牌照证券公司。截至2016年末，大连金融法人总股本351亿元，增长2.1倍，共设分支机构383家，增长69.2%。

（四）多层次资本市场体系初步形成，期货业处于国内领先地位

期货业龙头地位进一步巩固，大连商品交易所新增焦炭、焦煤、铁矿石期货合约等8个新品种，上市品种达16个，农产品、工业品期货品种体系更加完善，综合实力位列全球第10；推出了夜盘交易、铁矿石期货保税交割，国际化特征突出；累计与24家境外交易所签署了合作谅解备忘录。2016年大连商品交易所实现成交量15.4亿手，成交额61.4万亿元，已形成粮食、油脂、塑

料化工、能源矿产、畜产品、林产品六大品种体系，成为全球最大的塑料、煤炭、油脂油料、铁矿石和第二大农产品期货市场。资金市场持续发展，截至2016年末大连共有27家企业上市、87家企业"新三板"挂牌，占辽宁省的42%。在东北地区率先设立区域股权交易中心，已挂牌企业98家，托管企业160家；股权投资市场与债券市场快速发展，近五年新增股权投资485.3亿元。债券发行额稳步增长，近五年大连各类企业累计发行短期融资券、中期票据等债务融资工具3000多亿元。

（五）金融国际化程度显著提升，金融功能区建设初见成效

大连现有外资金融机构35家，居东北地区首位，外资金融机构后台服务机构60家，在全国各城市中位居第五。大连先后获准开展跨境贸易人民币结算、货物贸易外汇管理改革试点，外汇交易额和人民币结算额均占全省的60%以上。14家机构开办离岸金融业务，在大连金融机构与全球4000多家银行建立了代理关系，业务范围辐射150多个国家和地区，金融开放水平和国际影响力明显提升。中山金融服务区依托东港新区开发建设和CBD传统优势，已聚集了全市57%的银行机构和73%的保险机构。星海湾金融城期货大厦等3个项目投入使用，已入驻各类金融机构150余家，形成了近千亿元的资金汇集能力，另有12个项目正在建设。高新园区金融外包基地已有24家金融后台服务和外包企业进驻，省级科技金融示范区和科技金融大厦建设正在积极推进，已发展12家科技金融专营机构。甘井子科技创新城金融后台服务基地已有大商所研发中心、数据中心、中金所异地灾备中心等计划入驻。保税区离岸金融中心已引入20余家中外金融机构和东北首家境外信托基金、首家境外人民币信托基金和首家外资小贷公司。

第六章　大连建设自由港的战略选择

党的十九大提出要"赋予自由贸易试验区更大开放自主权，探索建设自由贸易港"的新要求，大连市作为国家"一带一路"倡议的桥头堡，承载着我国北方对外开放发展的重要使命。建设大连自由港是全面深化改革的新举措，也将是新形势下的国家战略选择。通过科学合理的自由港战略定位，推动大连经济发展进入新阶段，以此带动我国东北地区经济乃至东北亚经济圈发展。

第一节　大连建设自由港的优势条件

从汉堡、鹿特丹、中国香港、新加坡、迪拜等世界主要自由港的发展经验可以看出，一个城市成为自由港需具备地理因素、历史因素等自然条件以及产业布局、政策措施等优势。大连虽然在优惠政策、开放程度等方面还达不到世界主要自由港的水平，但完全具备建成自由港的优势条件，与发展较为成熟的自由港相比，大连建设自由港更具发展潜力和后发优势。

一、港口区位优势明显

纵观国际自由港四百年的发展历程，自由港的选址要遵循其特有的规律，从我国的实际情况出发，综合国际自由港选址的一般规律，我国自由港选址指标体系应主要包括交通区位、经济腹地、终端销售市场、土地供给等方面。大连是我国的副省级城市、计划单列市，也是全国14个沿海开放城市之一，是中国北方重要沿海港口城市。从区位上看，大连市地处欧亚大陆东岸，我国东北辽东半岛最南端，位于东经120°58'至123°31'、北纬38°43'至40°10'之间，东濒黄海，西临渤海，南与山东半岛隔海相望，北依辽阔的东北平原，同时与俄罗斯、朝鲜、韩国、日本远东地区相邻，位于东北地区和环渤海经济圈、东北亚经济区三区相叠的交汇处，处于东北亚经济圈的中心位置，是欧亚大陆桥的重要连接点。从气候条件看，大连市位于北半球的暖温带地区，具有海洋性特点的暖温带大陆性季风气候，是东北地区最温暖的地方，冬无严寒，夏无酷暑，四季分明。从土地供应条件看，大连市金普新区以及普兰店撤市设区为大连市城市发展提供了广阔的土地，尤其是普兰店撤市设区后，大连市城区面积由原来的2415平方公里迅速增加至5569平方公里，市区面积增加一倍多。从资源供应看，水源、能源是一个地区和城市能否大规模开发建设的两个基本因素。随着大伙房输水入连工程建设及红沿河核电站工程投入商业运行，大连已成为我国著名的能源基地。从交通区位看，国际自由港大都是建立在重要的国际贸易通道上，同样越是处于国际贸易通道上的自由港，发展也越快，如新加坡、中国香港等。连满欧亚联运大通道开通后，在这条连接亚欧两大国际市场的特殊国际贸易通道上建设大连自由港，不仅有利于促进各国转口贸易发展，还有利于吸纳南北两大经济圈的资金、技术，加快国际经济贸易的协调发展。

二、城市基础设施日益完备

大连市下辖七区两市一县，全市土地面积12574平方公里，辖区常住人口近700万人，户籍人口594万人，城市化率近80%。根据2017年6月中国社会科学院与经济日报共同发布的《中国城市竞争力第15次报告》显示，大连市综合竞争力列全国各城市第26位，可持续发展竞争力列第10位。大连市交通发达，已经建成四维立体交通体系。轨道交通发展迅速，全长900多公里的哈大客运专线投入运营，其中辽宁境内500多公里，连接大连、沈阳、长春、哈尔滨等东北主要城市；大连市地铁1号线、2号线投入运营，当前地铁5号线已经开工建设，未来规划10条地铁、轻轨线路。陆地交通发达，沈大高速被誉为神州第一路，滨海大道开通运营，市区七横七纵呈现无缝网络链接，县县通高速，村村通柏油路。大连海运交通发达，现有海运航线108条，其中外贸航线84条，内贸航线24条，基本覆盖全球主要航区。大连周水子国际机场全年航班起降10.7万架次；航线总数达到163条，其中国内航线141条，国际和地区航线22条，与8个国家、2个地区的89个国内外城市通航。

三、国际商务条件健全

大连是中国第一批沿海开放城市，是东北地区对外贸易量最大、吸引外资最集中的城市，有全国第一批经济技术开发区、旅游度假区，有东北唯一的保税区、出口加工区等对外开放先导区，具备了较强的对外开放综合服务功能。大连是我国外商投资企业、境外公司和金融机构设立常设机构最集中的城市之一。

一是大连金融发展具有良好基础，拥有中山金融服务区、星海湾金融商务区、高新区科技金融和服务外包基地、科技创新城金融后台服务基地、保税区离岸金融中心、小窑湾金融创新区6个金融功能区，大连商品交易所是东北地区唯一的全国性金融市场，交易量在世界位居前茅。大连是东北地区金融体系最为完善、机构聚集度最高、金融生态环境最好的城市。

二是"四个中心"建设成效显著。2015年末，大连市政府明确将建设东北亚国际贸易中心提升为与建设东北亚国际航运中心、国际物流中心、区域性金融中心"三大中心"并行的城市发展定位，进一步为大连自由港建设提供了重要支撑。国际经验表明，在形成国际贸易中心和航运中心的过程中，贸易和航运是相互作用的，如伦敦、纽约、新加坡等城市既是国际贸易中心，又是国际航运中心。大连已初步具备形成东北亚国际贸易中心和东北亚国际航运中心的相应条件。一方面，大连贸易量的增长会衍生出大量的航运需求，推进航运要素的集聚，加快国际航运中心的形成。另一方面，现代国际贸易中心一般具有口岸货物集散中心、大宗商品交易和定价中心、国际营运与控制中心、国际展览与跨国采购中心、国内市场流通中心、国际购物天堂六大功能,这些功能与大连建设自由港所涉及的软件、硬件设施都是密切相关、不可分割的。

三是大连的信息服务业发展也十分迅速,GE、DELL、埃森哲、IBM、Intel等世界500强企业已在此建设了面向亚洲的信息服务中心,大连已成为我国较大的软件出口城市之一。

四、多重国家战略在大连聚集

近年来党中央、国务院下发了多个涉及大连发展的国家级规划、意见,如《辽宁沿海经济带发展规划》(国函〔2009〕104号)、《全国主体功能区规划》(国发〔2010〕46号)、《中国东北地区面向东北亚区域开放规划纲要》(国函〔2012〕95号)、《关于近期支持东北振兴若干重大政策举措的意见》(国发〔2014〕28号)、《关于同意设立大连金普新区的批复》(中发〔2014〕28号)、《中共中央、国务院关于全面振兴东北地区等老工业基地的若干意见》(国函〔2014〕76号)、《关于印发中国(辽宁)自由贸易试验区总体方案的通知》(国发〔2017〕15号)、《大连市城市总体规划(2001—2020年)(2017年修订)》(国函〔2017〕45号)等。多重国家战略在大连叠加,特别强调了大连要建设东北亚国际航运中心、国际物流中心,为建设自由港提供了政策支持。在多重国家战略的支持下,大连市积极转变政府职能,行政管理体制市场化程度较高。近年来在行政管理体制、商事制度、国资国企、医疗卫生、户籍、土地等重要领域和关键环节改革取得重大进展,建立了政府部门权责清单,大幅度削减和下放行政审批事项,整合行政审批、公共资源交易等服务管理职能,设立了开放型、一站式集中审批大厅,实现了"一个窗口受理、一个印章审批、一个流程办结"和"清单之外无权力、大厅之外无审批"。

第二节　大连建设自由港的定位

随着经济全球化的快速发展，国际自由港竞争越发激烈，大连自由港要在世界自由港中占有一席之地，需要统一思想，坚定原则，找准定位。因此，根据大连发展的现实基础，科学分析未来大连自由港发展的战略定位，明确大连自由港在东北亚乃至世界经济中的发展方向，具有重要意义。

一、大连建设自由港的指导思想

以习近平新时代中国特色社会主义思想为指导，全面贯彻党的十八大和十八届三中、四中、五中、六中全会以及十九大精神，在"四个全面"战略布局下，坚持"五位一体"的发展思路，全面推进和落实创新、协调、绿色、开放和共享的发展理念，坚持和发展新时代中国特色社会主义的基本方略。统筹考虑和综合运用国际国内两个市场、两种资源，推进"一带一路"倡议和国家对外发展战略紧密衔接，科学合理定位大连市自由港建设的发展方向。从国家战略、国际视野和历史责任的高度，进一步解放思想、抓住机遇、迎接挑战，着力全面深化改革、扩大开放、突出重点、推动创新；着力扩大经济体量，完善港口服务体系，强化自由港功能；着力完善港口发展环境，优化空间布局，加快人才培养；着力转换体制机制，提升核心竞争力，推动大连自由港建设，充分发挥大连自由港在服务腹地乃至全国经济发展方面的重要作用，以自由港建设提升东北地区国际竞争力，推动东北亚区域经济一体化，显著提升大连自由港配置全球资源的功能和服务我国经济社会发展的能力。

二、大连建设自由港的基本原则

大连自由港建设要深入贯彻习近平新时代中国特色社会主义思想，全面落实"创新、协调、绿色、开放、共享"五大发展理念，推动大连自由港全面、协调、可持续发展。

（一）坚持中国特色，符合中国国情大立场

我国处于社会主义初级阶段，建设自由港是在社会主义条件下创立的，必须遵守社会主义基本制度，这既是自由港建设的政治前提，也是自由港建设的经济前提。自由港本质上属于境内关外，是域内的国外，又是国内的域外，大连建设自由港必须永远是属于中国的自由港，必须坚持主权和领土完整原则，必须符合国家战略的统一部署。大连建设自由港旨在服务我国经济发展，化解人民日益增长的美好生活需要和不平衡不充分的发展之间的矛盾。在实施自由港相关制度和政策时，必须与国家战略保持高度一致，必须符合国际标准和大连实际，既要实行为国际公认的自由港基本制度，又要强调中国国情的特点，制定并实施与我国国情相适应的中国自由港法律法规和政策，使之成为我国对外开放的新形象，助推中华民族伟大复兴中国梦的实现。

一是自由港建设必须满足国家经济社会和贸易发展的需要。全面建成小康社会要求港口不仅在规模上，更要在质量、效益、集约化、竞争力等方面满足经济社会快速发展对能源、原材料、产成品和人员流动的巨大需求。

二是自由港建设必须满足国家经济安全、增强综合国力的需要。随着经济全球化进程的加快和我国对石油、天然气等重要物资对外依存度的增加，自由港设施作为外贸物资进出口的接卸点、中转或储存基地，其对国家经济安全的作用更显重要。国际航运船舶大型化、专业化、运输组织联盟化的趋势日益增强，自由港必须为国家经济安全保驾护航，并在激烈的国际航运市场竞争中提升我国航运业的竞争实力。

三是自由港建设必须满足国家综合运输网发展和岸线资源合理利用的需要。自由港是国家综合运输体系的重要节点，要保障各种运输方式在能力、网络、布局等方面的协调、衔接，促进综合运输网的形成与发展。自由港的

规划布局要有利于合理利用和有序开发海岸线资源，防止或避免出现盲目建设。

（二）遵守国际惯例，顺应经济全球化大趋势

自由港作为一种世界普遍存在的港口形式，有其自身的运行机制和规范要求。因此，大连建设自由港必须坚持中国特色社会主义、符合中国国情，但并不是要打破既有的国际秩序，而是要在坚持社会主义制度的前提下，遵守国际自由港的基本准则，实施国际上通行的自由港的基本制度。准确把握经济全球化新趋势和我国对外开放新要求，大连建设自由港的经济运行机制要纳入世界经济的轨道，接受国际市场的调节，适应世界大市场供求关系的需求，受国际经济活动中占统治地位的价值规律的调节和支配，提升大连自由港服务我国经济发展转型和配置全球资源的功能。此外，大连自由港建设不能做国际自由港规则的旁观者、跟随者，而要做参与者、引领者，通过大连自由港建设增强我国国际竞争力，在国际规则制定中提高话语权，维护和拓展我国发展利益。

（三）立足现实基础，着力规划长远大目标

大连自由港建设既要立足实际，又要着眼未来，既要建立短期目标，又要规划长远目标，分步实施，进而实现大连自由港持续健康发展的长效机制。

首先，立足大连现实基础是大连自由港建设的切实路径，大连自由港建设应坚持贴近经济社会发展需求的原则，服务实体经济，维护和促进经济的稳定健康发展，充分发挥大连自由港对经济发展的重要支撑和促进作用。一是注重体现大连发展特色。大连自由港建设的目标内涵既要充分考虑大连经济社会发展的整体需求，兼顾经济、社会、文化、生态等方方面面，更要突出大连港口经济、开放型经济等特色优势，充分体现大连在区域发展中的独特地位。二是注重体现时代发展要求。大连自由港建设既要继承党中央的精神内涵，又要与时俱进，把握国家、东北地区发展战略对大连提出的新要求，贯彻落实好主题主线，推进大连港口、产业、城市转型，努力实现现代化国际自由港新跨越。

其次，长远发展目标是经济能力和综合实力持续增长的重要保证。大连自由港建设要根据国家对外开放总体布局，在东北亚地区达到一流水平，向中国香港、新加坡一样的国际自由港迈进，形成一个布局合理、层次分明、功能明确、节约资源、便捷高效、衔接协调、市场有序的综合型自由港。一是注重体现国际化、现代化发展方向。大连自由港建设要以国际先进港口城市为标杆，立足大连发展实际，强化国际化、现代化目标导向，推进城市现代化、港口国际化、产业高端化，形成有利于港口、产业、城市联动发展的自由港大格局。二是注重打造自由港凝聚力和辐射力。大连自由港建设要有利于凝聚各方共识，作为国家战略加以推动，使其成为具有强大凝聚力、辐射力和影响力的国际自由港。

（四）坚持创新发展，开拓创新驱动大智慧

创新是引领大连自由港发展的第一动力，必须把创新摆在自由港发展全局的核心位置，大胆探索，与时俱进，不断推进制度创新、科技创新等各方面创新，让创新贯穿于自由港建设的全过程。大连自由港是我国积极参与国际经贸规则制定、争取全球经济治理制度性权力的重要平台，要通过创新驱动使大连自由港形成面向全球的高标准自由港网络。

一是夯实自身基础设施和管理机制，推进灵活的港口管理模式。自由港功能的完善以港口的发展为基础，以港口具备的基础设施以及运作和管理体制为保证，港口管理模式对港口运作效率有重要影响，直接关系到港口的发展。从世界自由港功能转变的进程来看，各国自由港面对发展中的竞争和挑战，采取了灵活的港口管理模式，有效调动了多方积极因素，为港口发展创造了便利条件和环境。例如，在鹿特丹港的管理模式中，鹿特丹港务局在港口发展中扮演着一个商业企业合作伙伴的角色，对物流链进行战略化投资，以巩固鹿特丹港和工业园区的地位。为了使控股公司在无须事先征得市委委员会同意的情况下，能尽快地参与合资及商业合作，保证其在非货物装卸领域内投资渠道的顺畅，鹿特丹港务局成立了鹿特丹枢纽港控股公司对外有限公司，一方面大力开发内陆码头和完善腹地交通网，另一方面积极参与物流服务业以及其他类型的港口产业，收到"产业互补"的功效。

二是以科技创新推进智能制造，促进产业结构优化升级。发挥科技创新在全面创新中的引领作用，强化原始创新、集成创新和引进消化吸收再创新，着力增强自主创新能力，为自由港健康可持续发展提供持久动力。习近平总书记指出："当今世界，科技创新已经成为提高综合国力的关键支撑，成为社会生产方式和生活方式变革进步的强大引领，谁牵住了科技创新这个牛鼻子，谁走好了科技创新这步先手棋，谁就能占领先机、赢得优势。"因此，在大连自由港建设的过程中应通过落实"中国制造2025"和"互联网+"战略推动产业升级，提升"中国制造"品质，坚持战略和前沿导向，聚焦目标，突出重点，加快突破新能源、新材料、智能制造等领域核心技术，更加重视原始创新和颠覆性技术创新。

三是推动体制机制创新。体制机制创新是大连自由港建设的核心要素，应坚持以市场化、国际化、信息化、法制化为导向，使大连自由港成为与新加坡、中国香港一样，拥有符合国际惯例、具备国际竞争力的制度环境。体制机制创新还应体现在转变政府职能、投资自由化、贸易便利化、金融创新、监管、法制与税收等方面的创新突破，建立开放型经济新体制，探索区域经济合作新模式，建立法制化营商环境，挖掘改革潜力，破解改革难题。

（五）坚持协调发展，构建区域经济一体化大格局

协调是保证大连自由港持续健康发展的内在要求。大连自由港建设关系到辽宁沿海经济带对外开放、东北老工业基地振兴和东北亚区域经济合作的大局，具有重要战略意义，必须牢牢把握自由港建设总体布局，正确处理发展中的协调关系。

一是促进自由港港内经济协调发展。统筹主城区和县域发展，构建高密度开放的新城镇体系，完善公共服务设施和开放的绿色公共空间，促进新型工业化、信息化、服务业现代化同步发展，在增强基础设施建设等硬实力的同时，注重营商环境、服务体系等软实力的提升，不断增强发展整体性。

二是以自由港建设带动腹地经济协调发展。大连自由港应在东北亚经济圈发挥重要作用，用自身的繁荣带动和促进东北地区的经济发展，提升东北地区国际竞争力，以规模化、集约化和现代化为发展方向，适应和支持东北

地区城市发展、产业布局、现代物流等多方面的需求,增强大连自由港为腹地经济服务的能力,支持腹地经济长期繁荣稳定发展。在经济全球化和区域经济一体化的背景下,大连建设自由港应把腹地经济向东北亚地区拓展,扩大辐射作用,提升核心竞争力、区域影响力,成为东北亚经济共同体的战略支点,有效带动东北地区乃至全国经济发展。同时,加大环渤海地区港口合作,促进以大连港为核心的环渤海港口群和京津冀港口群协同发展。

三是促进区域经济一体化发展。大连自由港建设不仅不应打破现有的经济秩序,而且应促进自由港周边地区经济秩序的稳定和巩固。深化大连自由港与韩国釜山港、光阳港、日本那霸港等自由港的合作发展,对接香港,推进两岸关系和平发展和祖国统一进程。

(六)坚持绿色发展,创造绿色自由港大环境

自由港建设应遵循节约资源和保护环境的基本国策,坚持可持续发展,坚定走生产发展、生活富裕、生态良好的文明发展道路,建设资源节约型、环境友好型自由港,形成人与自然和谐发展现代化建设新格局,推动美丽城市建设,为全球生态安全作出新贡献。

一是通过加大绿色投资,实现向低碳、资源有效利用的绿色经济转型,集约高效利用资源,实施绿色安全发展。注重自然环境改善,不断提升道路、管网等城市基础设施的环保水平,建设运行能耗低、环境污染少的绿色基础设施体系。推进资源综合利用、再制造产业化、产业园区循环化改造等循环经济工程。通过采用新能源、新材料、新技术等做好节能减排和生态环境保护,打造资源节约型、环境友好型"生态自由港"。通过科技创新,推动东北老工业基地资源型城市转型,破解"资源诅咒",促进大连自由港长远可持续发展。

二是探索发展绿色金融。探索"金融+"产业特色,创新发展绿色信贷业务,发挥创新服务平台的桥梁作用,支持众创空间、创新工场等新型孵化器与天使投资、创业投资、互联网金融机构等合作开展投融资服务,加强对节能环保、新能源等产业发展和能源管理服务的金融支持。通过绿色信贷管理,引导金融机构完善动态评级监测制度,实行严格的环保评级和资质审

核，减少高耗能、高污染行业的信贷投入。通过绿色审批，引导金融机构建立绿色信贷专责机制，将绿色金融发展理念有效融入信贷业务审批全流程，引导资金流向"绿色"领域。

（七）坚持开放发展，构建全方位开放大战略

大连自由港建设是我国新一轮对外开放的重大战略，从世界主要自由港的发展历程可以看出，自由港在发展港口物流的过程中始终将自身作为整个物流供应链的节点融入系统中，把提高采购、生产、销售各个环节之间的运作效率作为自由港功能提升发展的重点，奉行开放式发展的战略。因此，大连自由港建设必须顺应我国经济深度融入世界经济的趋势，实施互利共赢的开放战略。

一是积极主动融入"一带一路"建设。建设"一带一路"是对全球形势深刻变化、统筹国内国际两个大局作出的重大战略决策，东北地区是连接俄罗斯远东的重要区域，完善与俄罗斯远东地区的陆海联运是"一带一路"倡议的战略要求，大连作为东北地区对外开放的重要口岸，是东北地区唯一纳入"一带一路"发展战略规划的排头兵和主力军港口，建设大连自由港是主动全面融入"一带一路"倡议的必然选择。因此，大连自由港应依托区位优势、服务体系综合优势，深化港铁联动，加强与周边、"一带一路"沿线以及产能合作重点国家、地区和区域经济体的合作，全力推进以大连为转运中心的"辽海欧""辽满欧""辽蒙欧""中韩俄"国际物流大通道建设，促进以大连港为重要支点的太平洋海上通道建设。

二是推进大连全方位对外开放。以自由港为先导，推行与国际接轨的多元贸易模式，面向全球开放鼓励自由贸易，不断扩大对外开放，提高对外开放水平和质量，深度参与国际规则制定，扩展开放型经济新空间。坚持统筹国际国内两个大局，既立足国内，充分运用我国资源、市场、制度等优势，又重视国内国际经济联动效应，积极应对外部环境变化，更好地利用两个市场、两种资源，推动互利共赢、共同发展，构建全方位开放新格局。

（八）坚持共享发展，谋划互利共赢大思维

自由港在满足民生需求方面，集中体现在直接影响人们消费、医疗、理

财等各个方面，大连自由港建设改革红利具有普惠性。抓住"一带一路"倡议契机，凭借与日韩毗邻的优越地理条件，加强与日本那霸港、韩国釜山港、光阳港等自由港的交流合作，让更多的城市和机构受惠于港口城市的友好合作，共享海上丝绸之路繁荣。在共同推进"一带一路"建设中，兼顾各方利益，考虑发展中经济体和不发达经济体的实际情况，寻求利益契合点和合作公约数，进一步推动港口合作、通关合作、港航物流合作、港航信息合作、港航金融合作、临港产业园合作、旅游文化合作等，实现开放合作、互利共赢，共享合作成果，形成具有高尚社会风气、社会文明与自然环境和谐的良好环境，实现经济、环境、社会的协调统一。

三、大连建设自由港的战略目标

以自贸区为基础，以海洋经济、黄金产业、现代物流、国际贸易和金融服务为重点，着力培育资金、土地和劳动力三大要素市场，打造航运物流服务资源集聚中心，推动国际航运中心、国际物流中心、特色产业集聚中心、国际金融中心建设，形成服务优质、功能完善的现代航运服务体系，营造便捷、高效、安全、法治的口岸环境和现代服务环境，显著提升国际综合竞争力和服务水平。瞄准世界一流自由港，全面拓展自由港服务功能，加快提升创新能力，不断增强大连自由港的国际内涵和全球影响力，力争在我国北方再造一个像香港在亚太地区甚至世界经济中所充当的重要角色，形成"南有香港，北有大连"的南北均衡的对外开放新格局，以此带动我国东部沿海港口群发展，迎接世界经济中心转向东北亚经济圈，这既是我国港口发展的战略目标，也是我国经济发展的战略目标。

作为东北地区唯一纳入"一带一路"发展战略规划的排头兵和主力军，大连市自由港的规划目标是：立足大连市，依托东北三省，服务东北亚，面向世界，主动融入国家战略，依托区位优势，构建"两圈一带一路"框架。"两圈"，即以大连为中心，建设环渤海经济圈和东北亚经济圈，以大连为海上合作战略支点城市，辐射带动周边城市快速发展，主动融入京津冀协调发展战略，构建环渤海、面向东北亚的中转服务枢纽；"一带"，即融入丝绸之路东部经济带战略，以大连港为起点，对接日韩发展中蒙俄大通道，加快推进中蒙俄经济走廊建设；"一路"，即打造以大连为起点的国际海铁联运大通道，融入21世纪海上丝绸之路倡议，推进"辽海欧""辽满欧""辽蒙欧"国际多式联运大通道建设。打造以大连自由港为中心向周边辐射的包括丹东、营口、青岛、宁波等沿海城市在内的自由港群，引领自由港5.0时代，成为集全球贸易枢纽、人才集聚、科技创新、商贸金融、国际活动等于一体的世界一流自由港。

到2035年，实现六个"基本建成"的奋斗目标：

一是基本建成提升我国东北地区经济国际竞争力的国际自由港，使大连成为集仓储、转口贸易、出口加工、金融服务、信息、旅游等于一体的航运资源集聚、服务功能健全、具有全球资源配置能力的综合型、多功能、现代化的国际自由港。

二是基本建成以自由港为依托、以人民币产品为主的具有全球影响力的国际金融中心，推进人民币国际化，提高大连商品交易所国际化水平和服务功能，提升金融市场定价权，使大连成为大宗商品交易中心和国际定价中心。

三是基本建成以信息化和高科技为重要特征的国际航运中心和国际物流中心，充分利用互联网、大数据等信息技术，促进大连东北亚国际航运中心和物流中心快速发展，使大连成为引领国际自由港发展潮流和创新趋势的前沿阵地。

四是基本建成拥有优良法治环境、生态环境和一流基础设施、营商环境的国际自由港，使大连成为全球各类要素市场、高端人才自由流动的集聚高地。

五是基本建成占据东北亚地区、连接新兴经济体与发达经济体的国际自由港，使大连成为服务"一带一路"建设和全球经济一体化网络中的重要空间节点。

六是基本建成能沟通国内外资金流、物流、技术流、人才流、信息流的现代化市场体系，发挥大连自由港配置国内外资源的中心作用，港内产业参与国际分工，并成为国内、国外两个市场的交融结合部以及太平洋海岸环渤海经济圈的重要铰链。

第三节　大连建设自由港的规划布局

大连自由港建设是新时期我国经济向纵深开放的重大战略举措，需要进行全方位的战略规划，主要包括两个方面，一是在战略布局上构建"合纵连横"为主线的海陆交汇版图，打造海陆联运战略大通道，二是在模式选择上以综合型自由港为主体，以工业和贸易为两翼，建设专业化、高端化和国际化的自由港。

一、打造南北合纵、东西连横的空间布局

每个自由港均具有独特的地理和历史条件，并不具有完全可复制性，如何推进大连自由港由设想变为现实，关键是要制定合理的战略布局。

（一）南北合纵，构建大连自由港、上海自贸区、香港自由港"三点支撑"发展格局

我国目前已形成珠三角、长三角、环渤海三大港口群，其中涵盖的15个港口城市成为"一带一路"倡议中的海上战略支点，共同推动21世纪海上丝绸之路的发展，各港口城市需结合所在地域和港口的区位优势，对接"一带一路"建设，实现精准定位，进行科学合理的规划。一是珠三角港口群对接中南半岛经济走廊，毗邻马六甲海峡，以福建、广东、广西和海南为主体，包括泉州、厦门、福州、广州、汕头、深圳、湛江和海口等港口。珠三角港口群主要带动珠三角经济区、北部湾经济圈、港澳台地区经济发展，加速与东南亚之间的互联互通。二是长三角港口群地处长江三角洲经济带。长江三角洲是长江入海之前的冲积平原，中国第一大经济区，中央政府定位的中国综合实力最强的经济中心、亚太地区重要国际门户、全球重要的先进制造业

基地、中国率先跻身世界城市群的地区。根据国务院2010年批准的《长江三角洲地区区域规划》，长江三角洲包括上海市、江苏省和浙江省，区域面积21.1万平方千米，其中陆地面积18.7万平方千米，水面面积2.4万平方千米。长三角港口群是新亚欧大陆桥经济带直接出海口，基本形成了围绕建设以上海为中心、江苏浙江为两翼的国际航运中心格局，囊括了上海、连云港和宁波舟山等重要港口。长三角港口群地处长江经济带龙头，与"一带一路"新亚欧大陆桥经济带对接，对上海、江浙的经济产生引擎效应，促进上海自贸区、港口经济圈、长江经济带等区域的资源整合。三是环渤海港口群位于环渤海经济圈，环渤海经济圈是以辽东半岛、山东半岛、京津冀为主的环渤海经济带，同时延伸辐射到山西、辽宁、山东及内蒙古东部。环渤海地区是我国北方经济最活跃的地区，已形成了发达便捷的交通优势、雄厚的工业基础、科技教育优势、丰富的自然资源优势。大连、天津、青岛、烟台属于环渤海港口群的"一带一路"倡议的支点城市，此外，营口、锦州、秦皇岛、唐山、东营、莱州、日照等沿海城市也属于环渤海港口群的成员，环渤海港口群受益于"一带一路"中蒙俄经济走廊、新亚欧大陆桥经济带交叉影响，对接内陆经济腹地推进的东北老工业基地、京津冀一体化战略、天津自贸区建设，促进中韩自贸区、东北亚国际经济圈等国际经济区的迅速发展。

三大港口群是推动我国经济发展的前沿地带，带动了区域内大部分的进出口贸易、外资的引进、加工制造业的市场需求。三大港口群的区位不同，主要定位也不同，珠三角经济带因毗邻香港，香港自由港的开放发展带动了珠三角港口群的迅速发展，长三角经济带以上海自贸区为依托，而环渤海经济带发展则应以大连自由港为核心，由此形成我国东部沿海地区由香港自由港、上海自贸区、大连自由港三大节点支撑珠三角、长三角、环渤海三大经济带的发展格局。打造以大连港为起点的北冰洋航线，形成多点支撑、多线连接、多面覆盖的南北合纵的国内空间布局。

（二）东西连横，构筑横贯亚欧非大陆和太平洋的海陆交汇重要版图

以大连港为连接点，推进海陆双向互联互通，向东联结西太平洋，开辟

航运新通道，向西深入亚欧大陆，依托覆盖东北全境及连接非洲、欧洲的铁路网和遍布全球的航运网络，进一步加密大连港直达"海上丝绸之路"沿线国家和地区的航线，增强海上互联互通。开辟连接东北亚经济圈与欧洲大陆的物流大通道，实现大连港和亚欧非大通道的对接，带动商贸、物流及跨境旅游的大发展。同时，大连作为"一带"的桥头堡和"一路"的延伸点，以大连作为交汇节点加快建设"辽海欧""辽满欧""辽蒙欧""中韩俄"国际物流大通道。一是打造环渤海、环东北亚中转网络，开辟东南亚、中东、非洲、地中海至欧洲的全球航线，全面推进国际枢纽港建设，打造以大连港为起点、辐射南太平洋和北冰洋的海上运输大通道。二是吸引我国沿海各港口和珠三角、长三角地区至俄罗斯腹地及欧洲货源，并吸引欧洲及俄罗斯腹地货源进口至我国。充分开发日韩、东南亚地区通过大连过境中转的机电产品、生活用品、汽车产品等出口到中亚、俄罗斯及欧洲。三是充分发挥大连港在渤海湾内的水中中转网络覆盖优势，建设环渤海内支线向境外延伸至内蒙古、欧洲的物流通道，将蒙古国的货物及资源通过大连港转运至我国南方以及日韩、东南亚等地区。

二、明确"一体两翼"的模式选择

大连建设自由港既要借鉴世界主要自由港的发展经验，顺应历史潮流和发展趋势，还需适应区域经济发展的客观要求，更要立足大连所具有的现实条件，选择符合大连发展特点的自由港模式。

（一）大连自由港模式选择依据

按照海关管理制度划分，自由港分为完全自由港和有限自由港，完全自由港针对一切外国商品均可免税进出，不实行海关监管；有限自由港只对少数指定进口商品征收关税或实施不同程度的管制。按照功能区分，自由港可以分为贸易型自由港，主要从事商品转运、仓储和贸易活动；加工增值型自由港，既提供贸易型自由港的某些优惠和便利条件，又发展出口加工业；综合型自由港，即贸易、工业和其他相关产业综合发展，功能完备。选择何种类型自由港，应该结合自身特点及优势。一些综合优势比较明显的自由港，可以依托港口，实现区港一体化，体现贸易和国际物流服务功能，这类港口可以选择向综合型贸易港转变。贸易与出口加工处于优势，但地理位置欠佳的港口，可以考虑向加工增值型自由港转型。尽管综合型是自由港发展的较高级阶段，但是世界各自由港在不同历史时期表现出的类型是不同的，如新加坡是由以转口贸易为主的完全自由港演变为具有综合功能的有限自由港，香港也是逐步由单一的转口贸易港发展成为经济结构多元化的综合型自由港。因此，大连市应充分考虑自身优势以及国际贸易特征，选择与不同阶段经济发展形势相适应的自由港模式。

（二）"一体两翼"的自由港模式

根据大连经济社会发展实际情况和自由港建设的内在要求，大连建设自由港的模式选择应坚持"一体两翼"的推进思路，"一体"是以建立综合型自由港为主体和最终目标，"两翼"分别是以工业和转口贸易为基础，一体有两翼，两翼作用于一体，实现完美统一。

1. 工业是大连建设自由港的重要基石。纵观经济发展历史，作为一个基础性产业，工业的发展必然带动其他产业的发展，进而促进整个经济繁荣。在世界主要自由港的发展历程中，工业在整个自由港经济中具有重要的地位和作用。大连是我国的重要工业基地，基础雄厚，技术先进，门类齐全，目前已形成以机械、冶金、石油化工、建材、纺织、电子、轻工、食品加工为主体的综合工业体系，拥有一大批驰名中外的大中型骨干工业企业，产品水平高，创汇能力强，大型船舶、内燃机车、精密机床电机、石油化工等蜚声海内外市场。工业具有相当实力是大连经济的一大优势，也是建设自由港需要依托的必要条件。因此，不论从工业的先导作用还是大连现有的基础条件来看，工业应该在大连未来自由港经济中占主体地位。

2. 转口贸易是大连建设自由港的重要动力。贸易型自由港在世界上历史最悠久，数量最多，一些较成功的自由港，如中国香港、新加坡、德国汉堡等都是最先从贸易起步而使经济发展起来的。目前，贸易仍然是自由港最基本的功能。大连发展对外贸易极具潜力。一是地理位置重要，交通便利，通过陆海空等运输方式，可以联结我国东北地区和朝鲜、韩国、日本、俄罗斯远东地区，成为东北亚经济区域的中介地带，开展转口贸易和过境贸易条件具有先天优势，是欧亚大陆桥运输十分理想的海陆交汇点。二是港口条件良好，大连港港阔水深，不淤不冻，港口功能齐全，设备先进，集疏运条件好，管理水平在国内领先。三是大连市对外贸易有一定发展基础，外贸、金融等涉外机构健全，11家外资银行在大连设有分行，直接开展国际金融业务。目前大连已成为我国最大的对外贸易口岸之一，作为北方对外贸易中心的地位已基本确立。由此可见，贸易作为大连自由港的最基本功能，不但是自由港经济本身的要求，而且是区域经济发展的需要，同时也有较好的基础条件，颇具发展前途。

3. 综合型自由港是大连自由港建设的最终目标。从自由港所发挥的功能来看，目前世界自由港正在由单一功能向多功能、综合型发展，中国香港、新加坡就是典型代表，都经历了转口贸易、加工业、综合型自由港的顺序演变过程，并逐步发展成为世界贸易、金融中心，在世界经济中发挥着越来越重要的作用。大连未来自由港建设应由工业贸易型为主逐步向具有综合功能转变，这不但顺应了自由港的发展趋势，而且也是大连在区域经济发展中的战略地位所决定的。首先，大连位于东北亚中心地带这一重要核心位置，有条件发展成为区域经济中心，而要发挥好这一重要作用，必然要求大连在发展工业、贸易的同时，其他功能配套发展。其次，大连作为我国东北地区对外开放的"辐射源"，不仅要求其本身经济的繁荣，更重要的是通过向具有综合功能发展，为腹地提供全方位的服务，更好地发挥开放"窗口"的作用。因此，大连未来应该在工业、贸易两个"轮子"首先驱动的基础上，不断拓展金融、运输、仓储、科技、商业、通信等各种功能。

综上所述，以工业和贸易为主，多功能、综合型自由港应该是建设大连自由港的最佳模式。在自由港建设初期，大连港拥有广阔的腹地资源，制造业比重较大，同时拥有大量的中转箱源，东北腹地大部分货物都是从大连港转运到世界各地，该时期大连自由港建设应以出口加工型和转口贸易型为主导的工贸型自由港，主要目的是为了保护本国民族工业。例如，20世纪60年代，新加坡政府改变完全自由港的发展策略，采取有限的关税政策，使国内刚刚起步的民族工业得以保护并发展壮大。

从长期看，待条件成熟时，进一步将大连建成综合型自由港。综合型自由港主要从事商品转运、仓储和贸易活动，然后免税出口，借以吸引船只进港，发展转口贸易，从中获取商业性收入，同时发展出口加工业，并允许和鼓励金融业、旅游业、交通业、电信业和科技文化卫生事业的发展，主要功能包括：一是口岸功能。集装卸、仓储、贸易、信息、商展等功能于一体的自由港。二是仓储功能。一方面储存为应付国际市场价格波动待价而沽的出口货物及低价购进的进口货物，另一方面，储存进口后或已办妥出口手续等待分拨的产品以及进口后准备销往第三国的产品。三是工业功能。自由港内需开发的如"两头在外"的产品加工、原料零部件在海外或销售市场在海外的加工、由运输包装改为销售包装的加工以及高科技新型产业外向型加工工业。四是金融功能。包括外币的自由兑换和流通、海外资金的自由汇进和汇出以及离岸金融等金融功能。五是贸易功能。货物的存储、中转以及商品展示等。六是服务功能。包括港内运输工具，如运输工具的检验、修理以及技术和生活的供应。对货物的服务如货物性质鉴定。除了包括上述功能所涉及的各种服务活动外，还包括对港内人的服务，如提供休闲、旅游、饮食等服务，此外，还包括建立良好的通信网和信息网，以提供网络交易服务等信息服务。

4. 大连综合型自由港的主要特征。从大连综合型自由港这一模式显示出本身所固有的基本特征和发展方向来看，主要体现在以下三个方面。

（1）专业化。全力推进专业化、深水化大型综合枢纽港建设，进一步推进战略性结构调整和升级，形成布局合理、分工明确的现代化、集约化港口。一是深化精细化的管理模式，提升整体管理素质。全面推行卓越绩效管理、对标管理和全面预算管理，不断深化精细化管理，夯实基础管理，促进综合管理水平的持续提升。强化调度指挥，统筹货源开发、生产组织和生产要素，开展现场综合治理，不断优化生产组织结构，改善流程控制，降低运营成本，提高港口的创收盈利能力和抗风险能力。二是集聚各类专业人才。围绕"高精尖缺"导向，加快引进和培养高端创新型人才、高层次专业技术人才和高技能人才，着力提高人才队伍国际化水平。大力发展现代职业教育，整合区域内职业教育资源，加快建立职普融通、中高职有机衔接、学校企业社会相互融合的现代职业教育体系，着力培养适应产业创新发展的实用技能人才。

（2）高端化。紧密结合大连港实际，开发高附加值商品市场，积极构建多元化、多层次创新驱动功能平台，沿着发展高端装备制造、智能制造，发展高端价值链产业链的路径，建设具有全球影响力的产业科技创新中心，以创新驱动为引擎，以人才战略为保障，以高端制造业与高端服务业为方向，形成由科技创新中心、国际金融中心、国际贸易中心、国际航运中心和物流中心等组成的大发展格局。一是努力延伸港口产业链，提升港口价值链。不断加强价值链、物流链、信息链、交易链和组织链的管理，依托现代产业园区建设，推动流通加工、分拨配送、国际采购、转口贸易等商贸型、增值型物流快速发展，构建以港口物流为中心的产业链。二是发挥港口运载优势，培植壮大临港产业集群。依托港口优势，着力提升港口对临港经济的带动、整合、集聚能力，推动临港产业的集聚发展，提高相关产业在全球范围内的战略地位。三是支持城市和腹地产业结构调整，优化产业体系。积极发挥港口的节点效应，大力发展集装箱业务，加快开发科技含量高、附加值高、绿色环保的新货种。

（3）国际化。设置自由港的主要目的，是凭借大连优越的地理位置和港口条件，通过豁免关税和海关监管等优惠政策，按照国际惯例运行，吸引外商投资，增加出口创汇，发展转口贸易，发挥国际商品集散地的作用，促进经济繁荣发展。由此可见，自由港所从事的一切经济活动，都着眼于国外，通过对外开展经济活动，发展外向型经济，来实现上述目的。未来大连自由港应成为与人民币国际化地位相适应、符合国际标准的国际自由港，同时与东北亚经济圈和"一带一路"建设深度融合。强化国际服务职能，充分发挥国际深水港、海铁联运比较优势，参与国际分工，集聚国际要素、产业要素以及人才要素，拓展内外双向开放空间，搭建辐射国际的开放性平台，积极打造面向国际的信息汇集、人才集聚、科技创新的开放性自由港。

三、实施"321工程"建设

按照大连自由港总体空间布局，自由港建设将实施"321工程"，重点建设"三大中心、两大枢纽和一个集聚高地"。

(一)"三大中心"建设

1. 金融中心。金融中心作为资本要素流动、交易、配置的枢纽型功能节点,通过资金融通和资本交易运作的定价权、话语权,形成对经济、贸易、航运、创新、资源、能源等多领域的控制力和支配力,是大连自由港建设不可或缺的重要功能之一。在金融全球化以及全球生产布局网络化趋势下,大连自由港建设应在加快建设区域性金融中心的基础之上进一步把握中国战略崛起和人民币国际化进程,构建高度发达的金融体系、全面渗透的金融网络、集聚高效的金融市场、成熟完善的制度环境,促进金融市场对外开放、资本市场自由化、金融创新产品多元化,使大连真正成为符合我国经济实力和人民币国际地位的金融中心。突破既有发展模式和演化路径,把握技术变化、财富流动、产业融合带来的新机遇和新思维,突出产业资本投资与运营功能、资本和商品定价与管理功能、衍生品金融产品的创新功能,形成资本与财富管理的服务中心、价格中心和创新中心。依托大商所,利用现货市场和期货市场两种手段,形成商品定价机制,利用多种产品平台、信息平台、网络平台、市场平台,形成金融服务和产业发展的共生发展模式。

2. 科技创新策源中心。在建设自由港的过程中,大连应从创新的追随者成为创新的引领者,全面提升创新能级,成为科技创新网络中的重要节点和流量枢纽,最终成为顶级创新自由港。

一是在科技创新格局中发挥引领作用,形成既符合国际惯例、适应创新发展,又契合中国国情、具有中国特色的创新制度安排和治理体系,成为中国创新体制改革的先行者,新产业、新模式和新业态的源头和创新型企业集聚的高地以及科技创新的风向标。

二是在城市体系和创新网络中的支配作用和调控能力更加强大,配置和利用创新资源的能力进一步提高,自主创新能力和竞争力加速提升,在若干科技领域达到世界领先水平,涌现出一批具有自主知识产权和国际竞争力的产品和产业,科技创新中心城市功能和国际影响力进一步凸显,跻身重要的创新城市行列。

三是培育一批世界一流大学、顶级科研机构和跨国龙头创新型企业，掌握一批前沿科学研究成果和关键核心技术，在众多领域达到世界领先水平，成为具有广泛和强大影响力的综合性开放型的科技创新策源中心，世界创新人才、科技要素和高新技术企业集聚度高，创新成果多，科技创新基础设施和服务体系完善，成为世界创新产品的生产源地、新兴产业的世界战略高地、世界创新文化的传播中心和创新资源的配置中枢。

3. 文化融汇引领中心。文化软实力是自由港城市影响力和吸引力的重要体现，从工业文明向城市文明转变的历史进程中，城市不仅仅是各种社会设施、各种服务部门和管理机构的聚合体，更是各种礼俗和传统构成的整体。大连建设自由港必须成为城市文明发展潮流的引领者、中西方文化交会的中心节点、文化企业的聚集地。信息汇集和传播中心作为大连自由港的基本功能之一，不仅要具有极强的文化吸纳能力，能把世界上最优秀的文化吸引进来，还要具有极强的辐射能力，能把原创的自有文化辐射出去。在全球化的视野下，面对第二次西方文化的大规模传播，大连自由港建设应融汇中西方文化，不仅要学习西方，还要积极传播东方文化，建设成为中西方文化的交会点。此外，随着文化产业成为现代城市最为重要的产业之一，将文化与经济密切联系在一起。大连应在总结国际服装节、国际啤酒节、达沃斯论坛的经验基础上，进一步引进世界范围内的文化资源，成为文化企业的聚集地，通过吸引跨国集团、著名文化企业、海内外文化人才、各种影视戏剧精品集聚于大连，以此实现文化大市场培育、文化资本运作、文化产业高地构建，使大连成为文化服务业的集聚中心，从而对文化创意产业的发展产生强有力的辐射效应。

（二）"两大枢纽"建设

1. 投资贸易枢纽。作为自由港最基本的功能之一，投资贸易已成为促进大连经济发展的重要推动力量。在加快推进上述"三大中心"建设的基础上，进一步巩固贸易投资的重要地位，增强资源要素的配置能力，打造与我国经济地位和大连自由港实力相匹配的投资贸易枢纽。

一是使大连成为投资贸易资源要素流动的国际顶级枢纽，即在商品贸易、跨境投资、科技创新、人才流动等环节，使流经大连的服务贸易、货物贸易、跨境投资规模达到世界一流水平。一方面，推进投资贸易功能平台建设和专业性服务机构集聚，构建完善的投资贸易服务体系，提升大连服务对外投资贸易的通道功能。另一方面，把握投资贸易融合态势，创新投资贸易体制机制，构建与国际投资贸易规则接轨的制度，形成符合发展趋势和经济规律的投资贸易整合功能，进一步提升投资贸易枢纽的功能和效率，凸显投资贸易品牌特色，塑造枢纽功能。

二是使大连成为我国跨境贸易及跨境投资的桥头堡和首选地。商品跨境交易规模、资金结算规模、海关进出口规模等达到世界一流，成为投资贸易最便利、成本最低以及内外资企业体验最佳城市。通过完善投资贸易服务体系，提升通道功能。以先进技术为引领，进一步完善立体交通体系和信息网络体系，提升对商品流、信息流、资金流、人才流等资源要素的服务能力和水平。通过优化投资贸易体制机制，实现整合功能。以体制变革为依托，加快推进投资领域和贸易领域的体制机制变革，加强相关法律法规建设，突破制约内外资投资贸易发展的瓶颈问题，不断优化投资贸易体制机制。以中国崛起为契机，大力提升城市投资贸易软环境，打造大连投资贸易服务品牌，体现"中国特色"，突出大连自由港在我国吸引外资、支持企业"走出去"、进出口贸易等方面的领先优势。

2. 价值链管控中枢。大连自由港建设目的是要集聚高端资源，更重要的是发挥在价值网络中的控制力和影响力，通过价值链主体的培育、网络协调能力的提升、价值网络运作机制的完善等战略措施，全面提升大连价值链的管控功能，将价值链的战略作为大连建设自由港、构建新产业体系的重要战略。

一是通过创造和维持一个有利于创新、投资和贸易的环境来支持高端要素的培育，从而实现价值链的控制能力的升级。通过交通网络、功能性平台的进一步建设以及制度的完善，使资金、商品、信息、服务、人才等资源要素在大连自由港面向世界范围内大规模、高频率地流动，形成价值链要素的配置枢纽之一。

二是推动总部经济的发展，提升本土总部型企业、平台型企业的能力，在价值链网络体系中掌握发展的主动权，发挥价值链的辐射效应，使中国或大连本土的跨国公司成为世界价值链配置主体的重要组成部分，在价值链主导者与推动者中占据重要地位。

三是实现生产性服务业与高端制造业的融合发展，提升价值链的获利空间，通过发达的分工网络系统实现全球价值链的优化，提高生产效益与资源合理化配置水平，对全球的价值分配乃至生产销售活动起到重要的引领作用。

（三）"一个集聚高地"建设

市场的竞争最终是人才的竞争，而人力资本因素对自由港竞争力有直接影响。大连自由港建设要与我国人才强国战略保持一致，在全球人才流动和竞争格局中建成具有重要影响力的人才流动集聚高地。

一是以全球视野、开放策略嵌入全球人才网络。在充分培育和打造自身人才竞争优势的同时，把握未来人才发展的趋势，进一步增强人才开放度，以更积极、更开放、更有效的人才引进政策，广开进贤之路，广纳天下英才，推动人们在眼界、思想、知识、技术上走向开放。

二是扎根自身基础，聚焦重点人群，凸显竞争优势，着眼于国际自由港建设、创新驱动发展，成为全球网络中人才和智力资源自由流动的关键节点。

三是建立具有国际竞争优势的人才制度，构建符合国际自由港特点的现代人才治理体系，使大连成为策动全球人才发展创新创业的来源地，成为推动人才与资本、技术、信息等要素在全球范围内有效融合、最佳配置的重要基地。

第四节　大连建设自由港的路径及举措

大连自由港建设并非一朝一夕即可完成，也不可能一蹴而就，至少需要15～20年的时间，我国经济发展中一般采用先试点、再推广、再大力发展等阶段。实现大连自由港模式,应通过先易后难、梯次推进、分段起步、远近结合、多片开发、滚动发展,最终把大连建设成为我国北方对外开放的重要"辐射源",成为东北亚地区乃至全球经济中心之一,实现国际一流综合型自由港的最终目标。

一、"三步走"的实施路径

根据大连现实的基础条件和建设自由港的原则,大连自由港建设大体可分为三个时期。

(一)起步探索阶段:全面落实自贸区政策,启动大连自由港试点

自由港建设初期,由于基础设施和相关制度尚待完善,因此应从加快自贸区建设和启动自由港试点两方面着手,逐步推进基础设施和制度建设。

一是加快建设自贸区,全面落实自贸区政策,为建设自由港积累经验。依托深水港、空港和信息港,发挥自贸区功能和政策优势,加快建设国际物流中心、大宗商品交易市场和特色产业集聚中心,建立与国际贸易惯例接轨、监管有效、方便进出、服务优良、国际一流的运行管理体制,发挥自贸区在区域经济发展中的支撑、引领作用和辐射带动作用。

二是设立大连自由港试点先试先行,科学求证,明确自由港功能定位,初步制定相关政策和优惠措施以及相关的法律法规,加强对自由港的建设和完善管理机制。同时,编制大连自由港建设的布局规划,加强顶层设计,促进自由港功能布局持续优化,基础设施进一步完善,服务功能不断拓展。

(二)快速发展阶段:提高港内自由度,全面实行自由港政策

国际经验表明,是否具有自由港政策是衡量自由港城市发展水平和地位的重要标志,位于东北亚地区的韩国釜山港、光阳港、日本长崎港等均实行高度开放的自由港政策,与我国国内港口相比,具有更加灵活的运行机制。

这一时期,为促进自贸区向自由港转型,应争取更多国家政策支持,加

强自由港建设的制度安排和配套体系。大连建设自由港的许多功能如货物流通、转口贸易、人员进出等，都需要从行政管理、海关监管、税收制度、外汇管理等方面实行更加宽松的政策，从而为大连市自由港建设的加速形成提供有力的政策和功能支撑。大连应充分利用后发优势，进一步提高港内自由度，促进可转口性要素的集聚，增强转口贸易功能，形成比较优势，吸引国际中转资源，提高大连港的国际竞争力，以促进大连东北亚国际航运中心地位的形成。同时，强化大连建设自由港的战略保障措施，强化组织领导，夯实人才基础，优化营商环境。

一是进一步加强和改进政府公共服务，转变政府职能，着力推进制度创新，不断完善有利于资源集聚发展的政策措施，加快形成具有国际竞争力的自由港发展环境。

二是加强法制环境建设。发挥国家、地方立法的作用，推动制定既切合我国实际又符合国际惯例的自由港法律制度，促进自由港运行的公平、公正和高效。建立健全地方政府部门与司法部门、监管部门之间的法制沟通协调机制。

三是完善金融税收制度。研究借鉴成熟的国际自由港经验，开展金融税收制度改革试点，充分发挥合理税制安排在促进自由港创新发展、增强国际竞争力方面的重要作用。研究有利于航运中心、物流中心、金融中心的金融税收政策。

四是完善金融监管制度。根据国际金融监管改革发展趋势，结合我国实际，推动贴近市场、促进创新、信息共享、风险可控的金融监管平台和制度建设，创新金融监管理念，改进金融监管方式。

（三）发展成熟阶段：促进港口转型升级，建立综合型自由港

该时期，大连自由港已进入规范化发展阶段，自由港功能发挥与国际通行做法基本接轨，核心功能具备，朝着全球化发展阶段迈进。因此，应全面实行贸易自由开放政策，进一步推动资本、货物和人员自由流动，简化通关程序，提高通关效率，形成符合国际惯例的运作机制和管理体制，现代航运服务体系更加完善，政策功能延伸至整个大连市，自由港与城市融合发展，

建成具有全球配置能力的国际自由港，发展成为集仓储、贸易、加工和金融等功能于一体的综合型自由港，形成以现代物流产业为核心的大流通、大经贸、大辐射、大市场的发展格局。

一是商品进出基本自由。自由港是本国关境以外准许外国商品免税进出的港口，依照这一原则，大连自由港在商品进出方面自由度较高。

二是资金进出基本自由。充分的资金进出自由是自由港的长期政策目标，在此原则下，将逐步形成自由港内外资、合资、中资等金融机构并存、开放式的金融体系，实现金融国际化。

三是人员进出相对自由。逐步放宽人员进出方面的政策，根据"方便与管好"的原则，下放审批权限，简化进出手续，为人员进出创造必要的便利条件。

四是管理体制趋于创新。既坚持社会主义方向，又按照自由港经济发展的要求，同时结合大连的实际情况，塑造大连自由港全新的管理体制。

二、完善八项战略功能

建成自由港后，大连经济社会发展将跨入一个崭新的发展阶段，为全面推动"321工程"建设，应进一步在功能完善、金融发展、产业结构、空间布局等方面实施一系列重要任务，多措并举推进大连自由港的持续健康发展。

（一）完善国际金融中心与自由港联动发展功能

世界主要自由港的发展经验表明，著名的自由港同时也是重要的国际金融中心，自由港与金融发展有着密不可分的联系，如中国香港、新加坡、迪拜等都是港口、金融同步发展，相辅相成，互为支撑。近年来，大连区域性金融中心、东北亚国际航运中心、东北亚国际物流中心建设成效显著，有力促进了大连经济发展，未来大连自由港建设更是离不开金融中心的支持。

一是推进金融双向开放发展。提升区域金融中心功能，完善金融组织体系，拓展金融服务市场，强化金融中心的集聚资源、配置资金的功能。在深度开放中稳妥推动金融创新，构建自由港模式下的金融安全网。抓住国际金融体系变革调整的机遇，以人民币跨境使用为契机，不断扩大金融对外开放，不断提升大连金融中心参与国际金融竞争、配置全球金融资源的能力。进一步拓宽和扩大境外投资者和发行主体参与大连金融市场的渠道和规模，加快构建人民币跨境投融资中心，形成国内外投资者共同参与、具有较强交易、定价、信息功能的多层次金融市场体系。进一步发展大连与境外金融的互补、互助、互动关系，建立和完善大连与境外金融合作机制，加强大连与境外在金融市场、机构、产品、业务、人才等方面的交流合作，支持大连与境外金融市场产品互挂。积极推动境内外金融交流合作，拓宽合作空间和领域，使大连成为境外金融机构在大陆的集聚中心。加强大连与香港、新加坡等全球主要国际金融中心的交流合作，探索创新交流合作机制。积极实施"走出去"战略，探索参与境外证券交易机构的并购，不断扩大海外影响力。

二是提升金融市场辐射力和配置能力，进一步健全多层次金融市场体系。提升金融机构创新力和综合服务能力，培育和吸引具有国际竞争力的金融机构。吸引和培育具有国际竞争力和行业影响力的金融机构，大力发展各类金融机构，不断增强金融机构的发展活力和市场竞争力。促进金融机构总部和功能性金融机构集聚发展。进一步吸引和发展法人金融机构，积极培育和发展与金融市场相关的资金及资产管理机构等功能性金融机构，努力把大连建设成为我国重要的金融机构总部和功能性金融机构集聚地。大力吸引外资金融机构将区域性乃至全球性总部设在大连，支持在大连的外资金融机构发展成为东北亚地区管理总部或业务营运总部。积极吸引国际性、区域性多边金融组织入驻大连。鼓励和支持国内外金融机构在大连设立分支机构。

三是进一步深化金融改革，支持和鼓励金融创新，形成以市场需求为导向、金融市场和金融机构为主体的金融创新机制。不断扩大金融服务领域，形成各类机构共同发展、具有较强创新和服务功能的金融机构体系，逐步形成人民币产品创新中心、人民币资产管理中心和航运贸易金融服务中心。支持在大连的金融机构开展市场化改革、开放性重组，推进在大连的金融机构与境内外著名金融机构在资本、业务、技术等方面开展战略合作。支持在大连的法人金融机构优化股权结构，完善公司治理机制和资本补充机制，支持地方金融机构增强发展活力和市场竞争力。

四是加快航运金融发展，推动国际航运和物流中心建设。航运金融通过为航运市场提供强有力的资金支持，对航运中心发展具有举足轻重的作用。大连自由港建设应在东北亚航运中心和物流中心的基础上，进一步提升航运中心发展水平，通过大力发展航运金融，创新航运融资方式，推动发展港口融资、船舶抵押贷款、船舶融资租赁、船舶出口买方信贷、资金结算等航运金融服务。一方面，加快发展船舶保险、海上货运险、保障与赔偿保险，积极探索新型航运保险业务。另一方面，进一步发展服务全球的国际航运金融市场，积极推动金融机构、航运企业等在大连设立专业性航运金融机构，支持大型船舶制造企业参与组建金融租赁公司。支持相关航运企业和金融机构共同设立航运股权投资企业，扩大从事船舶租赁业务的特殊目的载体（SPV）规模。

（二）完善全球科技创新策源功能

当前全球新一轮科技革命和产业变革正在孕育兴起，我国正由"跟随者"向"领跑者"转变，大连科技创新资源丰富，产品价值链正逐步从低端向高端延伸。大连自由港建设应依托电子信息制造及软件信息技术服务业优势，牢牢把握科技变革大趋势，坚持创新驱动，瞄准世界科技前沿领域，推进科技创新策源中心建设。

一是充分发挥大连作为"一带一路"对外开放桥头堡和自贸区片区的开放优势，大力引进和集聚全球高端人才、一流大学、顶级科研机构、跨国公司研发总部、先进技术成果等全球创新资源。强化对引进技术的消化吸收再创新，促进引进资源真正融入自由港创新生态系统，不断衍生出新技术、新知识、新业态、新模式和新产业。

二是推动制度创新，完善投资、贸易、法律和金融制度等建设。积极营造法治化、国际化、市场化营商环境，对接国际新规则，创造贸易自由化、投资自由化的开放制度。转变政府职能，创新政府管理服务体制机制。建设与高标准投资贸易规则体系相配套的法制体系，以此促进贸易自由化、投资自由化、金融自由化。

（三）完善文化汇融引领功能

经济发展与文化发展并不是孤立的，而是相辅相成的。地区之间文化交流融合与经济贸易往来的良性互动能够促进区域合作共赢及持续发展。从历史经验看，中国香港、新加坡等不仅是世界重要的自由港，其文化方面的影响力、辐射力也使其成为全球重要的文化交流中心。可见，自由港不只是经济、贸易、金融中心，也是文化交流互动的中心。因此，大连自由港建设同时也伴随着全球文化交汇中心的建设，承担着吸纳世界先进文明以及将中国文明传播到世界的重要使命。

一是积极推进自由港文化形象的国际交流和全球推广。依托达沃斯论坛重要平台，在总结国际服装节、国际啤酒节的经验基础上，进一步通过高规格、权威性、国际化的服装节、电影节、科技节、艺术节，高层次、大规模、多样化的国际性会议与展览等有影响力的活动，抢占世界眼光的关注点和市场争夺的制高点。

二是促进文化与金融、科技、体育等产业融合发展。文化实力的培育不仅仅在于文化本身，还在于其内涵和外延的有效对接，在于其对经济产业转型和社会制度安排的积极影响。比如，科技、金融、体育等可以促进文化创意产业的发展，而文化创意产业的发展则可以不断提升上述行业自身的文化品格，既能很好地促进文化、体育、新媒体等产业自身发展，也能很好地向全球传播优秀文化。

（四）完善全球投资贸易枢纽功能

在全球投资和贸易一体化背景下，港口投资功能和贸易功能开始融合，迈向一个更加高级的形态——全球投资贸易枢纽。随着大连市投资贸易规模稳步增长，大连市东北亚国际贸易中心建设步伐不断加快，大连自由港建设应抓住国际投资和贸易规则重构契机，不断完善全球投资贸易枢纽功能。

一是全面开放，实现贸易投资主体集聚。大力吸引高能级跨国公司的区域总部和功能性总部，着力吸引在全球投资贸易网络中处于绝对领先地位和支配地位的公司，带动信息、技术、资金等资源要素集聚，增强大连自由港在全球的影响力。大力引进服务配套公司，汇聚专业服务机构，为跨国公司开展投资贸易活动提供全方位服务，包括资金跨境支付、物流运输、信息咨询、财务结算等，为跨国企业支配全球资源要素流动提供支持。

二是内外联动，构建功能平台体系。打造集投融资、贸易功能于一体的大平台。打通投资功能平台与贸易功能平台之间的障碍，构建信息流、资金流等要素一体化的流动体系。结合投资贸易一体化趋势，完善投资平台和贸易平台运行机制，推动投资贸易功能载体融合和提升。建立虚拟平台与实体平台协调运行机制，增强虚拟要素流动空间与实体物理功能平台的互动，推动信息网络、交通网络、港口码头、信息平台、交易市场等有序互动，形成虚拟平台引导为主、实体平台支撑、虚实运行交互的科学机制。

三是科技引领，全面提升基础设施建设水平。加快智慧型自由港建设，大幅提升自由港智能化运营、智能化管理以及智能化服务水平，适应全球投资贸易枢纽功能虚拟化的需求，不断拓展信息高速公路，利用信息平台之间的联结，增强与腹地、与目标市场之间的黏性。不断优化自由港基础设施的网络化水平，着力构建四通八达的公路、水路、铁路、航空网络，为资金、劳动力、商品、服务、信息等资源要素在大连自由港流动和集聚提供坚实支撑。

四是突破改革，促进体制机制优化提升。紧密对接国际通行制度规则，把握全球自由港规则变革的大趋势，抓紧前沿研究，在国家政策框架下加紧对接国际政治经济新秩序，建立适应全球投资贸易主体的制度。在国家制度框架下，抓紧优化和完善投资贸易协定、国内的商品通关政策、检验检疫政策、跨境支付政策、外汇管理政策等，提供足够宽松、便利化且强有力的政策保障。

（五）完善全球价值链中枢功能

随着经济全球化发展，全球价值链在全球贸易中的主导地位日益明显，但由于全球产业分工固化导致长期以来国家间不均衡发展、资源与贫富差距较大，许多欠发达国家未能挤入全球价值链与产业分工，一些新兴经济体尽管加入世界经济分工，但长期徘徊在全球价值链中下游，承受着经济失衡程度严重扭曲的压力。大连自由港建设将为欠发达国家参与全球价值链提供有利条件，也为我国创造提升全球价值链位阶的机遇，如利用大连自由港全球价值链中枢功能，将我国具有比较优势的产业向仍处于初级阶段的国家转移，而这些产业对承接国而言是产业升级和工业化重要部分。

一是利用内需市场对接全球价值链，实现需求链、创新链与价值链的融合。充分利用全球价值链区域化、本土化的发展趋势，在战略方向上立足中国市场，依靠环渤海的生产网络系统，深耕东北亚。在未来市场倾向于中国所主导的亚洲市场时，领先市场的核心技术成为全球主导设计的关键，直接决定着大连自由港在未来全球价值链布局中的地位。因此，大连应集中优势，主攻在价值链占有支配地位的核心技术和先进零部件、先进材料的高端生产等环节，在全球价值链与国内价值链之间打造大连自由港支配性节点的地位。

二是发挥市场力量，推动本土总部经济的发展，带动大连自由港产业价值链升级。以市场为导向，减少价值链环节的行政干扰，促进不同市场的融合，鼓励企业不断开拓新市场，提高企业联结新价值网络的能力。在培育本土跨国机构方面，坚持开放型、市场化原则，让企业利用市场化的力量发展，提供宽松的市场环境，推进核心企业在技术链、产业链上的整合，逐步掌控价值链的主导权，在此基础上增强对产业链的创新能力与控制能力。同时注重专业化中小企业的培育，不仅有助于完善全球价值链管控功能的生态系统，而且能够催生出具有竞争力与影响力的总部企业，从而促进本土企业由嵌入全球价值链逐步过渡到引领产业价值链。

三是以平台经济为载体，完善价值链管控体系建设。重视与自由港功能相匹配的物流、金融、资讯专业服务平台的建设，建设物流资源交易平台和物流服务功能，降低价值整合的物流成本，促进供应链融资、贸易融资、仓单质押等服务，提高价值链中的连通效率。建设资讯服务平台，强化大数据采集、开放、分析、利用，编制物流指数、商品价格指数等，开展信息咨询服务，增强价值平台的辐射力和影响力。

（六）完善全球人才流动集聚功能

古往今来，人才都是富国之本、兴邦大计，习近平总书记强调，一个国家对外开放，必须首先推进人的对外开放，特别是人才的对外开放，要聚天下英才而用之。大连自由港作为一个开放型的经济区域，自然离不开人才的集聚和辐射。

一是通过建立市场化集聚机制，建设创新创业基地，扩大海外引进人才网络，进一步引进世界一流水平科学家、学者、工程师，能够突破产业升级关键技术、促进高新技术和文化创意产业发展的技术发明家、科技领军人才、企业家和其他高层次人才，形成网络化、多层次的全球城市人才体系。

二是整合人才服务资源，构建统一、标准、规范、高效、优质、覆盖全面的人才公共服务体系。推进政府职能转变，实现管办分离，形成内容多样、功能完备、运作规范、服务优质的公共服务网络，实现基本公共服务均等化。积极鼓励人才公共服务创新，支持企业参与创造公共服务产品，满足人才多样化的公共服务需求。加大政策咨询、投融资服务、知识产权等服务平台统筹协调，为人才创新创业提供一揽子公共服务。

（七）完善产业体系开放创新功能

自由港发展离不开产业经济的推动，国际经验表明，自由港必然是产业创新中心和国际间产业梯度转移、国际分工的制高点。大连自由港建设应坚持综合型的产业发展方向，面向全球产业技术发展前沿，围绕高新技术和战略性新兴产业领域，加快推进产业关键技术和共性技术的研发和突破，以新技术带动新服务，以新服务促进新产业，建成与大连国际自由港相符合的、具有国际竞争力的新型产业体系，具备全球产业价值链控制能力、产业持续自主创新能力和产业空间均衡发展能力。

一是立足大连现有产业基础，科学合理规划主导产业空间布局。鼓励和引导企业加大技术改造力度，利用高新技术和先进适用技术改造和提升传统产业，通过技术创新推动传统产业转型升级，提高产业技术水平和经济效益。

二是引导和鼓励企业强化技术集成应用能力，加快推动商业模式创新，培育新业态和新模式，打造外向型工业园区，将产业发展融入全球价值链，实现产业体系向全球价值链中高端攀升，为自由港可持续发展提供宏大的产业体系和雄厚的产业基础。

（八）完善城市空间治理功能

建成自由港的大连将在更高层次、更大范围发挥区域引领、辐射和带动作用，这需要城市空间结构优化为自由港功能的发挥提供有力支撑，因此，城市治理对大连自由港发展十分关键。

一是规划城市功能区与发展空间，统筹主城区与县域发展。充分利用港口经济、临港产业、转口贸易提升调节城市功能结构，促进港口物流与临港工业深度融合，完善运输设施，提高物流服务水平，将城市空间资源潜力由数量型转向结构效益型，形成以塑造高品质、集约发展的世界性城市。

二是转变政府职能，加强社会保障。一方面，推动政府职能向服务型政府转变，提高社会保障与公共服务水平，建立均等化、可持续公共服务体系。另一方面，促进人口合理流动，以产业结构调整带动人口结构优化与合理分布，积极推动多元社会主体共同参与、互动和共享，塑造更加开放、公平、多元、和谐的社会氛围。

第七章　自由港建设与产业发展

自由港的发展离不开产业经济的助推。特别是发展具有区域特色的产业集群，能够提升产业经济的竞争力，促进产业结构高级化，进而带动自由港经济整体发展。大连产业基础较好，在部分产业领域形成了自身特色。近些年，大连高新技术产业发展较快，对地区经济贡献增加，有效促进了产业结构转型升级。产业集群是产业经济一种非常有效的发展方式，可以提升区域生产能力，是区域经济可持续发展不可或缺的动力。产业集群的形成，可以在自由港内形成较为专业的市场分工，为微观经济主体创造良好的发展环境，为区域竞争力的提高创造条件。

第一节　大连市主导产业选择

主导产业是一个区域的产业优势所在，代表着区域产业的专业化方向。正确选择和发展区域主导产业，能够使区域资源得到有效的利用，区域经济优势得到充分发挥，并能促使区域间建立协调的经济关系。从量上看，主导产业是当前已经或者是未来有可能在国民收入或国民生产总值中占有较大比重的产业部门；从质上看，主导产业是对整个国民经济的质量与经济增长速度起重大影响的产业部门，主导产业的部分变动就有可能引起关联产业乃至地区经济的较大变动,其具有很强的关联效应。分析大连市的主导产业,是探索构建大连自由港产业结构的有效途径。通过对主导产业内部之间的关联分析,发掘主导产业之间的经济技术联系,结合当前产业结构特点和发展方向,能够提出适合形成集群条件的自由港主导产业发展对策。

这里的主导产业是指,在区域经济发展到一定阶段,具有较高的创新率、自身成长性很高、产值占有一定比重,能迅速采取先进技术进行技术创新,对区域经济的阶段性发展起到较大的带动作用和关键的导向作用,发挥扩散效应,促进其他产业和整个区域经济的技术进步和产业结构升级转换,带动整个经济发展的产业(或部门)。

一、主导产业对自由港经济发展的重要性

主导产业是区域经济发展的核心和支柱,如何选择与培育区域主导产业成为经济发展战略和产业政策选择的重要内容,直接影响到区域经济的未来发展方向和前景,因而是区域经济发展中的重要问题。

从双向的供求关系角度来看,主导产业处于整个产业链的中心环节,对于经济增长有重要作用。首先,主导产业生产的产品拥有很大的现实需求或者潜在需求,并且对与之相关的上游产业的产品具有很大的需求量。其次,主导产业一般都具有很强的关联效应。这种关联可以是前后向关联,也可以是旁侧关联,因此以主导产业为中心能够聚集起很多和主导产业相关的产业,由此形成具有一定规模、一定发展潜力的产业群。自由港的形成正是基于产业群的形式,而产业群的存在对于自由港经济增长具有很大程度的推动和拉动作用。最后,除具有很强的关联效应外,主导产业对推动产业结构升级也具有十分积极的作用。和其他自由经济体一样,自由港的主导产业也不应该是单一的产业,而应该是由很多产业共同形成的能够推动自由港经济发展的产业群。由于产业群的存在,不同产业之间就会形成一定的经济技术关系。该关系包含两层含义:一是每个产业在生产规模方面表现出的关系,这种关系能够反映出自由港经济结构是否均衡;二是每个产业相互间的联系形式,反映出产业结构的高级化水平,而产业结构正是以上两方面内容的统一

体。因此，作为经济增长的驱动器，主导产业的合理选择是促进自由港产业结构优化核心内容。从这个意义上来讲，自由港主导产业选择的过程是促进产业结构优化的过程。在此过程中，既包括新产业的产生和进化，还包括原有产业的升级和再造。对新的自由港产业形态而言，既要有适宜大连发展的新产业，又要在现有产业基础下，有效融合和吸纳有潜力的产业，形成新的产业集群形态，从而带动自由港经济良性发展。

从服务经济发展的角度出发，自由港选择主导产业并不是其最终目的，如何对选择出来的主导产业进行扶持和培育是完成预期目标需要走完的另一半路程。针对所处发展阶段的不同，对于不同的主导产业区要采取不同的政策。对于现有的主导产业，要采取积极有效的扶持政策，使主导产业的功能得到进一步地放大，从而扩大动态比较优势，为推动自由港经济发展发挥作用。而对于那些潜在的自由港主导产业，通过积极的培育政策的实施，加快其向现实主导产业的转移，从而更好地推动自由港产业结构优化升级。可见，自由港选择主导产业的直接目的是为了对所选的主导产业进行扶持和培育，最终目的是利用主导产业的功能来促进自由港经济发展。

二、主导产业选择依据

根据主导产业的特征，对主导产业的选择应遵循一定的选择基准，这样才能合理、客观地确定主导产业，从而实现产业结构的合理化。对主导产业选择基准的界定在国内外均有大量经济学家进行过详尽和系统的研究，现按照时间顺序对此领域国内外的主要观点进行回顾和评价。

（一）筱原三代平的需求收入弹性和生产率上升率两基准

日本经济学家筱原三代平提出了需求收入弹性基准和生产率上升率基准，对战后日本建立产业结构规划、实现经济发展战略作出了巨大贡献，也为主导产业选择理论的系统、深入研究奠定了更深厚的基础。

1. 需求收入弹性基准。

$$需求收入弹性基准 = \frac{某产业产品的需求增加率}{人均国民收入增加率}$$

需求收入弹性基准代表随着人均国民收入增加率的变动，某产业产品需求增加率的变动幅度。在确定主导产业时，要从各产业的需求变化角度考虑不同产业发展潜力的差异，选择需求收入弹性大的产业作为主导产业，因为这类产业会在市场中有较大份额，具有广阔的市场前景，是国民经济进一步增长的根本。

2. 全要素生产率上升率基准。

$$\text{全要素生产率上升率} = \left\{ \left(\frac{\text{报告期全要素生产率}}{\text{基期全要素生产率}} \right) - 1 \right\} \times 100\%$$

生产率是指全要素生产率，是产业的总产出与投入要素之比。全要素生产率上升率是以各产业全要素生产率的上升幅度为标准的主导产业选择基准，代表着产业的技术进步速度。选择那些全要素生产率上升率高的产业作为主导产业能有效刺激产业群的发展和国民收入的快速提高，因为这类产业的技术进步速度快且生产率增长的可能性与潜力大，市场竞争能力也较强。

（二）赫希曼的产业关联效果基准

主导产业选择的产业关联效果基准是由美国经济学家艾伯特·赫希曼提出的。赫希曼在其著作《经济发展战略》中提出，经济系统中的任何产业部门都不能孤立存在，总会与其他产业部门有一定的关联。这种产业关联效果体现在产业与产业间在技术上的相关程度。按产业间要素与产品的供求联系，产业间的关联效果分为前向关联、后向关联、旁侧关联，如后向关联就是后续产业部门为先行产业部门提供产品，作为先行产业部门的生产消耗。这些关联产业互为依存从而形成一条较为完整的产业链，产业关联度越大的产业在国民经济中所起的作用越大，因此一国或地区应选择本区域内产业关联效果强的产业作为主导产业。

赫希曼认为，需求与供给在资源不足的国家中是不均衡的，政府应该正确选择主导部门同时利用这种不均衡刺激经济增长。他提出的非均衡理论，即"不均衡投资—不均衡需求—新的不均衡"，对资本相对不足的发展中国家具有重要的意义。政府通过对产业关联度大的产业重点扶持，造成该产业在市场上过剩，扩大市场的供需不均衡，进而使其对关联产业形成拉力，引导相关产业快速发展，接下来产生新一轮的主导产业。

（三）罗斯托的扩散效应基准

美国经济学家罗斯托在赫希曼的非均衡理论和产业关联效果的基础上，更加系统地研究了主导产业理论，成为主导产业理论的奠基者。罗斯托在《经济成长的阶段》一书中提出，国民经济成长的演变历程可以分为六个阶段，在经济演进的不同阶段，不同产业部门的增长率不同，生产率也存在较大差异，那些增长率高、生产率高的产业正是区域经济起飞的引擎，应该选择这类产业作为主导产业，其具有的扩散效应、回顾效应、前瞻效应和旁侧效应，也是其他部门迅速成长的动力来源。

综合上述主导产业选择的各种基准可以看出，几乎没有一个产业能符合所有的基准，而且各基准之间差异也非常大，如何选择合适的基准很难有确切的定论。在研究区域主导产业时可以参考以上众多基准中的一种或几种，同时还应该考虑到当地的自然环境、地理位置、投资风险和宏观经济政策等因素。正确选择主导产业对国民经济的健康发展有重要意义，可以有效提高经济发展速度。

三、主导产业选择方法

长期以来，如何选择主导产业的问题受到学术界关注，国内外相关的研究也比较多，各种理论方法在研究中逐渐形成，并得到不断完善和发展。各种方法之间最主要的差异就在主导产业指标的选取和构建上。选择主导产业可以按照一定的方法进行，目前国内外学者通过系统分析总结出了一些主导产业选择方法，其中DEA分析法、灰色系统分析法运用较为广泛且实施效果较好。

DEA分析法（数据包络分析法）是运筹学、管理科学与数理经济学交叉研究的领域。该方法从产生以来在世界范围内的很多领域都得到了应用和发展，已经成为评价具有相同类型投入和产出的若干个生产或非生产部门决策单元相对效率或者效益的有效方法。根据数据包络分析法判断主导产业，本质上是判断该决策单元是否落在生产可能集的生产前沿面上。生产可能集是指在当前的技术水平下所有可行的投入产出的向量集合。有效生产前沿面，指观测到的决策单元的投入数据和产出数据的包络面的最有效部分，该部分是通过不同决策单元之间的比较得出的。

在经济意义上的数据包络分析可解释为：曲线OT和直线OS分别表示生产函数和"有效生产前沿面"，判断DEA是否有效的标准即为判断结果点所在位置距离"有效生产前沿面"的距离大小。如图7-1所示，位于生产函数曲线上的A点和C点距离"有效生产前沿面"较远，这样的结果称为DEA无效（也称弱DEA有效）；而B点的位置在生产函数OT上，同时也在"有效生产前沿面"OS直线上，B点和OS直线的距离为零，此时B点达到技术有效和规模有效，这样的结果称为DEA有效。

DEA有效是指产出和投入的配置已经达到最佳状态，即如果想增加现有的产出产量，除非增加一种或多种投入量，否则无法实现更高的产出量。用于测量规模效率高低的系数称为K，如果K=1，说明对应的决策单元达到了最大产出规模，其规模效益是不变的；如果K<1说明对应的决策单元仍然有改进的余地，其规模效益是递增的，表明在决策单元投入基础上，增加投入时产出量会有更大比例增量；如果K>1，说明对应的决策单元处于劣势位置，其规模效益是递减的，表明在投入基础上，增加投入时产出量不仅不会提高反而可能降低，此时没有必要再增加决策单元投入。这种状况一般适用于产业规模足够大的情况。

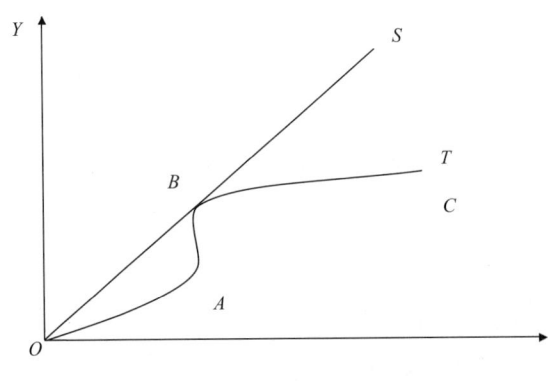

图7-1　DEA有效的经济意义

四、大连市工业主导产业分析

运用DEA模型对大连市工业主导产业进行效率分析与评价，具体过程如下。

（一）选择决策单元

在选取大连市工业主导产业的决策单元时，需要考虑几个方面的问题：首先，《大连市统计年鉴》中对工业的统计数据局限于对规模以上企业（年产值在2000万元以上规模的企业），因此数据只是具有代表性而并非大连市全部工业统计数据。其次，《大连市统计年鉴》中工业产业分类有35种，书中难以一一列举，因此从中选取最具代表性的产业进行分析。

根据大连工业发展状况，综合大连2005—2015年各个产业的工业总产值和增加值情况，从《大连市统计年鉴》中选取9个主要工业产业。其中，通用设备制造业和交通运输设备制造业、金属制造业和黑色金属冶炼及压延加工业因属于相近类型，在以下描述时合并说明。

1. 石油加工业（焦油及核燃料加工业）。石油加工业在大连市工业中占据非常重要的主导地位，该产业的工业总产值和工业增加值在各产业中一直居于首位，已经成为国内规模较大的炼油基地之一。

2. 通用设备制造业和交通运输设备制造业。大连的装备制造业历史悠久，分为通用设备和专业设备制造，该产业基础雄厚，制造设备品种较为齐全。大连的交通运输设备制造业主要包括造船业、轨道交通设备制造和汽车零部件制造业。

3. 金属制造业和黑色金属冶炼及压延加工业。工业的发展离不开大量优质原材料的供应，金属制造和金属冶炼工业在工业中的地位也是极为重要的。

4. 通信设备（计算机及其他电子设备）制造业。虽然大连的电子信息产业起步晚，但发展迅速，已经具备一定规模和影响力。

5. 化学原料及化学制品制造业。化学原料和化学制品技术含量高，化工产品在工业中重要地位不可被替代。

6. 农副食品加工业。农副食品的深加工可以大大提高农产品的附加值，大连有良好的自然资源，尤其是海产品资源丰富，应充分利用资源优势大力发展农副食品加工业。

7. 电气机械和器材制造业。大连机械制造业具备较大规模，能够生产许多大型机械设备，在工业中占据一定地位。

（二）指标的确定

DEA模型中的指标选取非常重要，为此选取的五个指标分别为：

1. 工业总产值。指本统计区间内工业产品价值，可以用不变价格或可变价格计算（一般用可变价格计算），工业总产值为工业增加值与中间投入之和，其中，中间投入是指为生产本期产品直接投入的各种原材料和辅助材料的价值，即为产品的生产加工而必须从外部购买的各种原材料的价值；工业增加值就是指本统计期间内产品创造的社会价值，是相对于中间投入来讲。该指标能够反映产业总产值规模，主导产业的总产值一般来说比较大，对经济发展贡献较为明显。

2. 全部从业人数。指产业内参加生产的员工人数，参加生产活动的劳动者数量不仅能够反映产业规模的大小，而且可以了解劳动力在产业间的分配情况。从业人数较多而产出相对较低的产业可以从某种程度上认为该产业生产效率较低。劳动力作为非常重要的生产要素，在建立主导产业评价指标时应该包括该因素。

3. 固定资产净值年平均余额。即为固定资产净值在报告期内余额的平均数，计算公式表示成固定资产原价减去历年已提折旧额后的净额。固定资产净值年平均余额的大小可以反映产业固定资产实际价值，而且能够从很大程度上体现出产业规模大小。固定资产的规模对工业发展起着极其重要的作用，工业产业的发展壮大离不开固定资产大量积累。

4. 主营业务成本。即为企业在主营业务活动中所必须支付的费用，主要包括人工成本费用（工资）、原材料费用、固定资产折旧等，如果产业在收益相同情况下主营业务成本较大说明该产业的能源利用效率相对较低。而主导产业在理论上是指能源利用率高的产业，因此，主营业务成本较高而收益一般的产业不能将其确立为主导产业。

5. 利税总额。即为企业利润总额、应交增值税和产品销售税及其附加，能反映一定时期内企业实现的全部利润和对社会承担的义务责任。利润是企业的根本动力，主导产业也应该具有较高利润率，只有这样才能有足够动力高速持续发展。

在本文DEA模型中有2个输出变量——工业总产值和利税总额，主要反映产业创造的价值和收益情况；3个输入变量——全部从业人数、固定资产净值年平均余额和主营业务成本，主要反映企业的规模状况和生产要素利用情况。

本文的产业数据来自《2005—2015年大连市统计年鉴》。DEA模型处理过程借助DEAP2.1软件完成，将2015年的45个产业数据输入软件对应的文本中，设置3个输入变量和2个输出变量，决策单元个数为9，运算方法为CRS，所得结果如表7-1所示。

表7-1　基于DEA模型的大连市2015年主导产业选择效率评价表

行业	纯技术效率	规模效率	DEA是否有效
农副食品加工业	1.000	1.000	有效
石油加工、炼焦和核燃料加工业	1.000	1.000	有效
化学原料和化学制品制造业	0.758	0.999	无效
黑色金属冶炼和压延加工业	0.910	0.958	无效
金属制品业	1.000	0.870	无效
通用设备制造业	0.851	1.000	无效
交通运输装备制造业	0.901	0.976	无效
电气机械和器材制造业	1.000	0.872	无效
计算机、通信和其他电子设备制造业	0.803	0.897	无效

运用相同的方法和过程，借助DEAP2.1软件将2005—2015年的产业数据进行处理，将所有结果合并成表7-2。

表7-2　　　　　　　　2005—2015年大连市9个行业的有效评价表

年份	农副食品加工业	石油加工、炼焦和核燃料加工业	化学原料和化学制品制造业	黑色金属冶炼和压延加工业	金属制造业	通用设备制造业	交通运输装备制造业	电气机械和器材制造业	计算机、通信和其他电子设备制造业
2005	×	√	×	×	×	√	√	√	×
2006	×	√	×	×	×	√	√	√	×
2007	×	√	×	×	√	×	√	×	×
2008	√	√	×	×	×	×	√	×	×
2009	×	√	×	×	×	×	×	×	×
2010	×	√	×	×	×	×	×	×	×
2011	×	√	×	×	×	×	×	×	×
2012	×	√	×	×	×	×	×	×	×
2013	×	√	×	×	×	×	×	×	×
2014	×	√	√	√	×	×	×	×	×
2015	√	√	×	×	×	×	×	×	×

注：其中"√"表示产业有效，"×"表示产业无效。

文中的DEA有效是指技术效率和规模效率同时有效，即为纯技术效率和规模效率的计算结果均为最优值"1"，结合大连产业状况可以得出：

（1）2005—2015年，石油加工、炼焦和核燃料加工业一直处于有效状态，这表明该行业已经具有较大规模，劳动生产率较高，资源得到合理利用，工业增加值率较高，技术先进，自主研发能力强。大连石油加工、炼焦和核燃料加工业具备较为雄厚的技术基础和产业基础，在工业中一直占据重要的地位。

（2）交通运输装备制造业在2005—2008年这四年中都处于有效状态，资源利用率较高，大连汽车配件行业发展迅速，世界顶级的汽车零部件生产商落户大连，给大连的交通运输设备制造业带来了较好的经济效益。但近几年来，该行业一直处于无效状态，经济效益不算太理想，规模仍需要进一步扩大。与此同时，在新产品自主研发方面也相对较为薄弱，自主研发能力有待提升。

（3）通用设备制造业在2009—2015年处于无效状态，资源利用率较低，缺少核心技术和起带动作用的优势行业，从而制约了经济效益的增长。通用设备制造业很多关键技术仍然主要依靠国外引进，创新意识不足，自主创新能力较低。缺乏企业市场竞争意识，偏重规模的扩大，忽视了经济效益的增长。

（4）2005—2015年，电气机械和器材制造业与计算机、通信和其他电子设备制造业均有8年处于有效状态，说明这两个产业也具备较强的产业基础，具有较强的竞争力。

（5）农副食品加工业仅在2008年、2015年有效，在其他年份都处于无效状态。大连的海洋资源非常丰富，但农业、林业、牧业的原材料不足，导致大连农副食品制造业品种比较单一，该产业规模较小，技术水平相对较低，农副食品产业总体竞争力较弱。

（6）化学原料和化学制品、黑色金属冶炼加工和金属制造业等均只有1年有效，而其他10年都处于无效状态。大连的金属矿产等资源较少，金属冶炼业和制造业技术水平相对较低，这些产业在投入产出比例上较低，资源的利用率相对较低，不具备作为主导产业的条件。

（7）通过对2005—2015年主导产业的分析，可以看出主导产业并不是固定的，只有石油（焦油及燃料）加工业在11年间一直有效，其他产业的主导地位在不断变化之中。例如，在2007年金属制造业的资源利用率较高，DEA分析结果为有效，可以认为是当年的主导产业之一。然而金属制造业在之后的8年间并没有表现出其独特的优势，说明该产业前期可能是大连市主导产业之一，随着经济的发展，其他产业逐渐发展成为主导产业，整个主导产业处于不断更替过程。

五、大连市服务业主导产业分析

运用DEA模型对大连市服务业主导产业进行产业效率分析，评价过程与工业相类似，略有不同在于选取的指标的差异。服务业与工业相区别的两个指标分别为产业增加值和劳动者报酬。

（1）产业增加值。工业的产出指标是各个产业的工业总产值，而服务业的产出指标是各个产业增加值，服务业的增加值较高，在选择服务业主导产业时用该产出指标具有代表性和说服力。

（2）劳动者报酬。工业投入指标中有平均每年从业人数，而服务业人员流动性较大，不容易统计计算，因此用产业的劳动者报酬作为选择主导产业指标更为合理。

本书的产业数据来自《大连市统计年鉴》；DEA模型处理过程借助DEAP2.1软件完成，将2015年的产业数据输入软件对应的文本中，设置3个输入变量和2个输出变量，决策单元个数为5，运算方法为CRS，如表7-3所示。

表7-3 基于DEA模型的大连市2015年服务业主导产业选择效率评价表

行业	纯技术效率	规模效率	DEA是否有效
交通运输及邮政业	0.508	0.764	无效
信息传输、软件和信息技术服务业	1.000	1.000	有效
批发和零售业	1.000	0.753	无效
金融和保险业	1.000	1.000	有效
商务服务业	0.892	0.343	无效

运用相同的方法和过程，借助DEAP2.1软件将2005—2015年的产业数据进行处理，将所有结果合并成表7-4。

表7-4 2005—2015年大连市5个服务业的有效评价表

年份	交通运输及邮政业	信息传输、软件和信息技术服务业	批发和零售业	金融和保险业	商务服务业
2005	√	×	√	×	×
2006	√	√	√	√	×
2007	√	√	√	√	×
2008	×	√	√	√	√
2009	×	√	×	√	√
2010	×	√	×	√	√
2011	×	√	×	√	√

续表

年份	交通运输及邮政业	信息传输、软件和信息技术服务业	批发和零售业	金融和保险业	商务服务业
2012	×	√	×	√	√
2013	×	√	×	√	√
2014	×	×	×	√	×
2015	×	√	×	√	×

注：其中"√"表示产业有效，"×"表示产业无效。

结合大连产业状况可以得出：

（1）2005—2015年，并没有产业是一直处于有效或无效状态，其中有效年份较多的产业有信息传输、软件和信息技术服务业，金融和保险业，说明这些产业在大连服务业中具备较为雄厚的产业资本和基础，在服务业中一直占据非常重要的地位。

（2）信息传输、软件和信息技术服务业仅在2005年以及2014年处于无效状态，说明该产业具有较强竞争力，已经发展成为现阶段服务业的主导产业之一。大连的软件业和信息服务业发展迅猛，已经具备较强的软件研发能力。大连已经被评为"软件产业国际化规模城市"，吸引了众多全球500强企业入驻，如SAP、简柏特、东软等知名企业。大连信息服务业也不断扩大对外业务，软件研发能力和产品竞争力不断提升。

（3）金融和保险业2006—2015年一直处于有效状态，产业发展形势良好。"金融一体化"的趋势也越来越明显，行业正呈现出越来越全面的发展态势。大连金融保险业具备较为雄厚的产业资本和夯实的基础，在大连服务业中占据非常重要的地位。

（4）商务服务业2008—2013年持续保持有效状态，随着城市的信息化建设人才培养不断完善和管理机制的健全，大连市商务服务业出现平稳较快发展。一方面，大连本地市场的需求促进了大连商务服务业的发展，大连快速增长的第二产业带动了大连商务服务业的发展；另一方面，振兴东北老工业基地为大连发展商务服务业提供了契机。虽然2014—2015年该行业处于无效状态，但大连的商务服务业已经逐步发展成为大连服务业中不可缺少的重要产业。

（5）从分析结果可以看出，近几年金融和保险业，信息传输、软件和信息技术服务业，以及商务服务业在大连服务业中占据重要地位；交通运输及邮政业、批发和零售业的产业基础雄厚，但近五年来产业竞争力相对下降。服务业内部主导产业不断处于更替状态，产业结构处于持续调整过程。

大连的信息传输、软件和信息技术服务业等产业具有较强的竞争力，且积累了较好的研发能力和技术储备。这些产业应主动融入主流发展趋势中，借助大数据等前沿核心计算技术拓展现有产业基础，延伸产业链条，在此基础上形成新的产业优势，成为大连自由港建设中的主导产业。同时，大连金融保险业产业发展形势良好，"金融一体化"的趋势也越来越明显，说明金融在新产业格局中可以发挥重要支撑作用，为大连自由港金融中心建设提供有效支持。同时，通过金融要素聚集和金融市场发展，带动商贸、物流经济的综合发展。

第二节 产业集群对自由港建设的带动作用

依据对产业关联性以及各产业的集聚度结果的分析，可以选择适合大连自由港的产业集聚发展模式。只有当各产业与自由港有较高的关联度时，才能够对自由港产业集聚发展模式进行选择。当某类产业与自由港的关联性比较低时，相应的产业集聚也不能形成，更谈不上自由港产业集聚发展模式的选择。通过分析大连相关产业的集聚程度，可以推断出大连自由港产业集聚所处的演化发展阶段，进而可以选择适合的自由港产业集聚发展模式。同时，从目前大连的实际情况出发，适当加大对临港工业和服务业的扶持，为大连自由港产业集聚发展模式的进一步演化做准备。

一、自由港的产业关联性分析

大连自由港建设首先要依托港口经济,而港口经济需要相关产业发展的支撑。产业关联性分析是对形成产业集聚的重要因素及各产业与自由港的关联性进行分析。根据分析结果,可以明确各产业依托自由港形成产业集聚的可能性的大小。只有在能形成集聚的基础上,才能对集聚的发展模式进行选择,所以,产业关联性分析是自由港产业集聚发展模式选择的基础。

产业集聚的重要特征之一是产业关联性。企业是空间上集聚到一起的产业载体,如果各企业相互之间的经济以及非经济的联系较少,甚至根本没有联系,那就不能形成产业集群,也不能发挥产业集群的集聚效应。这些相互之间关联性较弱的企业只是在地理上的存在集中,不能发挥集聚优势。只有那些在地理上集中同时相互之间有密切联系的企业,才存在集聚效应,同时可以在行业发展中取得竞争优势。

现实研究中,产业关联性的研究方法有很多,但是由于相关的产业较多、相关的统计资料也不完善,通常运用直接调查的方法很难获得目标数据,所以本书采用灰色斜率关联度模型对大连各支柱产业与大连港口的关联性进行分析。灰色系统理论中的灰色关联是指事物间的不确定关联,它主要是通过系统数据序列的几何关系来判断系统中各因素关联性的大小,即各因素的时间变量之间所表示的几何图形在形状上越接近,就认定它们之间存在关联度越大。其中灰色斜率关联度模型是对各个统计指标的曲线斜率进行比较,判断其相互联系是否紧密:曲线斜率大小越接近,对应的指标之间的关联度越大,反之就越小。

由于灰色系统理论原理简单、便于理解、计算方便,因此实际应用价值较大。在目前,灰色系统理论的应用领域非常广泛,国内外学者运用该理论在很多领域取得可观的研究成果。该模型对数据和变量没有特定要求,这正是精确数学绝不允许的,这种方法把模糊的意图、观点以及要求概念化、模型化,致使作为研究对象的灰色系统逐渐由黑变白以及不确定的因素逐渐明确。但是,传统的灰色斜率关联度模型在实际运用中存在一定的局限性,并且不能体现关联度的正负性。所以,本文使用了改进的灰色斜率关联度模型进行实证分析。本书选取了港口吞吐量以及各产业增加值[①]作为主要分析指标。

改进的灰色斜率关联度模型具体分为以下四个步骤。

第一，建立基础矩阵。

$$X = (X_0, X_1 \cdots, X_i, \cdots, X_n)^T$$

式中：$X_i = [X_i(1), X_i(2), \cdots, X_i(j), \cdots, X_i(m)]$，$i=0, 1, 2\cdots n$；$j=0, 1, 2\cdots m$。$X_i(m)$是港口吞吐量指标，代表选取的反映系统行为特征的参考数据序列；X_1，X_2，X_i，X_n代表各产业的增加值指标，是与参考数列作关联比较的比较数列。n为所选的产业数，也就是比较数列的个数；m为参考数列数据个数，即各增加值指标的数据个数。

第二，进行数据标准化。因为港口吞吐量和各产业之间的数量级和量纲不一致，直接进行比较困难较大，所以在进行灰色关联度分析之前，应对统计指标的原始数据实行标准化处理。本书运用均值化处理方法，即通过公式进行处理：

$$X_i' = (X_i'(1), X_i'(2), \cdots X_i'(m)) = \left[\frac{X_i(1)}{\overline{X}_i}, \frac{X_i(2)}{\overline{X}_i}, \cdots, \frac{X_i(m)}{\overline{X}_i}\right]$$

其中：$\overline{X}_i = \frac{1}{m}\sum_{j=1}^{m} X_i(j)$ $(j=1,2,...m)$，数值为某个统计指标的各个数据除该统计指标所有数据的均值。

原始数据被标准化，可得初始化矩阵 X'：

$$X' = (X_1', X_2', \cdots, X_n')^T$$

第三，计算斜率。

初始化矩阵 X' 中，每行数据在区间 $[j, j+1]$（$j=1, 2, \cdots m-1$）上的斜率：

$$X_i(j) = X_i'(j+1) - X_i'(j)$$

根据公式，可以求出港口吞吐量和各产业的斜率：

[①] 因2008年后统计局不再发布工业分行业增加值数据，本书用工业总产值替代工业增加值。

$$VX_i = [VX_i(1), VX_i(2), \cdots VX_i(m-1)]$$

第四，计算关联度。

运用以下公式求解出各产业X_i与港口吞吐量X_0的关联度：

$$\gamma(X_0, X_1) = \frac{1 + \overline{|VX_0(j)|}}{1 + \overline{|VX_0(j)|} + \overline{|VX_0(j) - VX_i(j)|}}$$

式中：$\overline{|VX_0(j)|} = \frac{1}{m-1}\sum_{j=1}^{m-1} VX_0(j)$，$\overline{|VX_0(j) - VX_i(j)|} = \frac{1}{m-1}\sum_{j=1}^{m-1}|VX_0(j) - VX_i(j)|$

二、自由港的产业集聚度分析

在分析产业关联性的基础上，进而对产业集聚度进行分析，产业集聚度是产业集聚发展程度高低的重要标志，对各产业的集聚程度进行分析，就能明确各产业集聚的发展程度进而推断出集聚所处的发展阶段，所以，产业集聚的集聚度分析是为自由港产业集聚发展模式的选择提供选择依据。对各产业的关联性和集聚度进行分析，就可以分析产业能否形成产业集聚，形成集聚的产业正处于什么发展程度，进而可以选择适合自由港产业发展模式，并为产业集聚的进一步发展演化提供思路。

产业集聚度是用来判断某个区域内是否存在产业集群现象的指标，集聚程度的强弱能反映区域内产业所处的发展程度和发展阶段。产业集群在演化过程中，各产业先集中到某个区域，然后再凭借其中的密切联系形成最终的集聚状态，其集聚程度也随之经历了由弱到强的过程。集聚程度较高的产业，充分发挥了产业集群的集聚效应，取得更大的竞争优势，获得较大的收益；反之，那些集聚程度较低的产业集群，只存在空间上的集中现象，难以发挥集聚效应。

目前，国内外对产业集聚度研究方法种类很多，但是绝大多数都是从宏观层面进行集聚性评价。本书选用区位熵法对各产业的集聚程度进行研究。区位熵又称专门化率，是一种分析产业的效率与效益的定量工具，通常用作产业集群识别、判断某一产业在某一特定区域内的相对集中程度的强弱。区位熵法最早由哈盖特（P.Haggett）提出并在区位分析中运用，该方法通过计算某特定区域内产业区位熵系数LQ（Location Quotient）来判断区域产业集聚程度的强弱。这种方法不仅能分析某一特定区域内产业的集聚程度，还能根据区位熵值的大小来判断产业的发展强度的高低：越大的区位熵值代表越高的产业发展强度。在区位熵法的实际应用中，一般选择某特定产业的总产值、企业数量、从业人员、增加值、销售收入等具体指标进行分析研究。本书选取相关产业的增加值作为分析指标，数学表达式为：

$$LQ = \frac{E_{ij}/E_i}{E_j/E}$$

式中，E_{ij}代表i区域内j产业的增加值；E_i代表i区域内的地区生产总值（GDP）；E_j代表全国j产业的增加值（其中工业为产业总产值）；E代表全国的GDP。根据所计算出的LQ的大小，可以判断出集聚程度的三种情况：

当$LQ>1$时，表明j产业在i区域内的集聚程度超过了全国该产业集聚程度的平均水平，即表示该区域内j产业具有较强的集聚程度；

当$LQ=1$时，表明j产业在i区域内的集聚程度超过了全国该产业集聚程度的平均水平；

当$LQ<1$时，表明j产业在i区域内的集聚程度低于全国该产业集聚程度的平均水平，即表示该区域内j产业的集聚程度较弱。

三、自由港的产业集群模式选择

在前文分析的基础上，以下将根据大连相关产业发展现状，收集相关的数据，对产业关联性、产业集聚度进行实证分析。通过分析，可以明确大连相关产业发展所处的阶段，为今后大连自由港产业集群的选择提供依据。

（一）产业关联性

通过收集数据，可得2005—2015年大连港口吞吐量与相关产业增加值如表7-5所示。

表 7-5　　2005—2015 年大连港吞吐量与相关产业增加值　　单位：万吨，亿元

行业 / 年份	2005	2006	2007	2008	2009	2010
港口吞吐量	17085	20046	22286	24588	27203	31399
农副食品加工业	127.33	204.38	268.48	398.04	549.49	675.75
石油加工、炼焦和核燃料加工业	698.1	921.7	915.56	1104.39	1066.64	1237.81
化学原料和化学制品制造业	84.62	94.96	101.17	137.06	266.63	407.12
通用设备制造业	339.29	454.33	576.98	900.76	1054.26	1298.24
交通运输设备制造业	168.19	333.61	485.63	734.62	858.39	959.49
计算机、通信和其他电子设备制造业	242.99	306.69	388.62	355.08	352.2	500.08
交通运输及邮政业	210.5	259.78	336.95	356.9	326.23	367.12
信息传输、软件和信息技术服务业	56.92	139.07	93.81	134.72	192.09	216.88
批发和零售业	22.75	167.94	190.7	221.38	363.76	430.3
金融和保险业	64.31	101.49	134.46	157.99	217.85	264.9
行业 / 年份	2011	2012	2013	2014	2015	
港口吞吐量	33690.8	37426.2	40746.2	42337	41482	
农副食品加工业	802.43	1148.3	1265.95	1072.33	668.05	
石油加工、炼焦和核燃料加工业	1296.56	1553.09	1456.02	1274.03	862.37	
化学原料和化学制品制造业	419.6	645.46	1178.98	1290.24	844.43	
通用设备制造业	1193.11	1544.44	1816.55	1607.48	851.11	
交通运输设备制造业	1228.75	1103.36	1014.44	1175.4	1014.4	
计算机、通信和其他电子设备制造业	521.93	419.57	337.36	306.34	288.67	
交通运输及邮政业	409.83	435.8	431.63	471.3	536.36	
信息传输、软件和信息技术服务业	233.77	269.76	197.8	220.28	249.85	
批发和零售业	523.75	630.3	783.81	850.75	903.72	
金融和保险业	325.98	445.35	516.2	569.18	701.96	

资料来源：历年《大连统计年鉴》。

将表 7-5 数据代入改进的灰色斜率关联度模型，大连各相关产业与大连沿海港口吞吐量的关联度如表 7-6 所示。

表 7-6　　　大连各相关产业与大连沿海港口吞吐量的关联度

产业	关联度	排序
农副食品加工业	0.9035	9
石油加工、炼焦和核燃料加工业	0.9333	4
化学原料和化学制品制造业	0.8629	10
通用设备制造业	0.9037	7
交通运输设备制造业	0.9194	5
计算机、通信和其他电子设备制造业	0.9151	6
交通运输及邮政业	0.9549	1
信息传输、软件和信息技术服务业	0.9036	8
批发和零售业	0.9385	2
金融和保险业	0.9367	3

产业共生作用有利于资源的共享与互补，提高了资源配置效率。分析表明，以交通运输及邮政业为代表的相关产业体现出产业共生性，促进了该产业的发展。农副食品加工业，石油加工、炼焦和核燃料加工业，化学原料和化学制品制造业，通用设备制造业，计算机、通信和其他电子设备制造业等临港工业产业相关依存度较高。以金融和保险业，信息传输、软件和信息技术服务业，批发和零售业等服务业为代表的相关关联产业都与自由港有一定的关联度。据此可以判断，上述产业可以依托大连沿海港口形成产业集群，继而发挥产业集聚效应。因此，大连自由港建设应依托大连沿海港口形成产业集群的条件，为了更大限度地发展产业优势，需要进一步对大连相关产业进行集聚程度分析，选择适合的产业集群发展模式。

（二）相关产业集聚度分析

本书选择各相关产业增加值，运用公式 $LQ=\dfrac{E_{ij}/E_i}{E_j/E}$ 对各相关产业的集聚程度进行分析，具体数据和计算结果如表7-7所示。

表 7-7　　　　　　　　　大连各相关产业集聚度分析表　　　　　　单位：亿元

	行业/年份	2005	2006	2007	2008	2009	2010
大连各产业增加值	农副食品加工业	127.33	204.38	268.48	398.04	549.49	675.75
	石油加工、炼焦和核燃料加工业	698.1	921.7	915.56	1104.39	1066.64	1237.81
	化学原料和化学制品制造业	84.62	94.96	101.17	137.06	266.63	407.12
	通用设备制造业	339.29	454.33	576.98	900.76	1054.26	1298.24
	交通运输设备制造业	168.19	333.61	485.63	734.62	858.39	959.49
	计算机、通信和其他电子设备制造业	242.99	306.69	388.62	355.08	352.2	500.08
	交通运输及邮政业	210.5	259.78	336.95	356.9	326.23	367.12
	信息传输、软件和信息技术服务业	56.92	139.07	93.81	134.72	192.09	216.88
	批发和零售业	22.75	167.94	190.7	221.38	363.76	430.3
	金融和保险业	64.31	101.49	134.46	157.99	217.85	264.9
	大连市 GDP	2119.8	2541.7	3078.8	3803.3	4349.5	5158.2
全国各产业增加值	农副食品加工业	10614.95	12973.49	17496.08	23917.37	27961.03	34928.07
	石油加工、炼焦和核燃料加工业	12000.49	15149.04	17850.88	22628.68	21492.59	29238.79
	化学原料和化学制品制造业	16359.66	20448.69	26798.8	33955.07	36908.63	47920.02
	通用设备制造业	10610.37	13734.76	18415.52	24687.56	27361.52	35132.74
	交通运输设备制造业	15714.86	20382.92	27147.4	33395.28	41730.32	43344.41
	计算机、通信和其他电子设备制造业	26994.38	33077.58	39223.77	43902.82	44562.63	54970.67
	交通运输及邮政业	10835.7	12481.1	14601	16362.5	16727.1	19132.2
	信息传输、软件和信息技术服务业	4768	5329.2	6705.6	7859.7	8163.8	8881.9
	批发和零售业	13534.5	15471.1	20937.8	26182.3	28984.5	35746.1
	金融和保险业	6307.2	8490.3	12337.5	14863.3	17767.5	20980.6
	全国 GDP	187318.9	219438.5	270232.3	319515.5	349081.4	413030.3

续表

	行业/年份	2011	2012	2013	2014	2015
大连各产业增加值	农副食品加工业	802.43	1148.3	1265.95	1072.33	668.05
	石油加工、炼焦和核燃料加工业	1296.56	1553.09	1456.02	1274.03	862.37
	化学原料和化学制品制造业	419.6	645.46	1178.98	1290.24	844.43
	通用设备制造业	1193.11	1544.44	1816.55	1607.48	851.11
	交通运输设备制造业	1228.75	1103.36	1014.44	1175.4	1014.4
	计算机、通信和其他电子设备制造业	521.93	419.57	337.36	306.34	288.67
	交通运输及邮政业	409.83	435.8	431.63	471.3	536.36
	信息传输、软件和信息技术服务业	233.77	269.76	197.8	220.28	249.85
	批发和零售业	523.75	630.3	783.81	850.75	903.72
	金融和保险业	325.98	445.35	516.2	569.18	701.96
	大连市GDP	802.43	1148.3	1265.95	1072.33	668.05
全国各产业增加值	农副食品加工业	44216.1	51601.59	59643.06	63595.75	65835.97
	石油加工、炼焦和核燃料加工业	36889.17	39023.35	40168.12	40802.63	34304.56
	化学原料和化学制品制造业	60825.06	66432.85	75771.09	82352.92	83256.38
	通用设备制造业	40992.55	37813.12	43314.8	47150.91	47172.7
	交通运输设备制造业	63251.3	66172.62	75377.38	84995.92	90161.26
	计算机、通信和其他电子设备制造业	63795.65	69480.88	78318.64	85274.75	91378.86
	交通运输及邮政业	21842	23763.2	26042.7	28500.9	30370.9
	信息传输、软件和信息技术服务业	10304.8	11928.7	13729.7	15939.6	18410.238
	批发和零售业	43730.5	49831	56284.1	62423.5	66203.8
	金融和保险业	30678.9	35188.4	41191	46665.2	57500.1
	全国GDP	489300.6	540367.4	595244.4	643974	685505.8

资料来源：历年《中国统计年鉴》《大连统计年鉴》。

为了便于更直观地分析各相关产业区位熵值,对表7-7中统计的2005—2015年各相关产业区位熵值求平均值,结果如表7-8所示。

表7-8　　　　　　2005—2015年各相关产业区位熵平均值表

相关产业	区位熵平均数
农副食品加工业	1.41
石油加工、炼焦和核燃料加工业	3.64
化学原料和化学制品制造业	0.69
通用设备制造业	2.81
交通运输设备制造业	1.39
计算机、通信和其他电子设备制造业	0.60
交通运输及邮政业	1.61
信息传输、软件和信息技术服务业	1.54
批发和零售业	0.91
金融和保险业	0.98

通过对表7-8分析,可以得出以下结论:

(1)大连港航运输产业集聚程度较高,区位熵均值达到1.61,形成了产业集群。在大连相关产业中,以交通运输、仓储和邮政业为代表的航运业及相关产业,其集聚程度较高,具有较强的集聚效应。

(2)大连港口工业集聚程度较高,集聚效应尤为明显。在大连产业结构中,以石油加工、炼焦和核燃料加工业、专用设备制造业、交通运输设备制造业为代表的相关产业集聚程度较高,表现出最为明显的集聚效应。其中,石油加工、炼焦和核燃料加工业的集聚程度高达3.64,而且历年来都一直处于较高的集聚水平。其主要原因有两方面:一方面,大连的地区特点及相关设施满足建设大型石化基地的条件,符合石化原料与产品大进大出的特点,符合全球化条件下世界范围生产贸易的要求,这也使大连成为最有效率、最优良的石化产业基地。另一方面,在政策指引下,大连正在构建高度一体化的大型生产体系,以提高产业集中度,这是当前世界石化产业的主要趋势之一,也正是大连石化产业发展趋向。通用设备制造业以及交通运输设备制造业均值分别为2.81和1.39,仅次于石油加工、炼焦和核燃料加工业。此外,电子信息、软件工业的集聚效应也已形成，但并不明显。以软件行业为代表的电子信息工业是大连市政府大力发展的高新技术产业，该类产业是低污染、高收益的技术密集型产业，是城市发展的新增主力军，所以大连应该在推动传统工业转型升级的同时大力发展电子信息工业，以提高其产业集中度，更好地发挥对大连经济发展的促进作用。

大连相关产业集群正处于以港口工业集群为主导的发展演化阶段，形成了以交通运输、仓储和邮政业为代表的航运业集群，同时形成了以石化产业、通用设备制造业、交通运输设备制造业为代表的工业集群，而且工业集群的集聚效应更为突出。批发零售业、金融业为代表的现代服务业的区位熵较低，说明现代服务业集群尚未形成，现代服务业集聚效应较弱。随着社会经济的发展，现代服务业集聚效应增强，会促进大连现代服务业集群的演化，成为继港口工业集群之后的又一产业集群。

第三节　自由港建设的战略性新兴产业发展前瞻

实证分析表明，大连形成了以交通运输、仓储和邮政业为代表的航运业集群，同时形成了以石化产业、通用设备制造业、交通运输设备制造业为代表的工业集群优势，而且工业集群的集聚效应更为突出；批发零售业、金融业为代表的现代服务业的区位熵较低，说明现代服务业集群尚未形成，现代服务业集聚效应较弱。这些数据说明大连相关产业集群正处于以港口工业集群为主导的发展演化阶段，随着社会经济的发展，正在向现代服务业集群演化。

像鹿特丹、伦敦这样的产业集群化程度相对成熟，并形成了以现代服务业集群为主的金融中心模式，其现代服务业成为集群内的主导产业，发展重点包括金融保险、信息咨询、航运法律等，具备高收益、低成本优势。其产业集群优势已经得到较为充分的利用，各相关产业将形成合作与联动效应。未来大连自由港建设，应充分借鉴先进自由港的做法，结合自身优势和现阶段的基础，有针对性地打造自由港产业集群。

一、形成内外部协调的规划基础

与世界主要自由港产业集群相比，大连产业集群核心竞争力的软件环境相对欠缺，产业集群内部相关产业之间的关联性并不十分密切，产业集群内部的共生机制尚未完全显现，港口产业联动优势未得到充分利用。港区内产业的建设存在重复投资、简单规模扩张和产业结构性不合理的问题。因此，大连自由港的产业集群需要一系列重要的先决条件。要实现高水平的产业集群，取决于一系列重要的影响因素。

（一）产业规划应与相关的经济政策、社会发展政策相协调

从主要自由港的发展经验可以看出，产业政策须与其他宏观经济政策相互协调。产业政策的导向作用是在与其他经济政策的相互作用中发挥出来的，因而它的前提条件是必须保持经济政策体系的完整性和发挥作用方向的一致性。这就是说，虽然产业政策在整个政策体系中有很重要的地位，但它并不高于其他各项政策。产业政策必须与社会发展政策相协调，才能保证社会经济平衡稳定发展。如重化工业化与环境保护、产业规模大型化与就业、经济合理化与社会公平等必须综合兼顾，不能只采用单项政策，否则会导致增长与发展相左。

（二）高度重视和充分发挥市场机制作用

产业政策发挥作用的方向和力度要适应市场的发育程度。从早期自由港建设的经验看，由于市场功能不完善、不健全，政府实施配套的产业发展政策，对资源在不同产业间配置及产业组织模式等进行一定程度上的直接或间接干预是必要的，有利于提高整体经济效益。但当经济发展到一定阶段，随着市场发育程度的提高，应该逐步减小对产业发展的直接干预力度，转而为产业发展创造更好的环境与条件，避免成为产业投资主体和经营主体。产业政策发挥作用的方向和力度不应妨碍市场经济本身内在规律正常的调节作

用。在现代市场经济体制下，市场机制是调整产业结构和促进产业秩序合理化的最基础性机制，产业政策的作用只是对市场力量的一种补充。产业政策本身并不能对市场主体的资源配置行为发生直接影响，而只能通过影响市场机制、改变相对价格来实现对市场主体资源配置行为的调节。因此，产业政策的制定和实施过程必须以市场机制为基础，通过市场机制的作用来发挥其政策效应。为了保证市场机制不失去应有的调节机能，应做到产业政策是针对行业部门这一层次的政策；维持竞争性的市场结构；扶植和保护的重点产业必须以国际市场为目标，努力促进企业向世界市场迈进，避免产生企业只以国内受保护的市场为目标的低效率现象。尽可能地以市场作为资源配置的主导机制，政府所采取的必要的财税、金融、行政和立法等手段，在资源配置中只能起到补充性和引导性的作用。

（三）强化法律对产业政策实施的保障作用

法律规范是保障产业正确演化发展的有效工具。自由港产业政策的制定和实施、产业部门的协调配合、产业或企业的责任以及监督部门的责任和义务等，都需要以法律的形式加以确定。自由港产业政策法律应当注重市场规律在产业发展中的作用，即充分完善市场机制，建立符合大连自由港实际的产业经济秩序。充分借鉴发达自由港产业政策法律经验，制定出符合实际、适应全球化要求的产业政策法律，引导和支持自由港产业和企业良性发展。注重自由港产业政策法律体系的系统性和完备性，使产业之间及产业内部发展有法可依、有序进行。建立一个层级结构清晰、层级效力明确的产业政策法律体系，规范并解决可能由于制度技术等因素使某些条款规定冲突的状况，减少法律制度的执行摩擦。突出重点，将自由港法律制度实施的着力点放在对自由港经济有重大影响与带动作用的主导产业上，不仅能促进本产业的有序发展，而且有利于形成良好的产业环境。

（四）巩固和发展高新技术制造业基础

传统观点认为，如果第三产业不能达到一定比例，甚至是超过50%，就不能视为发达，所以很多城市喜欢规划第三产业的"跨越式"发展。而事实上，到底哪种产业为主，主要受工业化发展阶段的制约。事实上，虽然一部分自由港单独发展第三产业，但这是由当地的地理和自然条件决定的。对于大连自由港建设而言，其未来的发展，不在于第三产业，而恰恰在于工业。一是大连有较好的制造业基础。经过多年发展，部分制造业产业已经发展壮大并占有一席之地。如果偏离工业发展的轨道，盲目扩大第三产业，将会失去大连未来发展的比较优势。二是虽然大连有良好的地域优势和自然环境，但与其他沿海地区相比，这种优势并不充分，仅靠第三产业发展难以支撑大连地区的经济增长。三是在以第三产业衡量国家发达程度的时候，在传统工业和农业领域，美国仍然是全球第一，经济结构合理。这也是美国经历多次经济危机，却不至于像西班牙和英国那样容易受到严重影响的原因之一。国家如此，城市同样如此，大连要建设自由港，必然受到与其关联的经济体的影响。特别是在东北老工业基地振兴的过程中，在沈阳、长春等区域重点城市的发展中，大连自由港建设应体现出与区域经济的相关性和联动性，进一步巩固制造业基础优势，结合战略型新兴产业发展导向，改造升级传统产业，这才是大连自由港产业发展的主要出路。

（五）注重培育产业发展的外部环境

产业政策的实施效果除了产业政策本身的原因外，受外部环境的影响很大。例如，政府的经济发展战略和政策的长期稳定性和连续性，是产业长时期内逐步升级换代和持续推行不断更新的产业政策的重要保障；政府与产业界长期的合作和经常的、有效的协调是产业政策得以推行的关键；市场机制的充分发育与产业政策是产业结构调整不可或缺的两只手；打造廉洁政府，提高政府机构办事效率，是促进自由港发展的重要"软件"基础。

二、创造包容性的发展条件

（一）形成有利于资源优势集聚的产业区位条件

当前世界主要的自由港产业集群，都建立在优越的区位条件基础之上。鹿特丹港口产业集群、伦敦港口产业集群、新加坡港口产业集群均有良好的区位条件。因此,大连自由港产业集群应考虑交通地理位置优越,包括港口、集中运输网络、陆路公路、陆路铁路等集疏网路四通八达的区域。在市场竞争中,各港应依据自身区位、自然环境和功能定位等条件的不同,选择自身优势,形成产业集群。

从有效提升企业竞争力的角度出发,自下而上优化市场竞争环境;发挥港口区位优势,完善共享基础设施建设,打造水路、公路、铁路、航空、管道多式联运的集疏运网络体系,扩大对经济腹地的影响范围;通过完善的信息共享机制和企业信用机制,形成良好的企业合作氛围,使得企业联系密切,并由此形成明显的协同效应和共生效应,促进产业链延伸和产业结构不断优化升级,在港口空间范围内实现产业的高度集中;形成高质、高效的港口中介服务体系,使得劳动力、资本、技术等要素自由流动;企业合作网络的形成和产业关联度的提升,以及技术溢出效应,形成良好的技术创新环境,使得效率不断提高和分工不断深化,通过创新活动保证良好的企业竞争活力。

(二)形成自由港产业集群内部的互补与合作机制

产业高度关联和产业内部联动是自由港产业集群的重要特征。企业集群数量和集群规模是产业集群的外在表现,相关产业间的关联强度才是产业集群的本质表现,因为企业间关联度决定了港口产业集群的聚集效应。一般来说,企业集群数量、规模与产业关联程度正相关。依据产业的关联程度,集群内部各产业形成联动、共生机制。产业集群的核心除了企业之间的关联外,还在于企业之间及企业与其他机构之间的互补性,即形成产业集群内部的共生机制。产业集群并不是企业简单的扎堆,关键在于以产业为依托形成产业链。由临港工业发展形成的产业链,最终促使产业集群程度提升。因此,发展自由港经济,就必须发展港口产业集群,促进产业间互补与合作,降低交易成本、提高资源配置效率、形成企业间信任机制,实现资源共享和企业创新。

(三)发挥现代科技对自由港产业集群的带动作用

现代科技的应用水平是自由港产业集群的标志。为满足国际航运发展的要求，提供快速、准时、高效、安全的现代化航运、物流等相关服务，应用现代化科学技术的水平是港口产业集群的一大重要标志。国际著名港口在大型化、专业化码头建设过程中，都采用了先进的装卸技术、港口管理技术和全面的配套服务体系，实现港口产业经营、管理与服务的信息化与网络化。信息共享有利于技术传播和推广，引起集群内部成员的关注，便于模仿和促进二次创新。技术上的互补则有利于促进企业间的技术交流与合作，形成相互依赖性很强的创新联盟，产生协同效应。并且通过技术服务外包等方式，利用产、学、研合作联盟进行技术攻关，协同突破行业技术难题。由此形成一种企业技术创新、行业联合攻关、区域技术联盟的创新环境，从而保持港口产业集群的整体竞争力。引入有效竞争，实施多元化经营服务模式，形成充分竞争的业务环境，发挥市场资源配置作用，在一定程度上也能够维护公平的市场竞争环境，抑制垄断。完善法律保障措施，维护活跃的技术创新环境。

（四）建立共享条件下的综合信息服务体系

促进港口产业集群，需要有效整合各类企业的信息资源，构建信息高效传递、网络化运转的信息港。在这方面，可以仿效新加坡的做法，将政府部门、监管机构、船舶公司、代理公司、第三方物流企业、仓储公司、供应商、进出口贸易商、银行、保险公司等关键性企业整合到一个信息平台当中，实现港口有关各方的电子数据交换，从而提高经营、管理、服务效率，为企业合作共赢奠定基础。依托信息共享平台，一方面提高企业信息传递速度，提升港口整体运营效率；另一方面通过数据挖掘和数据分析，提升用户体验，把握客户商业习惯和偏好，更深层次地理解客户习惯，增强客户的满意度。与此同时，信息资源共享有利于健全企业信用网络，对于任何企业的违约行为，都能通过信息共享平台传递到集群内部的每一个成员，而对于信誉良好的企业，则能通过这一平台促成更紧密的企业合作，实现更高水平的财务联系和风险共担，从而形成良好的商业信誉网络。

（五）培育自由港产业集群的生命力

自由港产业集群伴随着各种问题，会随着时间的推移出现集聚效应的弱化。世界先进自由港发展至今经历了多次产业结构调整。而为满足经济发展需要，先进自由港通过不断调整港口产业结构，适应自由港经济发展需要。20世纪90年代以来，部分以工业为主的自由港出现了临港制造业萎缩、结构性弱化问题。这就需要借助国家政策革新和企业创新，不断创新与衍生航运交易、融资、海事保险、海事法律和仲裁等航运相关服务产业集群，并形成以现代服务业为代表的主导产业，进而实现产业集群的成功转型升级。伦敦就是这样的案例。当前大连在自由港产业集群过程中，开始逐渐显现出产业结构、布局结构、整体能力结构和功能结构上的问题。因此，能否如同伦敦港口产业集群那样，成功实现港口产业集群转型，决定了大连自由港产业的生命力和可持续性。

三、以高端智能装备制造为基础规划产业集群

国务院总理李克强指出，要加快我国从制造大国向制造强国的转变，加快推进实施"中国制造2025"战略，与德国工业4.0相呼应，实现制造业升级。高端装备制造业是国民经济的支柱产业和先导产业，其涉及行业范围非常广泛。其中航空产业、卫星及其应用产业、轨道交通装备、海洋工程装备、智能装备制造是国家重点发展和培育的五大重点领域。在轨道交通装备和海洋工程装备方面，大连有较好的人才储备基础和一定的技术积累，经过多年发展，具备了较强的行业优势，并有部分子产业在全球居于领先地位。结合国家发展战略和大连自身优势，发展高端智能制造对于大连自由港建设具有重要意义，对于提升工业基础能力、促进工艺水平和产品质量提升、适应未来绿色和智能发展趋势都具有重要作用。

自由港产业集群规划，应以促进生产效率提高和环境友好发展为目标。首先是坚持绿色制造。绿色制造是一种综合考虑环境问题和资源效率的现代制造模式。为了适应装备制造业领域对"绿色化"的迫切需求，须确立管理、设计、材料、工艺、生产、物流、报废、回收、循环使用等全生命周期理念。绿色制造通过改进传统的制造技术、设计理念和生产方式，实现资源能源的高效清洁利用和环境影响的最小化。制造过程的绿色化是指从环境保

护角度出发,在制造的各个阶段都要充分考虑环境保护,做到可持续发展,实现人类社会和自然界的和谐统一。这里的环境不仅指自然环境,还包括社会环境和生产环境。

未来大连建设综合型自由港,既要依托于原有产业的转型升级,也要向新加坡等主要自由港学习借鉴,发展新型产业,通过创新发展智能装备制造等先进技术,促进"绿色化"和"智能化"的有机统一,实现良性发展。

(一)明确以智能装备制造业为基础的自由港产业布局思路

当前大连智能装备制造产业的规模还较小,产业规模和技术水平与发达的产业集群的差距较大,产业规模发展阶段低。大连要建成综合型自由港,需要促进产业集群的发展,而发展智能装备制造业产业,既是促进大连装备制造产业转型升级的关键,也是规划大连自由港产业布局的重要内容。

一是科学区划产业集群类型。可通过使用区位运营商、专家反馈意见、企业调研、网络调查等形式来收集地区智能装备制造产业的发展资料和信息,建立产业集群数据库,然后组建区内外专家团队对信息进行分析处理,进而正确判定本地的智能装备制造产业适合的产业集群发展模式,制定科学的产业集群规划,如《智能装备制造产业集群发展规划》。

二是建立科学的决策程序。构建政府部门牵头、智能装备制造企业参与及智囊支持的决策体系,分析本区发展智能装备制造产业集群所面临的机遇、优势和挑战,以及对地区经济和社会生态环境造成的影响,在此基础上决策制定符合地区实际的产业集群发展目标及综合评价体系,进而为产业集群规划和决策提供参考。

三是注重与国家产业集群发展规划的统一。以国家的战略性新兴产业发展规划作为指导,根据各类企业的优势、产业集群现状以及产业集群的"萌芽—形成—升级—成熟"动态过程,合理布局智能装备制造产业的集群。此外,注重与区域内的总体发展规划、土地利用规划等其他战略规划的衔接,减少集群资源的浪费。

(二)有针对性地实施产业培育策略

1. 建立区域性的智能制造创新网络。一是合理高效地配置地区资源。

智能装备制造产业中的龙头企业、品牌企业和规模企业是产业集群网上的节点，可把其看作内部的产业环境，将有限的资源配置向其倾斜，可创造更多的配套需求，并拉动相关配套行业的集聚发展及产业链条的延伸，在一定程度上可带动相关智能装备制造中小企业的发展。

二是营造良好的创新氛围。互动创新是产业集群相关企业发展的动力，细密分工是产业集群存在的重要特征，通过营造创新氛围，促进对高级生产要素的利用及专业化的分工和协作，将会提高产业集群发展的空间集中度、行业集中度、产业集中度及产业关联度。通过制度创新、企业创新和技术创新，进而形成长久的发展动力。

三是加强不同企业及集群间的合作与竞争。合作可促进企业间相互交流信息，促进隐性知识的传播，避免对已有产品的重复研发，同时可促使企业尽快达到本行业内生产和技术的前沿水平。而竞争可促使智能装备制造企业进行管理创新和改进落后技术，最终会实现产品成本的降低和质量的提高。市场竞争和合作最终会催化产业集群的产生，各个企业通过集聚创新谋求更长远的发展。

2. 打造地区特色的高端装备制造产业增长点。虽然在国家层面，布局五个重点领域新兴战略性产业发展，但根据未来发展趋势和大连建设自由港的现实需要，我们认为高端装备制造业的范畴有必要适当地扩大，以反映产业升级和技术进步的现实状况。一是新能源装备是我国未来发展重点。随着我国经济发展，对于能源的需求和依赖日益加深，重大能源装备自主化已经被提上日程。与核电、风电等产业自主化进程密切相关的核心装备也应是高端装备的重要组成部分之一。二是随着传统装备制造业与信息化愈加深度的融合，在传统装备制造业产品中嵌入信息技术已经成为行业共识。数字化、智能化的传统装备往往也具备了高端装备的特点和功能，这些经过数字化、信息化升级后的装备在电子、工程机械、医疗设备等领域将有广泛的应用。三是结合国家提出的要大力推进经济结构调整，推动工业化和信息化融合，建设以物联网为核心的"感知大连"。物联网是可以通过信息传感设备，按约定的协议，把任何物体与互联网相连接，进行信息交换和通信，以实现对物体的智能化识别、定位、跟踪、监控和管理的综合系统，未来发展空间巨大。物联网建设未来有望拉动上万亿元的投资。因此，我们认为物联网相关基础设备具备高端装备的基本特征，将其纳入大连装备制造的转型升级发展的规划中，具有重要的意义。

3. 发挥智能装备制造园区的集聚作用。产业园区是集中贯彻政府产业政策的载体，可有效促进产业集群的发展，政府可以特色优势产业如智能装备制造产业为重点，通过在产业园区内建设技术城和科技园等形式，规划建设特色的产业园区和科技园区，引导企业向园区集聚。

一是建立新的或改造原有的智能装备制造特色产业工业园区。加强智能装备制造产业园区及其腹地经济区与区内其他产业园区的协调分工，彼此在更高层次上开展合作。推动产业园区内的产业群与企业群加强与国外先进产业群的合作，学习先进的发展经验，推动区域内的产业集群融入全球的产业链体系。同时注重产业工业园区内的生态环境建设，吸引与之具有物质、信息等纵向产业链关系的企业入驻到产业园区，实现资源的集约利用和效用最大化，以及实现对环境的保护。并且在产业园区内按照产业链、生态链、技术延伸和设施共享等划分企业群的分布格局，实现集群网络内的最优分布。

二是转变招商引资理念和产业集群定位，注重在产业园区内发展延伸智能装备制造产业链。吸引相关的知名企业和下游产业链企业，带动兴建当地的生产性配套企业。扩大招商引资，通过充分发挥本地的基本生产要素优势及创造的后天良好的高等生产要素，吸引跨国性或国内知名的智能装备制造公司落户。通过对大企业的引入，创造对整个下游网络的产品市场需求，进而形成以大企业为核心主导的产业集群。如可依托大连机床集团，投资建设智能数控机床研发及制造产业园区，以园区为载体推进产业集聚的发展。

三是加强政府及相关国企对产业园区智能装备制造产品的政府采购。对采购产品的使用效果和意见进行反馈，激励其不断进行技术创新和内部制度改造，更好地满足公共部门的市场需求。政府部门和产业园区之间的良性互动既有利于资源和信息的共享，也有利于政府部门掌握其发展或技术改造中存在的问题，并给予针对性扶持，将会促进产业集群的规模化和导向化发展。

4. 培育智能装备制造产业集群的竞争优势。

一是加强对智能装备制造产品的技术创新。优化技术体制环境，加强对科研政策的制定与应用，增强对科研资源的要素投入和资金投入，引进国内外的优秀科研机构，并通过政府引导，建立科研机构与企业间的合作关系，促进企业的一些技术研发外包，促进科研成果有效转化到企业的产品制造中，实现产业集群在产业研发技术上的支撑。

二是整合智能装备制造产业集群内部的技术传递链和价值链。任何产业集群都包括多个企业及所创造的多个阶段的价值活动，但是集群内的某一企业仅在某个生产阶段或环节上具有其相对竞争优势，因此应在集群内部鼓励企业集中利用其优势资源对其拥有竞争力的阶段或环节进行重点研发或生产。同时，将整个集群没有竞争优势的环节进行技术学习或将其外包，鼓励不同企业建立稳定的合作关系，实现集群内各个企业产业价值链的联系和技术传递链的有效整合。

三是建立智能装备制造产业集群品牌。产业集群品牌的建立可有效提高集群产品的竞争力和附加值。但因集群内企业缺乏动力去进行品牌营销，政府应组织建设产业集群品牌，承担质量监督责任，推动集群企业生产高质量的产品，并打造集群产品的文化内涵。应引导企业通过建立专业化的网站或通过工业行业杂志，加强对本区产业集群产品的长期宣传，或通过举办产品发布会或展销会对本区智能装备制造产品进行专门宣传，结合正面宣传与对问题的改正监督打造本区产业集群品牌，提高其在区内外竞争中的优势。

5. 加强高端装备制造产业集群地理空间上的配套环境建设。

一是加强产业基础设施的供给。优先重点在智能装备制造产业集聚区内加强道路、水、电、网络、通信等配套基础设施前期建设，充分发挥其载体功能。在集群区配置公共性的企业研发网络。应加大资金投入、构建集研发、技术解化、研究成果转化和检测为一体的产业集群创新和创业体系，为企业发展和产业集群发展提供技术供给和支撑，实现产业集群和区域经济发展的良性互动及融合发展。政府主导投入建设现有产业园区或新兴产业集聚区的居住、医疗、教育、商业和绿化环境，打造公共生活服务设施，营造良好的生活和工作环境。

二是打造智能装备制造产业集群的公共服务平台。打造公共信息平台服务产业集群。政府部门能获得最强大的网络信息，政府应当开发利用信息资源，建设公共的信息共享网络，规范发布相关产业集群信息。强化政府有关部门收集、加工并发布产业集群信息，健全信息统计机制，实现信息收集与统计的准确性与全面性。提高所提供信息的透明度，加强与网络中其他节点间的沟通，提升信息化建设在现代化产业体系中的应用，实现集群内企业间信息共享的最大化。推进数字化建设，推进产业集群信息化建设，建成高效的数字化产业管理系统，建成城市电子政务应用平台及客户服务网站体系。

三是扩大中介服务组织的发展。为集群企业引进法律机构、行业协会组织及会计师事务所等，明确它们的市场地位、权限范围和日常功能，突出重点优势企业在行业协会建设中的领导作用，为各类中介组织设立电子商务、技术研发、法务等合作平台，整合各类服务资源，实现其公益性和服务性，实现与政府部门的合理分权，避免区域政府单独发力，培育自由性的市场竞争环境，充分发挥其纽带和桥梁作用。此外，发挥本区域智能装备制造产业的产业规模优势和已有门类，引进专业化的物流企业，构建现代化的物流服务平台。

第四节　加强智慧型港口建设，有效提升港口功能效率

世界上主要自由港都十分重视港口建设，并将港口建设作为自由港的基础条件及核心竞争力。随着物流业的快速发展，现代化港口不断扩大其功能，超出交通枢纽的范围，向提供全方位的增值服务的综合物流运营枢纽的方向发展。从港口服务自由港经济的条件来看，国际化和信息化港口的建设是提升港口核心竞争力的重要手段，也是降低物流成本、提高物流效率的关键所在。

一、港口建设是提升自由港竞争力的关键

根据系统科学理论及产业间关联关系，港口基础设施与自由港经济互动发展机理如图7-2所示。港口基础设施与自由港经济互动发展有两条路径，即直接路径与间接路径。直接路径为：港口基础设施建设直接促进自由港经济发展，而自由港作为港口的直接与核心腹地，其经济规模与经济结构会对港口基础设施质量与结构产生需求，诱发港口基础设施建设与成长。间接路径为：港口基础设施通过影响临港经济，进而影响自由港经济。一方面，港口基础设施是自由港经济的重要构成部分，自由港经济是港口基础设施发展的基础与条件；另一方面，港口基础设施是自由港经济发展的载体和枢纽，其发展对自由港经济的性质和走向产生关键影响。完善港口基础设施建设是自由港系统良好运行的核心因素。

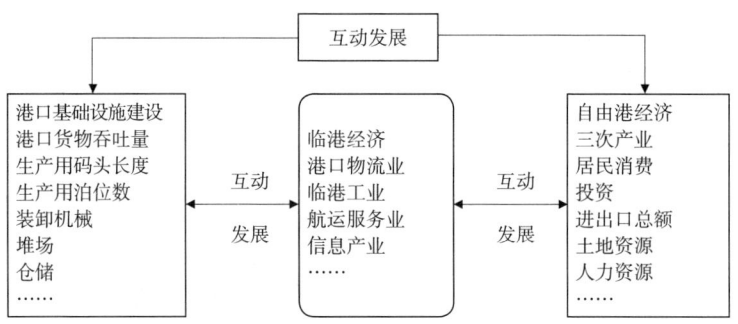

图7-2 港口基础设施与自由港经济互动发展机理

自由港港口的智能化和信息化建设是增强其核心竞争力的重要手段，也是降低物流成本、提高物流效率的关键所在。随着物联网的发展和物流信息技术的成熟运用，基于物联网的智慧型港口应运而生。以信息化推动智慧型港口建设，以信息化带动信息流、资金流循环，以信息化推动港口资源配置能力提升，进而提高自由港综合竞争力和效益。智慧型港口基础设施与智慧型自由港经济互动有如下两个路径：一是"智慧型港口基础设施→智慧型临港经济→智慧型自由港经济"；二是"智慧型港口基础设施→智慧型自由港

经济"。港口基础设施由传统型升级为智慧型,临港经济会从传统型升级为智慧型,自由港经济也会从传统型升级为智慧型,因此,智慧型港口基础设施发展是提升自由港产业结构的有效路径。图7-3描述了港口基础设施、临港经济、自由港经济互动发展的新机制。

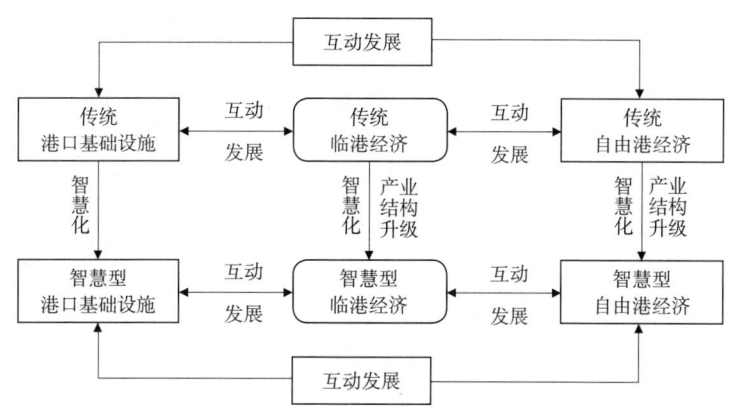

图7-3 港口基础设施、临港经济、自由港经济发展新机制

二、促进虚拟港口和实体港口协同发展

随着虚拟环境技术在港口领域中的应用,通过对船舶、港口交通管理部门等具有智能行为的实体进行准确的行为建模,形成一个智能虚拟港口,可以为大连自由港虚拟港口建设提供有效途径。加快虚拟港口建设,实施差异化战略,以港口发展为主体,以物联网技术为基础,以绿色、低碳发展理念为目标,通过物联网港口信息平台,进一步提高港口工作效率。整合港口资源,建设港口供应链金融信息平台,将自由港打造为全产业链以及供应链的核心,并通过与城市物流、内陆无水港物流、联营子母港物流以及港航企业物流相联系,扩大物流信息覆盖范围,从而实现智慧型自由港港口的发展模式。自由港构建智慧型港口发展模式总体设计的体系结构思路见图7-4。

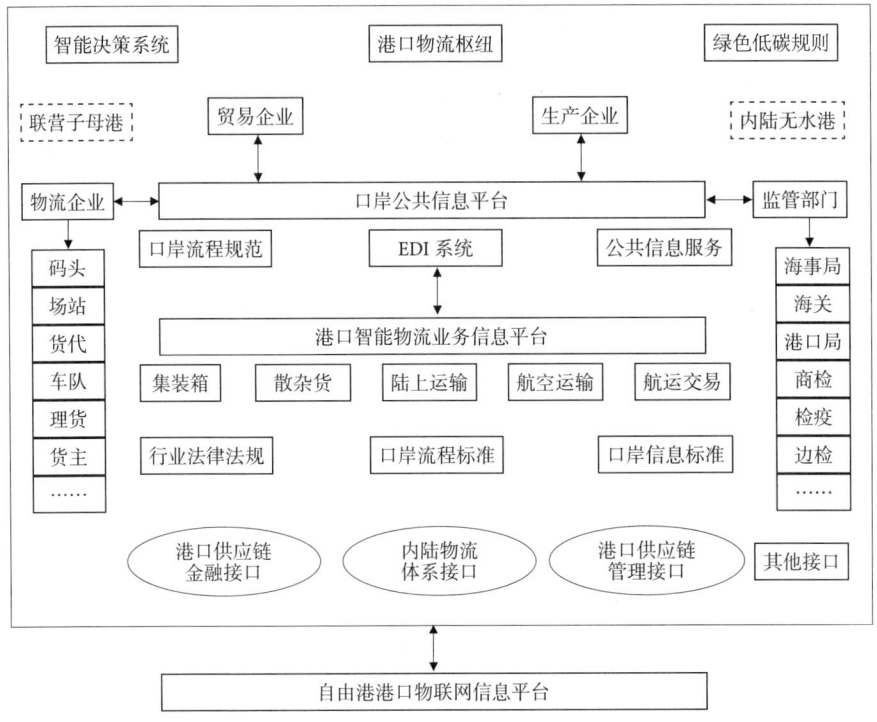

图 7-4 自由港智慧型港口发展模式总体思路

三、推进智慧型港口"三链两平台"建设

（一）建设智慧型港口物流链

智慧型港口基础设施是一个智慧型港口感知系统，是"码头装卸感知终端""港口物流设施感知终端""船舶感知终端""堆场设施感知终端""集疏运车辆感知终端"等"港口内联网"与"口岸管理信息平台""港口公共信息平台"等"互联网"的智慧型关联，是建立在物联网和互联网技术之上的港口基础设施系统。智慧型港口基础设施主要包括五大信息系统体系：EDI中心、生产业务协同管理系统、港口运输管理系统、港口资源管理系统、物流业务管理系统。港口基础设施智慧化体现为：闸口的全智能化、码头装卸设备智能化、堆场仓储管理智能化、集疏运网络体系智能

化等。智慧型港口基础设施以智慧型港口数据平台为核心，系统组成要素应该包括智慧信息综合处理系统以及内陆集疏运、港域水路运输、港口码头作业、堆场仓储作业、货物服务、港口口岸监管服务等信息的感知、收集和整合处理。港口基础设施的核心技术是物联网，港口基础设施组成智慧型港口系统结构。

以码头装卸设备智能化为例，自由港港口可以通过依靠岸边垂直装卸作业系统，使装有RFID读写器集装箱起重机在与安装特定无源电子标签的集装箱接近时触发岸桥工作，实现自动装卸。岸边垂直装卸系统的架构见图7-5。

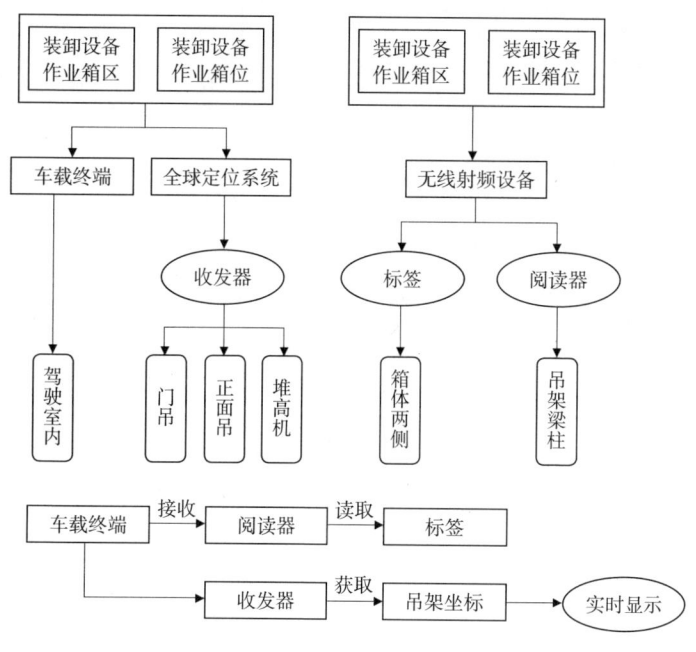

图7-5 岸边垂直装卸系统的架构

（二）完善智慧型港口产业链

智慧自由港经济可以利用信息技术很好地解决传统港口经济面临的很多问题。传统港口经济通过与信息化融合发展形成具有特色的产业链，实现产业结构调整、转型与升级。以自由港工业的智慧化为抓手，通过利用各种智能化、信息化的手段，帮助自由港经济和产业实现生产方式、经营模式及运营方式的转变,增强企业竞争力,提升企业的生产效率,实现转型升级,并以自由港经济为核心形成产业链的有效聚合,实现产业结构的转变,从而有效提升自由港区域经济效益。智慧自由港工业需更加注重高新技术、生态环保型产业的发展,融入低碳管理理念,以新的技术、管理手段和管理平台实现自由港经济区域的创新发展。图7-6归纳了智慧自由港经济发展框架,描述了自由港经济发展的逻辑及机制。

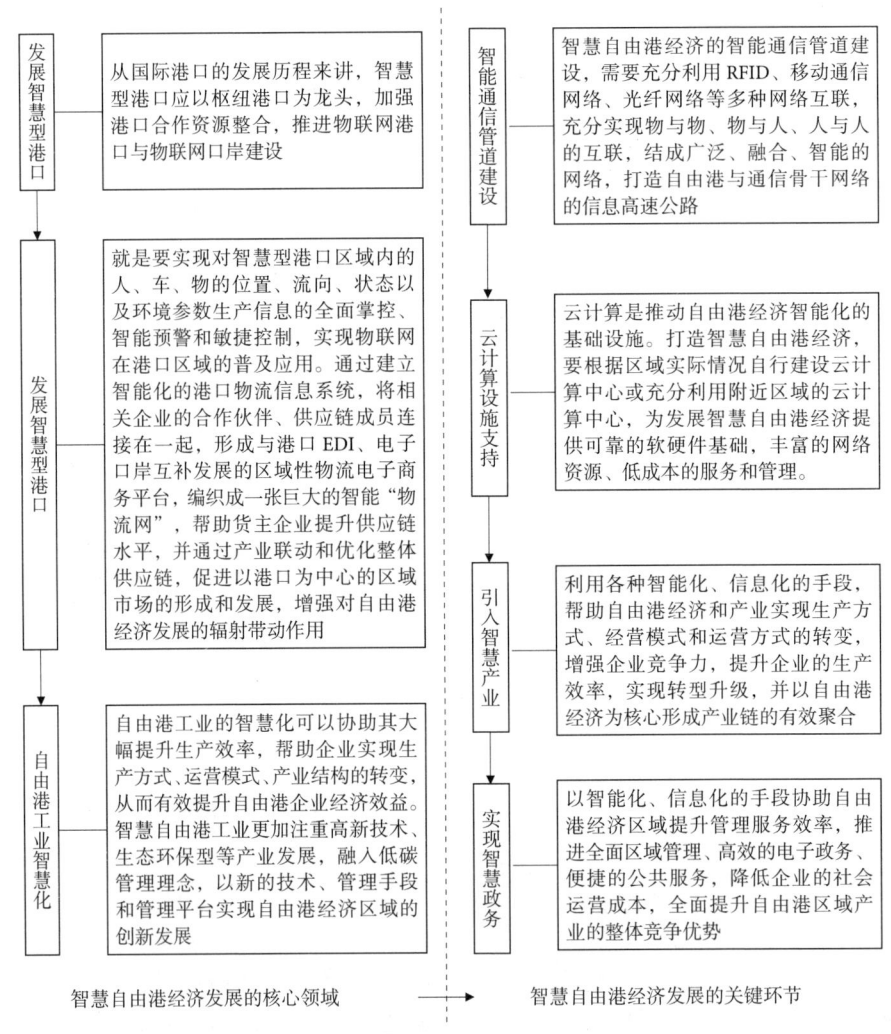

图7-6 智慧自由港经济发展框架

（三）建设系统化智慧型港口供应链

智慧型港口是指充分借助物联网、传感网、云计算、决策分析优化等智慧技术进行透彻感知、广泛连接、深度计算港口供应链的各个核心的关键信息，实现港口供应链上各种资源和各个参与方之间无缝连接与协调联动，从而对自由港港口管理做出智慧响应，形成信息化、智能化、最优化的现代港口。智慧型港口应注重发展四个方面：一是发展现代管理方法、信息技术和自动化技术等在港口服务中的充分应用；二是基于物联网等技术，在信息感知、处理、整合和共享的基础上实现战略决策优化和生产计划安排；三是建设码头泊位生产、集疏运组织以及腹地货运管理等多个方面的复合系统；四是促进资源分配更加合理和充分，提高自由港可持续发展的能力。智慧型港口是"供应链+创新"，不局限于信息化和自动化，相对于传统机械化港口而言，是一个更广泛的综合性概念。智慧型港口重要的一个功能是创新功能，包括物联网创新、服务创新、技术创新等各个方面创新。

（四）打造智慧型港口金融信息平台

智慧型港口金融是港口物流与金融业务的集成、协作和风险共担的有机结合服务，为体系下的物流企业、金融机构提供全过程的商品流通服务。智慧型港口金融在为港口本身和上下游多个企业提供全方位的金融服务时，通过金融资本与实业经济协作，构筑港口、银行、企业和商业供应链互利共存、持续发展、良好互动的产业生态。智慧型港口金融信息平台是一个跨行业的信息服务平台，包含业务销售、物流全程监控、数据收集处理、风险识别、评估与控制、结算支付以及交易撮合等功能，主要包括能够专门处理存货质押融资及相关业务信息系统以及配套的运行机制，是一个港口、银行、物流企业等多方共享的综合信息平台。作为物流中间平台的港口供应链金融信息平台中心则扮演货物监管角色，与融资企业信息对称共享实时掌握货物动态，降低金融风险，起到货物监管的作用。智慧型港口金融信息平台体系见图7-7。

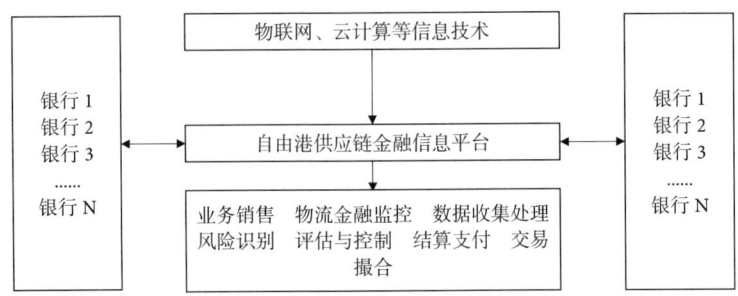

图 7-7　智慧型港口金融信息平台体系

（五）建设智慧型港口绿色低碳可持续发展平台

港口以绿色港口的指导观念为标准，即按照建设环境影响和经济利益之间获得良好平衡的可持续发展的港口的标准去规划建设港口，通过以物联网技术为基础的信息平台，建立可持续发展信息系统，综合码头操作、船舶营运、港口周边环境等因素对港口生态环境的影响作出相关预测分析，建立积极有效的环保机制。同时，积极引进新的绿色技术、信息技术、运输技术、节能技术，开展技术更新换代，提高装卸质量和作业效率、降低能源消耗，建立智慧型港口绿色低碳可持续发展平台体系。

第八章　自由港建设与城市发展格局

在城市的发展演化过程中，随着人口的聚集和经济的繁荣，原本只是聚居地和市场的城镇，逐渐衍生出各种功能，这些功能又在塑造着城市的空间结构和整体布局。在同类城市之间的竞争中，空间布局合理、功能得到充分发挥的城市吸引了更多的资源，发展得更加迅速，进而聚集了更多的资源。自由港的城市空间布局，与自由港所承载的功能是一致的，港口城市依水而建，城区建设、道路和基础设施设置都是为了运输和贸易的方便，这是城市发展的自然规律所决定的，对于小城市、小港口，纵然没有整体的规划，也会自然演进成最合适的形态。但在现代经济中，大规模自由港往往承载着更加复杂的功能，临港产业的发展极大地改变了自由港城市的空间格局，产业布局与城市布局紧密相关。随着人口的集聚、经济的繁荣，自由港城市已经不仅仅是港口和工厂的聚集地，作为世界城市网络的重要节点，发达的自由港城市对区域乃至世界产生了巨大的影响，这些新的功能，都需要合理的城市空间布局来承载。没有前瞻性长远的规划，城市建设必然会有很大的盲目性，大连市要建设具有国际影响力的自由港，就要在空间布局上做好规划，而合理规划的前提和起点，就要全面了解港口、产业和城市的功能，以及基于这些功能的城市空间需求。

第一节　自由港建设应兼顾港口、产业与城市

从历史经验来看,自由港的基本功能是相对稳定且明确的,即口岸和仓储物流。随着经济的发展,世界各主要自由港在基本功能的基础上不断演化拓展,功能日渐丰富。由于自由港城市在战略定位、区位、港口形态、国内外环境、科技水平等存在较大差异,自由港的演化和发展呈现出多样化的特征,不仅基础功能向多方面拓展,而且不同功能之间不断组合,演进出多种形态,这种趋势是市场高度细分的必然结果。

一、城市建设要保障自由港主要功能的发挥

最初的自由港功能比较单一,主要从事转口贸易。第二次世界大战后,自由港的加工制造功能得到充分发展,产生了加工制造为主、贸易为辅的出口加工区与贸易和工业功能并存的加工混合型自由区。随着国际贸易市场的高度细分,自由港又新增了配送分拨、投资促进、离岸金融、旅游等功能,并朝着综合功能型发展。

(一)口岸功能

口岸功能是自由港的基本功能,包括对外开放、对外贸易、港口作业、通关服务等。口岸开放表明了开放、平等的态度,在自由港区域范围内,世界各国拥有均等的贸易权利和机会,外商和外国企业享受国民待遇,国内外公民可以依法进出。开放的口岸促进了对外贸易的发展,在近千年的历史实践中,进出口贸易和转口贸易一直作为自由港的主体功能。20世纪以来,各自由港或自由区逐步突破传统的单一贸易功能。目前,自由港内普遍允许各

种贸易方式的开展，如商品展示、进出口贸易、转口贸易、过境贸易、加工贸易等。与贸易密切相关的是港口作业，这也是自由港的基础功能之一。港口作业包括对车、船、飞机、集装箱和散货的调度、装卸、堆放、存储，以及其他港口服务等。与之配套的还有通关服务，包括针对货物及其运载交通工具的报关和进出口商品检验检疫。

（二）保税仓储物流功能

自由港通常是衔接国际物流和国内物流的综合性物流节点，因此保税仓储是自由港的基本功能，旨在调节货物在进口与出口、储存和加工之间的时间差。保税仓储物流是在现代物流的基础上叠加保税制度，对采取来料加工、补偿贸易、转口贸易等灵活贸易方式的货物，以保税的状态进行仓储、配送、运输、流通加工、装卸搬运。自由港内或附近地区，通常建有保税仓库，并通过保税物流方式将仓库与码头连通。随着国际贸易的迅速发展，世界各国进出口额不断增长，对港口物流服务效率的要求也越来越高。保税功能使企业在自由港内享受一定程度上的"境内关外"待遇。进口货物在不同自由港之间的转运、存储甚至加工的过程中全程处于保税状态，可以减少海关手续，缩短贸易时间，降低企业运营资金占用，节省海关部门的行政成本。

（三）加工制造功能

自由港具有促进贸易的功能。通过港口，来自世界各原料产地的原材料可以输入，工业制成品也可以运至全球，一方面保证工业生产的高效开展，另一方面促使制成品快速进入市场，畅通整条供应链。自由港带来的便捷和商机吸引外向型加工制造型产业向港口附近集聚，形成临港工业区。港口和临港工业区的融合起始于20世纪中叶，逐步形成一种"前店后厂"的模式。保税仓库的业务也不再仅限于货物的装卸和储存活动，而是着眼于对保税货物进行加工增值。自由港从单一贸易功能型向贸工结合型转变。国际贸易和国际分工格局的变化，使发展中国家在自由港的基础上创造了出口加工区及其高科技升级版——科学工业园区。二者都是以充足、优质且低价的人力资源和特殊优惠政策吸引国际资本、高新技术等资源，发展"出口替代工业"，促进工业结构转型。自由港内的加工制造产业发展经历了三个阶段：第一个阶段是从简单加工发展为劳动密集型工业，如食品、轻纺、家电制造业等；第二个阶段是从劳动密集型向资本和技术密集型工业转型，生产并出口如机械电子、石化类产品等；第三个阶段是由重化工业产品出口转向更高附加值的知识和信息密集型高科技产品的研发与出口，与科学工业园区形成了相互促进的良性关系，成为信息经济时代的经济引擎。

（四）信息服务功能

信息服务功能是港口服务的延伸功能。港口信息化服务是指依托一个公共信息平台，能够为用户提供公共的、丰富的物流信息，支持网上报关、在线交易、实时查询等服务；能够帮助口岸管理部门实现信息共享、动态管理、多部门联动；能够支撑其他服务性机构为实现港口与经贸运输链一体化提供咨询、市场预测等多元化服务。信息服务功能是自由港顺应现代物流发展，从静态的、节点型的角色向动态的、网络型的角色转变过程中新增加的一个功能。随着信息技术高度的发展，港口信息服务不再只是单纯的技术支持，而成为关系自由港发展的战略问题。依托信息集成平台，整合港口资源和各项业务，打造物联网成为影响自由港竞争力的关键。

（五）产业服务功能

港口产业服务包括餐饮、住宿、保险、税务、会计、法律、信息处理、废弃物收集、船舶租赁、船舶管理、旅游、教育、医疗等。这些服务功能最初是为自由区内的生产经营活动服务的，只是制造业和对外贸易的辅助功能。但随着技术进步市场的需求，其中的一些服务，如货运代理、信息处理，目前大多数的自由区已经具备。自由港的发展，必然会刺激对其他辅助性功能的需求，使某些功能产业化，成为新的经济增长点。联合国贸易和发展会议指出，近年来一些自由港或自由区开始鼓励外国直接投资从出口导向型制造业转向出口导向型服务业，如信息通信技术服务、计算机相关服务、软件和信息处理服务、旅游服务、零售和批发服务、研发与设计服务、医疗和社会服务、呼叫中心、地区总部等。例如，韩国济州岛根据自身的特点发展成为生态旅游、医疗保健型的自由城市；毛里求斯建立起计算机网络城（Cyber City）吸引呼叫中台、后台办公服务和项目规划服务；牙买加把制造自由区转型为电子港（Teleport）。利用现代网络信息技术开展全球服务离岸外包业务成为自由区功能产业化的新方向。

（六）物流金融功能

物流金融是物流与金融相结合的复合概念，结合点体现在物流与资金结算的集成以及物流与融资的集成等方面。自由港物流的规模、发展状况决定了其对金融服务的需求。发展物流金融功能，自由港需要具备较强的风险防范能力及供应链管理协调能力。自由港的金融机构，以港口经济相关产业为服务对象，针对进出自由港区的货物流和资金流，提供个性化的金融服务，包括银行、信贷、证券、信托、期货、外汇兑换、资金进出和转移等。

（七）国际交往功能

自由港发挥国际交往功能必须依托港口城市。国际交流的中心城市可以分为两大类：第一类是政治型，通常是各国首都，入驻建交国大使馆和领事馆，以及数量众多的国际组织常驻机构；第二类是经济型，常驻大量国际商业机构，如银行、跨国集团的总部和办事处等。自由港和自由贸易区所在的港口城市属于第二类，如新加坡、中国香港、迪拜，具有国际贸易、金融、信息、交通中枢的职能。跨国公司、高成长型企业总部聚集的地方，可以形成极化效应，带动周边地区经济的发展，形成"总部经济"，使企业价值链与区域资源实现最优空间组合，并通过"总部—制造"功能链条辐射带动自由港发展。

二、自由港城市空间布局要满足产业结构发展的要求

随着港口功能从简单的货物装卸演进到包含商贸、物流的多元化发展，港口周边地区的产业结构产生了明显的变化，世界主要港口城市的产业空间布局和城市发展中的空间演变存在着特定的规律。

（一）世界主要港口城市的产业发展趋势

1. 港口城市的产业结构与港口功能同步升级。起初，港口仅仅作为交通枢纽，用于货物的简单装卸，所需要的服务也主要是一些简单的配套服务，因此，港口对周边地区的产业发展不会产生根本性的影响，港口所在地区一般是次序为"一、二、三"的产业结构。随着港口功能向第二代港口演进，港口位置逐步向河口和海岸移动，依托于海港的深水岸线，临港大工业开始发展，港口后方地区以加工业为主的工业区开始建立起来。由于经济活动具有规模聚集的特性，相关的产业逐步向港口周边地区集聚，港口所在地区的工业化进程加速发展，港口城市和周边地区第二产业的产值比重不断升高。当港口完成代际升级后，港口的商贸和现代物流功能逐渐凸显出来，港口城市的物流业快速发展，带动了港口城市现代服务业的整体发展，第三产业产值比重持续上升，港口城市的产业结构向"三、二、一"的次序转变。世界港口城市产业结构变动规律基本是这样。港口功能随着港口经济的发展趋于多元化，货物运输和中转的基本功能仍然保持并不断得到强化，同时现代物流功能不断加强，相关产业蓬勃发展，港口与产业呈现同步升级。

2. 临港大工业仍在港口发展中占据重要地位。港口城市产业结构变动的总体趋势，是第三产业比重不断上升，第二产业产值比重逐步下降，但这并不意味着利用港口城市交通便利发展临港大工业的模式已经结束。从一些全球著名的港口城市看，临港大工业在当地的产业体系中仍然占有相当重要的地位，如欧洲的安特卫普、鹿特丹，北美洲的休斯敦、纽约，以及亚洲的新加坡、釜山等，这些著名的港口城市的工业部门仍然比较发达，有的港口城市仍是全球或者区域性的石化、钢铁、造船等工业中心。

3. 重化工业是深水港后方的重要产业门类。"深水深用、浅水浅用"是利用港口岸线的基本原则。重化工业在原料采购和产品销售上具有"大进大出"的特点，需要利用深水港口的便利条件。国际上一些规模较大的港口城市在产业布局上也是采用了在深水岸线布局重化工产业区的开发建设方式，如荷兰的鹿特丹、美国的纽约、韩国的仁川、日本的东京等都是如此。即使是在重视环境保护的发达国家，也在临港地区设置重化工业，有的港口城市如鹿特丹、纽约和仁川，重化工业园区甚至设置在人口密集的城区，只是通过生态空间的隔离及企业环保技术的应用，来缓解港口工业发展与城区环境保护的矛盾。

4.衰退的港口地区出现完全放弃临港产业、进行产业彻底转型的现象。近年来，有些在历史上曾经非常繁荣兴盛的港口区域进行了彻底地转型，如伦敦的码头区、阿姆斯特丹的东码头区、巴尔的摩内河港、纽约的南街海港城等老港区，这些地方几乎完全放弃了临港产业乃至港口航运，另谋发展空间。这些地区大部分属于河港，而且港口水深条件有限，无法停靠大型船舶。这些已经衰退或正在衰退的老港区，由于已经成为大都市的重要组成部分，与城市空间融为一体，在港口功能衰退之后，通过发展第三产业实现了转型发展。

（二）世界主要港口城市产业空间布局的类型

20世纪50年代以来，以现代大型港口、产业综合体为载体的世界重化工业获得了巨大的发展，欧洲前五名大港无一例外全是世界级的港口——重化产业综合体。以鹿特丹港为代表，它是欧洲最大的综合性港口与世界最大的重化工业区。随着太平洋时代的来临，世界经济重心向东北亚转移，与之相伴，东北亚各国与地区相继迈入重化工业发展时期。日本"三湾一海"地区构筑起亚洲最具代表性的世界级沿海港口——重化工业综合体延绵带，被认为是日本经济崛起重要因素之一。20世纪60年代末开始，许多发展中国家及地区实施外向型经济发展战略，围绕海港设立经济开发区、自由贸易区，产生了港口、贸易加工区综合体，其目的是利用港口设施条件，吸引外资，引进国外先进技术与管理经验，促进港口与当地经济的快速发展，提高国家或地区的国际竞争力。改革开放以来，我国充分利用沿海港口的优势，实现了外向型经济的蓬勃发展，也发展起一系列的港口—产业综合体。进入21世纪，我国工业结构呈明显的"重化"趋势，沿海地区发展起众多依托大型港口的大型临港工业区。为了巩固沿海主要港口的国际竞争力，近年来相继开辟了多个具有国际贸易增值服务功能与产业功能的保税港区。因此，大型港口—产业综合体成为国际临港工业布局的主体模式，其中又大体上可分为"港口+贸易加工区"综合体、"港口+重化产业区"综合体及"港口+仓储物流园区"综合体三大类。

1. "港口+贸易加工区"综合体空间布局。

（1）紧密型布局。加工区紧邻港区布局，两者空间呈一体化布局形态。国内外贸易加工区（包括港口自由贸易区、港口物流园区、港口开发区等）的产业特征是商贸、物流与下游加工制造业，其产品的主要目标市场为境外，需要有密集班轮航线服务支持。所以，大型外向型贸易加工区一般以集装箱干线港为依托，以直接布置在集装箱干线港作业区后方为最佳区位。迪拜Jebel Ali自由贸易区面积30平方千米，充分利用依托港口的便利，围绕港区布置，与港区呈空间一体化布局形态，是紧密型港口、贸易加工区综合体的世界级典范。此种布局方式既节省运输成本又可以与相关产业企业形成特色产业链。其缺点是随着港区经济的发展，受加工贸易企业的围合，导致港区用地无法扩展。

（2）分离型布局。港区与加工区有一段距离，两者空间相对独立。不具备紧密型布局条件的加工区，需要与干线港区有高效、便捷的货运通道连接。上海洋山保税港区港口—产业区综合体是分离型布局的一种类型，保税港区以发展国际中转、配送、采购、转口贸易和出口加工等业务为目标，2平方千米的港区与6平方千米的贸易加工区内部一体化管理，通过30千米的东海大桥相连。深圳前海湾物流园区与深圳港西部港区集装箱码头距离2~7千米，未来计划设置内部高架专用通道连接。从加工区与城区的空间关系看，根据贸易加工园区内加工产业门类不同，与城区的距离可以不同。对于污染较为严重的贸易加工园区，需在其周边设置一定宽度的防护绿带与城区隔离。污染较轻的贸易加工区则可以与城区接壤，进行一定的绿化修饰与入口设计，使得加工区与城区有机联系起来，成为港口城市一道特殊的风景线。

2. "港口+重化产业区"综合体空间布局。大型重化产业具有明显的运输指向性特征，因此，减少港口与产业区之间的转运环节、缩短运输距离以尽量降低物流成本是大型重化产业布局的重要引导。国内外大型港口与重化产业综合体的布局实践表明，其空间结构一般呈现紧密型布局特征，但也有部分综合体受资源条件的制约，采取分离型布局。具体来看，其空间结构形式大致分为以下四类。

（1）以项目为单位独自配套。港区内各厂商分别建设为自身服务的专用区域和专用码头，厂商完全掌控自己的海上接卸终端设施。这种模式需要有较丰富的岸线支持，适合于带状布局的沿江、沿海岸工业走廊，或者工业区内河网发达、适宜布置挖入式的情形。国外大型港口—重化产业综合体（如荷兰鹿特丹港、比利时安特卫普港的临港工业区以及新加坡裕廊工业岛等）普遍采取这种模式。新加坡裕廊岛化工区经过长达10年的填海造地，形成目前约32平方千米的用地规模，已有72家石油、石化和特种化学品公司进驻，是全球第三大石油炼制中心和全球十大乙烯生产中心之一，大的石油化工厂商均自设专用化工码头。此种布局方式以重化工为主，由于具有投资大、资产专用性强、地块占用面积较大的特点，需要临海岸线布置用地，并配置专用码头。其缺点是码头的专属性导致码头共享性、利用率降低，同时占地面积较大，自成体系，与周边的交通运输网络联系较弱，污染较为严重。在港口城市转型时期，需要对重化工产业进行生产工艺的提升，同时逐步迁移污染严重、效益低下的企业。

（2）按专业功能划分的"专港专区"布局。工业区按专业进行分区，每个专业工业区均配置专业化的配套码头，体现了专业化与区、港密切关联的布局特点。中国台湾的台中港是这种模式的代表，37平方千米的港口工业区设有17个工业专区及3个自由贸易港区。散货码头与工业专区形成一体化的工业港，集装箱作业区则与物流园区整合，分三阶段发展自由贸易港区。法国的马赛福斯工业港也属于此类。此种布局方式的专业化分区形成了特色的产业集群，通过高效的集疏运系统联系各工业区。其缺点是各产业集群之间的关联度不高，由于专港专区则会降低土地的混合利用率，同时由于地块划分较大，不利于交通网络的组织，对于港口城市的宜居性营造也有一定的制约作用。

（3）港区与产业区紧密相邻。相邻布局为工业区服务的码头统一规划布置成港区，与工业区相互靠近但相对独立。这种布局具有实现港口作为重要基础设施公共性的条件。广州南沙港区与万顷沙工业区、湾麦察工业港与麦察工业区是这种布局模式的典型代表。此种布局方式沿海岸线布置港区用地，并在港区后方设立与其关联度高的海运业、物流等企业。其缺点是由于沿海岸线布置，导致生产性岸线占用比重过大，同时导致道路、基础管网设施等沿海岸线横向布置，造成资源浪费，若长距离横向布置则导致企业间的联系不便。

（4）港区与产业区独立分离设置。空间分离布局为工业服务的码头统一规划布置成港区，与工业区空间上呈分离布局，港区通过物料输送管道将原料运送至工业区。惠州港马鞭洲作业区与大亚湾石化工业区属此类型。此种布局方式出现在港口城市相对成熟期，通过良好的集疏运系统以及电子信息化物流业支撑港区与产业区的独立设置。其缺点是一些与港区关联度高的企业在与港区分离的状态下无法体现其优势，同时两者的空间分离会导致产业集聚效益的减弱。

3. "港口+仓储物流园区"综合体空间布局。港口作业区一般沿海岸线布置。在港口城市相对成熟期，码头作业区以海为轴的带状特征不断加强，新码头作业区形成分散式组团布局。随着港口城市进入转折期，激烈的竞争使得港口进入了缓慢的发展阶段，港口功能出现多样化，逐步从装卸发展到集装卸、客运、旅游、物流等于一身。仓储物流布局以码头为核心，布置在港口及联运设施后方但相对独立，其主要功能有拆装箱、仓储、再包装、组装、贴标、分拣、测试、报关、集装箱堆存修理以及向欧洲各收货点配送等，发挥港口物流功能，提供一体化服务。

通过对港口城市产业间布局特征的分析，可以看出港口城市临港产业的空间布局类型有："港口+贸易加工产业区"综合体、"港口+重化工产业区"综合体、"港口+仓储物流园区"综合体三大类，它们都与港口有紧密的布局关系。

（三）港口城市发展中的空间演变规律

城市空间结构演变的内在机制，本质上是来源于城市空间结构不断适应变化的城市功能的要求，即"功能—形态"的矛盾运动，在这种城市动态发展变化过程中，决定了城市空间结构发展的阶段性与演变的总体趋势。

随着港口升级换代，港口与城市的关系发生变化，港口城市职能不断丰富，港口城市在空间形态上也发生了改变，从对世界主要港口城市空间演变的过程分析来看，这种变化的主要效应包括：一是位于城市中心地域的港口逐渐由城市内核向城市外沿转移，城市环绕港区的空间结构发生明显变化，对老港区的改造工程不断推进；二是随着港口升级换代推动的港口与城市关系的变化，港口城市逐渐摆脱"围绕港口、服务港口"的发展模式，城市与港口功能均不断丰富、扩展，呈现出多元发展态势，各自空间形态改变；三是伴随着老港区迁移与新港区的兴起，港口城市老城区的改造与新城区的建设同步进行，老城区脱离港口发展，新城区则为新港区及临港产业集聚区提供空间支撑。

港城地域空间的成长动力主要来自港口经济，随着港口功能中临港产业的进一步发展，以加工制造、石油化工等行业为核心的相关产业逐渐兴起，港口经济地域空间的影响范围逐步向港区周边城市区域扩张。周边区域重点发展现代物流业、加工业等；在港口功能不断向资源配置、信息服务等领域阶梯式延伸的推动下，金融、管理、咨询以及旅游等现代服务业又为港口经济注入了新的发展动力，港口关联产业范围扩大，占据地域空间更加广泛。与此同时，临港产业区蓬勃兴起，产业区内临港产业项目不断增加，产能逐年扩大，产值大幅提高，生产与生活配套用地需求增高。

临港产业区的大规模开发建设对城市经济空间结构、布局产生的主要影响体现为：重化工等高耗能、高污染产业应城市发展和产业优化布局要求逐渐向临港产业区转移，临港产业区为接纳城市外迁产业提供了充足的发展空间，也因此推动了整个城市经济空间的重构。大量原先依老港而建、位于城市内部的工业企业充分利用临港产业集群发展的战略优势及政府相关优惠政策，从主城区迁址至临港产业区，不仅从环境保护角度解决了长期以来城市工业"三废"污染问题，也同时为中心城区在工业区原址开发金融业、商业、服务业等新兴产业提供了支撑空间，有利于进一步完善城市功能，推动专业化产业集聚，从而使得城市经济空间布局逐渐趋于合理。

三、自由港城市规划应充分借鉴全球城市发展理念

大连建设自由港不仅要充分发挥自由港的港口功能，更要通过加强与其他区域和城市的连通性，成为全球城市网络中的重要节点，重点扩大城市的

流量而不是规模，才能在区域竞争中取得发展优势。因此，在城市整体规划上，也要充分体现全球城市的理念和特点。1915年，苏格兰城市规划学家Geddes在其《进化中的城市》中提到了"世界城市"的概念，他认为，世界城市是指那些在世界商业活动中占有一定数量比例的城市，并用世界城市学说来说明巴黎、柏林等城市的统领作用。第二次世界大战以后，随着世界经济的复苏，伦敦、巴黎、纽约、东京等国际大都市快速发展，城市发展理论也不断创新。1966年，彼得·霍尔（Peter Ha）撰写了《世界大城市》一书，用范围大小和强度两个概念来衡量城市的功能，并从政治、贸易、通信设施、金融、文化、技术、高等教育等方面，对7个世界城市进行了综合研究。弗里德曼（John Friedmann）于1982年和1986年发表了两篇论文，提出了著名的"世界城市假说"，阐述了世界城市的7个特点，指出世界城市是全球经济系统的中枢，以及其集中控制和指挥世界经济的各种职能。1990年以后，随着信息通信技术的发展以及经济全球化的深入，对世界城市的研究和认识，从等级范式向网络范式转变。许多学者指出，城市发展必须主要基于内部的资源和动力，而不是与外部的竞争，城市间应通过合作形成城市网络，以达到城市区域的共同繁荣。

（一）自由港规划要适应全球城市的经济结构特征

1. 以全球为导向的经济外向化。首先，由于新的通信技术、交通运输等，尤其是互联网的出现，扩大了消费者的选择范围，产生对世界范围内产品的需求。同时，随着贸易壁垒的大幅降低，通信、交通技术的进步有力地刺激了贸易的拓展，越来越多的企业利用经济和技术的变化，投身于国际市场中，未来城市经济的外向化程度也就不断提升。这种外向化还包括生产性服务企业的外向化，表现为全球性资本在全世界开发和利用商品、金融、劳动市场，因此，全球城市的金融服务外向化程度也远高于其他城市。

2. 服务业比重的不断提高。首先，20世纪60年代以后，西方国家经济结构普遍呈现出第一、第二产业劳动力比例不断下降，而服务行业就业人数迅速增加的现象，"去工业化"趋势尤为明显，制造业开始从中心城市外迁或者向发展中国家城市转移。其次，制造业的分散化增加了对生产经营活动管理的需求，原来企业内部的研发、设计、会计、营销、咨询等服务业部门独立出来，促进了专业服务业的发展；同时，电子信息技术的进步加速了产业结构从制造业向金融、软件、研发等服务业的转变。最后，服务业内部也在发生变化，表现为从劳动密集型服务业向总部密集型服务业，并进一步向知识密集型服务业的转变。20世纪70年代以来，生产性服务业成为最具活力的部门，在经济部门中的地位不断提升。

3. 物流体系高度发达。20世纪60年代，全球城市开始引领国际贸易的不断扩大，资金、人员和信息伴随国际贸易迅速流动，而随着跨国公司的国际化和对外直接投资的增长，全球城市展开了一场"物流革命"。最初表现为企业内部物流资源整合和一体化，形成以企业为核心的物流体系，随后扩展到企业间相互联系、分工协作的整个产业链，推动供应链管理的核心业务的产生；与此同时，为企业和消费者提供专业化服务的现代物流企业，即第三方物流也开始出现。物流革命的出现，导致企业内部的专业化程度显著提升，也促进了经济全球化的形成。全球物流枢纽一般具备全球信息采集、组织指挥、订单处理和操作运营等功能，由于企业间的竞争逐步演变为供应链间的竞争，使得供应链企业网络在空间上倾向于集聚在运输便利、信息发达的地区，这又增强了全球城市的经济集聚能力。

（二）自由港规划要考虑全球城市的空间结构特征

1. 多中心的发展格局。随着经济全球化、信息化的发展以及城市郊区化的快速发展，城市空间结构的区域化、网络化更为明显。一种新的由中心城市、内郊区、外郊区和城市边缘区构成的大都市空间结构模式逐步形成，其中，外郊区将形成若干小城市。中心城区与郊区不再是"核心—外围"关系，而是"核心—次核心"关系。在城市发展实践中，单中心城市容易面临中心区承担的功能负荷过载，如城市容量超饱和、超负荷，特别是交通、环境等问题突出，这极大地限制了城市功能的充分发挥，难以将城市集聚转换而来的巨大能量扩散出去。一些特大城市的城市边缘区土地利用空间与结构的演变可以划分为三个不同的阶段，即外溢—专业化阶段、分散—多样化阶段与填充—多核化阶段。在这种外溢、分散、填充的作用机制下，城市空间多中心化格局进一步加强。近年来，随着大连城市功能的空间扩展和全域城市化进程的推进，城市空间结构也从单中心向多中心转变。此外，对于全球城市来说，其网络平台构建及其全球性协调功能无法在单核心城市空间结构中施展开来，或者其综合性功能限于狭小的中心城区而难以增强。为此，城市的多核心模式在全球城市建设中成为必然趋势。

2. 城市区域的作用更加明显。全球化和信息化的快速发展给区域/城市带来了深刻的变化，全球化促进了全球资本和技术的流动，也带来了生产的全球重构和转移。在这样的背景下，全球城市等级体系形成，城市与区域开始空间重构，并最终使城市区域化。以全球城市为中心，经过极度扩散后形成了功能相互交织的广域地区，城市间高级生产性服务业产生的联系与区域的多中心结构相关联。全球城市的形成开始强烈依赖全球城市区域的崛起，城市区域越来越成为参与全球市场竞争的团体或公司网络，并越来越具有全球市场竞争的地域平台的功能。

第二节 以建设自由港为目标规划城市空间

城市空间规划是自由港发展战略在空间上的落实和具体化，是服务于自由港建设的总体部署与安排，也是建设和管理自由港的基本依据。做好自由港城市空间规划，是大连自由港建设的重要内容之一。

一、自由港城市区划涉及的主要关系

为科学规划自由港的发展，要充分参考城市经济学或空间经济学的理论知识，并结合大连现有经济基础和城市发展的总体目标，进行综合布局和整体规划。需要参考的主要理论包括：港口城市与经济腹地关系、边缘城市理

论、临港工业区布局理论、城市承载力理论、循环经济理论、金融产业集群理论、现代物流与港口城市关系、服务外包产业链等。这些理论可以为以建设自由港为目标的城市规划提供有力支持。

（一）港口城市与经济腹地关系

港口指位于江河湖海或水库沿岸地区，具有一定的设备和条件（如装卸机械、仓库堆场、码头泊位、客运设备等）供船舶往来停靠，办理客货运输或其他专门业务的地方。港口包括港内水域及紧接水域的陆地区域，是连接海陆运输的枢纽，是船舶、航海、内陆运输、通信、商务贸易和沿海工业的汇集点，是沿海区域经济发展的主要增长点、对外交往的重要门户，在我国经济、贸易和交通运输中占有举足轻重的地位。

港口腹地又称港口吸引范围，即位于港口城市背后的港口吞吐货物或旅客集散所及的地区范围，腹地是为港口提供出口物资的生产基地和进口销售商品的市场，它是港口兴衰的重要基础。腹地分为直接腹地和混合腹地，直接腹地指一港独有的腹地，该区域内所需水运的货物都经由本港；混合腹地指两个或两个以上的港口共同拥有的腹地，即各港口吸引范围相互重叠的部分。港口腹地的范围受自然、社会、经济等因素影响，其中，交通载体的作用最为明显，港口与内陆地区联系的交通网络越发达，港口腹地越大，反之亦然。此外，还与港口的性质有直接关系，如海湾港、河口港、海峡港等腹地的范围不尽相同。利用有关交通运输网络和费率标准，选择到目的地的最小费用路径，并参考港口及其周围地区的具体条件，可划分出腹地范围。

港口腹地为港口提供物资、人员、信息等各种支撑，与港口间存在着相互依存、相互作用的关系：腹地经济越发达，对外经济联系越频繁，对港口的运输需求也越大，由此推动港口规模扩大和结构演进；港口的发展又为腹地经济发展创造条件，可促使港口腹地范围进一步扩展。

（二）边缘城市与核心城市的关系

边缘城市是指随着消费需求和就业机会迁离传统的核心城市，而在核心城市的边缘地区形成的新的且相对独立的人口经济集聚区。边缘城市总体上来说具有以下五点特征：第一，由于边缘城市通常位于城乡接合部，人口结构相对复杂，人口流动性也比较大，增长速度也比较快；第二，由于边缘城市是城市中心区功能上的补充，所以与城市中心的联系比较密切，在各个环节上面都依赖于城市中心；第三，由于边缘城市位于城市的边缘区，生态环境比较脆弱；第四，边缘城市土地性质比较复杂；第五，边缘城市公共服务尚不完善，只是作为城市中心的一个补充部分，管理体系还需完善。

"田园城市"理论和"同心圆结构"理论的提出，包括"扇形模型"和"多核理论"等理论的出现，标志着关于城市边缘区地域结构理论的研究已经开始。现代也有一些具有代表性的理论研究，如"三地带理论""理想城市模型""区域城市结构"以及"大都市结构模式"和"核心—边缘理论"等。

城市空港新区作为城市新区的一种，一般位于城市的郊区，即城市边缘地带。有关于边缘城市理论的研究，对于研究空港新区的空间结构具有一定的理论指导意义。当城市化进行的过程中，必然会导致一些城市功能向城市边缘转移，以解决大城市化带来的种种问题。大连城市地理位置比较特殊，三面环海，只有一面与腹地相接，属于土地资源稀缺的城市，所以大连空港新区必然选择城市边缘区域。在边缘城市理论下去研究大连空港新区的空间发展模式具有一定的理论意义。

（三）城市承载力与可持续发展的关系

资源稀缺理论是研究城市承载力的基础和前提，城市的资源是稀缺的、有限的，这在一定程度上限制了城市人口的扩张以及经济的发展，城市的地域有限、资源有限，这就使得城市发展存在一个饱和量，城市并不是可以无限制扩张的。资源稀缺理论在一定程度上限定了城市承载的阈值，城市的承载能力不能超出环境资源的限制，研究城市承载力，可以有效调节城市资源环境与可持续发展之间的矛盾，促进城市可持续健康发展。

可持续发展理论是城市承载力研究的前提和保证。可持续发展强调人与自然的协调，人类的经济建设和社会人口发展不能超越自然资源与生态环境的承载能力。它全面考虑整体和局部之间以及局部和局部之间的关系，全面考虑当前和长远之间的关系,符合系统科学的思想。城市承载力本身是一个复杂的系统,并且城市承载力研究本身也是为了使各系统之间协调运作,实现城市的可持续发展。

(四)循环经济与资源可再生利用的关系

循环经济本质上属于生态经济理论范畴,主要是按照自然生态规律来完善人们日常经济和社会配套活动。循环经济的发展过程主要由减量化(Reduce)、再利用(Reuse)和资源化(Recycle)的"3R原则"组合而成,也就是说,在资源投入上尽可能地减少不可再生资源的投入,在产品使用上尽可能地保障使用年限和尽可能地减少垃圾排放,确保资源能够得到有效利用。循环经济的运行原理就是让有限的资源能够在人们日常生活中得到充分的利用,并通过不同生产方式得到不同的上下游产品,这样就可以使自然资源在不同领域得到循环的使用,资源能够得以充分开发并体现其自身价值。这样不但可以节省资源,还能够创造客观的经济价值,实现系统之间及各系统内部的统一和谐。

依据经济社会活动的范围以及规模,我们可以把循环经济运行模式分为"大循环"模式、"中循环"模式和"小循环"模式三大类。循环经济实际上就是要企业对废弃物通过加工和提炼分解加工出对其他行业有价值的物质,这样不但可以节约资源,还能够为上下游产业起到一定搭桥衔接作用,这就类似于自然界,上下游食物链十分完备。循环经济就是经济社会发展中的重要一环,可以连接上下游产业链条,使其能够成为一条完全闭合的发展模式,这种模式可以依靠人们日常生活中和企业生产中产生的废弃物自给自足,增强了产业发展动力。循环经济还能够通过产业集聚带动周边产业的发展,带动周边劳动力就业,更加保证产业发展的持续动力输出,使循环经济得到长足的发展。产业集聚区只有通过不断地自主创新和装备技术的升级改造,才能够保障循环经济发展的可持续性,才能够提高产业集聚发展的系统性。

(五)专业分工与金融产业集群的关系

金融业的日益分化和多元性对各个金融企业的相互协作要求程度越来

高,因此,金融产业逐步向专业分工方向发展,且划分越来越细致,这就产生了发挥不同功能的企业分类聚集,为后来的金融产业集群打下了基础。这些分工的金融企业最后仍然聚集,形成一个有机的整体,为了互相配合,这些聚集的功能部分时常互通有无,慢慢发展为金融产业集群。金融产业集群是产业集群一个种类,不仅具备产业集群的一般特征,同时还拥有其独特的特点。金融领域的产业集聚是从事各类金融业务的企业群体,因为地理位置的原因,想要分享在同一区域里的人力资源、环境资源、政策利好等优势而集中起来的,提供金融服务、中介作用、资金周转、信息传递等服务,并彼此相互连带,共同维护同一空间金融整体的前进和提升的一种组织形式。

随着社会化大分工及现代服务业的兴起,金融产业集群越来越受到重视,学术界很多学者开始从事金融产业集群的研究和调查,包括它的成因、动力因素、地域发展现状、影响因素,目的是更好地为金融产业集群的发展提供理论支撑。

(六)现代物流与港口城市的关系

城市发展的基本动力是产业向城市集聚以获得聚集效应,企业通过产业乘数效应,带动有关企业和部门的发展和集聚。因此,经济发展的每个阶段都有不同的交通条件和产业结构、产业布局,对应着不同的城市形态。鉴于此,笔者认为,某种产业影响城市空间结构是通过由其产业特点导致的空间特性来体现的。现代物流业的特点首先使其对城市总体产业布局产生一定影响,进而通过自身空间特性(布局)——物流企业区位选择而导致的空间集聚与扩散形成产业空间以及由此带来的关联效应来推动城市空间结构演化。现代物流业对港口城市空间结构的影响的不同之处主要反映在港口物流对整个城市空间的影响上,以及港口物流与临港产业高度互动主导港口城市空间再造上。

现代物流业被誉为城市经济发展的"加速器"和产业结构演变的"润滑剂"。由于现代制造模式正从制造技术的集成演变为组织和信息等相关资源的集成,全球制造、虚拟制造等先进模式的出现,要求进行集成化的供应链管理。因此，高效的物流服务能策略性地渗透到经济社会各环节中去，发挥着远远超出以往的贡献。物流产业已成为增强城市集聚和辐射能力的巨大引擎，城市物流功能的强弱直接关系到其要素流动的活跃程度。由于处于供应链中的现代企业只专注于关键业务的发展，其与物流中心和信息中心的联系成为主导联系。企业之间的联系成本和城市物流中心、信息处理中心密切相关，并最终影响城市产业布局。

柔性生产方式要求将信息及时、准确地传送给目标用户。以柔性生产方式为主的企业必须向信息流或信息源比较集中的地区集中；其产品强调速度和时效性，即各种部件生产后迅速集中在一个地方组装并交付给用户，这也只有现代物流中心系统才可以提供这些服务。

信息传输对以信息网络为基础的现代物流系统至关重要。获取信息的成本在企业间的联系成本中所占比重越来越大。城市的中心区拥有最大的人际和信息交换量，使得城市的中心区成为金融、管理、研发等部门（产业）及企业总部最便利的区位。因此，城市中心区主要体现金融、管理职能。

城市产业空间布局出现集中和分散并存的趋势：（1）生产下游产品的企业因产品品种、规格、型号较多，采取柔性分工，并按企业之间的动态集成来进行生产。企业之间的联系成本较高，呈现集聚趋势。因此，它们的区位选择往往靠近城市物流中心或信息处理中心。（2）生产上游产品的企业因产品规格和种类较少，采取大规模大批量的刚性生产方式。在现代物流企业的组织下，企业之间的联系成本低，呈现分散的趋势。

二、产业空间布局

产业空间布局是城市发展规划的重要部分，合理规划产业布局空间，能够充分利用城市土地资源，提升经济发展协调性。大连自由港建设在产业布局上应当充分考虑三个方面的因素：一是要结合产业结构调整的主要方向，为战略性新兴产业发展和传统产业的升级改造留出足够的空间。二是要集约使用土地，形成各产业园区相互支撑、相互协调的发展格局。三是要考虑城乡统筹发展，结合城市化进程中人口的就业与居住。

(一）产业空间布局规划的总体原则

产业空间布局规划应体现现代产业体系的特点。与传统的产业体系相比，现代产业体系技术渗透程度深，产业技术密集程度高，产业分工不断细化，以模块化组织形式为主导，具有网络状产业链特征突出、产业间关联程度高、资源利用效率高、产业环保性强、资金投入多、附加值高等特点。现代产业体系具有较强的灵活性、可分割性和可变性，便于重组，柔性较强。在产业间联系上，产业融合度较强，创新发展具有一体化趋势，既有产业链前端的源头创新，又有整个链条的过程创新。产业间资源流动速度加快，知识、信息等非物质资源在资源交流中占有相当的比重。产业园区之间的连通性加强，虚拟连通比物流连通更加重要。新的产业体系通过产业空间与城市空间的高度融和，优化城市空间，提升城市价值。

自由港的产业空间布局，既要考虑临港产业的长期发展，充分利用港口优势，为制造业升级和结构转型提供充足空间，也要重视现代服务业与城市发展的有机融合，使产业发展、创新与大连自由港的功能定位相吻合。

（二）以产城融合理念推动产业升级和空间优化

大连市的各个产业园区，多数距离主城区较远，只有打破产业区、生活区、生产生活服务区等空间上相互隔离的状态，在一定地域范围内实现居住、生产、交通、服务等功能的融合，并根据新区的主导功能进行服务配套，实现产业与城市融合发展，才能使产业发展与城市建设相协调，避免出现"空城""睡城""鬼城"。

对于市区内部或近郊的产业园区，园区与城市空间高度融合，能够充分依托市区的基础设施，因此要推进产业园与城市的设施共享、协同发展。针对旧园区产业方式落后，建设前瞻性不足，导致环境污染、生活与生产空间混杂的现象，要加速推进产业园转型升级。确立与市区发展定位相契合的主导产业，将以能源、劳动力驱动的企业外迁或对生产方式落后的企业进行优化升级，发展以智力密集型为导向的绿色经济。

对于在市区远郊且依托城镇发展的产业集聚区，主要可借助城镇的生活配套及基础设施，以产业园区的建设带动城镇经济与社会的发展，随着集聚区的发展，与城镇的融合可形成主城区远郊的一个经济增长极，同时借助铁路、高速公路、省道等交通与主城区形成联系，最终形成点轴式空间发展模式。

对于与城市分离的簇群式产业园区，由于在空间上与市区是分裂的，需建设各项设施。规模较小的园区可采用簇群式布局模式，分期建设，滚动发展，公共设施共享，节约建设多套服务设施的投入费用；各组团之间能够相对独立运作，灵活经营，实现产业新城内部企业之间和组团之间的便捷交流。同时要规划一个公共服务中心，以便周围组团交流。规模较大的园区可采用区带式格局，以及生活区和配套服务区平行于纵轴线布置，区带之间有横向联系相通。

（三）优化临港产业园区的空间布局

临港产业尤其是临港工业是大连港口产业的重要组成部分，对城市经济发展具有举足轻重的作用。目前大连共有20余个沿海工业园区，主要分布在渤海和黄海海岸线上。优化临港产业园区的整体思路是，以黄渤海海岸带为主轴，沿海岸打造"V"字形蓝色海岸经济带。在渤海沿岸区域形成长兴岛临港工业区、三十里堡临港工业区、旅顺经济技术开发区等多个临港工业聚集区。黄海区域利用渔业等基础资源的自然禀赋优势，适度发展海上风能、海水综合利用和海流能源开发利用。充分发挥港口用地及周边其他资源优势，强化基础设施建设，着重发展临港工业，引导全域产业有序转移。推动具有一定的海洋经济和陆域经济集聚基础的海洋经济圈发展，重点发展现代临港工业、战略性新兴产业和海洋现代服务业，提升海洋资源开发利用效率和水平，促进海陆产业联动发展，提升港口对周边区域的辐射带动能力，将其建设成为海洋经济活力较强、产业层次较高的重要区域。

1. 渤海岸线临港产业空间布局。渤海岸线主要集中了以船舶制造、装备制造、临港石化等产业为主体的产业园区。在空间上，太平湾、长兴岛与其他园区地理位置相隔较远，且有一定的产业发展和建设基础，可与周边乡镇实现融合发展。海湾工业区、三十里堡、炮台经济技术开发区、金州经济开发区在地理上更加接近，可作为普湾组团协同发展。瓦房店轴承产业园区相对独立,可与附近市镇融合发展。旅顺绿色经济区可整合旅顺港口和产业资源,实现组团发展(见表8-1)。

表 8-1　　　　　　　渤海岸线主要临港工业区名称及相关信息

区域名称	现规划产业	依托港口	空间组团
大连太平湾沿海经济区	临港装备制造、航空、化工新材料产业	太平湾港	融合发展
大连长兴岛临港工业区	石化产业、船舶制造业、基础装备制造业、生物制药业	STX港、西中岛港	融合发展
大连海湾工业区	汽车配件、电力设备、生物医药、船舶配套	松木岛港	普湾组团
大连松木岛化工园区	化工产业	松木岛港	普湾组团
大连三十里堡临港工业区	新能源装备、船舶配套、高端装备制造	三十里堡港	普湾组团
大连金州经济开发区	船舶配套、水泥及制品	三十里堡港	普湾组团
大连炮台经济技术开发区	农产品深加工、中小企业轻型加工	松木岛港	普湾组团
大连瓦房店轴承产业园	轴承产业、机床产业、风电装备制造业	松木岛港	融合发展
大连旅顺绿色经济区	交通运输装备制造业、食品加工业、特种专业泵制造业	旅顺港、双岛港	旅顺组团

(1)普湾组团。普湾组团包括海湾工业区、松木岛化工园区、三十里堡临港工业区、金州经济开发区、炮台经济技术开发区,整体区域环普兰店湾呈带状分布,整体发展可按照"突出重点、多点支撑、以点带面、融合发展"的建设思路,形成"两区"总体空间布局,即产业功能区、城市功能区两大功能区。其中产业功能区应以绿色高端发展为目标,加快传统产业改造升级,发展高端装备制造业、精细化工、冷链产业、海水综合利用产业等。城市功能区则应突出生活配套、公共服务、产业研发等作用,尤其是为高新技术研发和高端人才聚集创造优越条件。化工园区要承接好主城区迁出转移的化工产业,大力发展循环经济,严格控制化工产业对环境的污染,保护区域生态的完整性和连续性,重点发展精细化工与海洋化工,并与其他化工产业园区实现错位发展。

(2)太平湾与长兴岛两大石化、造船产业园区。大连太平湾沿海经济区需整合滨海发展空间,使城区、港区、产业区有机组合。强化各功能区间交通联系,发挥经济区位、资源优势,依托临港、滨海优势,以港口为龙头,山海相依、生态隔离、有机融合，采用"港城一体化"开发模式，形成"一港两区三城"的空间结构（"一港"指太平湾港，"两区"指临港装备制造产业区和化工新材料产业区，"三城"指龙门、太平、将军石三个生活配套区），重新定位港区的性质，发展优势产业，完善生活区配套设施。

大连长兴岛临港工业区的发展要根据自身拥有的优势，积极发挥深水大港的优势和岛屿优势，形成特色鲜明、关联紧密、互为促进的"产业区、组合港区、生活配套区、生态功能区"四区一体化布局。产业区要重点发展石化产业园区和以船舶修造为主的装备制造综合产业园区；组合港区要建设临港物流园区，并完善疏运体系，要与现代物流中心功能相适应；生活配套区要完善生活服务、生产配套、旅游度假等服务功能；生态功能区要推进绿化工程，提高森林覆盖率，形成生态绿廊。

（3）其他相对独立的产业园区。大连瓦房店轴承产业园由于其建园时间较早，因此空间布局要以优化为主：轴承产业园区采用分区结构，规划形成3个产业分区，总面积25平方公里。包括祝华—瓦窝轴承产业分区、西郊—元宝轴承产业分区和三台轴承配套产业分区。各分区要逐步优化区内功能区的空间布局，升级更新生产技术，改善居住环境，升级基础设施。

大连旅顺绿色经济区按照"三港支撑，六核驱动，一体发展"思路规划空间布局。以旅顺新港、双岛湾、北部小黑石三大港区为支撑，围绕旅顺经济开发区、双岛湾临港新区、大连科技创新园、长城工业园区、三涧工业园区、大连旅顺高新技术产业园区六个产业增长核心区，扩大产业规模，拓展产业空间，强化产业集群之间的功能互补，实现区域一体化发展。

2. 黄海岸线临港产业空间布局。黄海岸线主要集中了新能源、高新技术、水产加工、生物制药等产业布局。从空间上看，大的组团可以划分为庄河港产业辐射区、大窑湾港产业辐射区，其他港口各有优势，可结合本地城镇化建设，在发展优势产业的同时，通过产城融合的方式，统筹城乡共同发展（见表8-2）。

表 8-2　　　　　　黄海岸线主要临港工业区名称及相关信息

区域名称	现规划产业	依托港口	空间组团
辽宁海洋产业经济区	火电、海产品深加工	黑岛港	融合发展
大连新兴产业经济区	新能源装备、海洋工程、高新技术产业、家居业	庄河港	组团1
大连国家生态工业示范区	再生资源利用	庄河港	
大连花园口经济区	新材料、生物医药、新能源汽车	庄河港、皮口港	
大连皮杨中心产业区	纺织服装制造业、海产品深加工业、环保产业	皮口港	融合发展
大连冷链物流及食品加工园区	水产品加工	杏树渔港	融合发展
大连登沙河产业区	特殊钢、通用航空产业	登沙河港	融合发展
大连亮甲店工业区	刀具、装备制造	大窑湾港	组团2
大连先进装备制造业园区	电力电器、数控装备、芯片制造、数字技术、生物制药、半导体照明	大窑湾港	
大连保税区主功能区	汽车及零部件加工业	大窑湾港	
大连湾临海装备制造业集聚区	重大成套装备制造业	大连港	升级优化
大连长山群岛经济区	海产品加工业	长海港	融合发展

（1）庄河港辐射区域组团。大连新兴产业经济区的发展要根据经济区的发展基础和潜力，统筹考虑经济、城镇、人口分布和资源环境承载能力等多方面因素，构建"一港、三园"的总体空间布局。"一港"即庄河港，"三园"即临港产业园、装备制造园、物流园。其中临港产业园位于庄河港后方，依托港口优势规划港口物流区，产业发展区和商务配套区，并大力发展涉海产业；装备制造园重点发展与传统工业相联系的轻型、微型、低耗环保的新型工业；物流园应大力发展以家具、建材、装饰材料及商品配送等为主的物流业。大连国家生态工业示范园和大郑新城要实现协同发展，园区重点发展以废旧金属、废旧家电、废旧塑料、废旧汽车和工业固废物等为主的静脉产业，进一步发展再生资源深加工产业，形成资源再生利用的完整产业链；城区要坚持与园区统一规划、整体开发、同步建设，改造提升新城基础设施和公共服务设施，带动第二、第三产业同步发展，进一步提升城市功能。大连花园口经济区要综合考虑自身产业发展、城市建设、自然生态等因素，构建"两区"空间发展布局，即产业功能区和城市功能区。产业功能区

重点发展新材料产业和生物医药产业；城市功能区要依托临海、滨河、湿地、绿地等良好自然环境，重点完善生活服务、生产配套等服务功能。

（2）大窑湾港辐射区域组团。大窑湾港周边产业区域，可着力构建"一核、一带、多片"的总体空间结构，完善城市功能区，优化产业功能区。其中，"一核"指的是将小窑湾城市副中心，建设成为城市核心标志区。"一带"指沿黄海发展带，依托黄海沿岸港口及区域交通干线，带动各功能片区发展。"多片"指的是周边的多个功能片区，包括先进装备制造业园区、亮甲店工业园区、双D港产业园区等工业园区以及小窑湾国际商务区、金石滩国家旅游度假区、金石文化旅游产业园区等服务业园区。大连保税区主功能区要加强园区内部功能区的有机组合，总体形成"一城、一港、一核心功能区"的空间结构，即以出口为主导、以新能源为产业发展方向的大连汽车物流城，以油品为特色的东北亚重要的国际能源港和东北亚重要国际航运中心和国际物流中心的核心功能区。未来重点产业与空间功能布局，应以产业集聚和人口集中相适应为基本原则，围绕各区主导产业的发展而展开，并应按建设城市新区的要求进行建设，既要突出特色，又要寻求错位发展，更要功能互补，采用"分区配套、块状分布"的方式进行总体布局。

（3）其他相对独立的产业园区。辽宁海洋产业经济区要根据经济区功能定位、资源环境承载能力、现有基础和发展潜力，构建以黑岛新城为核心，以化工化纤新材料园、渔业产业园为产业集聚区的"一城两园"的空间布局。黑岛新城要围绕辽宁海洋产业经济区建设，坚持与辽宁海洋产业经济区统筹规划、同步建设、融合发展；化工化纤新材料园和渔业产业园要发挥各自的产业优势，提高自身核心竞争力，完善产业配套设施。

大连登沙河产业区以开发建设"一城一园三区"为重点，即生态宜居城，通用航空产业园，金属材料区、先进制造区和港口物流区。大力发展金属材料产业，积极培育现代通用航空服务产业，培育现代港口物流产业，加快产业优化转型。

大连皮杨中心产业区把握"港产城区一体化发展"的原则，明确产业区、城市功能区、生态功能区定位。科学配置临港区域资源，实现可持续联动，在联动发展方向上有机结合，形成产业区、城市功能区、生态功能区一体化的发展格局。

大连冷链物流及食品加工园区应突出新兴海洋产业和冷链物流产业的区域特色，与皮杨、登沙河产业区加强互联互通，有效利用好周边城镇和产业园区的基础设施，充分开发渔港资源，形成产业集聚效应。

大连湾临海装备制造业集聚区是内陆进入大连市区的必经门户，是大连"两翼"发展空间纵向联系的中枢通道，具有不可取代的区位价值。未来产业发展以重大成套装备制造业和空港物流为主导产业。实施"优势产业升级、新兴产业倍增、现代服务业提速、低端产业梯度转移"的发展战略，围绕装备制造业的"核心型企业"和"骨干型企业"，加快装备制造业集群式发展；借助新机场建设所带来的大量人流、物流、资金流和信息流，将空港物流业培养成为带动区域经济发展的新引擎。

大连长山群岛经济区自然条件优越，考虑到大连长山群岛经济区海洋生态经济区的资源、环境特点、空间位置以及水、岛、礁等关系，坚持保护为主、适度开发的原则。发展海洋牧场建设区，并加大科学技术投入；适度发展海产品加工业；大力建设旅游避暑度假区，以会议经济、群岛避暑、垂钓体验、休闲度假养生、海岛风光和渔业观光为主要发展方向，形成大、小长山岛核心旅游度假带和广鹿岛国际会议区、獐子岛渔文化体验区、国家海洋公园区的"一带三区"旅游发展格局。

三、城市空间布局

随着大连自由港建设的推开，城市空间规模将不断扩大，空间结构也会日益复杂，作为东北地区对外开放的窗口，大连与东北腹地各城市的联系将更加紧密，市区与周边地区将逐步形成一体化发展趋势，在空间使用上将向国际性城市靠拢。应当尽早着手，合理规划空间布局，促进区域联动发展，构筑"网络化、多中心、集群式、集约型"国际性城市的空间格局。

（一）国际性大都市的城市空间发展经验与趋势

在城市化进程中，国际性大都市呈现出集群化、网络化的特征，在功能上表现出"城市群—大都市"相融共生的特点；在空间构成上呈现出"大都市区—核心城市区—核心功能区"的空间层次。

区域空间布局上，国际性城市均形成由规模合理、协调有序的大中小城市和城镇共同构成的城镇体系格局和多中心公共服务体系。伦敦大都市区面积约为3.9万平方千米，人口约为2091万人。大伦敦行政辖区（1500平方千米）是区域的核心，具备金融、服务、商务、文化等国际服务和辐射功能，区域内有135个城市，442个小城镇，通过高速公路和城际铁路保持与核心区紧密的经济、社会联系。区域内的次级城市在参与全球竞争的同时，作为大伦敦的重要腹地，为其发展提供各方面的支撑。研究表明，人口和就业增长最多的地区位于大伦敦以外的城镇。

公共服务方面，国际性城市突出区域城乡之间的公共服务设施的无差异和均等化，注重郊区小城镇的功能完善和环境风貌特色。新加坡新镇建设强调公共服务的提供，通过规模合理、层次分明的"三级结构"（新镇—小区—邻里）体系逐步落实，新镇配置大型商业、地铁与公交转换站、图书馆、体育中心、公园等，服务半径大约为1.3~1.5千米。香港新市镇比市区有更多的各类配套社区设施，居民的基本需要在市镇内就能得到满足。

交通网络方面，国际性城市构建区域内层次清晰、四通八达、便捷高效的交通网络。东京首都圈构建了以铁路和轻轨为主的多模式、全覆盖的交通网络，满足新城到首都圈和新城域内的交通出行。经过多摩新城的铁路和轻轨有4条，新城内设13个车站，各个车站和附近小区由多条专线大巴联络。

功能发展方面，国际性城市形成综合性功能或特色功能的节点城市，各城镇间功能定位清晰、产业分工协作合理。东京首都圈（约3.6万平方千米，人口规模4212万人）外围（100~150千米）的7个县形成了4个自立都市圈，具备综合性城市的功能，承担大都市区层面的产业职能分工，既强调商业中心、科技教育中心、国际港湾、枢纽、工业中心等，又突出城镇的复合性和独立性。

总的来看，国际性城市的空间使用的趋势主要有六个方面。一是关注结构性引导发展。在市场化高度发展、城市空间联系高度密切的条件下，功能结构的规划引导能够直接体现空间发展意图，在明确发展重点的同时兼顾发展弹性，成为引导城市空间发展的主要规划方法。二是关注战略性中心体系。中心体系是结构规划中的核心要素，也是构建系统功能网络的基础，对于城市发展具有战略意义。实践表明，结构规划往往依据全域的功能需求与市场潜力，塑造具备特定功能的中心，并形成相对扁平的中心体系，以功能的空间需求为导向，明确城市未来发展的重点地区。三是关注开放式网络联系。开放式的网络联系一方面是中心体系形成的重要支撑，另一方面也是区域协调以及国际性城市扩大资源配置能力的客观要求。历史经验表明，网络联系应该以区域格局为重要依据，同时与中心体系高效衔接，形成城市发展的基本骨架，为空间拓展以及交通设施布局提供指引。四是关注功能化空间分区。空间分区有利于根据空间的资源禀赋差异化地配置资源，形成分区的集群联动效应。在确定空间分区时应该依据功能以及发展需求的相似性，在进行分区引导的过程中明确分区的发展重点。五是关注基础性生态空间。生态安全是城市可持续发展的基础保障，结构性生态空间的保留对于维护生态安全具有重要意义。六是关注日常性文化规划。历史建筑与空间、民俗习惯、文学作品、神话传说、公共活动或社区生活，所有能体现地域和人群差异与特质的事物都是以文化规划为导向的城市发展中可以利用的历史文化资源。以历史建筑群体、历史街区和历史空间为主体所构成的"历史文化环境"是城市"人文空间"的重要组成部分，在城市建设的过程中扮演着独特而重要的角色。

（二）自由港城市的空间布局展望

1. 大连自由港城市空间发展目标。打造具有区域竞争力的国际自由港城市区域。大连市作为自由港辐射区域经济发展的核心，应积极培育自主创新和集聚高端产业要素，打造在东北亚乃至全球有重要影响力的国际金融服务体系、国际商务服务体系、国际物流网络体系；推进人口、产业向外围地区和潜力地区集聚，推进园区共建合作和产业价值链的跨区域分工，发挥核心城市的扩散效应，共同构筑参与区域竞争的核心主体。

构建多中心协作的网络城市区域。建设网络化的空间格局成为未来地域资源优化配置的重要手段和突破口。而网络化的资源配置优势不仅仅在主城区，在城市近郊和周边市县也同样适用，其构成的各个城市网络化功能分工与交通联系初具雏形。

营造可持续发展的弹性城市区域。要建设国际自由港，空间布局理念应当逐渐转向高端集聚、绿色、生态、可持续等方面，明晰城市空间拓展的底线，增强空间形态、结构与功能的有机整合。

2. 城市空间发展模式。为建设国际化的自由港，大连应当形成网络化、多中心、组团发展、集约用地的城市空间发展模式。突出"城镇网、交通网、生态网、文化网"的作用和效应，强化中心城区和网络节点区域的功能，构建面向东北区域的"开放型"城镇空间体系。弱化行政界线，依据人口分布和产业分布、城镇发展历史等特征，构建与自由港相匹配的功能中心体系。在严格保护生态环境的基础上，强化中心区域、节点区域的辐射带动作用，形成主城区、产业园区和市镇合理分工，生态、产业、居住等功能组团发展的格局。在建设用地紧的约束条件下，转变拓展型、粗放型的城镇空间发展模式，倡导公共交通引导城镇合理布局（TOD模式）、混合功能的用地开发、城市有机更新和低碳生态绿色发展模式等，促进形成"大分散、小集中"的新型城镇空间格局，实现建设用地的高效使用。

3. 强化生态约束。坚持节约资源和保护环境的基本原则，加强生态环境的综合治理，以绿色、可持续发展理念推动大连市发展。提高水资源的利用效率，降低工业单产耗水量，调整农业作物结构和布局，健全农业计划用水、节约用水管理制度，大力提倡节约生活用水，完善污水处理回用或分质供水设施。发展清洁能源，大力发展核电、风电、太阳能发电和生物发电技术，提高新能源在全市能源消耗中的比例。合理规划矿山开采，修复矿山环境，防止植被破坏、土地沙化、水土流失等问题出现。加强大气综合治理，持续改善空气质量。加大生态保护和修复的力度，加强对地质环境的保护和整治修复。严格保护好自然保护区、森林公园和饮用水源地。控制海洋开发强度，保护好黄海、渤海自然生态岸线，治理船舶港口污染，增强港口码头的污染防治能力。

4. 优化城市战略发展布局。大连自由港的空间结构可以以主城区为中心，以金普新区为次中心，以各区域性中心城市为节点，不同区域间联动发展，形成合理分散、适度集中的都市区空间发展格局。

在空间结构上，以中心城区，包括市内四区、旅顺为核心，以金普新区为副中心,以瓦房店城区为区域中心形成渤海城市组团;以庄河为区域中心形成黄海城市组团;以"哈大"交通走廊为发展中轴,顺渤海、黄海两个侧翼向北拓展城市空间;以瓦房店城区、太平湾临港经济区、长兴岛经济技术开发区、庄河城区、花园口经济区、皮杨经济区、长海城区为发展节点,带动周边区域的发展。同时,加快永宁、复州城、老虎屯、安波、莲花、仙人洞、长岭、青堆、黑岛等重点城镇的建设。

随着大连市区向北拓展,要依托自贸区大连片区建设,加快现代服务业和新兴产业的发展。通过全面建设产业发达、功能完善、生态良好的金普新区,使其成为大连都市区中心区的一部分和大连现代生产职能的新增长极,进一步增强城市承载力、辐射力和综合竞争力,加强金普新区与大连主城区的联系,将其打造成大连的生态宜居新城区、国际物流中心和现代产业核心区,以及东北地区对外开放的龙头。作为未来大连都市区中心区北部的经济中心,金普新区要加快城市化进程,提升城市功能和国际化水平,加快产业功能园区建设,努力抢占新兴产业发展制高点,打造先进制造业聚集区,同时要完善城市功能,为成为未来一段时间内产业和人口集聚的中心打下基础。

加快中小城市建设,完善城镇网络体系。针对当前大连市区发展中存在的区域性中心城市带动力不足、中小城市数量偏少等情况,在未来大连自由港的空间发展过程中,应该加快中小城市发展步伐。在加快瓦房店、庄河两个区域性中心城市及长兴岛、花园口、皮杨、长海等重要节点建设的同时,促进小城市和中心城镇建设。在沈大、丹大等交通轴线两侧,建设一批人口10万以上、规模较大、质量较高、功能齐全、区位特色明显的综合型小城市和中心城镇,使其成为带动周边小城镇和农村地区发展的小区域经济中心,促进北部地区尽快融入大连都市区的发展范围中来,使其成为大连自由港的边缘区,努力构建"中心城区—区域性中心城市—小城市(中心城镇)—小城镇"的自由港城镇体系网络。

普兰店区在加强核心区的建设和辐射带动能力的同时,应该加快皮口和杨树房空间资源的整合,实现皮杨一体化,将其打造成为整个区域的副中心。加快安波、莲山等重点乡镇、街道建设,将安波发展为以温泉泡浴为特色,包括康疗养生、会议会展等功能为一体的休闲度假名镇;将莲山打造成为普兰店区的商贸流通、物资集散中心区域,成为带动周边地区发展的中心。以皮杨、安波和莲山三个中心区域为核心,带动周边城镇和乡村的发展。沿境内的海皮公路和兴唐公路这两条发展轴线拓展城市空间,形成"两心两点两轴线"的城镇空间结构发展格局。

在渤海沿线,在加快瓦房店老城区建设的同时,积极实施瓦房店沿海经济区建设,加强长兴岛临港工业区建设,推进瓦房店与长兴岛进行区域整合,使其成为连接大连市区和东北腹地的重要节点和渤海沿线的区域性中心城市。同时,加快复州城、永宁、得利寺等重点城镇的发展,带动周边地区的发展,形成由以复州城为中心的中部组团、以永宁为中心的西北组团和以得利寺为中心的东北组团构成的组团式发展格局。在空间结构上,通过沈大高速公路、城八线、202国道、盖亮线等市域城镇发展轴线将各个节点和城镇连接起来。在横向上,沿城八线统筹瓦房店老城、老虎屯、复州城、滨海新城和长兴岛发展,形成"瓦长发展带"。在纵向上,通过沈大高速公路、202国道、盖亮线等纵向交通轴线,将三个发展组团、瓦房店城区及中心区连接起来。

在黄海沿线,庄河在拓展主城区城市空间的同时,加快市区周边的大郑镇、徐岭镇、吴炉镇、兰店乡、石城乡和王家镇等卫星城镇建设,使其成为新城区的重要组成部分,将庄河建设成为黄海沿线的区域性中心城市。同时,加快花园口经济区、皮杨城区和大小长山岛等重点区域的发展,使其成为带动周边区域发展的重要节点。而庄河在将仙人洞、长岭镇列为中心城镇,带动周边城镇发展的同时,加快黑岛和青堆两个城镇的小城市建设。通过丹大高速公路、201国道、305国道和203省道等交通轴线,将以花园口、青堆、长岭、仙人洞等重点城镇为中心的区域发展节点与庄河城区及中心区连接起来。

第三节 以港口建设为重心完善基础设施建设

建设自由港,要进一步强化海空综合枢纽作用,加强辽宁沿海港口两翼优势互补协同发展,建成"立足东北,辐射全国,服务东北亚,连通全球"

的国际一流自由港、国际海陆物流网络重要节点。以辽宁自贸试验区大连片区建设为契机,进一步提升大连港城发展,创新突破体制机制障碍,打造与国际接轨的良好港口条件和基础设施,建设服务功能健全、要素相对集聚、领先东北亚区域、具有较强区域资源配置能力的区域重要节点城市。

一、提升海空双港能级

(一)完善海空港升级相关规划

加快推进大连自由港战略总体规划研究部署和各重点港区研究规划,加快编制新机场规划战略。在充分落实全国沿海港口规划、全省港口布局规划要求的基础上,从功能布局上做好港口升级规划与城市总体规划、综合交通运输、海洋、土地等规划的有效衔接,在产业布局上做好与临港、临空产业及物流产业规划的衔接,形成完整的规划支撑体系,实现各层次、各专项、各门类规划的有效衔接和协调互动,为大连建设自由港城市、提升海空双港能级做好制度性准备。

(二)巩固提升海港枢纽地位

适度扩大港口规模,明确码头建设应保持适度规模,避免大规模建设造成能力过度超前,投资效益和岸线效率下降。应借鉴日本东京湾港口群发展经验,组成港口联盟,确立合理分工,竞合发展,提高整体竞争力。大力推进大窑湾港区专业化集装箱泊位工程建设。相应在大窑湾北岸核心区规划建设多个功能板块,可包括港航服务区、港口功能延伸区、国际集装箱中转区、现代物流区、汽车产业区及商务休闲区,为港航服务、现代物流、商业休闲等业务搭建发展平台。此外,推进重点港区进港铁路支线建设,推进大窑湾北岸作业区疏港高速、长兴岛港区疏港高速、太平湾港区疏港高速等重要集疏运干线建设。

(三)进一步提升空港枢纽地位

提升空港航线网络覆盖面,提高航班密度,争取国家在空域管理、航权分配、时刻资源等方面的支持。充分发挥对东北亚，特别是日韩航线优势，积极推动对欧洲直航航线开辟。扩大基地航空公司规模，支持基地公司优先发展国际国内中转航线，吸引国内外航空公司、航空联盟在大连发展，提升机场旅客中转服务水平和航班准点率。支持国内外航空公司和综合物流服务商入驻大连空港建设国际性转运中心，推进国际快件转运中心建设，建成东北亚区域航空枢纽港。实现空港航线网络布局进一步优化，辐射能力进一步增强，对日、韩航线进一步巩固，成为区域性航空枢纽港。

（四）完善多式联运服务体系

以大连为枢纽节点，构建以海铁联运、空铁联运为核心，以海地、空地等为补充的连接亚欧市场的多式联运网络体系。依托国家集装箱海铁联运物联网应用（大连港）示范工程，积极培育多式联运经营主体，加快推动冷藏集装箱、商品汽车、零担货物"散改集"等多式联运业务发展，研究制定联运组织一体化解决方案，优化班列运行线路，规范多式联运业务及监管流程。依托大连港、大连空港国际物流园，建设货邮海空联运体系，拓展海空物流服务。优化大连邮轮和客运码头与大连机场、大连火车站间的联程服务（登船手续、行李直运等方面），打造多式联运服务便利化体系。

二、打造智慧港航体系

（一）以智慧港航体系为发展目标

构建覆盖大连、辐射东北亚的港航、物流公共信息平台，实现与相关港航、物流信息系统和平台之间可靠、安全、高效、顺畅的信息交换，实现行业内相关信息平台交换标准统一，提供公正、权威的港航、物流相关公共信息服务，有效促进大连国际航运中心产业链各环节信息互通与资源共享。支持港航大数据的开发应用，为企业创新开发信息服务产品提供有效接口和支撑，为企业创业、创新提供宽松、便捷的发展环境。

（二）建设大连自由港公共信息平台

构建跨区域、跨行业、跨部门的公共信息平台，实现与大连自由港建设相关的港航、物流等公共信息的汇聚和开放,实现与东北地区内陆港、环渤海其他港口的公共信息互通和资源共享,建立与东北亚等"一带一路"沿线地区公共信息交流共享机制。支持港航大数据的开发应用,鼓励企业创新开发信息服务产品,完善在线应用,降低信息交互成本。支持大连港"壹港通"国家智慧港口示范工程建设。

(三)创新"互联网+航运、物流、金融"服务

促进航运业和互联网技术融合,鼓励传统航运企业发展电子商务等互联网新兴业态。依托大数据、云计算在航运、物流领域的应用,优化物流运作流程,提升供应链资源配置能力和服务效率。支持传统金融机构依托智慧港平台和物流企业平台拓展供应链金融业务,健全企业征信体系,为物流企业和中小贸易企业提供便利化的金融服务。

三、推进物流体系和配套设施建设

(一)完善物流大通道和物流节点建设

畅通陆上物流通道建设,重点培育过境铁路通道,完善中欧、中俄班列,提高大连至俄罗斯、欧洲铁路跨境运输通道的运输能力和服务水平,完善重点港区公路集疏运通道;优化空中航线网络,强化空港对东北亚地区的辐射作用。推进物流节点体系建设,推动研究编制东北亚地区及俄罗斯、欧洲等"一带一路"沿线地区内陆无水港(物流网络)布局规划,积极将物流基地建设延伸到俄罗斯及欧洲,继续推进东北地区内陆无水港建设。推进"一岛三湾"、长兴岛、太平湾等物流园区建设。依托新、老机场物流园区,加快建设国际物流、快递、保税仓储、加工、分拨等设施。形成以大连为核心,覆盖东北、辐射华北西北、连通国际的物流网络。

(二)推进专业物流发展并拓展贸易等服务功能

依托大连航运优势,重点推动矿石、油品、粮食、木材、冷链等专业化物流中心建设。以大窑湾冷链物流基地为核心,打造辐射东北亚的冷链综合

服务网络；拓展木材检疫检验、加工等功能，建设区域性木材贸易、分拨集散中心；完善商品汽车物流配送、改装加工、展示交易等服务功能，完善平行进口汽车贸易金融功能，打造以港口为枢纽的汽车供应链服务体系；拓展粮食的国际采购、转口贸易、分拨集散、临港保税加工等服务功能；提升航空物流服务功能，拓展电子产品、海珍品、花卉、奢侈消费品、快递包裹等适宜货种，大力发展临空物流加工业。

（三）依托自贸区建设提升自由港物流服务功能

大力发展国际中转、采购、配送以及转口贸易。依托现有的大连保税区，加快建设保税物流基地、出口采购配送基地和保税离岸货物基地，完善油品、矿石等保税期货交割基地建设，探索建设自由港展示交易平台，形成与国际市场接轨的自由港物流网络体系。全面建设中国（大连）跨境电子商务综合试验区，重点提升对日韩跨境物流的服务能力。结合自贸区政策，积极拓展船舶燃供、邮轮船供、油品及矿石贸易分拨、汽车及零部件转口贸易等自由港物流服务功能。

（四）推动航运服务集聚区发展

高起点规划自由港建设并积极推动大连市中心城区（中山区）、辽宁自贸试验区大连片区（大、小窑湾）等航运服务集聚区的建设和发展，围绕航运有关要素，在落实自贸区政策的基础上，开展先行先试，重点吸引大型航运企业、物流企业、航运和物流金融、航运保险、海事法律、航运咨询、航运交易、航运信息及相关行业组织和功能性机构向大连集聚，支持大连具有本地优势的船员培训、海事法律服务等业态发展，提升现代航运服务功能和对外辐射能力。

（五）培育壮大邮轮经济、推进国际邮轮城建设

完善大连邮轮码头布局建设，统筹老港区整体开发改造，加快推进老港区邮轮设施建设。在邮轮港后方打造餐饮、娱乐、休闲及购物综合体。积极拓展丰富邮轮航线。吸引邮轮公司开辟邮轮航线，打造大连精品邮轮产品。

积极开辟日韩航线，推进开辟俄罗斯远东航线、东南亚航线，吸引境外邮轮挂靠大连港，依托大连海洋旅游资源，积极研究开辟国内沿海邮轮航线。推动城市邮轮旅游产业发展，注重培育客源市场，依托船公司、旅行社、行业协会等开展多样化的邮轮旅游宣传推介活动，提升居民对邮轮旅游的认知度，逐步培育邮轮旅游文化，不断扩大客源市场。此外，加大邮轮产业链延伸。积极发展邮轮酒店用品、食品及物料等邮轮供应服务。建设邮轮综合服务区，为邮轮提供船舶修理、燃料供应、物资配送、废弃物接收等在港服务。适时推动邮轮设计、建造、维修业务的起步发展，延伸邮轮经济的上游产业链。

四、推动绿色安全港城发展

（一）建立绿色安全港航发展目标

进一步提升港航安全发展水平，使水上交通安全监管和救助系统覆盖全部水域，使重点海域离岸100海里以内海域应急到达时间不超过90分钟。继续推进资源节约集约利用和有效保护，在绿色低碳发展方面取得新进展，在船舶能源消耗和污染物排放管理方面取得新突破，使岸基供电技术等节能技术的应用水平明显提升，按照环渤海船舶排放控制区建设要求，进一步提高进港船舶使用低硫油水平。

（二）加强资源节约集约利用

坚持生态优先、绿色发展，健全海洋资源开发保护制度，按照有序、有度利用自然的原则，进一步科学规划利用港口岸线，有序推进港口设施建设，优化已有岸线使用效率。

（三）推动节能环保技术应用

加快节能、低碳技术创新和应用，扩大新能源和清洁能源使用范围，推进"油改电""油改气"，实施到港船舶船用燃油使用最低标准制度，落实船舶大气污染物排放控制区要求。强化污染源管理，严格落实粉尘治理、油气回收、船舶污水和垃圾处理等要求。

（四）实行严格的危险品安全管理

按照"全覆盖、零容忍、严执法、重实效"的总体要求，全面加强危险化学品、易燃易爆物品的运输安全管理。建立港口危险货物安全管理信息系统和港口危险货物安全监管信息平台，实现港口危险货物管理、监管智能化。严格从业人员从业资格管理，严格落实装卸、仓储、包装、运输等作业活动的相关法规标准要求，确保危险化学品和易燃易爆物品运输安全可控。

（五）完善安全应急系统

加强水上交通安全监管和应急救助能力建设，完善水上应急预案、应急管理体制机制、应急指挥系统。结合海空两港货物进出港、转运堆存，邮轮母港旅客集散，机场货物、旅客吞吐等业务特点，引导和监督企业加强安全风险防控，建立有效的安全隐患排查整改机制。

五、构筑高效便利的交通格局

按照建设国际自由港的一体化交通体系的要求，确立和完善绿色交通，引导城乡加快推进综合交通运输体系的转型：从大力推进交通设施建设向更加注重综合管理转变，在新起点上实现更高发展，支撑自由港建设发展。

在交通建设方面，努力构建由机场、高速铁路、轨道交通、高速公路和快速路所构成的一体化综合交通运输体系。加速推进全域各中心节点间的快速连接，在大连市域范围内打造"1小时交通圈"，为在全域范围内建设自由港提供有力支撑。在纵向上，通过对201国道、202国道、203省道、滨海公路的改造和加快渤海大道、丹大高铁及轨道交通体系的建设，优化纵向交通体系，加强黄海、渤海城市组团与主城区、新市区的联系，加快黄海、渤海两翼工业园区和城镇体系的发展。通过由哈大铁路、202国道、渤海大道等构成的沈大交通走廊和由201国道、丹大高速公路和丹大铁路等构成的丹大交通走廊，将渤海区域城市组团和黄海区域城市组团等拓展区与中心区串联起来，构成渤海沿线的沈大发展轴线和黄海沿线的丹大发展轴线。而在横向上，则通过对305国道、城八公路、海皮公路等公路干线进行升级改造，加强金普新区及黄海、渤海城市组团之间横向上的联系，提高大连都市区北部各城镇与区域性中心城市及各城镇之间联系的便利性。

完善轨道交通为主的多层次城市客运系统。以公共交通提升空间组织效能，发挥公交复合廊道对城镇体系的支撑作用，强化公交枢纽的集聚效应，鼓励以轨道交通站点为核心的土地复合利用，推进城市空间整合，提升城市运行效率。加快地铁、轻轨等轨道交通建设，形成纵横交错、便利高效的轨道交通体系。完善城市公交枢纽，实现公共交通"零距离"换乘。在主城区居民生活圈发展高密度、小站距的市区轨道交通，在各组团发展区域之间建设高密度、高容量的快速运营体系。保障机场、城际铁路等长距离客运与城区公共交通体系无缝衔接，提高城际、国际人口流动效率。

以交通廊道引导空间布局，强化区域廊道对空间发展的引导作用，培育哈大、沿海等廊道上的城镇和节点城市，差异化发展区域交通廊道，增强廊道服务效率，提升服务能级，强化区域交通廊道安全可靠性。推进铁路系统参与城市货运体系资源整合，形成铁路、轨道一体化运输网络体系，强化货运铁路体系对港口与东北腹地的拓展支撑作用。加大铁路在港口货物集散中的比重，减少公路集疏运对城市交通的影响，加强以铁路为主的综合货运枢纽建设，完善货运物流节点布局和功能。

第四节　探索自由港城市治理的新模式

"推进国家治理体系和治理能力现代化"是全面深化改革的总目标。城市治理体系与治理能力现代化是区域经济转型发展中的重大课题。在推进大连自由港建设的过程中，城市治理成为这一课题的重要组成部分。认真研究国际性城市的治理经验，结合自身实际，通过制度创新、模式创新，探索开放性、包容性的治理模式，是大连自由港城市治理的必由之路。

一、国际性城市的治理经验

（一）建设开放的服务型政府

开放性、服务性是国际性城市政府部门的基本特征。除了鼓励和支持社会力量参与、积极回应社会需求之外，政府的开放性还意味着政府信息、决策、行为的公开透明。在全球化、信息化成为国际性城市主要特征的背景下，城市政府治理必然具有更高的透明度要求。透明性要求政府信息能够及时通过各种传媒为公众所知，以便公众能够有效地参与公共决策过程，并且对公共管理过程实施有效的监督。不断提高政府透明度，是改变城市治理模式的突破口。如果加强信息公开，公众能够获得据此评价现任政府政策的信息，就会切实激励其参与的积极性，从而构筑更加民主的治理体系。从国际上来看，要打破公众对政府官员的隔膜感、恢复公众对政府的信任，唯一且强有力的武器就是提高政府的透明度。

政府的服务性特征意味着对个人权利提供更多的保障。城市治理要求对个人权利的保障延伸到每一个自然人。其中，个人权利主要是指宪法性权利。世界正义项目（WJP）将宪法性权利的保障分为如下几个方面：平等对待和减少歧视得到有效保障，生存权和人身安全得到有效保障，法律正当程序和被告权利得到有效保障，意见和表达自由得到有效保障，信仰和宗教自由得到有效保障，隐私权得到有效保障，集会和结社自由得到有效保障，基本劳动权得到有效保障，等等。

此外，尤其需要重视对弱势群体的权利保障。为城市贫困人口和边缘化群体提供足够的信息以帮助他们了解参与地方治理至关重要。全球背景下，城市作为新诉求的表达场所而出现，城市人口中弱势群体的诉求都以国际化形式存在于大城市中，因此，公共财政支出在遵循平等性的基础上，应当向弱势群体适当倾斜。服务型政府是"有限政府"，无论在规模、职能、权力，还是在行为方式上都受到法律的严格限制和有效制约。凡是公民、法人和其他组织能够自主解决的，市场竞争机制能够调节的，行业组织或者中介机构通过自律能够解决的事情，政府一般都不应通过行政管理去干涉。

（二）强调依法治理与规则意识

主要国际性城市所在的国家都是法治程度更高的国家，政府依法治理的意识和能力突出，公众习惯于借助司法渠道维护自身权利，且具有根深蒂固的法治意识、规则意识。也就是说，国际性城市政府都是法治政府，城市自身也都是法治社会。在国际性城市，司法是市民权利救济的主渠道。尽管在民主法治程度高的城市，为市民提供权利救济的途径日益多元化，但司法途径始终最受市民的信赖。司法制度是维护公平正义的最后防线，司法对政府公权力的监督制约也最具成效。司法公正是民主法治城市坚持的重要原则，具体体现在司法独立、司法公正等方面。孟德斯鸠把司法独立看作是公民自由的保障："如果司法权不同立法权和行政权分开，自由也就不存在了。"

公正的司法不仅是一种法律价值，还是一种法律制度。如今，司法独立、司法公正已成为一般法治国家普遍承认和接受的基本原则，是国际性城市法治社会的支柱。与此同时，规则意识的普遍确立也是国际性城市法治程度较高的社会基础。国际性城市的专业化分工越来越细密，在社会管理、贸易、金融、证券服务等专业领域，必须严格按照"游戏规则"办事。国际性城市的发展需要规则及市民的规则意识来保证。综观民主与法治程度高的城市，其市民的民主与法治意识均较强，不仅体现在个人权利意识上，还体现在规则意识上。既包括公众对自身合法权益的积极维护，也包括公民权理性行使的正当性；既包括公众积极主动、自觉地遵守和服从法律规则，也包括公众消极被动或被迫遵守和服从法律规则。强调规则意识与强调权利意识并不矛盾，也不意味着要求人人缺乏自主地奴性服从法律，成为法律治理的对象，而是要求每个公民在对法律规范的内在价值认同的基础上，能够理性地行使权利，积极主动地服从规则。

（三）确保城市安全运行

历史上，国际性城市几乎都遭受过多次打击，在高度开放的条件下，城市公共安全会受到更大程度的威胁。因此，国际性城市都特别重视从体制、机制、技术、公众参与等多个维度加强安全防护，并增强政府各方面的治理能力。在城市安全防护方面，国际性城市注重实现无缝隙管理。国际性城市是一个复杂的系统，信息公开、大数据公开、通信技术发展和制度公开破除了各种各样的壁垒，真正的无缝隙管理模式也就诞生了。无缝隙管理包括三个层面：组织无缝隙，即组织内部无缝隙和组织之间无缝隙；流程无缝隙，即所有流程均相互衔接无缝隙；事务无缝隙，即城市事务本质上是相互关联的，所有的管理方案按照事务相互关系实施无缝隙对接。

政府治理能力是政府管理社会公共事务，提供公共服务以满足大众需要，平衡并化解社会矛盾，促进社会稳定发展的潜在的和现有的力量和能量的总和。国际性城市是具有全球影响力，在经济、文化资本及创新方面最有实力，能够沟通、连接全球经济和资源的基本节点城市，只有具备有效的治理能力，城市才会有秩序和活力，才可能在经济、文化资本及创新方面有巨大的发展。对于确保城市安全运行而言，两方面的政府治理能力尤为重要：一是政府应对处理突发事件的能力，二是跨部门、跨区域的协同合作能力。此外，在信息化的背景下，国际性城市政府也都积极充分利用互联网建立发展新的治理模式。特别是基于社交网络，政府与市民有了更好的交流和合作平台，使得社会治理有可能摆脱科层制的限制。基于互联网，纽约推行所谓的"众包"或"市民外包"模式，即向广大的公众外包，市民成为政府的合作者，政府与市民共同提供公共服务与社会治理。纽约践行"参与式预算"这一概念，通过网站让纽约每个区的市民可以直接决定如何使用部分公共预算，共同创造和合作治理的新模式正成为全球城市探索社会治理模式的新动向。

（四）鼓励社会力量充分参与

国际性城市都特别重视社会组织、社区自治组织、市民、志愿者等社会力量参与城市治理，形成了多元主体协同治理的格局。国际性城市之中社会组织的数量众多，每个社会组织关注的议题不一，但都以不同的形式参与公共服务、社会治理、政策制定与议题倡导。随着社会、经济、政治、文化的发展，人们的独立性和自主性大大增强，文化水平、管理能力普遍提高，必然要求自己管理和处理自己的事务，公众的社会自治和自我管理、自我服务在城市社会治理中占据日益重要的地位。在城市治理过程中，政府与其他社会组织组成了一个动态、复杂的网络系统。政府成为网络关系的管理者，而不是城市社会中唯一的管制者。它与其他组织一起构成了相互依赖的组织网络。由于网络社会中的问题具有复杂性，单个政府部门解决问题的能力受到了限制，政府必须与网络中其他组织合作，才可能有效地回应社会。在主要的国际性城市，各类社会组织一方面通过其章程和组织规则，协调成员间关系与矛盾，从而建立和谐的自治秩序；另一方面，作为政府与个人之间的中介，社会组织提供了组织化的公众参与路径。社会自治的高度发达带来了开放的公共管理与广泛的公众参与相结合的公共治理模式，体现出治理主体多元化、治理方式多样化等特征。

二、未来自由港的城市治理方向

随着城市规模的扩大，社会阶层、社会群体利益分化和多元化更加显著，不同阶层的公共需求也更加多元化和复杂化，协调城市各阶层利益需求、完善城市治理，是多数开放性城市共同面临且尚未解决好的问题。大连在城市治理方面已有较多的实践经验，未来大连应通过制度创新、模式创新，实现社会良治，不但可成为开放区域的治理典范，而且可成为向世界展现中国国家治理体系和治理能力现代化的窗口。

（一）以市民为中心的服务型政府

尽管存在程度上的差别，但总体上，主要国际性城市都呈现出一种"小政府、大社会"的政社关系，城市政府自下而上产生，对市民负责，具有很强的自治性和服务性。我国大多数城市当前的政府治理模式与国际性城市有一定差距，仍是一种以行政管理为主、以社会自治共治为辅的治理模式。未来，随着大连市民生活水平、教育水平的提高，随着中产阶层社会的到来，同时由于利益的复杂化和需求的多样化，现有的治理模式需要改革创新，以更好地满足市民不断增长的政治参与需求、社会服务需求，以市民为中心的服务型政府将成为未来政府的新形态。在国际性自由港的情境下，将会出现公共服务主义扩张的趋势，城市治理实践因而将呼唤新的治理模式，而服务型政府无疑是其中的合理选择。面向未来国际自由港城市的治理，大连必须努力探索创新服务型政府的理念、价值和治理之道。

一是建设更高层次的服务型政府。"大政府"时代向"小政府""巧政府"时代转变，政府不再是"全能政府"，其在公共服务、市场监管、社会管理、环境保护等方面的职能将更为突出，政府的服务更加便利、更加高效、更加人性化；无论是国内外任何性质的企业，还是不同层级、不同特征的市民，都能享受到贴心、满意的服务。

二是以市民为中心。各类企业、社会组织和市民的权利、需求和利益诉求将得到最大程度的尊重，社区、社会组织、志愿者、普通市民都可以充分参与到不同层级、不同领域的公共事务治理过程中，不同利益、不同权力、不同地位的声音都可以充分表达，政府成为切实对市民负责的"倾听型政府"和"回应型政府"。

（二）以法律为准绳的法治政府与社会

法治是未来实现自由港永续发展的一个关键，法治是一个社会的基础。良好的法制环境将会成为未来一个地区的优势和资源。法治一旦成为一个地区的优势，将会转化为巨大的经济优势。大连可以充分发挥原有制度优势，成为法治中国的一个率先发展区域，并充分利用法治优势赢得经济优势，解决选择性执法、非法制化竞争等问题。未来几十年城市发展的关键是人才和资本，好的治理和好的法治，能够汇聚流动资本、人才资源，推动社会治理形态日益向"法治化"的方向发展。"法律面前人人平等"的理念深入人心，法律成为调节社会内部关系的基本规范，司法成为市民维护自身合法权益、解决各类矛盾纠纷的最重要渠道，形成人人懂法、善于用法的社会氛围与合法维权、尊重规则的法治文化，包括弱势群体在内的所有人都可以很方便地以法律武器维护自身权益。

（三）预防有效、应对有力的安全城市

公共安全是社会发展进步的基础。大型城市无一不注重加强自身安全保障，通过建立健全有效的公共安全机制、公共安全体系和应急防范体系，提

高城市安全保障水平。相比较而言，大连有比较完善的城市公共安全体系和应急机制。但在建设自由港的历程中，不可避免地要应对世界性的风险。除了要面对犯罪、自然灾害、交通安全、消防安全等常规风险之外，还需要谨防各种非常规风险，如金融风险、恐怖主义袭击、大规模失业、社会冲突、流行性疾病等。各种风险源相互影响、难以避免，使城市风险具有高度复杂性和不确定性，也使城市在风险预防、识别、治理以及善后处置等方面遇到了各种严重挑战。

为建设国际自由港，大连必须进一步提升城市安全管理水平、完善安全防护体系，确保城市安全管理有效、有力和有为，提升城市资源能源供应安全保障能力、城市综合防灾减灾和应急管理能力，努力创造一个安全的城市发展环境。基于严格的制度监管，工厂企业的生产过程将更为安全，交通事故、消防事故的发生将得到有效控制。应建设具备快速、统一的应急联动体系，及时应对可能的自然灾害、公共卫生事件、群体性事件、恐怖袭击等风险。城市应当为居民创造安全的社会治安环境，各类犯罪行为得到严厉打击，犯罪率得到有效遏制，市民的安全感不断提升。执法队伍将更加专业、精干、高效，将有数量更多、密度更大、分布更均衡的摄像头服务于城市安全，市民的防范、互助、参与意识将大大增强。

（四）组织有序、参与充分的活力社会

充分的社会参与是主要国际性城市社会治理方面最为显著的特征之一，也是其提高城市治理水平的重要经验。国际性城市往往都具有较高的社会治理水平，社区发展完善，社会组织发达，社会参与充分。相比较而言，大连在社会组织集聚、社会组织参与社会治理、社区自治方面还有很多不足，在社会组织发展数量及参与社会治理的领数、能力和水平方面还不够，在社区治理机制、人员配置、治理能力方面还存在很多问题。要积极推动多元社会主体在一个平台上共同参与、互动和共享，这些多元主体包括处于主导地位的政府组织，也包括各类经济组织、社会组织、社区组织以及国际组织等。未来，政府组织要逐渐从"以我为主"的治理方式转变为"提供平台、多元治理"的治理和服务方式，社会组织、社区组织则在自我服务、自我治理的

基础上积极参与公共治理和服务，拓宽参与渠道，提高参与质量。此外，鉴于国际组织的影响不断增大，不仅要建立合理接纳外来国际组织的制度、规则和法律法规，同时还应当注重发展由我国主导的国际组织，积极利用国际组织的建设来提高大连乃至我国的国际影响力和全球治理的参与水平。将有更多活跃的社会组织在更大范围内发挥作用。社会组织在大量公共事务领域中将走向治理的前台，并将成为连接政府与民众的中介和桥梁，成为民众以组织化的方式参与公共决策的载体。社区成为居民组织化参与城市治理的主要载体，在全球化的背景下，社区还将成为不同国籍、民族居民友好交往、和谐共处的家园。市民将更加积极参与城市公共事务。既有的政治参与制度将更加有效地发挥作用；借助新的信息通信技术，市民将有更加丰富多样、更加快捷的公共参与渠道；市民参与社会的基本权利将得到更加稳固的保障，不论是社会精英还是普通民众，所有市民都有参与公共决策的平等权利，且其意见都将得到充分的尊重。

三、未来自由港治理战略路径

为实现未来自由港有效治理的美好愿景，需要扎实推进建设开放、高效的服务型政府，推进法治政府、法治社会建设，保障城市安全运行、促进社会组织发展、推动社区自治共治等五个方面。

（一）建设开放、高效的服务型政府

从政府治理创新的角度，大连需要建设开放、高效的服务型政府。开放主要体现为以市民为中心、与其他社会主体协同合作，以及建设阳光政府。高效则涉及优化结构、完善机制、降低成本等内容，同时强调提升政府的治理能力。最终，服务型政府是服务于城市所有组织和全体市民的、职能有限而更加突出服务职能的政府治理模式。

1. 切实转变政府职能，建设以需求为导向的服务型政府。转变政府职能的关键是厘清政府与市场，政府与社会的关系。从大政府到小政府，变无所不包的"全能政府"为"术业有专攻"的"有限政府"。正确处理好政府

与市场的关系，使市场在资源配置中发挥决定性作用，进一步简政放权，减少行政审批，改革工商登记制度；强化市场监管职责，完善行政执法、行业自律、舆论监督、群众参与的市场监管体系和综合监管机制，建立更加公平、开放、透明的市场规则；强化政府的公共服务、社会管理、环境保护等职能，着力保障和改善民生。在充分发挥服务职能方面，以各类组织主体和市民的需求为导向，完善政务服务体系，推进行政服务中心的规范化、制度化、标准化建设，依托政务服务平台建立统一、规范、专业的公共资源交易平台，完善公共资源配置。

2. 建设"回应型政府"，塑造开放性、参与性和合作性的平台型治理机制。回应型政府是相对于管制型政府的一种政府范式。回应型政府着眼于实际问题，明确了解社会和公众的需求，根据这些需求作出"回应"，提供让社会和公众满意的公共服务。就此而言，回应型政府是服务型政府建设的必然要求。自由港作为各类组织的聚集地和高端人才集聚地，其政府必定是一个回应型政府，要能满足各方的合理需求。在这方面，要以制度为保障，畅通信息沟通渠道，完善行政问责制度，及时、有效地回应企业与民众的合理诉求，积极建设以市民为中心的服务型政府。同时，还需要实行自上而下和自下而上双轨并行的决策机制，吸引社会力量、社会资本参与社会治理，建立治理空间高度契合、实体世界与虚拟世界治理良性互动、大连与国内国际有效统筹的现代治理体系。未来大连市治理模式应该是一种平台型治理模式，即由政府来搭建连接社会需求和服务提供方的平台，使参与社会治理的各类社会力量在治理平台上互动，并通过这一平台形成良性的互动网络。

3. 加强政府能力建设，形成高效的行政管理模式。"有限政府"并不意味着政府治理能力的弱化，大连建设国际自由港仍需要在某些方面切实加强政府治理能力。在这方面，尤其需要在转变职能的基础上切实提升各级政府部门的服务供给能力、协同合作能力、综合统筹能力、突发事件应对能力、社会危机管控能力、新技术运用能力，以及针对城市结构特点、社会变迁趋势，及时调整、有效治理的能力，提高城市治理的现代化、信息化水平。在提升政府治理能力的同时，还要积极建设高效政府。要充分利用信息技术手段，在智慧城市建设过程中强化"智慧治理"，促进政府与民众之间的有效互动，优化办事流程，降低行政成本，构建高效、扁平化的行政管理模式。

4. 建设透明、清廉的"阳光政府"。权力公开运行是未来城市政府治理的基本要求，这方面首先要做的是积极推进预算公开、政务公开、信息公开，推动行政审批、政府决策、财政资金、"三公"经费、社会保障、公共安全、环境保护等群众关切领域的信息公开，进一步开放政府信息资源。在预算公开方面，需要率先推进公共财政改革，通过增强公共预算透明度，提高财政科学化水平；推进参与式预算改革，在预算决策、执行与绩效评估过程中制订相应的公众参与制度，体现公众参与的过程化。在绩效评估方面，要从使命陈述、战略规划、目标分解、过程实施、调查评估和结果应用六个方面实现政府管理绩效全面提升和管理流程全面优化。此外，还要进一步强化媒体、舆论、网络、公众对权力运行的有效监督，加强廉政建设，有效预防滥用职权、无所作为、贪污腐化等问题。

5. 积极扩大公众的有序参与。首先是要充分发挥现有政治参与渠道的作用，完善人大、政协的参政功能。这方面需要不断完善人民代表大会制度和政治协商制度，健全运行保障机制，充分发挥人大代表、政协委员在民意表达方面的作用，推动代表委员密切联系市民，支持代表委员的专业化、职业化发展。其次是健全公众参与行政决策的机制。主要是切实保障公众的知情权、参与权、表达权、监督权，把公众参与纳入治理的规则体系中，用强制性的规则来推动公众的治理参与，规范市民参与听证会等制度的程序，拓展参与范围，引导市民有效、有序参与城市公共服务的设计规划、公共事务的监督管理与公共政策的制定。最后是不断提高参与的信息化水平。在全球化、信息化的背景下，城市治理需要充分依托新的信息通信技术不断创新市民参与方式完善新闻发言人制度，整合各类信息平台，健全快速反馈机制，畅通政府与公众之间的信息沟通渠道，并有效吸纳各类网络社会组织与个人力量参与社会治理。

（二）推进法治政府、法治社会

大连自由港建设，离不开法治政府、法治社会建设的扎实推进。

1. 推进依法执政，建设法治政府。自由港国际化、网络化和市场化的资源配置方式，更加需要高度法治的基本环境。法治政府建设意味着政府必须守法，即政府参与治理的过程只有依法进行，才能使以民为本、以服务为导向的基本理念得以实现。要完善法治保障，明确政府权限，建立权责统一的依法行政体制。要强化人民代表大会制度对政府的监督，建立健全法治建设成效考核机制，强化各级政府部门和领导干部依法治理的意识与能力。要切实推动依法行政，促进政府行为规范有序，以加快建设职能科学、权责法定、执法严明、守法诚信的法治政府。

2. 塑造良好的法治文化环境。法治文化是法治社会的重要精神支柱和内在动力，法治文化对法治社会的支持远比制度、设施更加牢固。法治文化是建立在制度化、法律化基础上的，不以个人的意志为转移的理性文化，法治文化最主要的特征就是理性化，要充分发扬理性主义、规则主义和市民性元素，创建具有大连特色的法治文化，同时，要加强法治宣传，弘扬法治精神，完善法治环境，提高市民学法用法的意识、水平。一方面，要把握法治宣传规律和受众认知规律，提高法治宣传水平；另一方面，在宣传渠道和手段上，要高度重视和充分发挥微博、微信、微视频、手机客户端等新媒体应用的传播优势，采用灵活方法，打造多媒体、可移动的普法平台。

3. 健全法制化的诉求表达机制。建设法治社会意味着所有公民或社会组织都必须守法，即公民或社会组织参与治理的过程必须依法进行，才能确保其在有序参与的基础上，向政府表达正当、合理的利益诉求，使得政府能够在合理、合法的范围内予以及时反应。法律是市民维权的主要方式，法治社会的核心内容之一是健全法制化的诉求表达机制。应当根据科学立法、严格执法、公正司法、全民守法的进程推进，在法治框架内建立健全制度化的利益诉求表达渠道，切实维护市民的合法权益。

（三）保障城市安全运行

提高自由港市的安全水平、保障城市安全运行是未来发展必须要努力实现的基本目标之一。这方面既需要完善社会治安防控体系，也需要提高城市的公共安全水平。

1. 不断完善社会治安防控体系。社会治安状况与市民的安全感密切相关，维护良好的社会治安需要不断完善立体化的社会治安防控体系。重点围绕建设社会治安防控网、重点行业和重点人员治安防控网、机关事业单位内部安全防控网和信息网络防控网建设，创新完善立体化社会治安防控体系。深化街面治安巡逻防控网、武装应急处突网、群防群治守护网等社会总体防控"三张网"建设，科学划分巡逻区域，合理划分风险等级，优化防控力量布局，加强联勤武装巡逻，提升社会面动态控制能力。加强公共交通安保工作，严防针对公共交通工具的暴力恐怖袭击和个人极端案（事）件。提高执法队伍的专业化、法治化水平，夯实基层基础，推进群防群治，强化治安重点地区排查整治，加大打击犯罪力度。此外，还要以社会治安综合治理信息化平台、公共安全视频监控系统为建设重点，着力提高社会治安防控体系建设的信息化水平。

2. 提高城市公共安全水平。在保障城市安全运行方面，要严格落实食品药品、生产、交通、消防、燃气、建筑、特种设备等领域的公共安全监督管理制度，完善公共安全体系和企业安全生产体系，杜绝重特大生产安全事故、食品药品安全事故和环境安全事故；健全防灾减灾救灾体制，完善城市预警体系，建立隐患排查治理体系和安全预防控制体系，实行安全隐患有奖举报机制，深入推进公共安全隐患滚动排查；建立健全重大决策社会稳定风险评估制度，着力完善决策前风险评估、实施中风险管控，以及实施后效果评价、反馈纠偏、决策过错责任追究等操作性程序规范；对照国际规则，健全城市安全法律法规体系，明确各方权责，建立有效的预防预警、实战指挥、应急联动、区域协作机制，形成统一、科学、系统的城市公共安全管理制度体系；坚决打击宗教极端主义、民族分裂主义和国际恐怖主义；提高公众安全意识与能力，引导社会力量共同参与城市安全管理。

3. 提升城市安全管理的技术水平。提升风险预警系统和公共安全应急平台的能力等级，将情景感知技术、情景分析技术、预案管理技术，资源保障管理技术，以及其他相关技术，与大数据、云计算、物联网、资源虚拟化、服务化、智能决策支持等技术相融合，以实现在应急管理全生命周期过程中，随着突发事件情景和应急需求的变化而快速获取突发事件现场信息、动态调配各类应急物资储备，以智慧决策指挥应急救援，最终实现提供可无限扩展、及时、按需、安全可靠的各类应急服务，使大连的应急管理模式具有网路化、敏捷化、智能化以及灵活、高效、随机应变的特征。

（四）促进社会组织发展

大连社会组织的发展虽然有一定基础，但与其他国际性城市相比仍有许多不足。未来大连要积极促进社会组织的发展，推动社会组织参与社会服务与治理。

1. 加快形成政社分开、权责明确、依法自治的现代社会组织体制。目前我国致力于社会服务与治理的社会组织体系范畴广泛，既包括传统的体制内组织，如事业单位、人民团体，也包括与政府关系密切的相关组织，如社区自治组织、大部分社会团体等，还包括大量自下而上产生的民间组织，如注册或未注册的社会组织等。充分发挥既有组织体系的积极作用，形成政社分开、权责明确、依法自治的现代社会组织体制，具有重要意义。要完善相关法律法规，逐步扩大社会组织直接登记范围，更好地发挥事业单位、基层社区自治组织、人民团体的作用，加快事业单位分类改革，推动社会企业的发展。推动工会、共青团、妇联等人民团体以社会化为方向的转型发展，充分发挥人民团体在整合民意、诉求表达、矛盾化解、提供服务等方面的作用，利用既有的组织资源实现社会整合。

2. 积极推动社会组织发展与发挥作用。要加大政策、资源支持力度，积极发展专业性、行业性、公益性、服务性社会组织，切实将政府"不该管"、社会"接得住"且"管得好"的事项转移给社会组织，有力推动社会组织提供公共服务和参与社会治理，促进社会自我表达、自我管理、自我服务；加大政府购买服务力度，健全政府购买服务的标准、招投标和监督评估制度，完善购买服务目录，加强资金监管；建立法制健全、管理规范、分类管理、分级负责的社会组织管理体系，加强对各类社会组织的依法监管，保证社会组织的健康发展；构建社会组织的城市网络，重视社会组织布局，培养城市居民的自组织能力和社会网络，充分发挥社会组织作为城市社区网络节点的作用，推进专业社会组织在社会服务体系、社会治理体系中的合理布局。此外，在全球化背景下，还要高度重视国际组织力量的整合与规范。随着自由港的建设发展，各类国际组织将会大量进入大连，要对国际组织进行整合、加以规范，并与它们形成良好互动。同时，大连也需要建设自身的国际社会组织，以更好地展现大连的国际影响力，实现有效的全球治理。

（五）推动社区自治共治

社区自治是主要国际性城市推动社区自身资源、激发居民参与积极性、加强和创新社会治理的有益尝试。大连要建设自由港市，需要在更大程度上激发基层活力，营造社区生活共同体，切实推动社区自治共治。

1. 持续推动社区自治共治。目前大连的基层治理结构是以政府为主导的，要建立良好的基层自治结构，政府需要从主导者变成参与者，市场组织、基层政府、村居自治组织、社工机构相互整合，通过专业机构的介入，促进自治组织的自我发育与成长。要完善有关政策法规，促进社区各类自治组织的充分发育与作用发挥，支持不同社区结合自身实际创新自治共治模式，激发社区活力。促进社区工作的专业化，大力培养和发展社区工作人才队伍，提高其薪酬待遇和能力水平。持续推动必要的资源力量下沉，夯实基层基础。推进治理主体从一元向多元转变，建立从宏观共治到微观自治的联动机制。整合完善社区共治制度体系，创新多元主体的共治参与机制，并鼓励居民以社区为平台，以组织化的方式参与城市公共服务与社会治理方面的事务管理。

2. 营造社区生活共同体。社区是地缘性的生活共同体，社区成员基于地缘关系而成为需求相似、利益相关、生活紧密联系的社会群体，这种共同性进而成为集体行为的基础。居民对于社区的归属感是其参与社区公共生活的重要条件，而良好的社区自治结构则有助于城市治理效果的提高。要改善社区的基础设施，完善社区的生活功能，满足居民安全、便利生活的基本需求。努力促进不分国籍、户籍、族群、阶层居民之间的邻里交往，形成亲切自然、便捷、友好的社区空间，营造地域性的社区生活共同体。此外，在全球化的背景下还需要创新国际社区治理，包括加强对国际移民的服务与管理、创新国际社区治理方式、形成国际移民参与社区治理的平台和机制，最终促进国际社区的和谐发展，为城市整体的和谐创造条件。

第九章 自由港建设与金融开放发展

改革开放是我国的基本国策。进一步破除体制机制障碍，加快构建开放型经济新体制，形成全方位的开放发展新格局，是我国实施开放战略的必然要求。面对国际国内新形势、新挑战、新任务，需要构建开放型经济顶层设计。金融作为经济的血脉，在改革创新、宏观调控、安全防范等方面的作用越发重要，成为我国开放经济发展过程中不可或缺的重要一环。对于自由港来说，作为一种特殊的开放经济形式，一方面要遵循经济金融发展的一般规律，金融对自由港的作用机理和影响方式与一般金融经济发展关系相一致；另一方面，由于自由港实施开放的经济金融政策，金融对自由港经济发展的作用更加多元，不仅表现为对自由港一般融资需求的满足，也形成了金融自由化的强大动力。金融自由化向自由港经济的传导，将深入影响自由港的经贸活动和产业结构，推动金融在自由港建设中上升到一个崭新的高度。特别是随着金融产业聚集功能的增强，金融在自由港建设与发展中将发挥极其重要的作用。

第一节 自由港金融发展的路径分析

从理论角度来看，金融作用于自由港经济的传导机制主要表现为三个层次。

一是在自由港建设的过程中，需要大量的资金支持、便捷的支付清算服务和有效的风险分担渠道，而这些合理需求的满足，都需要依赖于金融作用的有效发挥。金融作为融资中介，可以为自由港建设筹集资金、提供服务、分散风险，为自由港建设发展提供坚实的基础和综合保障，从而构成金融作用于自由港建设的第一层传导机制，主要以服务自由港经济为特征。

二是从自由港自身开放、自由、高效的特点来看，实现贸易自由和投资自由是自由港建设的主要目标，而金融在促进贸易便利化和投资自由化过程中产生了自由化的动机。健全的金融体系、高效的金融服务、开放的金融政策、自由的资本流动是自由港金融发展要经历的必然阶段，构成了金融作用于自由港建设的第二层传导机制，主要以金融自由化为特征。

三是随着金融业不断发展壮大，自由港将发展成为区域性甚至国际性金融中心，从而加速各类要素在自由港和辐射区域的聚集，提升自由港的资源整合能力。金融业将成为自由港核心竞争力的集中体现，引领自由港的发展，从而构成金融作用于自由港建设的第三层传导机制，主要以形成自由港金融中心为特征。

三层传导机制具体如图9-1所示。

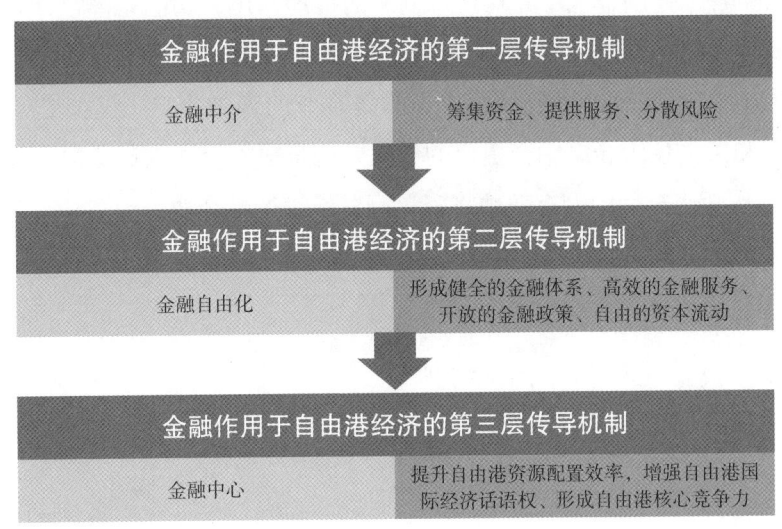

图9-1　金融作用于自由港经济的机理及传导机制

一、金融服务自由港经济的作用途径

现代金融理论认为，货币是经济增长的第一推动力和持续推动力。由于存在信息不对称和交易成本，增大了货币持有者的投资风险和融资成本。为了保证货币能够有效地转化为生产资金，各种金融中介如金融契约、金融市场和金融机构便应运而生。根据莱文（Levine，1997）的归纳，金融中介主要有五方面的基本功能：（1）搜寻信息与配置资源；（2）监督经营者并实现公司治理；（3）促进交易、套期保值并分散风险；（4）动员储蓄；（5）通过降低交易成本促进分工、创新与经济增长。金融体系的五大功能从微观视角阐述了金融发展对经济增长的作用机制。

从宏观视角考察，经济增长中的金融发展作用机制与渠道，主要可以分为两方面。一是资本积累渠道，强调金融体系的发展通过更快速的资本积累而推动经济增长，这一观点由戈德史密斯（Goldsmith）、麦金农（McKinnon）、肖（Shaw）等学者提出。金融中介的发展降低了市场摩擦，从而提高了国内储蓄率，并吸引外国资本与投资，在这一过程中资本积累水平提高进而推动了经济增长。二是技术进步渠道，又称全要素渠道，熊彼特（Schumpeter）强调金融中介对技术创新的推动作用，功能完善的金融体系通过从资金盈余部门筹集储蓄用于投资、评估盈利投资项目、监督管理人员及促进交易，能够有效地以较低的成本收集企业的详细信息。戈德史密斯、金（King）和莱文认为金融中介提供的低廉的信息成本会影响资源配置与生产率的增长，从而使金融中介有效地将资源配置给生产性企业。

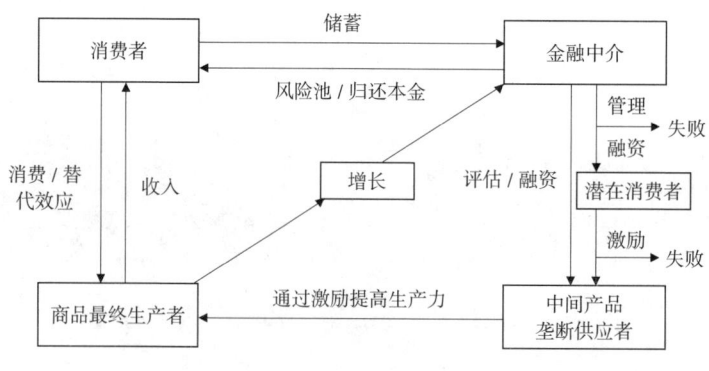

图9-2　金融中介的功能

自由港金融作用经济的机理与金融功能观的视角相一致。通过发挥金融的融资和服务功能，为自由港经济发展提供资金融通、支付结算、保值避险等基础金融功能。同时，由于自由港实施更为开放的金融政策，连接境内外金融市场，吸收利用境内外资金，因此金融作用自由港的范围更广、群体更大、效率更高，能够为自由港的建设和发展提供全方位的金融服务。

（一）为自由港建设提供融资服务

自由港建设的资金需求主要来自两方面：一是基础设施建设资金需求。自由港建设需要进行大量的基础设施投资，包括港口、码头、机场、公路、铁路、通信、电力、能源、规划园区和物流枢纽等诸多领域，这些因建设自由港产生的资金需求，依靠政府财政支出和经营主体自身积累难以满足，必须通过多渠道融资才能有效弥补资金缺口，更好地支持自由港的建设。金融业依托自由港开放的金融政策，通过银行、证券、保险、基金、股权投资等领域，利用境内和境外金融市场，吸引境内外资金，可以为自由港建设筹集资金，更好地满足自由港建设的资金需求，为自由港建设提供融资保障。二是自由贸易往来资金需求。自由港将极大地促进自由贸易的发展，为企业跨国经营带来更多机遇。随着经贸往来的繁荣活跃，市场主体对资金的需求将日益旺盛，对贸易融资、跨国并购贷款、境外贷款等金融业务的需求将明显增多，利用境外金融市场和资本市场融资的需求也将显著上升。通过建立完善的金融体系，形成基础发达、运转高效的金融业，可以为企业提供多元融资渠道和融资方式，充分利用境内外信贷市场、资本市场、债券市场等，满足企业的资金需求，促进自由港企业实现快速和飞跃式发展。

（二）为自由港发展提供跨境金融服务

自由港经济属于典型的外向型经济。实施开放的经济政策，取消关税壁垒，实施贸易自由和投资自由，促进跨国间的经济社会往来更加频繁。由于货物、资金和人才的大规模跨境流动，对金融服务的需求将更加国际化和开放化，金融服务的重点也将由传统的专注于国内市场，转变为更多专注于国际市场，提供跨境综合金融服务，以适应自由港建设对金融服务的新要求。

随着国际间经贸、商旅、文化、旅游等大幅增加，自由港经济对跨境金融服务范围的要求更广，服务水平的要求更高，需要金融机构提供跨境投资理财、支付结算、留学移民、文化旅游等方面的综合性金融服务。金融业通过完善金融基础设施、加快金融产品和服务方式创新、优化业务流程、提升服务效率，可以更好地满足自由港市场主体跨境金融服务需求。特别是在自由港发展的带动下，人民币国际化进程将进一步加快，对人民币跨境支付结算的需求将进一步扩大，对提高人民币跨境支付结算效率也提出了更高要求。而金融业通过整合跨境支付结算渠道和资源，包括人民币跨境贸易和投资的清算、境内金融市场的跨境货币资金清算以及人民币与其他币种的同步收付业务，建立高效安全的交易、支付和结算金融基础设施，可以为自由港的建设发展提供跨境支付结算服务，降低交易成本、提升服务效率、加速贸易流通，从而提升自由港经济的活力和效率。

（三）为市场主体提供保值避险服务

由于自由港经济主要面向国际市场，贸易和服务受汇率和利率等金融因素的影响较大，因此对经贸活动保值和避险的需求比较强烈。而金融业通过提供各类金融产品和衍生工具，可以为自由港经济活动提供有效的规避和控制风险的手段，从而维护企业正常的生产经营，更好地服务自由港经济的发展。一方面，金融衍生工具可以分离各种风险构成，通过套期保值交易，在现货市场和期货市场进行方向相反的买卖活动，建立起一种现货与期货之间、近期和远期之间的对冲机制，从而降低某种基础金融或商品价格、汇率等大幅波动产生的风险。另一方面，金融衍生市场可以实现价格发现功能。由于市场参与者带来了成千上万种基础资产的信息和市场预期，通过公开竞价形成一种市场均衡价格，这种价格能够真实反映供求及价格变动趋势，具有较强的可预期性、连续性和公开性，所以在发达国家，期货价格被视为一种权威价格，成为现货交易的重要参考依据。自由港内市场主体可以根据金融衍生工具市场所揭示的价格趋势信息，制定经营策略，降低交易成本，减少经营风险。

二、自由港促进金融自由化的作用途径

金融自由化即金融深化，是20世纪70年代麦金农和肖针对发展中国家普遍存在的金融市场发育不完全、资本市场严重扭曲和政府对金融的大力干预等因素严重影响经济发展水平这一状况提出的。他们对金融深化与储蓄、就业与经济增长之间的关系进行了严密论证后，发现它们存在着正相关关系，据此认为发展中国家的金融抑制阻碍了经济发展，强调了金融抑制的危害。因此，金融自由化政策主张解除金融压抑，进行金融改革，减少政府对金融的过度干预，放松对金融市场及机构的限制，促进经济金融的良性循环。

具体到自由港的建设与发展，完善的金融服务、开放的金融体系、自由的金融政策是自由港服务功能的重要组成部分。目前，世界上较为成功的自由港大都具备完善的金融服务功能，取消或放松了金融管制，从推动资本流动自由、设立多元金融机构、提升金融市场效率、优化金融生态等方面建立了自由高效的金融服务体系，实现了自由港金融服务的高度开放性和国际化。因此，自由港的建设对金融的开放程度提出了更高的要求，客观上需要逐步减小和消除各类金融抑制，进一步提高金融自由化水平。自由港金融的发展，将通过金融自由化的方式逐步传导到经济领域，实现自由港经济金融要素的自由流动和高效配置。

（一）实现跨境资本自由流动

目前开放程度高、服务功能全、发展水平领先的自由港大都放松了对资本流动的限制，基本实现了资本跨境的自由流动。外汇市场大都成为完全开放的自由外汇市场，汇率也主要以市场供求为基础，由市场进行自由调节。对于发展中国家而言，建设自由港必须要在金融政策、金融监管上有所突破，逐步扩大金融开放，放松外汇管制，朝着金融自由化的方向进行改革，最终建立起资本自由流动、汇率以供求为基础的市场调节机制，实现自由港投资自由化。

（二）形成开放的金融机构体系

为更好地服务自由贸易发展，发达国家自由港大都鼓励境外金融机构在

自由港内设立总部或分支机构,自由港向外资金融机构开放,并逐步采取更加自由的金融政策,降低外资银行的设立门槛,扩大外资银行的经营范围和业务权限,形成内外资银行共同发展,共同支持进出口贸易、加工制造以及相关产业为主要服务对象的金融体系。因此,在自由港建设的过程中,金融机构体系也应逐步扩大开放,积极吸引外部资金的参与,建立更加完善的金融机构体系,更好地服务于自由港建设需求,完善自由港金融服务功能。

(三)建立高效的金融市场体系

目前,全球领先的自由港大都是重要的国际金融中心。作为金融中心,在金融市场建设方面大多处于领先地位。在货币市场建设方面,大多形成了银行同业市场、债券市场等可供国内外投资者参与的货币市场体系,批发金融业务十分活跃。在资本市场方面,形成了以股票市场为核心的多层次资本市场,境内外投资者可以通过交易所买卖各类股票、有价证券和金融产品。在外汇市场建设方面,基本实现了自由汇兑、自由买卖外汇。此外,黄金市场和衍生品交易市场等也非常发达,为各类境外投资者提供了丰富的投资选择。在自由港的建设过程中,必须进一步扩大金融开放程度,逐步实施金融自由化,建立面向全球投资者的金融市场体系,对国际投资者形成全面的吸引力。

(四)营造优良的金融生态环境

先进自由港的基础金融服务较为完善,有完善的金融基础设施,可以提供优质的电子结算和跨境结算等服务。建立健全的金融监管体系,形成合理、有效的监管组织结构,具备稳定、审慎、严密的监管制度。拥有健全的法律体系,无论是银行、资产管理、船运、商业还是贸易等相关领域,均有法律条文与之对应,基本上做到每种经济活动和经济关系都有相应的法规加以规范,从而营造了一个公平竞争的经济金融运行环境。良好的金融生态环境在很大程度上是通过金融业逐步扩大开放、学习借鉴境外先进经验并吸收获得的。金融业须通过稳步扩大开放,积极营造适应自由港建设的金融生态环境,实现自由港金融服务的可持续发展。

三、金融引领自由港更高层次发展的作用途径

金融引领自由港发展的作用途径，主要表现在金融业经过不断的产业集聚和发展壮大，逐步发展成为金融中心，从而提升自由港对金融资源的配置效率，对区域和国际产生影响。通过自由港提升金融的辐射范围，带动区域经济发展，将最终发展成为国际性金融中心，金融也将成为自由港核心竞争力的集中体现。

金融产业集聚是指一国的金融监管部门、金融中介机构、跨国金融企业、国内金融企业等具有总部功能的机构在地域上向特定区域集中，并与其他国际性机构、跨国公司、国内大型企业总部间存在密切往来联系的特殊产业空间结构。从20世纪70年代开始，越来越多的金融机构开始采用企业间协调的方式来组织交易和生产活动，从最初的少数几家银行集中到金融控股公司的兴起，再到今天各种不同类型的金融机构的空间集聚，集群已经成为现代金融产业组织的主要形式。目前，已经在世界范围内形成了以纽约、伦敦、东京、新加坡和香港为代表的国际金融集聚区。

金融产业集聚的生成动因包括金融产业集聚生成的驱动因素及内在机理问题。马歇尔（Marshall，1920）、韦伯（Weber，1929）和珀尔（Poer，1990）提出的集聚理论，将金融产业集聚的主要原因归结于外部经济、规模经济、集聚经济和交易成本。众多金融机构选择一个特定的区位设立，吸引更多的金融机构聚集，从而促进生产和经营企业的集聚。这种集聚将加深金融机构间的合作，共享基础设施，生产者和消费者将更加邻近，带来流通环节减少、信息沟通便捷等好处。道（Dow）总结了银行业空间演化的过程，银行系统起始于当地或区域银行，通过在全国范围内的金融活动，在特殊区位集中形成区域性和全国性金融中心，最终进入到向国际发展和向国际金融中心集中阶段。

（一）提升自由港资源配置效率

自由港作为一个开放区域，实施开放的金融政策，将聚集大量的金融资源，产生大量的金融需求。金融作为融资中介，可以连接境内外金融市场，

整合境内外金融资源，为境内外投资者和资金使用者搭建桥梁，实现资金供求的高效对接，从而加速资金运转，提升金融资源使用效率。一方面，金融机构利用自身在风险管理和信息收集方面的优势，高效聚集和整合金融资源，为投资者提供专业的投资服务，满足投资者多元化需求。另一方面，金融机构通过对市场主体和宏观形势的评估，加强资金管理，合理控制金融风险，提升了金融资源整体的使用效率。特别是发展成为国际金融中心的自由港，对金融资源的聚集和金融服务的辐射作用将进一步凸显，能够吸收境内外资金，投资境内外市场，达到金融资源的高效配置，产生更大的规模效应。自由港金融可以汇聚货物流、信息流、人流和资金流，实现与金融资源的高效匹配，提升金融资源配置效率。通过提供便捷的跨境支付交易，提高资金流转速度，节约交易成本，促进投融资便利化。而为企业兼并重组提供的金融服务，则有利于生产要素在国际间的优化配置，促进生产规模的扩大和产业结构的优化，提升自由港经济的整体运行效率。

（二）增强自由港国际经济话语权

大宗商品定价权一直是各国经济金融发展争夺的焦点。目前，大宗商品的定价权主要集中在欧美国家手中，全球已经形成了以芝加哥期货交易所农产品、伦敦金属交易所有色金属和纽约商业交易所能源为主的三大商品定价中心，它们决定着世界上主要大宗商品的交易价格。建设自由港、发展自由港金融还肩负着建立大宗商品交易市场、使用人民币计价结算、提升我国大宗商品定价能力的使命。一方面，凭借自由贸易优势，自由港可以为大宗商品现货交易提供便利，活跃和繁荣能源商品、基础原材料和农副产品的交易。另一方面，通过建立完善金融市场，可以充分发挥期货市场大宗商品价格发现功能，形成对大宗商品的合理定价。同时，在大宗商品计价、结算和交易过程中使用人民币，可以扩大人民币的国际影响力。依托自由港金融业的发展，中国对大宗商品的定价能力将进一步增强，人民币的国际影响力将进一步提升，中国参与国际竞争的话语权也将进一步增大。

（三）成为自由港核心竞争力的直接体现

自由港金融领域的不断开放和发展，将加速区域金融中心的形成，甚至推动自由港发展成为国际性金融中心。金融业将成为自由港的支柱产业，金融业不仅可以为自由港经济提供优质高效的金融服务，促进自由港的繁荣发展，其自身也是构成经济的重要组成部分，创造更多的价值，产生更多的税收，带动更多的就业，成为经济发展的重要支撑力量和自由港核心竞争力的直接体现。作为金融中心，自由港将发挥强大的资源聚集和辐射作用，成为金融总部的聚集地、金融资源的集散地、金融创新的发源地，形成对全球经济金融活动的影响力。通过自由港的示范和引领，我国的金融改革开放步伐将明显加快，与国际金融体系接轨的进程将明显提速，特别是在自由港的带动下，人民币国际化水平将进一步提升，我国向建设金融强国的目标进一步迈进，在世界金融格局中的地位和影响力将进一步上升。

金融通过三个层次的作用途径，为自由港建设和发展提供有力的支持。但从世界各国的发展经验来看，应客观看待金融开放的利弊。金融作用的有效发挥，须建立在稳健审慎的政策管理体系基础上。金融开放的进程，须与一国的经济社会发展水平相适应。特别是拉美发展中国家金融自由化的失败以及亚洲金融危机的爆发，引起学者对金融自由化政策的质疑。赫尔曼、斯蒂格利茨等人提出了金融约束论，对于发展中国家而言，金融抑制政策不利于经济的持续增长，而突然的金融自由化会因为受到客观条件制约难以达到预期效果，因而政府有必要对金融体系采取间接控制。

因此，我们应清醒地认识到，自由港金融开放和自由化是把双刃剑，其不仅可以促进自由港经济金融的发展，也大大增加了自由港开放的风险。金融自由化中的资本自由流动、业务范围自由化、利率市场化、金融机构准入自由和管理控制自由，都将加剧金融的脆弱性，加大金融风险。国内外长期的实践表明，金融开放和自由化是一个发展趋势，但是绝不能将金融自由化理想化，它是一个长期目标，面临着诸多的现实约束。在实践中，须对标国家战略和金融改革开放总体部署，循序渐进，设计出符合国情和自由港发展需要的金融制度和体系，稳步审慎推进金融开放和自由化。

第二节　自由港金融发展的架构分析

梳理金融对自由港经济的作用途径以及演绎自由港金融经济的传导机制，有利于从战略高度认识金融在自由港建设中发挥的重要作用。根据金融作用于自由港发展不同阶段的不同特征，制定有针对性的策略，实现自由港金融战略的适应性、包容性和前瞻性。自由港金融的发展要与自由港经济的发展相适应，金融的发展水平与经济的发展阶段相适应。金融的发展要应对自由港政策开放可能形成的各种冲击，金融要形成完整的政策体系，包容自由港发展的机遇与风险，具有充足的调整空间和化解能力。金融的发展要引领自由港的发展，在金融开放和自由化领域，提出超前的理念，制定富有前瞻性的政策（见图9-3）。

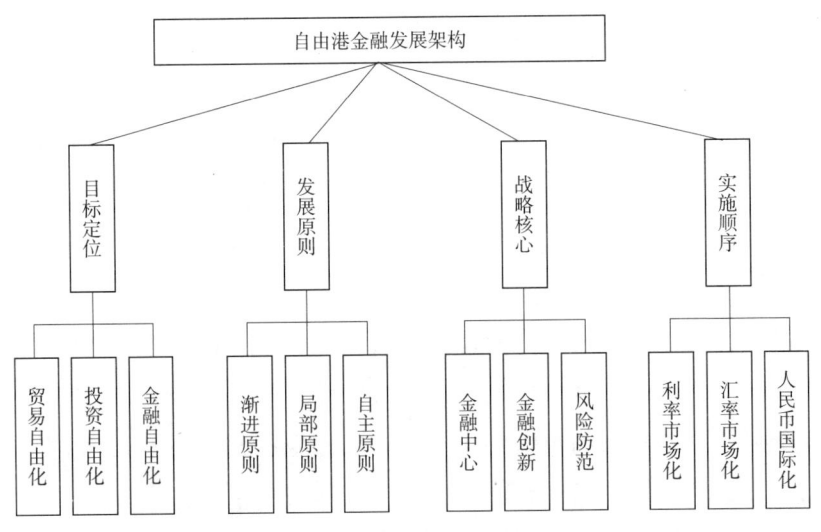

图9-3　自由港金融发展战略架构

一、自由港金融发展的目标

金融的发展一定要立足服务实体经济。只有实体经济发展基础稳固,金融的发展才可持续。因此,自由港金融的发展要立足于服务自由港经济,致力于巩固和提升大连金融业的优势和地位,抓住国家"一带一路"倡议和"东北老工业基地振兴"战略的机遇,推动金融市场多元化发展。深化与国内外金融市场互联互通,推动绿色金融与金融创新发展,满足自由港建设和实体经济发展的需要。这就要求自由港金融发展要与自由港建设目标相一致,在坚持金融服务实体经济的基础上,把实现贸易自由化、投资自由化、金融自由化作为自由港金融发展的目标定位,逐步推动自由港实现贸易自由、投资自由和金融自由(见图9-4)。

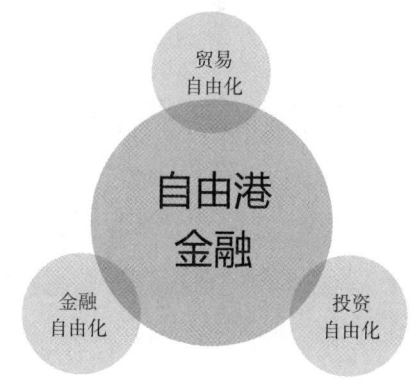

图9-4 自由港金融发展的目标定位

(一)贸易自由化

自由港金融服务应在实现贸易自由化的过程中发挥配套支撑作用。金融作为商品交换的中介,在促进贸易自由的过程中,可以提供更多的产品选择,提供更大的资金支持,提供更优质的结算服务等,从而有效支持自由贸易的发展。自由港金融在扩大开放中,应定位于形成服务自由贸易的完备金融体系,保证金融服务功能的充分发挥,为自由贸易发展提供更好支撑。通过加快开放,提升国际竞争力,为自由港加快实现贸易自由化提供更加优质的金融服务，提供综合性服务保障。

（二）投资自由化

在自由港区域内，政府对投资的限制少，资本跨境流动条件相对较为宽松，基本可以实现自由进出。这要求金融政策必须逐步扩大开放范围，逐步放开对资本跨境流动的管制，最终实现资本的自由流动。自由港要成为吸引投资的高地，既要吸引内资和外资，又要向周边地区输出资本，从而带动区内及周边地区的经济发展，就必须要有强大的金融支持、开放的金融政策，形成对投资的吸引和资本流动的便利。自由港金融的发展应定位于服务投资自由化，通过创造内引外联的金融生态条件，高效配置国内外金融资源，为自由港发展和区外经济发展提供强有力的金融支持，促进投资实现自由化。

（三）金融自由化

随着经济全球化进程的加快，金融自由化已成为继贸易自由化和投资自由化后，国际经济金融活动的一种要求。尤其是实施自由港政策的国家和地区，大都实现了较高水平的金融自由化，其内容涵盖资本流动自由化、金融业务经营范围自由化、金融机构设立自由化、金融管理和控制自由化等。发达国家和地区的自由港建设和金融自由化大都同时推进，金融自由化已经成为综合型自由港自身建设的内在需要。自由港金融发展要定位于实现金融自由化的目标，加快推进金融改革和开放的进程，同时有效防范和化解金融自由化可能造成的跨国投机、资本大规模异常流动、汇率大幅变动等金融风险，形成稳妥有序的改革推进机制。

二、自由港金融发展的原则

大连在建设自由港的过程中，应按照习近平总书记在第五次全国金融工作会议上的指示精神，坚持稳中求进的工作总基调，遵循金融发展规律，紧紧围绕服务实体经济、防控金融风险、深化金融改革三项任务，稳妥推进自由港金融自由化。金融领域的开放顺序与速度应与自由港建设的实际需求保持一致，与自由港建设相关性越高的领域越先开放；要考虑开放的风险性，哪个领域风险越低越先开放。在金融开放的过程中，加快推进金融自由化的进程，更好地服务自由港建设和发展。

（一）渐进原则

作为发展中国家，在金融自由化之前，缺乏市场经济正常运行的微观基础。在这种情况下，发展中国家的金融自由化必然是一个漫长的过程，各种金融自由化政策的实施需要时间，渐进式的金融自由化是一种稳妥的选择。自由港在推动金融开放的过程中，要做好顶层设计，明确开放的顺序和节奏，稳妥推进利率、汇率制度改革进程，逐步扩大开放范围。金融开放过程中要承受较大的风险，因此要遵循渐进原则，稳妥推进开放的领域和范围，先开放国内市场、再开放国际市场，先局部试点、再全面推进，先单一政策、再综合开放，逐步消化和吸收金融改革开放可能造成的各类影响。

（二）分步原则

自由港金融的发展一定要与自由港建设水平相适应。在优先满足自由港实体经济发展需要的基础上，扩大开放的层次和范围，每一阶段金融的改革和开放都要与自由港的发展阶段相符合。因此，金融开放应采取分步实施的策略。第一阶段，推进自由港建设和自由贸易发展急需领域的金融开放，在稳定发展的基础上，将金融服务的重心侧重于经济和贸易。第二阶段，在具备发展基础和条件的前提下，深化金融开放，推动金融业加速自由化，为金融业深化发展奠定基础。第三阶段，在积累了风险处置经验、建立了风险管理体系、具备了充分的风险应对能力前提下，实现完全意义上的金融自由化和资本自由流动。通过采取分步走的策略，逐步实现自由港金融的开放发展。

（三）自主原则

在自由港金融开放过程中，一定要增强自主性，确保进程自主可控，提升自身风险控制能力。加强金融风险的监测和防范，有效控制各类金融风险，有效应对国际资本的冲击，形成"放得开、管得住、收得起"的宏观审慎金融管理体系。"放得开",就是在开放条件下,放松各个金融领域的金融抑制,具备应对各种金融风险的能力。"管得住",就是能够运用各种调控手段,对自由港金融可能产生的各类风险进行有效的调控和管理。"收得起",就是一旦面临各类金融风险的冲击,能够及时暂停相关业务,隔离金融风险,确保自由港金融政策不波及国家的金融安全和稳定。

三、自由港金融发展的方向

自由港金融的发展应立足于服务实体经济、防控金融风险、深化金融改革的根本要求,在考虑我国目前金融对外开放的整体进程、所处阶段和开放层次的基础上,结合自身具有的初始条件和特性,合理确定开放重点,明确自由港金融发展的核心任务。一是要发挥金融的中介功能,支持实体经济发展,支持自由贸易。二是要推动金融开放和创新,逐步实现金融自由化,加快建设区域金融中心,提升金融中心的影响力。三是要防范金融风险,构建金融安全网,维护自由港金融开放安全。

(一)提升自由港金融的综合服务功能

大连自由港金融发展重点的第一层次是满足自由贸易对金融的各项需求,在现有区域金融中心建设的基础上,完善金融机构体系,优化金融服务,提升金融市场功能,做好金融产业布局,打造金融支持自由港发展的特色金融服务体系,为自由港建设发展奠定坚实的基础,突出金融服务于自由港建设的重要作用。

(二)探索自由港金融开放和创新

大连自由港金融发展重点的第二层次是推动金融业的改革开放和创新发展。推动自由港的金融开放应立足于我国金融开放的总体进程,在利率、汇率、资本项目开放上进行有益的探索和尝试,逐步实现资本的跨境自由流动。推动自由港的金融创新应立足于充分发挥金融中心的聚集和辐射作用,建立完整的金融创新体系,提升自由港作为金融中心对金融要素的配置效率,形成自由港强大的资源整合能力。

(三)探索防范金融风险的有效模式

大连自由港金融发展重点的第三层次是构建有效的金融安全网,维护自由港金融发展的安全。应建立跨境资金自由流动的风险防范机制,防止资本大规模异常流动对地区经济金融造成的冲击,探索建立跨境资金流动宏观审慎管理体制,实现金融开放与金融稳定目标的相互平衡和协调。

第三节 建立自由港模式下的共享金融生态

从世界主要自由港建设发展的经验来看,实现金融开放和自由化,是一个循序渐进、逐步完善的过程。由于不同自由港采取不同的金融自由化改革模式,因此不能简单复制,照抄照搬,而必须结合国情、因地制宜地制定金融开放战略,稳妥有序推进自由港的金融自由化。目前,我国在推动利率市场化、完善汇率形成机制、实现资本项目可兑换、推动人民币国际化等方面取得了显著成效,因此大连在金融开放战略的选择上要立足我国目前金融开放的现状,依托金融业发展的现实基础,坚持金融服务实体经济的本质要求,完善金融机构体系,优化金融服务,提升金融市场功能,营造良好环境。在推动大连金融中心建设的过程中,引导金融业发展同经济社会发展相协调,为自由港建设提供综合金融服务,支持促进自由贸易发展,促进融资便利化,降低实体经济成本,提高资源配置效率,扩大金融中心辐射范围,更好地发挥金融业在自由港建设中的重要作用,为自由港建设发展奠定坚实的基础。

一、持续发挥传统金融机构的资金支撑作用

自由港经济涉及航运、物流、贸易、投资等诸多领域,对金融服务的差

异化需求较为明显，而目前我国实行分业监管，银行、证券、保险等领域实行分业经营。因此，为更好地满足自由港经济的金融需求，需要构建完善的金融体系，提供包括融资、上市、保险、期货、股权、融资租赁等多种金融服务，从而涵盖自由港经济发展的各项金融需求。特别是自由港实行境内关外政策，直接面向国际市场，需要培育更多的金融总部，发挥其经营权限高、业务种类多、服务范围广的优势，直接提供面向国际金融领域的金融业务。因此，在发展自由港的过程中，要构建国内外投资者共同参与、国际化程度较高、各类金融机构共同发展的金融机构体系。发展壮大总部经济，形成对各类金融业务的全覆盖，实现对各类金融需求的有效满足，为自由港经济和自由贸易发展提供全方位服务，提升金融国际化服务水平，提高金融机构的国际影响力。

（一）吸引集聚国际金融机构

发挥自由港在国际贸易交往中的纽带作用，面向金融业发达的国家和地区，开展区域合作和机构合作，积极引进银行、证券、基金、保险等金融机构，培育跨国金融机构，引进国际领先金融企业。利用好放宽外资金融机构准入政策，探索扩大金融机构外资持股比例，培育外资控股金融机构。吸引聚集各类高端国际金融机构在大连发展，不断健全金融组织结构，共建多元共赢的金融合作平台。提升金融服务水平，优化金融发展环境，提升大连金融的国际影响力，提升大连在全球金融市场的资源配置能力，提高在国际金融秩序构建中的作用，提升我国在参与国际金融规则制定中的话语权。

（二）提升金融机构发展水平

大连目前已初步形成了金融、融资及中介服务等种类齐全、功能完善的现代金融服务体系，机构种类涵盖了银行、保险、证券、期货、信托等金融机构，以及小额贷款、融资担保、私募基金、股权投资、融资租赁、金融中介、后台服务等融资服务类机构。但总体而言，大连金融业仍以全国金融机构在大连设立的分支机构为主，金融总部相对较少，实力不强。总部金融发展薄弱，在提供金融产品和服务、扩大资金支持等方面，受到的限制和约束就较多，金融服务实体经济的作用很难得到充分发挥，特别是对东北亚地区的辐射和带动相对较弱，难以引领东北亚经济金融的发展，制约金融服务自由港国际化发展的能力。因此，大连应依托自由港建设，以国家深化金融改革、放宽机构准入限制为契机，发展壮大法人总部，提升金融总部实力。完善金融总部法人治理、提升资本管理水平，增强综合实力，形成面向东北亚、辐射全国、在区域内具有较强影响力、在国际具有较高知名度的法人金融总部，带动引领区域金融发展，全方位支持自由港建设。

（三）创新设立专业化法人金融机构

自由港内的生产、贸易与服务等经济活动，需要提供更为自由开放且便利快捷的金融配套支持，以满足其在投融资、国际结算、外汇交易、保险、租赁、金融避险、离岸金融等方面的特殊金融需求。因此，应针对自由港经济发展的特点，在完善现有金融机构体系、发挥现有金融功能的基础上，重点在航运、物流、进出口贸易领域设立专门的金融机构，提供专业化金融服务，更好地支持自由港经济发展，促进贸易自由化和投资便利化。

二、构建以区块链技术和互联网金融为核心的新金融格局

自由港的建设将催生一批新兴金融业态的需求。由于自由港金融政策开放，连接国内外金融市场，会促使自由港居民投资、融资和理财的需求日趋个性化，对金融服务的专业化要求提高。因此，在自由港建设过程中，应更多地兴起和建立新型金融机构，提供专业特色金融服务，以满足各类群体的差异化金融需求。支持设立财富管理机构，保险经纪、商业保理、咨询评估、金融信息服务、货币经纪、汇兑机构、征信等中介服务机构；支持设立会计审计、法律服务、资产评估、投资咨询、资信服务、资金、保险经纪、代理、公估等专业服务机构，更好地满足自由港居民投资、理财等个性化金融需求。

（一）以区块链技术打造自由港金融建设的新蓝海

近年来，区块链技术成为市场焦点话题之一，被认为是继大型机、个人

计算机、互联网之后计算模式的颠覆式创新。其应用实践在金融科技领域发展最为迅速,并逐步延伸到物联网、智能制造、数字资产交易等多个领域。区块链技术的本质,是一种去中心化的分布式共享记账技术,它能让参与的各方在技术层面建立信任关系,具有分布式数据存储、安全性高、信息透明、高度自治性、数据不可篡改以及可追溯等特征。根据应用场景和设计体系不同,一般分为公有链、联盟链和专有链三类。而金融服务则是区块链技术的第一个典型应用领域,由于该技术所拥有的高可靠性、简化流程、交易可追踪、节约成本、降低操作风险以及改善数据质量等特征,使其具备了重构金融业基础架构的潜力,能够解决行业发展的诸多瓶颈,将成为助力自由港建设、引领国际金融中心发展的重点之一。

具体来看,将各类资产的管理,如股权、债券、票据、收益凭证、仓单等整合进区块链中,成为链上数字资产,使得资产所有者无须通过各种中介机构就能直接发起交易,并实现合约的自动执行,保证相关合约只在交易对手方之间可见,而对无关第三方保密,并通过相应机制确保其运行符合法律和监管框架。针对支付结算过程,通过基于区块链技术的法定数字货币或者某种结算工具的创设,与链上数字资产对接,即可完成点对点的实时清算与结算,从而显著降低价值转移的成本,缩短清算、结算时间。此外,针对客户识别领域,区块链技术可实现数字化身份信息的安全、可靠管理,在保证客户隐私的前提下提升客户识别的效率并降低成本。

当前,在全球大型金融机构联合创新的推动下,区块链技术及P2P等去中介化新型模式正从概念逐渐走向应用。其应用领域主要有:一是点对点交易,如基于P2P的跨境支付和汇款、贸易结算及证券、期货、金融衍生品合约的买卖等。二是登记。区块链具有可信、可追溯的特点,因此可作为可靠的数据库来记录各种信息,如运用在存储反洗钱客户身份资料及交易记录上。三是确权,如土地所有权、股权等合约或财产的真实性验证和转移等。四是智能管理,即利用"智能合同"自动检测是否具备生效的各种环境,一旦满足了预先设定的程序,合同会得到自动处理,如自动付息、分红等。

在自由港的建设过程中,为适应新形势下区块链金融的商业运营模式,应高度关注国际同业最新创新动向,尽早加入研究、开发区块链产品的行列并及时调整转型发展战略。鉴于金融机构拥有的海量数据,需从整合内部数据、对接各级政府部门共享大数据、外部企业数据合作三个方向齐头并进,树立数据是第一资产的经营理念,形成各具特色的数字化经营能力。此外,还可考虑成立研发实验室,或与金融科技公司合作研发区块链金融,通过建立区块链金融联盟等形式为金融业数字化转型营造浓厚的环境氛围。除了开发不同的区块链应用场景,还可与普惠金融结合起来,研究如何借助区块链技术实现低成本的资金转移支付。

(二)规范发展互联网金融业务

互联网金融基于互联网及移动通信、大数据、云计算、社交平台、搜索引擎等信息技术,实现资金融通、支付、结算等金融相关服务,是对现有金融体系的进一步完善。与传统金融机构和渠道相比,互联网金融更受社会大众的青睐,也更符合普惠金融的发展目标。同时,互联网作为一种金融业务模式,其功能不外乎三大类,即金融作为交易媒介的功能、作为投融资媒介的功能和作为财富管理媒介的功能。这些功能通过内在的信用机制发挥作用。因此,互联网金融包括三大类业务板块:第一类是互联网交易支付类业务。包括银行利用互联网或移动互联网建立便捷的支付清算渠道,各有关企业也可凭借自身优势,建立第三方支付公司。第二类是互联网融资中介类业务。包括依托互联网的P2P借贷融资和通过众筹平台进行的股权融资。此外,在大数据分析背景下,展开征信及授信活动,也是互联网融资平台功能的重要方面。第三类是互联网理财媒介类业务。包括利用互联网优势,建立营销窗口,为客户提供一站式的理财服务;利用大数据管理优势,指导交易决策,并开展高频交易;利用大数据对客户金融需求作出分析,实施精准营销和有效客户管理;利用金融大数据进行风险预测并提出风险政策,及时发现异常交易行为;利用大数据进行宏观政策分析,实现平抑宏观风险的最优货币政策安排;利用大数据进行企业和个人的征信分析,及时把握不同对象的还款意愿和还款能力等。

发展互联网金融,有利于进一步提升自由港金融创新能力和市场经济活力,增强自由港金融服务的可获得感和满意度,为自由港经济社会全面发展注入新鲜血液。同时，利用互联网金融技术，实现与现代制造业结合，能够促进电子商务、工业互联网和互联网金融的协调发展，引领产业拓展国际市场，扩大自由港经济的辐射范围和影响力。因此，自由港的建设和发展过程中应鼓励互联网金融发展创新，更好地服务实体经济和社会大众。支持互联网金融平台、产品和服务创新，激发市场活力。支持互联网企业依法合规设立互联网支付机构、网络借贷平台、股权众筹融资平台、网络金融产品销售平台，建立服务实体经济的多层次金融服务体系，更好地满足中小微企业和个人投融资需求，进一步拓展普惠金融的广度和深度。

三、创新发展多层次金融市场体系

我国已基本形成了货币市场、资本市场、外汇市场、黄金市场、期货市场共存的较为完整的金融市场体系，具备相对完备的金融市场功能。由于金融市场在我国实现了互联互通和地域全覆盖，所有合格的市场主体均可以加入金融市场体系，进行投融资活动，满足自身经济活动中的各类金融需求。在打造自由港的过程中，作为全国金融市场体系的有机组成部分，应在充分利用我国金融市场体系各项功能的基础上，致力于将国际多元化资本引入新经济体系，满足自由港各类金融需求，将大连打造为东北和环渤海经济圈内经济主体的首选投融资平台。

但同时，自由港又要结合自身经济特色，在特定领域进行创新，降低自由港内部分领域的投融资门槛，活跃自由港金融市场，为经济活动提供更为灵活和便捷的服务。尤其是大连，应该利用自由港带来的贸易繁荣和在商品期货领域形成的领先优势，加快推进商品期货市场、保险市场、区域股权市场的建设，提升金融服务自由港的针对性和有效性，促进金融基础产品市场和衍生产品市场、货币市场和资本市场、外币市场和本币市场联动发展，提高金融市场的资源配置和投融资效率。特别是应立足于服务东北亚，扩大自由港和区域金融中心的影响力，有效整合商品、期货、产品定价、结算等综合金融服务功能，形成融资功能完善、基础制度扎实、市场监管有效、投资者合法权益得到有效保护的多层次金融市场体系，聚集东北亚区域经济金融资源，扩大区域金融中心的影响力，成为我国参与全球资源配置、影响全球经济金融事务的重要平台，发挥在"一带一路"倡议中的关键作用。

（一）加快建设亚洲重要的期货交易中心

商品期货市场是大连发展的优势所在，也是自由港建设和自由贸易发展的迫切需要。因此，大连应以大连商品交易所为龙头，增加商品期货交易品种，完善投融资功能，提升自由港期货市场国际竞争力，引领东北亚商品期货市场发展。有序推进期货品种研发上市，逐步向综合衍生品交易市场发展。加快国际化步伐，开展期货商品保税交割业务，做强做大具有国际影响力的期货交易品种。与国际期货交易机构建立合作机制，提升国际融合发展水平。完善商品期货交割库点布局和扩大交割结算服务功能，形成东北亚价格、物流、信息、交割结算中心，扩大自由港期货市场的影响力。

（二）培育立体化、多层次资本市场

自由港要在充分利用全国股票市场、债券市场等直接融资市场的基础上，构建符合自由经济发展、适应自由港企业需要的融资服务体系，增强自由港经济金融活跃度，更好地促进实体经济和自由贸易发展。建立融资梯队体系，加快自由港企业上市融资培育，推动不同层次、不同发展阶段和不同需求的企业分别在主板、中小板、创业板等境内外资本市场上市融资，借助资本市场做优做强，发展壮大。立足于自由港经济发展的特点和竞争优势，重点支持港口、物流、交通、金融、装备制造业重点企业上市融资。大力发展区域股权交易市场，充分利用"新三板"市场，加快对企业的辅导和培育，支持"新三板"挂牌企业转板升板。积极发展债券市场，大力推进企业债券融资，鼓励运用地方债、公司债、企业债、集合债、短期融资券和中期票据等，提高直接融资比重，降低杠杆率。积极支持企业探索发展高收益债券及股债相结合的融资方式，发行项目收益债、可转换债券、股债结合产品等，丰富企业融资渠道。把握市场需求方向，推动绿色金融发展，积极倡导发行绿色债券，引领金融业利用新型金融工具扩大服务范畴，更好地发挥国际金融中心的作用。

(三）加快发展保险市场

自由港的建设和发展将促使经贸领域的活动更加活跃，因此对经贸领域的风险保障要求更加迫切，需要更为完善的保险市场体系和更为丰富的保险产品，以满足市场主体的各类保险需求。大连保险业在发展的过程中，应更加侧重与自由港建设和自由贸易发展密切相关领域的保险支持，在做好传统保险业务的基础上，加快推出促进贸易自由、航运物流发展、产业发展等方面的保险服务。加快发展现代航运保险，开展货物运输保险、船舶保险、航运责任保险、离岸能源保险、航空器保险等自由港发展迫切需要的保险产品。大力发展信用保险，为实施自由贸易、支持企业"走出去"提供风险保障。

(四）规范发展各类商品要素市场

通过设立商品和要素交易平台，实现经贸活动与金融市场的有效结合，从而拓宽物资流通渠道，减少流通环节，提高流通效率，降低流通成本，促进贸易发展。同时，利用商品交易市场的价格形成与发现机制，实现套期保值，充分发挥商品交易市场的金融属性，提升自由港商品和要素市场的定价权，实现产业资本化和交易市场化，提升自由港要素资源的配置效率。探索发展林权、碳排放权、水权、集体土地使用权流转、海域使用权、排污权、知识产权等各类权益交易。鼓励产业园区根据产业实际发展汽车、再生资源、煤炭、石油等大宗商品交易，积极发展符合东北地区物产特色的粮食、农产品交易。支持行业龙头企业建设船舶物资、石化产品交易中心。推动自由港建设成为全国重要的大宗商品交易中心、结算中心和物流中心。

四、大力发展"价值链"金融产品和金融服务体系

自由港实施自由贸易政策，同时依托港口建设，建立起以航运、空运为枢纽的现代物流体系，再加上综合型自由港完整的产业布局，因此对金融服务具有相对独特的要求。大连在建设自由港的过程中，需要结合自由港建设的实际，满足差异化金融需求，建立起连接国内外重要口岸的"价值链"金融产品和服务体系。重点支持自由贸易、港航物流、海洋经济、优势产业的

发展，打造自由港特色金融服务体系。金融服务的宗旨应定位于服务实体经济，促进自由贸易的发展，扩大自由港经贸往来；加大港口经济支持力度，提升港口发展的竞争力；服务于航运与空运的融合发展，提升港航物流联动发展水平；突出自由港的海洋经济优势，增强金融支持海洋经济的能力；围绕自由港主导产业，支持综合型自由港形成坚实的产业发展基础。金融业围绕自由港建设和自由港经济发展的中心，提供优质高效的金融服务，打造自由港特色金融服务体系，提升自由港金融核心竞争力，更好地促进自由港经济的繁荣发展（见图9-5）。

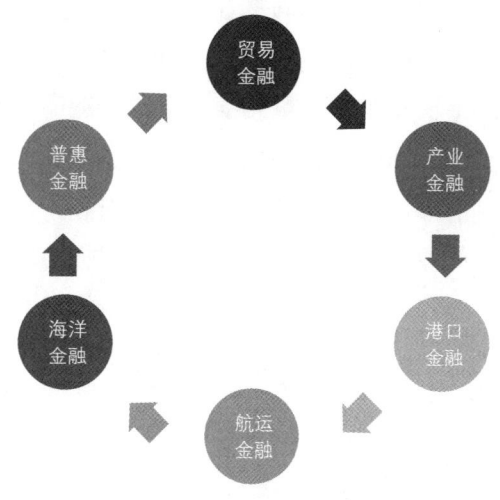

图9-5 自由港"价值链"金融服务体系

（一）大力发展绿色金融

一是发展贸易金融。自由港建设将带动中国企业"走出去"，其必然结果是采购、生产和销售活动在全球范围内展开。因此，制定全球化的贸易金融服务方案，帮助企业在跨时区、跨国家、跨币种上更好地匹配物流和资金流、妥善管理资金收付，最大限度地利用不同币种和不同国家的利率和汇率差异获得收益并规避风险，将成为未来贸易金融服务的重点。金融机构需要加大境外业务拓展力度，从在国内办理国际业务的传统模式转向走出国门提供全球服务；从单一的融资结算产品转向提供财富管理、规避汇率风险的集成化贸易金融产品；从对单个企业提供融资服务，转变为提供涵盖产业链和关联企业的整体综合服务，以增强中国贸易金融服务全球化的能力。金融机构要将供应链的核心企业和上下游供应企业作为一个整体来设计贸易金融服务，对产业链上下游关键节点的产、供、销活动进行统筹，在此基础上提供一揽子融资、结算服务以及账户管理和财务顾问等衍生服务，以确保整个产业链资金的正常周转。

二是发展产业金融。产业金融发展的核心在于高效整合金融资源，服务产业发展，提升产业核心竞争力。通过金融对产业发展的全方位支持，实现产业链条的延伸和产业上下游资源的整合，扩展产业发展空间，提升产业效益和实力。产业金融应围绕大连自由港建设的产业发展规划和产业发展需求，提升金融服务的层次和水平，重点支持石化、造船、装备制造、电子信息等传统优势产业和新能源、新材料、生物医药、航空航天等新兴产业的发展，构建金融支持自由港产业发展的完整服务链条和特色服务体系。针对自由港重点发展的支柱产业，提供一整套产业金融服务解决方案，从系统性角度为产业发展提供贯穿产业发展阶段和整个上下游链条的金融服务。产业金融服务的最终目的是要帮助产业发展实现资源的资本化、资产的资本化、知识产权的资本化和未来价值的资本化。

（二）重点发展蓝色金融

一是发展港口金融。在港口经济的主要产业链上，企业间相互依存，上下游企业间商务活动和物流资金流活动频繁且有规律，适宜制定标准化、综合性的金融服务方案。金融业应根据自由港经济的特点，围绕港口经济辐射范围，针对进出港口地区的物流和资金流，为满足核心企业及其上下游企业的需求而设计，提供与港口经济各产业商品的自身特点和商品交易模式相适应的融资、结算、配套服务及资产保值等一系列金融服务方案。加大对港口基础设施建设的金融支持，包括道路、航道、码头、集散中心、物流园区等配套设施建设，提高港口运营效率，提高港口的经济规模，产生规模经济。重点满足港口企业发展的融资需求，对大型港口企业提供有效的金融支持，推动企业整合港口经济上下游和相关产业链资源，提升港口企业核心竞争力。

二是发展航运金融。航运金融在国际金融市场中具有举足轻重的地位，对国际航运市场的发展有着重要影响。航运企业、港口、造船厂、银行、保险公司、证券公司、商品及衍生品业务经销商、金融租赁公司等机构从事融资、保险、货币保管、兑换、资金结算、航运价格衍生产品等金融业务，能够加速实现航运资源资本化、航运资产资本化、航运未来收益及产权资本化，解决航运资金融通、航运资源整合、航运价值放大等问题，提升航运业资源配置效率和航运业的发展水平。可以根据实际需要开办物流金融业务体系中的订单融资业务、应收账款融资业务、存货质押融资业务、仓单质押业务、保兑仓业务、商品货权和库存混合融资模式、融通仓模式及经销商集中融资模式等，为航运物流链条提供完整的金融服务。建立和完善海上保险保障体系，大力发展海洋保险，支持发展包括货运保险、船舶保险、海事责任保险和海上石油开发保险等在内的航运保险，为物流中心的建设提供风险保障。

三是发展海洋金融。海洋经济是自由港经济的突出特色，应从金融领域给予重点支持。设立海洋经济引导基金，吸引社会资本参与，综合利用投资、股权、债券、保险、信托等业务模式，为海洋经济的基础设施建设和海洋经济产业链发展提供综合金融服务解决方案，打造海洋经济多元化融资体系。创新金融产品和服务方式，建立符合海洋经济产业链上、下游企业特点的授信模式，运用信贷产品组合为海洋经济提供综合信贷服务，创新优化海洋经济的授信流程，根据涉海项目风险和经营特点，完善风险评价体系，提升海洋金融服务效率。支持重点海洋产业发展，完善海洋产业体系，支持现代海洋渔业转型发展，提升海洋优势产业核心竞争力，扶持海洋现代服务业加快发展，为海洋新兴产业发展提供金融保障。重点加大对海洋基础设施、海洋装备制造、船舶制造、海洋交通运输业、海洋渔业、海洋生物制药等海洋优势产业和新兴产业的金融支持，有效满足涉海重点领域的资金需求。加强对外汇管理的支持与服务，进一步优化货物贸易外汇管理与服务，促进涉海企业货物贸易业务办理便利化，积极支持引进外资投向大连海洋优势产业，加大对涉海企业"走出去"的融资支持，提升自由港海洋经济的活力。

（三）全面发展普惠金融

紧紧围绕自由港创新、开放、共享的新发展理念，建立与自由港发展相适应的普惠金融服务体系，着力增加普惠金融服务和产品供给，不断提高金融服务的覆盖率、可得性和满意度。建立健全多元化广覆盖的普惠金融机构体系，包括更好发挥银行业机构作用、规范发展新型金融服务组织、完善风险管理和分担补偿体系。聚焦普惠金融服务主体加快金融创新，改进小微企业金融服务，提高县域金融服务水平，提升保险服务的普惠功能，改善民生金融服务。打造国内领先的普惠金融基础设施，包括优化支付环境建设、健全普惠金融信用信息体系、建立普惠金融监测统计体系、构建专业化金融服务中介体系。构筑普惠金融教育与消费者权益保护长效机制，加大金融知识普及宣传力度，培育金融消费者风险防范意识，加强金融消费者权益保护。

五、全面优化金融运行环境

金融运行环境主要包括与金融业生存、发展密切相关的经济环境、法制环境、信用环境、市场环境和行政管理体制、中介服务体系、银企关系以及人文地理等内容。良好的金融生态环境既是建设自由港的需要，也是金融业实现持续健康发展的需要。良好的金融环境有利于提高金融运行的质量和效率，实现经济金融的良性互动和协调发展。更多地吸引金融机构进驻、更多地吸引金融人才进驻、更多地吸引资金进驻，从而促进自由港对金融资源的吸引聚集、对金融人才的吸引，保持金融业的良性健康发展，实现自由港经济的繁荣发展。因此，大连应遵循金融业发展的客观规律，积极营造有利于激发金融市场活力、机构聚集力、产品服务创新力和持续发展生命力的金融生态环境，全面提升金融发展软实力。

（一）优化政策环境

提供优惠的政策支持，可以增强自由港对金融业的吸引力，从而带动更多金融资源向自由港聚集，形成规模效应，促进自由港金融产业的发展。自由港应围绕金融发展的要求，进一步完善政策措施，建立激励保障机制，提供包括金融招商、优化信贷投放、鼓励金融创新、扶持期货业发展、扶持中小企业融资、推动企业上市、支持基金和股权投资、支持发展金融总部、鼓励引进金融人才等各项优惠政策，吸引金融机构、金融资源向自由港内聚集，提高自由港对金融业的吸引力，带动金融业发展。

（二）优化人才环境

自由港金融发展的关键在于金融人才，因此必须实施金融人才战略，坚持培养、引进和使用并举的策略，创造吸引人才、用好人才和培养人才的体制机制和良好环境，为自由港金融的发展提供人才保障。研究制定金融人才队伍建设规划和配套措施，建立金融人才储备库，使大连自由港成为吸引、汇集各类金融人才的高地。为各类金融高级人才在自由港工作、生活提供落户、居住、子女教育、医疗、出入境等便利服务，对符合条件的金融总部、区域性管理总部的高级管理人员、高端专业人才给予专项补贴。充分利用金融类院校和培训机构集中的优势，鼓励开展有针对性的金融人才培养，通过学历教育、专业讲座、业务培训、国内外金融专家专题授课等多种形式，为金融从业人员提供继续深造的机会，提高金融人才队伍的专业素质，大力培养复合型、实用型金融人才。

（三）优化信用环境

金融业的发展是建立在良好信用环境的基础上，自由港金融的发展必须依托信用体系的建设和信用环境的优化。因此，大连自由港应加快推进社会信用体系建设，完善社会信用信息征集，扩大信用信息交换共享范围，探索建立综合社会信用信息系统，拓展征信服务应用领域。支持和推动中小企业信用体系、农村信用体系建设，切实加强信用管理，形成信用约束机制，培育和规范多元化信用主体。鼓励发展征信、信用评估机构，建立完善"守信激励"和"失信惩戒"机制，加强信用管理，综合运用法律、经济、舆论监督等手段，增强企业和个人信用观念，创造诚实守信、公平有序的金融市场环境。

（四）优化法制环境

金融的发展需要依靠良好的法制环境提供保障，特别是自由港金融直接面对国际金融市场，对金融法制化提出了更高要求。法制建设需要与国际接轨，提高规范性和透明度，为自由港金融的发展提供公开、公平、公正的法制环境。自由港金融法律法规既要同国际法衔接，又要符合国内有关原则；既要保护我国的经济利益，又要维护外资的合法权益。因此，大连需要建立与自由港建设相适应的法制体系和执法制度。建立与自由港发展相适应的法律体系，涵盖自由港经济金融的各个领域，提高自由港法治化水平。建立金融审判庭或专业化合议庭，支持司法机构完善金融诉讼案件审理机制，提高金融案件立案、审理和执行效率，依法维护金融债权。加强执法部门与金融监管部门之间的协作，为金融发展创造良好的法制环境。

（五）优化金融文化环境

金融文化作为文化的一部分，是社会文化与金融领域实践相融合的产物，是以地域传统文化为根源，在金融领域文化的具体体现。内外环境差异会导致文化生态环境的差异，所以世界各国、各地区以及同一地区不同时期的金融文化各具特色。在建设自由港的过程中，需要把金融文化环境的改善和提升作为金融生态环境建设的一个重要部分。具体来看，一是要推广普及社会公众金融知识，增强金融文化素养，提高金融消费者风险意识，提升市场主体有效利用金融产品实现规避风险和保值增值的能力；二是要建立公众金融教育服务平台，全面介绍基础金融知识、理财知识、风险提示等；三是要督促金融机构落实公众金融教育责任，加强对金融产品的信息披露和风险提示；四是要加强政府部门、金融监管部门以及高校的沟通合作，推进公众金融教育工作；五是要发挥政府的银企沟通桥梁作用，实现金融服务和产品与企业金融需求的有效对接；六是要充分利用各类媒体平台，传播普及金融知识，提升市民金融素养，营造良好的金融文化氛围。

第四节　打造自由港金融开放和创新体系

自由港金融的发展，一方面，应立足于服务实体经济，支持自由贸易的发展，为自由港经济的发展提供全方位的金融服务；另一方面，也应承担起深化金融改革、扩大金融开放、加快金融创新的使命，在自由港开放环境下，推动金融领域稳步扩大开放，加快金融创新，为我国金融业深化改革探索出路、积累经验。为了更好地发挥金融在支持自由港建设过程中的作用，推动我国金融业实现开放发展，加快与国际金融中心建设接轨，大连在自由港区域内实施的金融开放幅度应该更大、领域应该更广、层次应该更高，金融业应该在开放的条件下进一步加快创新，突破原有的体制机制束缚，实现自由港金融在更加开放、更具活力的国际舞台上健康发展。一是扩大金融开放范围，逐步减少金融管制，实现利率、汇率市场化和资本自由流动。二是加快金融创新，提升资源配置效率，建立起开放的金融市场、高效的金融监管体系，提升自由港金融中心地位。三是推动人民币国际化，巩固人民币国际货币地位，加速人民币"走出去"步伐，同时形成人民币回流机制，建设境内离岸人民币业务枢纽，扩大人民币国际影响力。通过金融业的深入开放和创新发展，建设面向东北亚的国际金融中心，提升自由港金融中心的影响力。

一、合理有序地推动自由港金融开放

金融开放是自由港金融发展的必经阶段，是自由港建设的内在需要。要实现贸易、投资自由化，就必须要有配套的金融服务做支撑，这就要求金融业在发展的过程中逐步扩大开放，提升自身的经营管理水平和服务水平，更好地服务于自由贸易，加速自由港与外部生产要素的自由流动。只有扩大金融开放，逐步放开对资本跨境流动的管制，形成服务于自由贸易的完备金融

体系，才能确保金融服务功能的充分发挥，为自由贸易发展提供更好支撑。

（一）金融开放体系的构成

金融开放广义上是指一国对其他国家开放金融市场，准许其在国内金融市场从事交易和开展各种金融业务，即金融市场开放和金融业务准入，同时准许国内居民和机构参与国际金融市场上的交易。狭义上是指一国取消对国际资本和外资金融机构的直接行政限制。主要包括两个部分：一是金融服务业开放或金融市场开放，即允许外资金融机构以独资、合资或并购等方式在本国从事银行、证券和保险等金融行业；二是资本账户开放，即允许资本跨境自由流动，允许国际资本和本国资本以直接投资、证券投资和其他投资方式自由进出。对金融开放的定义进行延伸，可以得到金融开放四个方面的内容：（1）金融主体准入和退出的开放；（2）资本流动的开放，资本项目逐步放开，取消汇率管制；（3）货币价格形成机制的开放，即利率市场化；（4）金融运行模式的开放，包括分业经营模式和金融工具的流动模式全面市场化和国际化。

（二）金融开放与经济增长的作用机制

关于金融开放和经济增长方面的研究，主要体现在金融开放对经济增长的作用机制和传导过程上，斯图尔兹（Stulz, 1999）分析检验了资本市场全球化对预期收益的影响，资本市场开放确实降低了企业融资成本。奥布斯特费尔德（Obstfeld, 1994）从国际经济一体化的角度提出了资本市场开放的效应问题，构造了连续时间随机模型进行福利分析，并经过实证检验，得出资本市场开放和全球化分散了投资风险，提高了消费水平，从而具有稳定增长效应的结论。亨利（Henry, 2000）进一步检验了资本市场开放对宏观经济的影响机制，比较分析了新兴资本市场开放前后的风险分散和资产定价，发现开放后的新兴市场投资收益有了一定程度的提高，私人投资随之爆发性增长。克莱恩和奥利弗（Klein & Oliver, 2000）的研究表明，金融开放通过促进金融发展，提高金融深度，以此促进经济增长。巴尤（Bailliu, 2001）也发现资本账户开放通过促进金融发展进而促进经济增长。金和辛伽尔（Kim

& Singal, 1997）率先实证分析了资本市场开放对市场股价波动、通胀和汇率的影响，发现资本市场开放使新兴市场的有效性增强，并且对市场波动、通货膨胀和汇率水平都产生正面影响，对宏观经济发挥了稳定作用。贝卡尔特（Bekaert, 2001）、哈维（Harvey, 2002）和伦德布莱德（Lundblad, 2005），对金融开放促进经济增长的途径进行了细致研究并进行了总结。认为金融开放影响资本成本、增长的机会、放松金融管制、促进金融发展，从而扩大投资规模和提高投资效率，进而促进经济增长。

综合以上研究，金融开放与经济增长的作用机制主要表现在：金融开放使得国内要素的定价与国际接轨，降低了资本成本，促进了投资，这样就促进了生产和经济增长；资本项目和经常项目的管制将减少货物贸易，尤其是服务类贸易，这样就抑制了经济增长，取消管制就能促进经济增长；金融开放使得国内居民可以在国际范围内构建分散化的投资组合，减少受国内风险冲击的影响，而且能提高投资收益，增加国民财富，促进经济增长；资本账户开放提高了资源配置效率，进而提高了生产水平和经济总量；金融开放提高了资本市场的效率，进而影响宏观经济。

（三）自由港金融开放的次序

麦金农在《经济市场化的次序——向市场经济过渡时期的金融控制》一书中提出了市场化的最优次序问题，认为发展中国家的股票市场不发达，缺乏像发达国家那样有效的中央银行制度和存款保险制度，一旦完全解除利率管制，银行自发追逐高风险和高收益的贷款，将导致坏账增加，增加银行倒闭的风险。因此，即使在市场化的进程中，发展中国家也应该加强政府对银行和其他金融机构的监管，金融自由化不等于完全放弃政府在金融监管中的作用。同时，麦金农还认为有效的控制物价和财政是金融开放取得成功的必要条件。根据麦金农的研究，可以将金融自由化和金融开放的次序归纳为如下步骤：一是平衡中央财政。只有在财政控制实现目标、赤字得到消除、物价平稳的条件下，才能确保金融开放的顺利实施。二是资本市场开放。必须依照政府稳定宏观经济的效果，来放松对银行和其他金融机构管制的步伐。三是汇率自由浮动。汇率的浮动包括取消多重汇率，放弃对外贸进行的直接数量控制措施等。四是资本自由流动。资本自由流动是金融开放和金融自由化的最后一个步骤，只有在国内的信贷可以按照均衡利率进行，通货膨胀也得到明显控制之后才能实行。

综合以上分析，金融开放的优先次序主要取决于其对金融稳定的影响程度，即从影响不大到作用明显的顺序依次开放，因此自由港金融开放的顺序大致可以划分成四个阶段，即"实体经济领域率先开放—外资金融机构准入稳步开放—资本账户审慎开放—汇率自由浮动最后开放"。在开放的过程中要把握好进程和节奏，不断完善制度和调控管理体系，有效防范和化解风险，在宏观经济稳定的前提下实现金融开放的发展目标。

第一阶段，实体经济领域率先开放。优先开放实体经济领域对自由港的冲击相对最小。从我国出口和引进外资的成功经验来看，实体经济领域的开放形成了刺激产出的强大动力，出口以及外商投资对经济增长的贡献均十分显著。由于实体经济领域的开放更多带来商品和劳务需求及供给的变化，而不会过多地对金融体系运行造成明显影响，因此开放的第一步应该是对引进外资的放开及对出口限制的减少。在此过程中，金融开放要服务于经济开放，对有真实贸易背景和明确投资目的的资本流动，放松或取消管制，放宽与实体经济相关的金融业务的开办审批，以此促进自由贸易和投资的发展。

第二阶段，外资金融机构准入稳步开放。目前我国已经建立了相对完备的针对外资金融机构的经营管理体系，外资金融机构在我国的经营发展总体平稳。我国已经积累了外资金融机构准入和管理的丰富经验，在自由港内大量吸引外资金融机构进入的风险总体可控，可以作为第二个优先金融开放的领域。自由港金融在针对外资开放领域可以加快进程，鼓励和吸引各类外资金融机构在自由港投资、参股和设立各类金融机构，形成良性竞争的局面，带动自由港金融业整体提升业务创新能力、风险管理水平和金融服务效率。

第三阶段，资本账户审慎开放。一定程度的资本流动管制能够维护宏观经济的稳定，消除资本异常流动带来的不利影响，有效防止金融风险的发生。一旦完全取消资本管制，将会加剧汇率和利率大幅波动的压力，从而导致金融脆弱性的增强，而这种脆弱性提高产生的风险要远远超过金融机构进入产生的风险，因此，资本账户的开放要位于金融机构开放之后。资本自由流动的优势体现在促使经济形成均衡的利率和汇率水平，进而促使资源流动、配置效率提高，然而这种结果要在金融稳定、制度健全的基础上才能出现。可考虑在具备稳定宏观经济环境、健康金融体系、有效监管能力的基础上，优先推行资本项目可兑换，在一定的规则和前提下，满足具有真实投资项目和明确投资标的的资本的流动需求，在人民币国际化地位充分巩固、成为世界普遍认可和使用的国际货币后再推行资本项目自由兑换。

第四阶段，汇率自由浮动最后开放。资本自由流动的结果，必然对汇率的波动产生压力，若一国不采取任何汇率限制措施，未建立有效的汇率调控机制，很可能造成汇率水平的大幅波动，危及一国的宏观经济运行，也将影响一国货币政策的独立性。因此，必须在推动资本流动的过程中，逐步稳妥地建立一套有效的汇率形成机制和管理体系，以有效应对资本自由流动可能造成的各种冲击，最后逐步实现汇率调节的市场化和资本的自由流动。

表 9-1　　　　　　　　　自由港金融开放的优先顺序

第一阶段：经常账户开放	第一步：解除交易限制 　　　　解除对经常账户的交易限制 　　　　保留外汇兑换限制 第二步：解除外汇兑换限制 　　　　解除对经常账户外汇兑换的限制，即实现经常账户可兑换 　　　　允许保留交易真实性审核 第三步：取消金融支持自由贸易的业务限制
第二阶段：机构准入开放	第一步：降低金融机构准入门槛 第二步：扩大金融机构的经营范围
第三阶段：资本账户开放	第一步：解除交易限制，即解除对资本账户交易的限制，保留外汇兑换限制 第二步：解除外汇兑换限制，即解除对资本账户外汇兑换的限制，实现资本账户可兑换，允许保留交易真实性审核
第四阶段：汇率自由浮动	解除经常账户和资本账户交易真实性审核，允许无任何实际交易背景的人民币自由兑换

二、审慎渐进地推动自由港金融创新

金融创新是指金融当局或金融机构为更好地实现金融资产的流动性、安全性和盈利性目标，利用新的观念、新的技术、新的管理方法或组织形式，来改变金融体系中基本要素的搭配和组合，推出新的工具、新的机构、新的市场、新的制度，创造和组合一个新的高效率的资金营运方式或营运体系的过程（王仁祥，2004）。

熊彼特在1912年所著的《经济发展理论》中提出，金融创新就是在金融领域建立起一个生产函数，把原有生产要素重新组合起来，从而提高金融方面的效率。在这一核心思想引领下，货币学派的代表人物米尔顿·弗里德曼（Miton Friedman，1976）认为金融创新受货币方面因素的影响。韩农（T.H.Hanuon）和麦道威（MeDOWell）认为新技术的出现及其在金融方面的应用，是金融创新的主要原因。戴维（Davis）、塞拉（R.Scyila）和诺斯（D.North）提出金融创新是一种制度创新，这是一种与经济体制互为因果、互为影响的制度变革。西尔伯（W.L.Sper，1983）提出约束诱导型理论，认为金融创新的根本原因是金融业回避或摆脱其内部和外部的制约。希克斯（Lics）和尼汉斯（Niehans）从交易成本考察金融创新的动机，认为金融创新是对科技进步导致的交易成本降低的直接反映。我国学者对金融创新理论的研究始于20世纪80年代中后期，厉以宁（1991）从我国的现状来谈金融创新。他认为金融领域或许存在许多利润，但在现有技术水平和手段下无法获取这些利润，所以必须在金融领域进行创新，包括体制创新和手段创新。孙长宇（2001）提出进行金融创新是我国金融业持续健康发展的根本。付乐、曾宪宁（2007）分析了我国金融创新的现状和特点以及创新发展的思路，提出了我国应在金融市场、金融产品和金融监管等方面进行创新。

金融创新是自由港金融引领发展、形成自由港核心竞争力的重要手段，是自由港金融发展到更高层次的必经阶段，是自由港国际金融中心建设的重要组成部分。自由港金融创新应在坚持金融服务实体经济的原则下，在综合考虑世界经济周期的情况下，遵循主动性、可控性、渐进性的原则，通过金融组织创新、金融工具创新、金融市场创新和金融制度创新（见图9-6），促进金融业的发展，从而带动自由港经济的发展，最终实现自由港金融中心的发展目标。

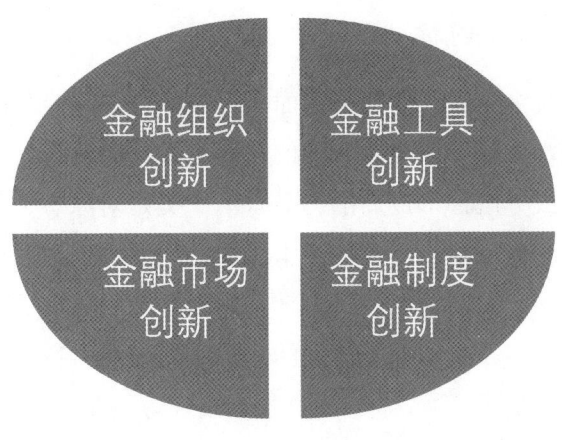

图 9-6　金融创新的主要方面

（一）金融组织创新

金融组织的创新是指微观组织管理方式的创新和宏观金融组织形态的创新。每个金融创新主体内部组织结构的变化、金融机构之间的重组、主体与主体之间形成的战略联盟，都属于金融组织创新的范畴。金融组织创新使金融资源得到更为合理的配置，使金融创新主体更能发挥个体特色优势，从而形成合力，实现规模效应。衡量一个组织体系合理与健全的基本标准有两个：一是是否存在着广泛、有序、公平的竞争。二是具体组织机构的经营运作是否稳健高效。微观层面，金融组织创新必须以增强金融创新主体的效率为核心，提高金融机构的国际竞争力。自由港金融组织创新的关键在于建立多元竞争的金融机构体系，引导金融机构充分竞争，提高效率，形成竞争合作、体系完整、功能完备的微观金融主体。宏观层面，自由港金融组织创新的主要任务是提高宏观审慎管理能力，有效防范和化解金融风险，因此应着力建立统一的自由港金融管理部门，整合现有的金融管理资源，对自由港内金融发展作出统一规划，对金融创新和金融监管作出统一安排，实现金融政策统一、连续，监管高效、透明。

(二)金融工具创新

金融工具创新主要表现在两个方面,一方面是金融产品的创新,另一方面是金融支持技术的创新。金融产品的创新主要分为两类:一类是对已有金融产品进行组合或分解而形成新的产品,另一类是对原有金融产品进行改进和模仿而形成新的产品。金融支持技术的创新主要表现在两个层面:一是金融业软硬件设备的研发与更新,如新计算机系统的引进和更新换代,相关金融软件的开发等;二是金融业务流程的改进、创新和再造,如金融服务流程的简化、由新的融资项目而产生新的业务流程等。金融产品和金融支持技术的创新是最能反映市场需求状况的创新因素,也是最能体现金融活力的创新因素。金融工具创新的重点是研究开发有市场竞争力的金融产品,提高金融业的技术水平,从而增强金融业的整体竞争力。自由港金融工具创新应着眼于三方面:一是提高流动性。通过设计各类金融交易产品和衍生产品,提高金融资产的交易和流转速度,提高金融资源的配置效率。二是降低交易成本。通过优化业务流程、提高服务效率,降低市场主体交易成本。通过提供标准化金融产品,明确交易的基本信息和要素,提高成交效率,减少交易中间环节和撮合成本。三是减少信息不对称。开发金融产品,促进各种信息的揭示,减少信息不对称和市场无效行为,帮助投资者了解其风险收益情况,提升金融交易的公平性和透明度。

(三)金融市场创新

金融市场创新分为两个层面。一是金融创新主体对新的金融市场的开拓,金融创新的供给主体根据资金供需主体的需求和自身技术水平的提高,开发新的金融产品,拓展新的金融市场。一旦新的金融市场形成,其首创效应是巨大的。二是金融市场体系的创新,即金融市场要素的重新组合。金融市场要素在市场机制的调节下重新组合,使金融市场体系不断完善,进而推动金融工具的创新和扩散。金融市场创新的功能是充分发挥市场机制的作用,优化市场资源的配置,促进金融创新的扩散。自由港内的金融市场创新应突出对金融资源的聚集,形成强大的辐射带动作用,为国际金融中心的建设提供支撑。尝试在自由港内设立离岸金融市场,实施优惠政策以创造离岸金融业务需求，吸收利用境外资金，为境外非居民提供投融资服务，为国外投资者提供更多的投资选择，服务自由港外向型经济发展的需要。推动离岸人民币业务的发展，扩大人民币国际投资使用，提升全球金融资源的整合能力。

（四）金融制度创新

金融制度创新包括两个层面。一是金融主体微观制度的创新，二是与整个金融业相关的宏观制度的创新。微观制度的创新主要是指金融主体内部管理制度的改善和革新。宏观制度的创新主要是指政府在对金融业发展进行指导、协调和控制的前提下所进行的金融宏观调控制度的创新。自由港金融制度创新应集中在宏观领域，建立起完善的金融机构准入管理制度体系、金融市场制度体系、金融调控制度体系和金融监管制度体系，逐步实现金融业分业经营制度向混业经营制度的过渡。构建一整套金融法规，加强金融制度创新的法律监督，建立一整套有利于金融制度创新的法律监管体系，规范金融市场发展，维护金融机构公平竞争。

三、推动金融枢纽中心建设

2016年10月，人民币被正式纳入特别提款权（SDR）货币篮子，为人民币国际化奠定了坚实的基础。2017年10月，国际货币基金组织宣布人民币将被国际社会认可，成为可自由使用的国际货币，人民币国际化又迈出了坚实的一步。中国将在人民币国际化步伐不断加快的过程中，更加全面地融入世界经济、国际货币体系。当然，人民币要成为真正的可自由兑换的国际货币，达到像美元和欧元一样被广泛使用和充分认可的程度，还需要进一步加大改革力度，进一步融入国际货币体系。大连自由港作为推动金融开放、加快金融创新的有效载体，应成为推动人民币国际化的重要力量。一方面，借助自由港提升贸易影响力的同时，扩大人民币在国际贸易和投资中的使用，进一步巩固人民币国际化地位，提升人民币的国际影响力；另一方面，加快人民币产品市场建设，建成全球重要的人民币循环枢纽和人民币定价中心、清算中心，提升人民币国际地位，提升金融市场定价权。

（一）建立人民币在岸交易市场

一是争取国际大宗商品人民币计价权。在东北亚经贸往来中，积极推进大宗商品以人民币计价，建立人民币与某种大宗商品挂钩，扩大人民币在国际贸易中计价结算功能的发挥，加速人民币国际化进程。目前，中国已超越美国成为世界上最大的石油净进口国。在国际社会上，石油人民币标价的趋势日渐明显。在东北亚，中国和俄罗斯应巩固战略合作关系，使用人民币购买俄罗斯石油，再逐渐寻求人民币成为其他大宗商品贸易中的计价结算货币。特别是中国大量进口的铁矿石与中国优势出口资源煤炭和稀土等均应采用人民币计价结算。巩固人民币结算的贸易基础，大连要充分利用自由港石油和铁矿石进口的优势地位，进一步增强在对东北亚贸易结算中使用人民币的话语权，扩大人民币在东北亚地区的使用，在对外开展石油、矿产等大宗商品开采企业股权跨国并购时使用人民币，进一步提升对国际大宗商品现货供应体系的掌控能力，为培育与发展人民币计价大宗商品期货交易市场提供基础保障，进而推进大宗商品人民币定价权的实现。

二是扩大人民币跨境结算。推动人民币在东北亚国际贸易的计价和结算中的应用，提升人民币的国际地位。大连在建设自由港的过程中，应大力推动跨境贸易人民币结算，依托大连在东北亚贸易往来中的重要地位，借助于中日、中韩、中俄自由贸易，提高人民币结算在国际收支中的比重，提升贸易结算的效率，减少汇率波动带来的损失，扩大人民币在东北亚区域的影响力。一方面，开展现货贸易，依托自由港物流优势，促进经济贸易发展；另一方面，开展期货贸易，利用期货市场形成的价格发现功能，扩大人民币使用范围和领域。另外，拓展金融服务功能，引入证券、期货参与投资，使用人民币计价结算，实现金融开放发展，增强实力，扩大人民币影响力。结合贸易发展、产业发展和市场需求，打造"贸易—物流—金融"全产业链，提升人民币在贸易结算中的地位和优势。

（二）打造人民币境内离岸中心

一是扩大人民币对外直接投资。目前中国已经发展成为全球第二大投资国，对外投资总量大幅增加，但投资区域布局较为单一。中国人民币境外直接投资的地域比较集中，总体金额占比还很小，多在中国香港、新加坡等华人居住的地区，跨境直接投资地域布局急需合理规划。在推动跨境直接投资的地域优化布局过程中，大连自由港可以更好地发挥作用。其一是配合人民币周边化阶段，大力发展向周边的国家和地区的直接投资，在东北亚国家和地区谋求投资机会，加大资本对外输出；其二是配合人民币亚洲化阶段，努力发展向亚洲区域内的国家和地区直接投资，利用大连自由港与"一带一路"沿线国家的深化合作，推动人民币向亚洲国家的投资输出；其三是配合人民币国际化阶段，积极向非洲、欧洲、美洲和大洋洲直接投资。以大连为枢纽，面向东北亚，辐射全球，稳步推进人民币对外直接投资，扩大人民币的影响力，加速人民币国际化进程。同时，随着中国对外直接投资额逐年增长和中国对外直接投资范围的不断扩大，中国应有意识地在已开放的资本账户下，鼓励中国企业使用人民币开展对外直接投资和并购活动。大连自由港应借助面向东北亚的有利格局，扩大人民币对东北亚国家和地区的直接投资，提升人民币区域影响力。

二是逐步实现资本项目自由兑换。主权货币的国际化之所以能够被国际社会广泛认可，其先决条件是主权货币全面可自由兑换，即本币不仅在经常项目，而且在资本项目都是可以自由兑换的。因此，如何加快实现人民币资本项目可兑换，便成为人民币国际化路径上急需解决的重大问题之一。大连自由港应稳妥有序地推进人民币自由兑换。通过逐步提高个人和企业跨境汇款额度，允许个人和企业向境外汇出一定额度的人民币，逐步扩大境外金融机构进入国内市场的人民币投资额度，提高对境内资本市场投资、外汇投资的额度，逐步放开境外企业在境内市场融资，并可将融资兑换成外汇，在风险管理体系和能力具备的基础上，最终实现人民币资本项目可自由兑换。

（三）加强国际金融合作

借力"一带一路"倡议和自由港打造，加强大连与东北亚及"一带一路"沿线其他主要国际金融中心城市间的金融合作。这些中心城市既包括交通枢纽和节点城市，也包括许多国际经济和金融中心城市，大连在建设自由港的过程中，应该加快研究探索与周边国家主要金融中心签署金融合作协议，研究项目融资、结算清算、信用担保、风险分担等方面的合作。大连可以考虑发起设立金融中心城市市长论坛、建设项目投融资供需洽谈会或金融合作博览会等，构建周边国家金融中心城市合作机制，不断丰富金融中心城市开展金融合作的内涵，在服务"一带一路"倡议的同时，进一步提升大连国际金融枢纽中心的影响力、辐射力、引领作用和地位。

第五节　构建穿透式金融安全网

习近平同志在第五次全国金融工作会议上指出，金融是实体经济的血脉，为实体经济服务是金融的天职，是金融的宗旨，也是防范金融风险的根本举措。由于自由港金融政策高度开放，资金自由流动，极易产生金融风险，因此需要构建以金融服务实体经济为约束的金融安全网。建立风险监测、预警和处置机制，完善金融安全防线，有效防范和化解各类金融风险。在此过程中，需要统筹协调监管力量，完善监管体系，畅通信息渠道，坚持防控结合，提供必要的救助和风险缓释，以更好地应对各类风险的冲击，最终保证自由港经济的平稳有序运行。特别是要防范资本大规模进出和国际激烈竞争可能造成的金融风险，构筑有效的金融安全网。

一、搭建宏观审慎管理制度框架

现行分业监管体制下，银监会、证监会、保监会分别对银行业、证券业、保险业实施微观审慎监管，关注个体金融机构的稳健经营问题，在宏观经济金融运行整体考虑方面还有待进一步提升。另外，目前"一行三会"在信息共享与监管协调机制方面仍不顺畅，在监管目标和政策执行上很容易产生矛盾。特别是2015年股灾的爆发，更是暴露了分业监管的弊端。因此，中国应紧跟发达国家宏观审慎监管研究的最新进展，结合我国分业监管的现实，探索符合我国国情的宏观审慎管理模式（见图9-7）。2017年第五次全国金融工作会议后，经党中央、国务院批准成立了国务院金融稳定发展委员会，适逢其时。在自由港内，可先行试点宏观审慎管理的新途径，在自由港内成立统一金融监管部门，在职责范围内对自由港区内的金融管理和服务进行自主管理和调控，探索构建防范系统性风险的宏观审慎管理框架和微观主体监管体系，加强对自由港的系统重要性金融机构和金融基础设施的统筹监管，防范化解跨境资本流动风险和资金脱实向虚风险。

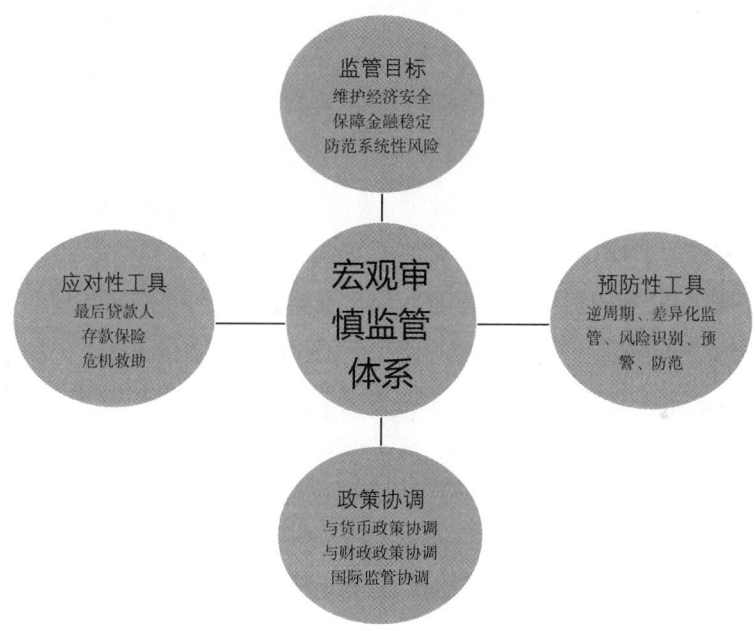

图9-7　宏观审慎管理制度框架

（一）建立统一的宏观审慎管理机构

在大连自由港内，整合"一行三会"派出机构和地方金融管理机构，建立统一的自由港宏观审慎管理部门，负责对自由港金融政策、金融监管和金融服务的统一归口管理。在业务上，接受中央金融管理部门指导，执行统一的货币政策和金融监管政策，服从于中央金融改革开放的总体规划和具体部署，服务于中国整体的金融改革试点，在中央统一的调控和管理下执行各项金融政策，落实各项金融改革任务。在管理上，则接受自由港管理部门的统一管理，服务于自由港建设发展的需要，适应自由港金融服务的要求，形成统一的机构、统一的机制、统一的原则，作为一个有机整体，全面负责自由港内各项金融管理和服务。

（二）做好宏观审慎管理的顶层设计

做好自由港内宏观审慎管理，既要立足于我国宏观审慎管理的总体框架，又要突出自由港自主实验探索的自主权。因此，一定要做好自由港内宏观审慎管理的顶层设计，赋予自由港开展宏观审慎管理的政策空间和开放范围，为自由港内实施宏观审慎管理提供一个系统指引和安排。重点探索建立本外币一体化管理机制，防范和化解跨境资金流动风险，综合利用金融机构及企业主体的本外币数据信息，对企业、个人跨境收支进行全面监测、评价并实施分类管理。根据宏观审慎管理需要，加强对跨境资金流动、套利金融交易的监测和管理。做好反洗钱、反恐怖融资工作，防范非法资金跨境、跨区流动，完善反洗钱和反恐怖融资监管合作和信息共享机制。通过顶层设计，确定自由港内探索实施金融改革的范围和重点领域，确保自由港金融开放有的放矢，取得预期改革目标。

（三）整合监管资源、形成监管合力

自由港金融开放的关键在于防范金融风险，而防范金融风险的关键在于建立一套科学的风险识别体系，而这其中，实现监管资源和监管信息的有效整合，形成金融发展和监管的强大合力将成为重点。须加强金融监管协调，加强宏观审慎监管，强化统筹协调能力，防范和化解系统性风险。既要统筹监管系统重要性金融机构，统筹监管金融控股公司和重要金融基础设施，统筹负责金融业综合统计，补齐监管短板，避免监管空白；还要在分业监管格局下，进行穿透式监管，统一监管标准、消除监管套利。同时，实现金融统计数据和信息的高效整合，使宏观审慎风险识别体系具备更加良好的基础。具体来说，一是构建统一的金融管理信息数据库，规范各类金融监管信息的

收集、整理、发布和传递，全面涵盖自由港内各类金融业态，从而实现对各类金融机构的现场、非现场监管信息以及各种监管处罚信息和风险分析的高度整合，提高监管信息的整合和使用效率。二是构建重点领域排查和风险防范机制。在统一的管理模式下，进一步整合银行业、证券业和保险业等各类监管资源，提升监管效能，对由非现场监测和现场检查发现的重要线索进行重点监控，合理配置监管资源，进行重点排查和防范，从而能够在总体上和全局上把握不同领域的风险，有效防范系统性金融风险，维护自由港内的金融安全。

二、建立金融风险监测预警机制

在完善宏观审慎管理框架的基础上，加强微观审慎监管，构建宏观与微观相互协调、相互补充、相互促进的自由港金融安全网。根据大连自由港金融发展实际，逐步简化审批流程，创新监管方式，放宽前置审批，加强事中事后监管，形成完整的微观审慎监管机制。重点通过电子化监管技术创新，运用现代信息技术和网络技术，建立联网信息监管系统，打造涵盖事前、事中和事后的金融监管预警体系。

（一）加强金融风险防控预警

健全风险监测预警和早期干预机制，把主动防范化解系统性金融风险放在更加重要的位置，完善金融风险处置预案，防止个体局部风险演变为系统性全局风险。积极推进大数据在金融风险分析和预测中的广泛应用，加强新形势、新技术条件下风险防控对策研究，推进防控预警前置。根据各类指标情况，对金融机构的经营状况、管理水平和运行环境进行静态评价分析，判断其各类风险的分布状况和严重程度，以此作为金融机构绩效考核的一项重要依据。早期预警判断单个金融机构风险的性质、特征、严重程度和发展趋势，为监管当局提前采取适当的监管措施提供客观和充分的决策依据，防范和化解银行风险；对金融机构有关风险指标、经营管理活动及综合风险趋势进行动态监测和分析，及时发现风险隐患，并向有关部门发出预警信号。构建有效的金融安全网预警系统应包含三个方面：一是预警指标的选择应该综合考虑指标对风险的敏感性程度、指标间的相关程度、可操作性以及一定的前瞻性因素，以保证预警指标的有效性，使风险预警系统不仅能监测单个银行的静态风险，还能监测整个银行系统甚至宏观经济的风险。二是通过设置预警线，对风险预警指标进行连续监测，对超过预警线的指标发出相应的预警信号，根据不同的预警信号，作出相应的反应。三是加快预警体系高级版的建设和运行，在大数据运用基础上，对风险预警信号的准确性进行大规模的验证，不断提高风险预警系统的有效性。

（二）构建银行主体监管框架

目前，银行是中国金融系统框架的中心。银行决定了金融市场是否处于一个平衡的状态，并直接参与了资金的流通及外汇领域的运转。在自由港内，应重点加强对银行的监管，通过构建银行主体监管框架，加强对离岸银行的风险监管和市场准入监管。在风险监管原则上，坚持公平公正的原则，对中外资银行采取同等待遇，鼓励公平竞争。在政策执行方面，促进银行完善公司治理，优化股权结构，建立正向激励约束机制，强化风险内控机制建设，加强外部市场约束。在市场准入方面，将自由港内开展其他离岸业务的银行一同纳入监管范围，对允许开办各类业务的银行颁发资格证书，保证各类业务规范有序发展。在强化对银行监管的同时，根据自由港金融发展水平，逐步调整和优化对自由港其他金融领域和服务的监管。

（三）现场监管与非现场监管相结合

现场监管是获取重要金融信息、检查风险隐患的最直接手段，也是保证非现场监测数据真实性、对非现场监管发现的问题进行核实的最有效手段。因此，在预警机制建设过程中，要发挥好现场监管的重要作用，实现现场监管与非现场监管相互配合、相互补充，共同奠定预警体系的基础。一方面，根据非现场监管和自由港风险预警体系提供的重要线索和信息，合理分配监管资源，确定监管工作重点，加强对自由港金融领域的现场监管，提高监管工作的针对性和有效性。另一方面，通过实施审慎、严格的微观监管，及时排查和发现风险隐患，对潜在风险进行早期干预和纠正，对预警体系提出改进和完善的措施，提升非现场监管水平。

三、实施内外分离的防火墙制度

（一）内外账户分离

为防止跨境资金通过自由港大规模异常流动，对境内经济金融造成冲击，应实施境内金融市场业务和境外业务严格分离。由于经营离岸业务可获得豁免交纳存款准备金、存款保险金的优惠，并享有利息预扣税和地方税的豁免权，会对外资形成很大的吸引力，从而引起资金的大幅跨境流动，因此必须要求离岸账户与在岸账户实施隔离，离岸交易与在岸交易分开，严禁资金在离岸账户与在岸账户间流动。对外资银行和金融机构与本国居民之间的金融业务活动加以限制，只准许非居民参与离岸金融业务，防止离岸金融交易活动影响或冲击本国货币政策的实施。离岸金融业务和传统业务必须分别设立账户；经营离岸业务的本国银行和外国银行，必须向金融当局申请批准。通过实施内外账户分离，确保境外资金大规模异动不会对境内金融体系造成冲击，为自由港金融安全运行提供屏障。

（二）金融业务分离

分业经营是指对金融机构业务范围进行某种程度的分业管制。目前我国金融业对银行、证券和保险三个子行业进行分离，有利于培养不同业务的专业技术和专业管理水平，提高其专业技能和服务。金融分业经营为各个子行业发展创造了一个稳定而封闭的环境，避免了竞争摩擦和合业经营可能出现的综合性银行集团内的竞争和内部协调困难问题。分业经营有利于保证商业银行自身及客户的安全，阻止商业银行将过多的资金用在高风险的活动上，有利于抑制和阻断金融风险从一个领域向其他领域扩散和蔓延的趋势，形成必要的风险隔离，有利于抑制金融危机的产生，为国家和世界经济的稳定发展创造了条件。因此，大连在自由港建设中应坚持分业经营的原则，对银行业、证券业、保险业和其他金融领域的经营范围进行明确的限定，防止金融业务过度创新、交叉和嵌套，造成风险在不同金融子行业的过快传递，引起连锁反应，形成系统性风险。

（三）临时干预政策

适当的干预是维护金融市场稳定的重要举措之一。对外汇市场进行适当干预，可有效平衡本币与外币的汇率变动，使汇率的变动符合本国的汇率变动政策的目标，防止短期汇率异常变动，避免外汇市场混乱，减缓汇率的中长期变动，调整汇率变动的趋势，使市场汇率波动情况不致偏离一定时期的汇率目标区，促使国内货币政策与外汇政策的协调推行。当金融市场剧烈震荡和大幅波动时，政府应采取临时干预政策，稳定投资者预期，从而缓解资金异常流动，避免汇率超调所引发的大规模异常资金流出和流入，进而减少资金异动对实体经济稳定发展的负面冲击。一方面，可以直接参与外汇市场的买卖，通过在外汇市场上买进或卖出外汇来影响本币的对外汇率；另一方面，通过调整货币政策或财政政策，影响短期资本流入，从而间接影响外汇市场供求状况和汇率水平。特别是在外汇市场发生剧烈波动，偏离本国设定的汇率水平，金融管理部门应及时采取补救性干预措施。与此同时，应提高货币政策和汇率政策的透明度，加强与市场投资者的沟通，引导市场预期，并坚持让外汇市场供求决定汇率，政府干预只能作为临时性、非常态手段，在关键时期使用。

四、完善金融风险应急处置机制

（一）存款保险

存款保险制度建立的根本目的是通过为倒闭银行支付存款赔偿，保护小额存款人利益。存款保险机构通过制定相关的存款赔偿标准和赔偿方法，履行存款赔偿的责任，可以增强存款人的信心，有效地减少银行挤兑风险，维护金融稳定。在自由港内，存款保险制度将成为金融安全网构建至关重要的一环。目前，我国已经建立了存款保险制度，对境内居民在银行业金融机构的存款提供风险保障。未来在自由港建设中，我国的存款保险制度也应扩大到自由港区域内，对我国居民存放在自由港内银行机构的存款进行风险保障。在银行陷入危机但未出现系统性风险的情况下，运用市场化的手段，用资金援助、吸收合并、收购改组、接管清算等方式对问题银行进行处置，体现市场化运作机制，提高处置效率，降低处置成本，促进市场优胜劣汰，提升自由港金融业的吸引力和竞争力，提升自由港金融市场的安全性。

（二）财政救助

在金融危机爆发初期，金融体系面临的主要困难是流动性短缺，此时如果能确保金融机构可以从中央银行筹集到所需资金，则可以消除金融市场恐慌，恢复市场信心。在历次金融危机救助中，中央银行的作用也主要在于向金融体系提供流动性支持。而财政部门在拯救破产金融机构、清理不良资产、对高风险金融机构注资等方面比中央银行更有经验和优势，财政政策效果也更加直接。但以往财政部门通过直接向金融机构注资或采取国有化等方式实施救助往往面临较大的社会压力。一方面，行政部门的决策效率低，行动迟缓，很容易延误救助时机。另一方面，在财政赤字和预算约束下，为危机机构大量注资较难实现。因此，财政部门救助主要是在清理不良资产方面，由其通过债权投资的方式剥离并处置问题金融机构的不良资产，以帮助金融机构恢复持续经营能力，从而与中央银行在救助方式和内容上合理分工，实现救助方式的最优化。

（三）国际合作

金融监管的国际协调与合作是指国际经济金融组织与各国，以及各国之间在金融政策、金融规制等方面采取共同步骤和措施，通过协调与合作，达到协同干预、管理与调节金融运行，并提高其运行效益的目的。由于自由港金融连接国内外金融市场，涉及银行、证券、保险及金融创新等金融领域的各个方面，一旦产生金融危机，将对周边国家和地区产生深远影响，因此须通过加强国际协调，在信息交换、政策融合、危机防范、紧急救助等方面达成共识，密切合作，才能更好地维护区域周边国家和地区的金融稳定。由于各国对协调时机、方式掌握不一致，协调机制自身不够完善，因此大连自由港在防范金融风险过程中，要加强同东北亚国家和地区的监管协调，统一金融监管的标准和方法。在金融国际监管的实践中，各国应本着求同存异的原则，在各国之间积极进行信息交流，加强国际间的协调与合作。合作的重点应集中在维持各国汇率稳定和资产价格稳定、防范化解货币债务危机、促进国际银行业稳健发展、调节国际收支失衡等领域。建立国际救助机制，防止危机扩散。

第十章 自由港建设的未来展望

经济全球化作为未来发展的趋势,将会对世界经济产生深远影响。通过对外贸易、资本流动、技术转移、提供服务,世界经济活动将超越国界,形成相互依存、相互联系的有机整体。大连市通过实施自由港战略,践行"创新、协调、绿色、开放、共享"五大发展理念,依托自由港提供的自由政策和开放体系,将加速推动商品、技术、信息、服务、资本、人员等生产要素的跨国、跨地区流动,从而加快中国经济融入全球化的进程。通过建设大连自由港,我国将为世界经济发展注入新的生机与活力,同时充分吸收借鉴世界经济发展的成功经验和优秀成果,形成资源和生产要素高效配置、资本和产品自由流动、创新科技广泛应用的良好局面,推动我国经济发展实现更高层次的跨越。

大连自由港的建设和发展,也将为我国全面深化改革积累实践经验、探索有效模式。通过打造对内对外开放相互促进,"引进来"和"走出去"更好结合,国际国内要素有序自由流动、资源高效配置、市场深度融合,国际经济合作竞争互利共赢的开放型经济体系,大连自由港将发展成为引领区域经济发展的增长极,形成立足东北、融合环渤海、服务全国、辐射东北亚的创新发展高地。自由港战略的实施将成为中国继沿海发展战略和西部大开发战略后,又一支撑中国经济发展的开放战略,促进东北和环渤海地区形成与"珠三角"、"长三角"地区协同发展的战略布局,建立起东西联动、南北呼应的开放战略体系,推动我国开放战略布局更加均衡协调。大连自由港也将成为我国"一带一路"倡议的重要支点,促进我国深度融入国际经济体系，加速区域经济一体化，实现在更高水平、更广范围、更深层次的开放发展。

第一节　全面提升东北地区国际竞争力

在自由港建设的带动下，大连港口优势将得到充分发挥，航运和物流体系功能将日趋完善，自由贸易将促进商品经济的活跃繁荣，产业聚集优化带来的规模效应将不断释放，大连有望打造成为东北亚地区知名的国际航运中心、物流中心、贸易中心、金融中心和现代产业聚集区，社会发展和城市治理水平也将迈入国际先进行列。大连作为东北亚重要的经贸往来枢纽城市和贸易集散地，辐射作用和带动作用将得到充分释放，从而促进和提升整个东北地区的国际竞争力，成为引领地区经济发展的重要支撑。自由港建设带来的贸易自由化、生产国际化、资本全球化、科技创新化和制度开放化将不断激发东北老工业基地振兴的活力，制约经济发展的体制机制障碍将逐步被破除，产业结构将调整优化，过剩产能将获得有效释放，东北地区将形成引领我国区域经济协调发展的重要增长极，加速我国区域协调发展新格局的诞生。

一、大连将引领东北经济发展

2013年8月，习近平总书记视察大连时，要求突出大连东北亚国际航运中心、国际物流中心、区域性金融中心的带动作用，进一步建成产业结构优化的先导区和经济社会发展的先行区。建设"两先区"，是中央着眼于国家区域发展总体战略，加快东北地区等老工业基地全面振兴步伐，着眼于工业化、信息化、城镇化、农业现代化和绿色化的协调发展，对大连提出的新要求。而实施自由港战略，加快大连自由港建设，引入体制机制创新，优化社会治理，大连的经济发展和城市治理水平必将迈上新台阶、实现新跨越，为中央战略的实施交上一份满意的答卷。

一是实现航运中心建设目标。以港口为核心的自由港建设，会将港口的综合功能发挥到最大，从而加速实现大连作为东北亚国际航运中心的目标定位。凭借自由港建设的强力推动，大连以港口为龙头，以城市为载体，以东北腹地为依托，必将建成东北亚国际航运中心。大连在东北振兴中的战略地位将进一步提升，对东北腹地经济发展的辐射带动作用将进一步增强，对东北亚地区的综合服务功能将进一步完善，并最终发展成为东北亚重要的国际性枢纽港，成为引领东北对外开放的龙头和全面振兴老工业基地的重要引擎。

二是物流中心地位巩固。与自由港建设相协调，大连作为东北亚物流中心枢纽城市的地位也将进一步巩固。通过自由港的辐射带动作用，大连将加强与"一带一路"沿线各国港口、铁路、内陆港站的交流合作，逐步建立起与日本、韩国等地港口的战略联盟，实现与欧亚大陆的互联互通，最终形成东北亚重要的货运中转基地、区域分拨配送基地和多功能综合服务中心。依托航空物流体系建设，开通面向欧亚的直航航线，加速实现大连港口、空港、邮政、铁路、公路等综合交通体系的无缝对接，疏通水水中转、海铁联运、公路运输等多式协调的集疏运模式，形成面向东北亚、服务全国的国际物流中心。

三是贸易中心实力强劲。由于自由港倡导贸易自由，支持贸易便利化，大连将借助自由港战略的实施，进一步融入"一带一路"倡议，实现对外贸易的快速增长。传统优势产品竞争力提高，出口市场份额巩固，外贸向优质优价、优进优出转变，以技术、品牌、质量、服务为核心的综合竞争优势将得到提升，外贸对全市经济社会发展的贡献度将进一步提高。外贸结构将呈现出由规模速度型向质量效益型转变，出口由货物输出为主向货物、服务、技术、资本输出相结合转变，竞争由价格优势为主向技术、品牌、质量、服务为核心的综合竞争优势转变，增长动力由要素驱动为主向创新驱动转变，营商环境由政策引导为主向制度规范和法制化保障转变的良好局面。大连作为东北亚重要的国际贸易中心地位将进一步巩固。

四是金融中心影响显著。作为自由港建设的重要组成部分，大连金融业将借助自由港建设进一步深化改革、扩大开放，大连区域性金融中心建设全面提质升级，金融创新活力有效激发，金融环境竞争力和吸引力更具优势，金融发展薄弱环节明显改善，金融可持续发展基础进一步夯实，在东北地区的金融中心地位和优势进一步增强，在东北亚经济圈中的影响力明显提升，有望发展成为区域性国际金融中心。

五是产业聚集优势凸显。作为综合型自由港，雄厚的工业基础是保证其持续发展的坚实根基，而大连在逐步扩大改革开放的过程中，传统产业将进一步转型升级、提质增效，优势产业将进一步深化发展、巩固提高，新兴产业将蓬勃兴起，实现飞跃，大连作为东北重要工业城市的地位将进一步提升，自由港建设对东北地区产业结构调整和优化的带动作用将进一步发挥，从而引领东北产业和经济的发展。

六是城市治理层次提升。大连将借助自由港的建设和发展成为引领我国改革发展的旗帜，成为深化改革的先行者，城市治理能力将达到国际先进水平，跻身世界先进城市行列。全面深化改革有力推进，体制机制加快完善，政府职能有效转变，服务效率大幅提高，制约经济发展的体制、机制障碍将被逐步打破，支持经济发展的良性市场环境将逐步形成。大连社会治理能力明显增强，政府治理和社会自我调节、居民自治良性互动，社会发展和城市治理水平将提升到一个崭新高度。

二、东北老工业基地振兴将释放新活力

中共中央、国务院《关于全面振兴东北地区等老工业基地的若干意见》指出："全面深化改革、扩大开放是振兴东北老工业基地的治本之策，要以知难而进的勇气和战胜困难的信心坚决破除体制机制障碍，加快形成同市场完全对接、充满内在活力的新体制和新机制。"而以自由港建设为核心的开放战略对吸引外资、引进技术、发展生产、推进经济体制和社会体制改革将起到重大促进作用，有望解决东北老工业基地振兴过程中面临的体制机制僵化、资金短缺、技术落后、管理经验不足、生产效益不佳等问题，助推东北

地区经济实现持续、快速、健康发展。

一是体制机制加快转变。实施自由港战略,将极大地促进东北地区冲破思想禁锢,解决体制机制障碍。一方面,自由港将给东北地区注入新的技术、新的理念、新的服务,为东北地区发展提供充分的思想准备和社会基础。另一方面,东北亚国家和地区先进的经济发展理念和社会治理模式将会为东北地区提供典型参考,为地区的发展提供样本,有助于东北地区探索出一条适合地区实际的发展模式。特别是通过加强与东北亚国家和地区的全面合作,势必会增加东北地区与区外新思维、新理念、新观点的碰撞,冲破旧的制约经济社会发展的体制机制,为地区经济的繁荣和社会的活跃提供良好的外部环境。

二是产业结构调整优化。通过自由港建设,打造自由开放的经济环境,将促使东北地区根据自然条件和社会经济发展环境的变化,对原有的发展方向、经济结构等进行深度调整,并在此基础上充实产业基础、提高产业素质,推进更高水平的再工业化,促进地区产业结构调整和优化升级。同时,东北将与东北亚发达国家和地区的产业发展形成互补,积极吸纳和承接发达国家产业转移,壮大自身的产业发展基础,将东北地区产业优势转化为经济增势,从而促进东北地区形成新的经济增长极,引领地区经济社会发展,实现东北老工业基地的再度崛起和腾飞。

三是资源要素加速流动。自由港建设形成的开放浪潮,将为东北发展搭建更加广阔的舞台,提供更加开放的环境,为区域发展提供无限契机,带动东北经济在贸易、金融、服务、技术、人才、资源等方面的加速流转,提升东北地区的资源配置效率,加速东北与东北亚的要素交换,为经济发展提供强劲动力,带来地区的大发展、大繁荣。自由港提供的开放环境,将形成生产要素自由流动、市场竞争完全充分、规模经济有效释放的统一大市场,使各地区更好地发挥比较优势、专业优势和产业优势,形成内外联动、互利共赢、安全高效的开放型经济体系。

四是工业产能充分释放。东北地区在资源、工业以及相关技术等方面具有一定的比较优势。自由港实施开放创新政策,放宽对产业发展的限制,取消行业垄断和各种壁垒,将促进东北地区比较优势得到充分发挥,东北地区与东北亚周边国家和地区将建立起更具竞争力的经贸合作关系，特别是随着外部市场的开放和扩大，东北地区良好的工业基础和先进的装备制造业优势将获得更多的输出渠道，东北地区过剩产能将通过外部市场进行有效释放，从而形成与周边国家和地区互利互补的合作局面。

三、我国区域发展将形成新局面

党的十八届五中全会提出，我国经济新常态下必须遵循"创新、协调、绿色、开放、共享"五大发展理念。其中"协调"和"发展"在我国经济社会发展全局中占据重要位置，其基本要义是协调和处理好发展中涉及的各种重大关系，消除扭曲、缩小差距、补齐短板，实现各区域、各行业持续、协调、健康发展。其中，实现区域协调发展是贯彻、落实协调发展理念的重要方面，重点是处理好东部和中西部地区发展的关系、沿海和内地发展的关系，缩小区域间的发展差距。而自由港战略的实施，必将开创我国区域协调发展的新局面。

东北地区在自由港经济的带动下，将迅速崛起，并有望成为我国区域经济新的"隆起"地带，与中西部区域之间实现资源、要素的合理流动和高效配置，更好地带动和服务中西部地区的发展，弥补我国东部、中部和西部之间的发展差距，实现区域间协调发展。东北地区依托良好的工业基础，会将地区传统产业和优势产业转移和辐射到中西部地区，促进中西部地区的发展，而中西部地区良好的资源优势也会转化为经济优势，从而实现东中西地区战略优势的互补，形成东西联动的发展格局。

依托自由港的建设发展，东北地区也将深度融入"一带一路"、京津冀协同发展和长江经济带三大战略，形成沿海、沿江、沿线经济带为主的纵向、横向经济轴带，促进国际与国内经济发展的互联互通，形成东北、华东、华南南北呼应的开放发展新格局，加速实现"十三五"规划提出的"拓展发展空间，用发展新空间培育发展新动力，用发展新动力开拓发展新空间"战略目标。

东北地区也将发展成为拉动我国经济增长的新引擎。以自由港建设为核心的新一轮开发开放,将给东北带来新的发展契机,为地区经济发展注入新的活力,自由港建设将会创造出大量的基础设施投资需求,带动地区投资大幅增长,而开放的政策和营商环境,将会吸引更多的跨国大公司、大银行、大财团落户东北。发展高科技产业和知识经济产业,东北地区服务全国、辐射东北亚的能力将得到充分培育和释放。依托自由港建设战略的实施,东北地区将发展成为继珠三角、长三角、环渤海后,我国第四大开发开放热点区域,带动区域内经济社会的全面繁荣和发展,形成我国区域经济协调发展的新局面。

第二节　率先开创中国开放发展新格局

改革开放是强国之路,是我国发展进步的活力源泉。《中共中央关于全面深化改革若干重大问题的决定》提出"适应经济全球化新形势,必须推动对内对外开放相互促进、引进来和走出去更好结合,促进国际国内要素有序自由流动、资源高效配置、市场深度融合,加快培育参与和引领国际合作竞争新优势,以开放促改革",为我国新一轮改革开放绘就了宏伟蓝图。党的十九大报告更是进一步指出:"推动形成全面开放新格局,探索建设自由贸易港",从而勾勒出清晰的开放战略实施路径。大连率先实施自由港战略,将推动我国的开放战略不断发展深化,从而形成全新的开放体系,引领新一轮我国对外开放,使我国对外开放的战略布局更加合理,对经济社会发展的带动作用更加强劲,改革的示范引领效应更加凸显。

一、深度融入"一带一路"建设

"一带一路"倡议是以习近平同志为核心的党中央主动应对全球形势深刻变化、深度参与世界经济格局变动、赢得发展战略机遇、统筹国际国内两个大局作出的重大战略决策，作为我国首倡、高层推动的国家战略，将对我国参与国际竞争合作产生深远影响。"一带一路"倡议通过构筑新一轮对外开放体系，提升向东开放水平，加快向西开放步伐，助推内陆沿边地区由对外开放的边缘迈向前沿，推动我国与沿线国家在交通基础设施、贸易投资、能源合作、区域一体化、人民币国际化等领域深度合作，将提升我国与沿线国家的对外开放水平，推动地区经济的转型升级，进而形成海陆统筹、东西互济、面向全球的开放新格局。而大连建设自由港，将顺利融入"一带一路"建设，加速"一带一路"倡议的推进实施，成为"一带一路"倡议的重要支点。

共建"一带一路"，顺应世界多极化、经济全球化、文化多样化、社会信息化的潮流，秉持开放的区域合作精神，致力于维护全球自由贸易体系和开放型世界经济。而自由港的建设将促进经济要素有序自由流动、资源高效配置和市场深度融合，推动国家和地区实现经济政策协调，开展更大范围、更高水平、更深层次的区域合作，自由港战略将成功融入"一带一路"建设，成为"一带一路"倡议的延伸，为"一带一路"倡议推进提供强大支撑，共同打造开放、包容、均衡、普惠的区域经济合作架构。

"一带一路"倡议贯穿欧亚大陆，东边连接亚太经济圈，西边进入欧洲经济圈，中间连接中亚、西亚、东南亚、南亚等发展中国家和新兴经济体，从而形成了我国新一轮对外开放的新格局。而大连实施自由港战略，将发展成为联结东北亚与中西部地区的通道，实现与"一带一路"倡议的顺利对接，成为中西部地区与东北亚加强经贸往来的枢纽，并最终发展成为实现欧亚大陆贯通的桥梁，促进东北亚与中亚、西亚的贸易往来和经济繁荣。

"一带一路"倡议倡导加强政策沟通、设施联通、贸易畅通、资金融通和民心相通，致力于实现亚欧非大陆及附近海洋的互联互通，这将推动沿线各国发展战略的对接，发掘区域内市场的潜力，促进投资和消费，创造需求和就业，增进沿线各国的经济和社会发展水平。而自由港打造的开放、自由经济体系，将促进"一带一路"倡议中"五通"目标的实现。自由港形成的开放型经济体系，将通过加强双边合作，开展多层次、多渠道沟通磋商，与

"一带一路"沿线国家建立起有效的联合工作机制，消除投资和贸易壁垒，构建起良好的营商环境，实现贸易自由化和投资自由化，激发并释放合作潜能，巩固沿线国家的合作基础，促进实现经济共同体建设。

二、绘就中国开放发展新坐标

开放是我国经济腾飞的一个秘诀，也是我国全面建成小康社会的法宝。"十三五"规划建议指出："开放是国家繁荣发展的必由之路。必须顺应我国经济深度融入世界经济的趋势，奉行互利共赢的开放战略。"同时要求："完善对外开放战略布局。推进双向开放，促进国内国际要素有序流动、资源高效配置、市场深度融合。"

习近平总书记为我国新一轮对外开放指明了方向，他在主持中共中央政治局第十九次集体学习时指出："站在新的历史起点上，实现'两个一百年'奋斗目标、实现中华民族伟大复兴的中国梦，必须适应经济全球化新趋势、准确判断国际形势新变化、深刻把握国内改革发展新要求，以更加积极有为的行动，推进更高水平的对外开放，加快实施自由贸易区战略，加快构建开放型经济新体制，以对外开放的主动赢得经济发展的主动、赢得国际竞争的主动。"

因此，推动我国实现更高水平的对外开放，进入全面开放、全面参与、全面合作、全面提升的新阶段，就必须着眼于提升开放的质量和层次，实现经济和产业在全球价值链上的升级，利用好国际国内两个市场和两个资源，提高我国开放经济的发展能力，提升国家的核心竞争力。而自由港作为自贸区战略的深化和延伸，未来将构筑起新的开放体系，激发市场活力，挖掘创新潜力，形成新的发展动能，引领我国经济的开放发展。

自由港的建设和发展将更好地解决我国经济进入新常态所面临的发展动能减弱问题，有助于我国加快推动供给侧结构性改革，提高劳动、资本、制度创造和创新等全要素生产率，通过改革、转型和创新，推动我国加快制度变革、结构优化和要素升级，培育新的增长点，形成新的增长动力，通过开放创新，提升我国经济发展的根本动力，引领未来发展。

自由港建设将推动市场在资源配置中更好发挥决定性作用，加快形成现代市场体系和开放型经济体系，逐步清除市场壁垒，充分激发市场活力，实现商品和要素自由流动，提高资源配置效率。自由港将加速创新实现过程，通过引进新技术、新理念、新制度，形成技术创新和制度创新，提升经济发展水平和产业发展层次。随着创新效应的持续扩散和广泛传播，自由港的创新能力将大幅提升，创新将成为引领经济发展的第一动力，科技创新与制度创新、管理创新、商业模式创新、业态创新和文化创新相结合，将推动发展方式向依靠持续的知识积累、技术进步和劳动力素质提升转变，我国经济发展将顺利完成动能转换，自由港打造的开放、创新经济体系将为我国经济社会发展开创新局面。

三、重塑世界经济地理

在中央全面深化改革领导小组第十六次会议上，习近平总书记指出："要积极参与国际经贸规则制定，推动国际经济秩序朝着更加公正合理的方向发展。"在出席中央外事工作会议时习近平总书记强调："要切实推进多边外交，推动国际体系和全球治理改革，增加我国和广大发展中国家的代表性和话语权。"可以预见，在不远的将来，中国参与全球治理、推动多边合作、维护国际秩序的话语权将稳步上升。而中国以自由港建设为核心的新一轮开放战略，也必将以开放型经济体重塑世界经济地理，成为制定国际规则、引领世界发展的主要力量。

世界银行发布的《重塑世界经济地理》指出，密度、距离和分割是决定世界经济地理变迁的三个关键维度。密度指每单位面积的经济总量，它反映经济的集中程度，往往是经济越集中的地方越富裕；距离指商品、服务、劳务、资本、信息和观念穿越空间的难易程度，由此落后地区应被重新定义为相对于经济聚集区的偏远地区，不单指空间距离，更重要的是由于基础设施落后和制度障碍造成的经济距离；分割指国家之间、地区之间商品、资本、人员和知识流动的限制因素，就是阻碍经济一体化有形与无形的障碍。

通过密度、距离、分割的三维分析框架可以看出，我国实施自由港战略，建设开放型经济体，未来必将重塑世界经济地理。一方面，自由港将推动自由贸易快速发展，带动我国整体经济实力的进一步增强，有望发展成为全球最大规模的经济体、形成最大规模的外贸额和最大规模的消费市场，我国将发展成为世界经济增长的最大引擎，驱动全球资源重新配置，进而重塑世界经济地理。另一方面，随着自由港战略的不断推进，我国与国际间的距离将不断缩短，分割将不断消除，实现全球的互联互通，我国对外开放将在自由港战略的实施下打开新局面，对世界的影响力也将稳步提升，最终形成中国的话语体系，在全球治理体系中发挥更加重要的作用。

第三节　加速实现东北亚区域经济一体化

东北亚地区在地理上包括俄罗斯、韩国、朝鲜、日本、中国、蒙古六个国家，地缘区位的相邻优势、经济发展的互补优势、互利共赢的合作优势决定了东北亚各国之间的多领域合作潜力巨大，前景广阔。《中共中央、国务院关于全面振兴东北地区等老工业基地的若干意见》对加强东北亚区域合作提出要求："推进中蒙俄经济走廊建设，加强东北振兴与俄远东开发战略衔接，深化毗邻地区合作。以推进中韩自贸区建设为契机，选择适宜地区建设中韩国际合作示范区，推进共建中日经济和产业合作平台。推动对欧美等国家（地区）相关合作机制和平台建设，高水平推进中德（沈阳）高端装备制造产业园建设。推进沿边重点开发开放试验区建设，推动黑瞎子岛保护与开发开放。"随着自由港建设的不断深入和发展的日益完善，东北亚地区合作领域将不断拓宽，蕴含潜力将不断释放，东北亚地区将发展成为世界最具经济活力的地区之一，经贸合作将日益活跃，合作层次将明显提升，区域经济一体化进程将加速实现。

一、东北亚经贸合作向深层次迈进

东北亚区域合作将率先在经贸领域展开,通过扩大贸易规模、实施双向投资、建立起高水平互联互通和经贸合作机制,从而促进合作共赢,实现共同发展。在此基础上,合作范围和领域将逐步扩展,合作层次将日益深化,东北亚各国和地区将充分发挥比较优势,利用产业互补优势,促进生产要素自由流动,从而形成多层次、多形式、全方位合作体系,为区域经济一体化奠定坚实基础。

一是地区经贸合作将日益紧密。依托自由港在促进贸易自由方面的优势作用,东北亚地区经济将加快发展,经贸往来将日益频繁,贸易规模将不断扩大。我国作为俄罗斯第一大贸易伙伴的地位将进一步巩固,双方在能源领域的合作将进一步深化。中韩自由贸易区将日益活跃,在文化和旅游领域将加速繁荣。中日双边贸易保持快速发展,我国作为日本第一大贸易伙伴、第一大出口目的地和进口来源地,两国技术交流与合作层次将不断深化。中朝经贸合作将快速发展,我国产业向朝鲜转移步伐将明显加快。中蒙合作将开辟新领域,我国对蒙古的产业转移和技术输出将持续推进。东北亚区域合作将不断深化,经贸往来将实现良性互动,为实现区域经济一体化奠定良好基础。

二是产业互补优势将充分发挥。东北地区拥有完整的工业体系,工业基础良好,形成了与日韩产业结构垂直分工的关系,又与俄罗斯、朝鲜保持着密切的水平分工关系。这既可以承接日韩产业结构的转移,又可以向俄罗斯、朝鲜转让技术,成为区域经济发展的枢纽,并以此促进东北地区的经济发展。依托自由港建设,东北亚国家和地区的产业互补优势将得到充分发挥,产业发展相互促进,带动地区和国家的经济发展和产业升级转换。一方面,在深化改革的推动下,东北地区加快体制机制创新,逐步取消行业垄断、扩大传统限制性行业对外开放范围,为东北亚各国投资提供便利,从而提供了巨大的市场机会。另一方面,随着东北老工业基地改造和结构调整的深入推进,对东北亚产业合作、技术合作的需求明显上升,通过引进日本、韩国丰富的资金、先进的技术,可以助推东北地区的产业结构调整和升级。另外,东北亚各国在能源领域具有较强的互补性，俄罗斯西伯利亚及远东地区的能源非常丰富，而日本、韩国在资金、技术和市场建设方面具有明显优势，石油储备、炼化、节能环保领域技术领先，我国拥有巨大的能源需求，蒙古和朝鲜的能源亟待进一步开发利用。借助自由港实现资源、产业和人才的高效整合，东北亚将建立起良好的区域合作机制，全面提升经济的发展层次。

三是生产要素实现自由流动。伴随着东北亚国家和地区经贸往来的深入推进，制约生产要素自由流动的各种障碍将逐步破除，东北亚国家和地区之间人才、技术、资本和资源的流动将进一步加速，市场将在调整地区间生产要素流动中发挥决定性作用，促进货物、资金、人才、技术的交换，东北亚地区资源配置效率将大幅提高。各类生产要素自由流动，将进一步密切东北亚国家和地区之间的贸易联系和经济合作，进一步增强各要素间的互补性，使要素得到最优配置，促进各国的要素利用效率提高。利用区域内各国间在生产要素方面的差异性，通过生产要素在国家间的转移，生产要素的聚集效应将得到充分发挥，实现经济效益最大化，从而为区域经济一体化的实现提供条件。

二、区域合作实现全面深化

在自由港经济的加速推动下，东北亚区域经济合作必将进入新的发展阶段。由于东北亚地区涵盖了不同的国家和地区，因此合作的领域和层次也会表现出差异，合作的形式将更加丰富。初期，邻近国家和地区且经济发展水平比较接近的地区将建立跨国经济区，而随着发展层次的不断深化，将逐步扩大经济区范围，经过深度融合，在促进区域经济合作发展的过程中，会形成跨国经济合作区，实现不同区域整合。

一是合作组织形式不断丰富。东北亚包括两个国家的局部地区，即中国的东北地区和俄罗斯的远东地区。按照国际惯例和对等原则，东北亚区域合作的组织应有两个层次。第一个层次是中国、俄罗斯、日本、蒙古、朝鲜、韩国建立国家级合作组织；第二个层次是六国的地方政府之间建立区域合作组织。在自由港建设的初期，两个层次将建立对等的区域合作组织，分别推进发展,在发展区域成熟和稳定后,实现地区与国家层面一定形式的整合,特别是以大连自由港为核心的东北地区,将加速整合为一个有机体,与东北亚其他国家和地区,共同建成东北亚经济区。

二是双边合作与多边合作协同发展。自由港建设初期,我国与东北亚国家和地区的合作主要以单边合作为主,自由港内政策适用于所有国家和地区,大连处在一个完全开放的合作范围里。但是由于东北亚各国内部发展不均衡,发展水平存在差异,自由港与发达经济体的合作将率先取得突破,从而形成双边合作,进一步扩大双边国家和地区的开放领域和范围,实现更高层次的自由经济。而随着区域各国经济的发展,地区经济融合的深入,经济发展差距的逐步缩小,合作模式将会向多边合作发展,不同国家间建立共同的政策体系和开放环境,从而形成双边与多边合作共存。而在区域合作演变的进程中,大连自由港必将成为发展龙头,加速带动这一进程,逐步扩大合作的地理范围和领域。

三是实现全面深化合作。东北亚区域经济合作起步时期,区域国家和地区之间的合作主要集中在自然资源、劳动力以及资金、技术在区域内的合理配置,并逐步扩展到对外基础设施建设、劳务输出、投资、合作建厂等多种合作方式。随着合作的逐步深入,必然会影响东北亚国家的经济结构和社会治理,形成一个经济社会发展高度繁荣、趋同性增强的经济体,东北亚国家和地区的合作将日趋整合成一个有机体,合作领域将覆盖经济、政治、社会、文化等方面,区域经济一体化的条件将日趋成熟。

三、区域经济一体化加速实现

在《发挥亚太引领作用 应对世界经济挑战》的主旨演讲中,习近平总书记强调:"要坚持构建开放型经济。加快亚太自由贸易区建设,推进区域经济一体化。"这是对未来区域经济发展的一种愿景,也是对未来区域经济发展趋势的一种判断。自由港的建设和发展,将会对地区的经济社会发展产生一系列深远影响,加速地区生产要素的聚集和整合,改变原来外部交易的模式,形成统一的市场,统一的规则,这无疑会加速推动区域经济一体化趋势成为现实。在东北亚区域内,贸易、资本、人员流动享有高度的自由,经济社会管理政策透明高效,区域经济社会发展协调均衡,最终将推动东北亚发展成为共同经济体。

一是组成自由贸易区。目前我国已经与韩国签订了自由贸易协定,双方自由贸易领域和范围不断扩大,合作日益深化。而当自由港发展到成熟阶段,东北亚各国和地区将共同签订自由贸易协定,组成东北亚自由贸易区,在区内各成员国之间废除关税和其他贸易壁垒,实现区内商品的完全自由流动,形成一个统一的区域自由贸易市场,极大地促进成员国经济的增长和贸易规模的扩大。由于区域内生产效率提高和资本积累增加,将带来各成员国经济增长的加快。自由贸易区将进一步发挥经贸合作的地缘优势,邻近国家和地区间具有更多的有利条件来扩大和加深经济合作,推动各成员国国内的经济结构改革。但此阶段各成员国仍保留对非成员国的原有壁垒,对区域外仍实行正常的关税制度。

二是形成关税同盟。随着自由港发展的日益深入和融合的不断加深,东北亚各国和地区将进一步扩大开放范围,取消限制政策,成员国之间完全取消关税或其他壁垒,同时协调其相互之间的贸易政策,建立对外统一关税,形成关税同盟。在经济领域,东北亚将形成一个整体,内部自由贸易畅通无阻,外部贸易标准统一,程序透明,东北亚经济体对亚洲和其他国家与地区的吸引力及影响力将迅速放大,成为世界经济增长的热点区域,对全球贸易带来积极显著影响。采取关税同盟将降低和免除缔约国之间的关税,以致最终取消同盟内部各国的关境,实现缔约国之间的商品自由流通,协调各缔约国的关税税率,实行统一的对外关税,建立共同的关境,从而极大地增强同盟国在对外贸易中的竞争力。

三是成为共同市场。依托大连自由港的建设发展,东北亚各国不仅实现了贸易上的完全自由,在关税同盟的基础上将进一步消除对生产要素流动的限制,使成员国之间不仅实现贸易自由化,而且实现技术、资本、劳动力等生产要素的自由流动,东北亚区域将成为一个共同市场,深层次融入国际分工与合作,实现东北亚区域经济一体化,从而大大促进贸易、金融和投资自由化,并将在很大程度上影响国际资本、技术、商品和人才的流动方式、规模和流向。生产要素在区域范围内的流动和优化组合，促进了产业结构的跨国界调整和技术水平的提高，对各国的长期发展将产生重大影响。而成员国之间在实现市场一体化的基础上，为保证市场一体化顺利运行，将进一步加强财政政策、货币政策和汇率政策的协调，从根本上保证区域内商品市场、资本市场和劳动力市场的畅通运行，实现东北亚区域经济一体化政策的高度协调。

参考文献

[1] 金宗项. 大连自由港区研究[M]. 大连: 大连海运学院出版社, 1990.

[2] Mmina Akhavan. Development dynamics of port-cities interface in the Arab Middle Eastern world-The case of Dubai global hub port-city[M]. Cities, 343-352, 2017.

[3] 陈炳才. 国际金融趋势与中国金融开放战略[M]. 北京: 中国财政经济出版社, 2004.

[4] 陈洪波等. 港口与产业互动发展比较研究[M]. 杭州: 浙江大学出版社, 2015.

[5] 陈瑜. 大连港功能定位[D]. 上海海事大学, 2007.

[6] 刁呈亮. 中日韩区域经济一体化经济效应研究[D]. 中国海洋大学, 2015.

[7] 樊一帆. 新加坡自由港模式对中国（上海）自由贸易试验区的启示[D]. 天津师范大学, 2014.

[8] 付卓欢. 大连市装备制造业创新发展研究[D]. 大连交通大学, 2015.

[9] 复旦大学历史地理研究中心. 港口—腹地和中国现代化进程[M]. 济南: 齐鲁书社, 2005.

[10] 郭可. 产业结构升级视角下的临港产业区主导产业选择研究[D]. 西北大学, 2012.

[11] 郭信昌. 世界自由港和自由贸易区概况[M]. 北京: 北京航空学院出版社, 1987.

[12] 胡凤乔. 世界自由港演化与制度研究[D]. 浙江大学, 2016.

[13] 胡光宇. 开发性金融与国家发展关系[M]. 北京: 人民出版社, 2016.

[14] 黄平等. "一带一路"倡议下厦门全方位对外开放策略与路径[M]. 北京: 社会科学文献出版社, 2016.

[15] 李才. 大连发展战略研究[M]. 大连: 大连出版社, 2010.

[16] 李粲. 东北亚经济合作的基础与条件[D]. 外交学院, 2014.

[17] 李宗礼. 上海自贸区金融自由化风险问题研究[D]. 吉林大学, 2016.

[18] 刘静. 大连市主导产业关联分析及产业融合发展对策[D]. 大连理工大学, 2006.

[19] 麦勇. 自由化进程中的中国区域金融比较研究[M]. 北京: 中国经济出版社, 2005.

[20] 米军. 金融全球化与转轨国家金融自由化制度安排[M]. 北京: 北京大学出版社, 2012.

[21] 冉茂盛. 中国金融发展与经济增长作用机制研究[D]. 重庆大学, 2003.

[22] 沈玉良. 建设开放度最高的自由贸易试验区[M]. 上海: 上海人民出版社, 2015.

[23] 沈悦, 王小霞. 中国金融自由化进程中的安全预警研究[M]. 北京: 科学出版社, 2010.

[24] 宋旭晨. 上海自贸区金融自由化模式研究[M]. 大连: 大连海事大学出版社, 2014.

[25] 孙立行. 改革中的金融开放[M]. 上海: 上海社会科学院出版社, 2015.

[26] 孙晓艺. 东亚经济一体化进程动力分析[D]. 外交学院, 2006.

[27] 王聪. 金融发展对经济增长的作用机制[D]. 西北大学, 2011.

[28] 王福伟. 基于DEA和因子分析法的大连市主导产业选择的分析[D]. 东北财经大学, 2012.

[29] 王立坤. 现代港口理论与实务[M]. 上海: 上海交通大学出版社, 2011.

[30] 王勇. 基于临港产业链的物流金融发展模式与风险管理研究——以宁波—舟山地区为例[M]. 杭州: 浙江大学出版社, 2014.

[31] 魏民. 全球自贸架构与中国战略选择[M]. 北京: 世界知识出版社, 2014.

[32] 吴大器. 2016年上海国际金融中心建设蓝皮书[M]. 上海: 上海人民出版社, 2016.

[33] 肖林, 周国平. 卓越的全球城市——不确定未来中的战略与治理[M]. 上海: 格致出版社, 2017.

[34] 薛昊旸. 金融创新与监管及其宏观效应研究[M]. 北京: 经济管理出版社, 2014.

[35] 杨畅. 建立中日韩自由贸易区的经济效应及发展对策研究[D]. 首都经济贸易大学, 2015.

[36] 杨建文, 陆军荣. 中国保税港区：创新与发展[M]. 上海: 上海社会科学院出版社, 2014.

[37] 原毅军, 卢林. 离岸金融中心的建设与发展[M]. 大连: 大连理工大学出版社, 2010.

[38] 张彬, 刘晨阳. 中日韩自由贸易区问题研究[M]. 北京: 人民出版社, 2013.

[39] 张光平. 人民币国际化与产品创新[M]. 北京: 中国金融出版社, 2013.

[40] 张明生. 迪拜多样化经济发展研究[D]. 北京外国语大学, 2015.

[41] 张鹏. 以大连港为起点的丝绸之路物流节点布局研究[D]. 大连海事大学, 2014.

[42] 赵亚鹏. 国际港口功能演变与国际强港建设研究[M]. 北京: 经济科学出版社, 2013.

[43] 赵志影. 大船集团海洋工程装备产业竞争战略研究[D]. 大连理工大学, 2013.

[44] 郑秉文, 李文, 刘铭赜. "一带一路"建设中的港口与港口城市[M]. 北京: 中国社会科学出版社, 2016.

[45] 郑士源. 转型期中国港口多层级治理模式的构建及路径研究[M]. 上海: 上海交通大学出版社, 2016.

[46] 周振海, 刘通午. 中国自由贸易试验区金融改革与实践[M]. 北京: 中国金融出版社, 2016.

[47] 宗良, 李建军. 人民币国际化理论与前景[M]. 北京: 中国金融出版社, 2011.

[48] 包汉民. 德国汉堡港[J]. 中国港口, 2005(7).

[49] 毕斗斗. 世界先进海港城市的发展经验及启示[J]. 国际经贸探索, 2009(5).

[50] 陈广汉, 张应武. 香港经济转型: 现状及未来的路向[J]. 珠江经济, 2007(7).

[51] 陈航, 栾维新, 王跃伟. 我国港口城市的功能模式研究[J]. 地域研究与开发, 2012(2).

[52] 陈会珠, 孟广文等. 香港自由港模式发展演化、动力机制及启示[J]. 热带地理, 2015(1).

[53] 陈勇. 从鹿特丹港的发展看世界港口发展的新趋势[J]. 国际城市规划, 2007(2).

[54] 陈有文. 迪拜JebelAli自由港发展模式分析[J]. 水运工程, 2006(9).

[55] 邓春. 欧亚典型港口经济发展经验与模式分析——以鹿特丹港、新加坡港和台湾港口为例[J]. 产业与科技论坛, 2017(18).

[56] 董彦岭. 迪拜债务危机: 原因、影响及启示[J]. 财经科学, 2010(2).

[57] 杜民兴. 新加坡自由港竞争之道: 开放 高效 低税负[J]. 珠江水运, 2013(8).

[58] 关效荣. 创办大连自由港可行性研究[J]. 社会科学辑刊, 2002(5).

[59] 和壮. 中国与新加坡自由贸易区发展现状及理论分析[J]. 商场现代化, 2017(2).

[60] 胡碧琴, 顾磊. 基于DEA的港口物流产业集群创新能力评价——以宁波为例[J]. 物流技术, 2014(17).

[61] 黄海霞, 张治河. 基于DEA模型的我国战略性新兴产业科技资源配置效率研究[J]. 中国软科学, 2015(1).

[62] 黄圆圆. 上海自贸区与香港自由港组成与运作比较[J]. 长江大学学报（社科版）, 2015(4).

[63] 贾宏敏. 浅析迪拜城市转型及对我国的启示[J]. 亚非纵横, 2014(1).

[64] 江玮. 新加坡: 高度开放的贸易自由港是如何建成的[N]. 21世纪经济报道, 2014-01-06.

[65] 克里斯托弗·M. 戴维森. 迪拜：脆弱的成功[M]. 北京：社会科学文献出版社, 2014.

[66] 李红兵. 荷兰鹿特丹港城一体化发展的思考[J]. 中国国情国力, 2014(11).

[67] 李建丽, 真虹, 徐凯. 自由港模式在我国的适用性分析[J]. 港口经济, 2010(7).

[68] 李攀. 汉堡, 自由港的重新启航[J]. 21世纪商业评论, 2006(10).

[69] 李晓华, 刘峰. 产业生态系统与战略性新兴产业发展[J]. 中国工业经济, 2013(3).

[70] 李新然, 吴健妮. 港口物流产业集群竞争力指标体系构建及评价分析[J]. 大连理工大学学报(社会科学版), 2012(2).

[71] 刘国芬. 香港产业结构的演变与出路[J]. 特区经济, 2006(3).

[72] 卢长利. 汉堡港与莱茵河航运联动发展经验[J]. 水运管理, 2006(5).

[73] 卢长利. 鹿特丹港与莱茵河航运联动发展经验[J]. 经济地理, 2006(12).

[74] 陆振华. 德国汉堡, 拆除藩篱, 终结124年自由港历史[J]. 21世纪经济报道, 2014-01-06.

[75] 马庆强. 新加坡自由港、迪拜杰贝阿里及智利依基克三地自贸区比较及对天津自贸区的启示[J]. 天津经济, 2016(3).

[76] 曼佛莱德·路特. 汉堡港口物流发展举措[J]. 上海海运学院学报, 2004(2).

[77] 潘再见. 香港金融服务自由港建设的经验借鉴[J]. 中国港口, 2014(5).

[78] 任书梅. 香港的产业结构调整及启示[J]. 山东经济战略研究, 2001(8).

[79] 阮建青, 石琦, 张晓波. 产业集群动态演化规律与地方政府政策[J]. 管理世界, 2014(12).

[80] 商务部国际贸易经济合作研究院课题组. 中国（上海）自由贸易试验区与中国香港、新加坡自由港政策比较及借鉴研究[J]. 科学发展, 2014(9).

[81] 沈秦伟, 韩增林, 郭建科. 港口物流与城市经济增长的关系研究——以大连为例[J]. 地理与地理信息科学, 2013(1).

[82] 司增绰. 港口城市港口基础设施与地区经济集聚相关性研究：连云港市与日照市的比较[J]. 经济体制改革, 2012(1).

[83] 司增绰. 港口基础设施与港口城市经济互动发展[J]. 管理评论, 2015(11).

[84] 宋刚, 冯茹. 辽宁港口物流与产业结构协调发展模式研究[J]. 改革与开放, 2017(5).

[85] 宋冰. 百年鹿特丹港"启示录"[J]. 珠江水运, 2010(12).

[86] 孙宝忠. 鹿特丹港规划建设和运营管理的经验及思考[J]. 港口经济, 2014(10).

[87] 孙光圻. 从经济性质看中国北方沿海自由港设置问题[J]. 中国港口, 1995(1).

[88] 孙建军. 欧亚三大港口物流发展模式的比较及其研究——以鹿特丹港、新加坡港、香港港为例[J]. 华东交通大学学报, 2016(6).

[89] 陶长琪, 周璇. 产业融合下的产业结构优化升级效应分析——基于信息产业与制造业耦联的实证研究[J]. 产业经济研究, 2015(3).

[90] 王柏玲, 李慧, 许欣. 我国港口资源整合的困境及对策[J]. 经济纵横, 2017(4).

[91] 王丽. 新加坡与香港产业发展路径对比及启示[J]. 中国经济导刊, 2013(10).

[92] 王敏. 新加坡金融业税收优惠政策及其借鉴[J]. 国际税收, 2015(11).

[93] 卫平. 新加坡工业园裕廊模式及其对中国的启示[J]. 亚太经济, 2017(1).

[94] 魏路阊. 鹿特丹港发展现状及对策分析[J]. 港口经济, 2017(5).

[95] 吴小东, 瞿畅. 港口、产业及城市联动发展研究——基于系统要素、结构、环境的视角[J]. 郑州航空工业管理学院学报, 2015(6).

[96] 吴心宏. 荷兰鹿特丹港的四大特色及发展趋势[J]. 城市公用事业, 2010(1).

[97] 肖钟熙. 香港经济转型和香港港的发展[J]. 水运管理, 2014(1).

[98] 谢宝剑. 香港四大支柱产业结构对就业结构的影响及发展分析[J]. 暨南学报（哲学社会科学版）, 2013(7).

[99] 熊勇清, 许智宏. 海上丝绸之路上港口与港口城市的互动发展机制研究[J]. 财经理论与实践, 2017(1).

[100] 徐浩鸣. 新加坡、首尔、香港现代服务业发展经验及对深圳的启示[J]. 特区经济, 2013(4).

[101] 闫然. 全球先进自由贸易区的功能定位、监管模式与政策创新——以迪拜、新加坡、伊基克为例[J]. 上海商学院学报, 2014(8).

[102] 杨建伟. 新加坡的经济转型与产业升级回顾[J]. 城市观察, 2011(1).

[103] 杨英. 香港自由港政策体系及其评价[J]. 经济前沿, 2002(9).

[104] 尹纯建, 罗润三等. 多港联动协同对区域航空物流发展影响研究——以迪拜为例[J]. 综合运输, 2016(8).

[105] 游金华. 英国殖民统治下的香港自由港制度——理论基础和历史嬗变[J]. 社会科学, 1997(6).

[106] 袁晨. 汉堡港发展特点若干思考与经验借鉴[J]. 中国水运, 2013(12).

[107] 翟翠霞. 香港生产性服务业的经济拉动作用分析及启示[J]. 辽宁工程技术大学学报（社会科学版）, 2017(5).

[108] 张剑. 大连建设自由港的模式选择[J]. 财经问题研究, 1990(1).

[109] 张娟. 迪拜杰贝·阿里自由贸易区（JAFZA）解密[J]. 国际市场, 2014(5).

[110] 张善杰. 迪拜自贸区发展现状和成功经验及启示[J]. 港口经济, 2014(1).

[111] 张世坤. 有关汉堡港、鹿特丹港、安特卫普港的考察——兼谈我国保税区与国际自由港的比较[J]. 港口经济, 2006(1).

[112] 张帅. 国际航运中心建设和发展经验——以汉堡港为例[J]. 物流科技, 2010(1).

[113] 张伟. 上海自贸区金融开放的定位与路径分析——兼与香港自由港金融演进路径比较[J]. 商业研究, 2014(1).

[114] 张伟. 香港经济的结构性问题与发展路径研究[J]. 当代经济管理, 2016(10).

[115] 张卫景. 迪拜打造国际航空枢纽港的成功经验及特点[J]. 港口经济, 2014(5).

[116] 张小蒂, 邓娟. 中国港口效率测度及提升研究[J]. 浙江大学学报(人文社会科学版), 2013(4).

[117] 张志勇. 新加坡服务业产业升级经验及对济南市服务业竞争力提升的启示[J]. 山东商业职业技术学院学报, 2014(1).

[118] 赵超. 新加坡产业发展及其对我国的启示[J]. 开发研究, 2010(4).

[119] 钟韵. 回归以来香港产业结构升级对经济增长的影响研究[J]. 港澳研究, 2017(2).

[120] 周挺. 汉堡港口新城建设中的更新改造对策[J]. 新建筑, 2010(5).

[121] 周迎洁. 中国自贸区服务业开放制度创新研究——基于迪拜、新加坡经验的启示[J]. 当代经济, 2016(1).

[122] 朱海湛. 汉堡港管理经验谈[J]. 中国水运, 2003(6).

[123] 庄佩君. 欧洲港口海运产业集群发展模式[J]. 中国航海, 2013(2).

[124] 李想. 大连主城区绿地景观格局与生态服务功能动态[D]. 东北林业大学, 2014.

[125] 许妍. 大连城市居住空间扩展及其人居环境问题[D]. 辽宁师范大学, 2008.

[126] 马一鸣. 大连市地区经济格局变动分析[D]. 辽宁师范大学, 2011.

[127] 邓星月. 港口城市空间结构与布局研究[D]. 宁波大学, 2012.

[129] 邹野. 全域大连的重大基础设施需求预测及协调管理[D]. 大连理工大学, 2009.

[130] 周鹏. 大连市城市交通与环境可持续发展评价体系的研究[D]. 大连理工大学, 2010.

[131] 杜静. 城市发展规划环境影响评价综合技术方法与案例研究[D]. 大连理工大学, 2013.

[132] 肖玉. 大连港集装箱内陆疏运网络优化研究[D]. 大连海事大学, 2012.

[133] 田欣欣. 国家战略调整下北方港口城市产业与空间重构研究[D]. 兰州大学, 2009.

[134] 张宇. 大连市产业结构优化水平及发展路径研究[D]. 辽宁师范大学, 2016.

[135] 王勇. 土地利用结构变化及其对人居环境的影响研究[D]. 辽宁师范大学, 2015.

[136] 李鸿奎. 基于城市梯度模型的城市化与城市生态环境耦合研究[D]. 辽宁师范大学, 2014.

[137] 周敏. 大连市城市基础设施建设投融资平台搭建与运作模式研究[D]. 大连海事大学, 2004.

[138] 邹冬. 基于边缘城市理论的大连空港新区发展模式研究[D]. 大连理工大学, 2014.

[139] 由理. 大连市主城区交通拥堵治理研究[D]. 大连海事大学, 2015.

[140] 高利梅. 大连城市承载力分析评价[D]. 东北财经大学, 2010.

[141] 李金珊, 胡凤乔. 国际关系体系下欧洲关税制度的变迁与自由港功能形态的演化[J]. 浙江大学学报(人文社会科学版), 2014(6).

[142] 汪洋. 大连城乡公共服务均等化问题研究[D]. 东北财经大学, 2014.

[143] 谢俊丽. 大连市服务外包产业竞争力研究[D]. 东北财经大学, 2012.

[144] 路璐. 欧洲自由港区功能与政策演进研究[D]. 天津财经大学, 2016.

[145] 田菲. 大连港与腹地经济的互动研究[D]. 大连交通大学, 2008.

[146] 张琼. 我国城市建设更新改造体系与发展模式研究[D]. 大连理工大学, 2013.

[147] 张人方. 港口建设与运营过程对城市空间发展的环境影响及互动过程研究[D]. 中国海洋大学, 2009.

[148] 王昊宇. 大连港绿色港口评价体系研究[D]. 大连理工大学, 2016.

[149] 董晓文. 大连海港口岸服务软环境建设研究[D]. 大连海事大学, 2006.

[150] 白萌. 关于大连国际航运中心建设规模适度性的研究[D]. 东北财经大学, 2007.

[151] 刘改. 大连口岸集装箱场站布局及发展规模研究[D]. 大连海事大学, 2008.

[152] 李爽爽. 大连县域经济科学发展问题研究[D]. 辽宁大学, 2013.

[153] 刘泉. 近代东北城市规划之空间形态研究[D]. 大连理工大学, 2008.

[154] 高平全. 大连保税区向自由港区转型的战略研究[D]. 大连海事大学, 2007.

[155] 李静. 大连市城乡二元经济结构和城乡一体化发展水平研究[D]. 辽宁师范大学, 2013.

[156] 官卓. 基于国际比较的大连城市空间规模研究[D]. 大连理工大学, 2015.

[157] 田翠玲. 大连市城市发展扩散的时空演化过程及区域效应研究[D]. 东北师范大学, 2008.

[158] 尚晋. 生态城市建设与评价的研究[D]. 辽宁师范大学, 2008.

[159] 孙辉. 大连港第四代港口发展战略研究[D]. 南京理工大学, 2012.

[160] 董晓菲. 大连港——东北腹地系统空间作用及联动发展机理研究[D]. 东北师范大学, 2011.

[161] 杨俊. 城市化与城市生态安全耦合研究[D]. 辽宁师范大学, 2009.

[162] 梁辰. 港口升级换代与城市空间结构演变研究[D]. 大连海事大学, 2014.

[163] 赵彦. 基于全域城市化战略的大都市空间发展研究[D]. 大连理工大学, 2014.

[164] 王丹阳. 大连港口与城市互动发展实证分析与对策研究[D]. 大连理工大学, 2006.

[165] 张铁. 新形势下大连港与大连市协调发展研究[D]. 大连海事大学, 2005.

[166] 顾在浜. 大连市新型城市化实现路径及其空间组织架构研究[D]. 辽宁师范大学, 2014.

[167] 付诗谣. 我国城市优势产业的评价选择及其竞争力比较研究[D]. 青岛科技大学, 2013.

[168] 宋欣茹. 大连市服务外包产业空间集聚及竞争力评价研究[D]. 辽宁师范大学, 2014.

[169] 曲志菁. 城市水资源可持续利用评价与预测研究[D]. 大连理工大学, 2015.

[170] 李瑶瑶. 城市空间环境特色认知研究[D]. 辽宁师范大学, 2008.

[171] 林楷越. 大连金融产业集群发展研究[D]. 辽宁师范大学, 2015.

[172] 李一. 大连城市轴线的空间解读[D]. 同济大学, 2007.

[173] 仇培宏. 特殊经济功能区的城市化空间效应[D]. 辽宁师范大学, 2012.

[174] 侯鑫. 基于文化生态学的城市空间理论研究[D]. 天津大学, 2004.

[175] 于雯. 大连电网配电自动化系统的应用研究[D]. 大连理工大学, 2014.

[176] 姚秀利. 城市空间演变监测方法集成与应用研究[D]. 南京大学, 2007.

[177] 梁辰. 港口升级换代与城市空间结构演变研究[D]. 大连海事大学, 2014.

[178] 杨博思. 基于城市地形起伏度的人居环境评价研究[D]. 辽宁师范大学, 2016.

[179] 林玉山. 大连港与营口港集装箱竞合发展研究[D]. 大连海事大学, 2012.

[180] 姜斌. 快速城市化进程中城市居住空间形态演进与发展[D]. 辽宁师范大学, 2008.

[181] 于洋. 大连普湾新区主导产业选择与培育对策研究[D]. 大连理工大学, 2013.

[182] 刘伟. 新时期大连市工业发展与布局研究[D]. 辽宁师范大学, 2006.

[183] 林溪. 环渤海地区港口城市的港城空间、产业互动发展研究[D]. 中国城市规划设计研究院, 2016.

[184] 江鹤. 大连工业产业结构升级对能源消费的影响分析[D]. 大连海事大学, 2015.

[185] 吴双. 大连市构建东北亚重要国际金融中心的问题研究[D]. 辽宁师范大学, 2013.

[186] 柳更妍. 大连港口功能转型的比较研究[D]. 辽宁师范大学, 2007.

[187] 吴继华. 大连市现代服务业空间集聚及其组织模式研究[D]. 辽宁师范大学, 2013.

[188] 姚姗姗. 城市化进程中经济发展与城乡统筹的互动关系分析[D]. 辽宁师范大学, 2012.

[189] 张凌君. 大连临港产业园项目施工组织设计优化[D]. 湖北工业大学, 2016.

[190] 邱岩. 大连市经济预警预测模型研究[D]. 大连理工大学, 2006.

[191] 李万毅. 大连国家生态工业示范园区建设的对策研究[D]. 大连理工大学, 2016.

[192] 尹博. 大连创建现代化国际名城的信息化战略[D]. 辽宁师范大学, 2007.

[193] 付卓欢. 大连市装备制造业创新发展研究[D]. 大连交通大学, 2015.

[194] 刘治强. 国际产业转移趋势与大连新兴产业发展研究[D]. 辽宁师范大学, 2011.

[195] 张小军. 辽宁省沿海港口城市空间结构形成与演变规律探讨[D]. 辽宁师范大学, 2002.

[196] 田禹. 1945年以前大连社会变迁对城市空间结构演变的影响[D]. 东北师范大学, 2008.

[197] 张鹏. 以大连港为起点的丝绸之路物流节点布局研究[D]. 大连海事大学, 2014.

[198] 陈可文. 大连机场建立区域性航空枢纽港若干问题的研究[D]. 大连理工大学, 2000.

[199] 于萌. 基于生态足迹的新城区可持续发展研究[D]. 辽宁师范大学, 2014.

[200] 操伟. 基于大连市的区域物流节点布局规划研究[D]. 大连交通大学, 2014.

[201] 徐聪. 大连双D港产业园区创新驱动发展调查研究[D]. 大连理工大学, 2016.

[202] 梁雪. 大连中心城区空间动线系统研究[D]. 大连理工大学, 2010.

[203] 杨萍. 大连保税物流园区物流发展规划研究[D]. 吉林大学, 2014.

[204] 云磊. 我国城市化进程中城乡接合部土地利用问题研究[D]. 东北财经大学, 2016.

[205] 陈烨. 京津冀沿海港口城市空间形态演变研究[D]. 中国城市规划设计研究院, 2008.

[206] 张小军. 辽宁省沿海港口城市空间结构形成与演变规律探讨[D]. 辽宁师范大学, 2002.

[207] 周文. 北仑港口城市空间布局优化研究[D]. 浙江大学, 2010.

[208] 吴继华. 大连市现代服务业空间集聚及其组织模式研究[D]. 辽宁师范大学, 2013.

[209] 刘爱民. 大连国际航运中心与区域经济互动发展研究[D]. 大连海事大学, 2013.

[210] 陈航. 大连市港城关系研究[D]. 辽宁师范大学, 2006.

[211] 梁作君. 大连陆港（物流）基地发展规划研究[D]. 大连海事大学, 2002.

[212] 李茜. 临空经济区规划研究[D]. 天津大学, 2012.

[213] 魏广君. 新产业空间与城市空间整合研究[D]. 苏州科技学院, 2009.

[214] 王列辉. 国外港口城市空间结构综述[J]. 城市规划, 2010(11).

[215] 陈瑜. 大连港功能定位研究[D]. 上海海事大学, 2007.

[216] 吕岩. 大连东北亚国际航运中心竞争力提升对策研究[D]. 大连理工大学, 2015.

[217] 张翔. 近代大连城市形态演变研究（1898—1945）[D]. 北京交通大学, 2016.

[218] 马忠强. 大连全域城市化进程中生态安全及对策研究[D]. 大连海事大学, 2011.

[219] 陈瑜. 大连港功能定位研究[D]. 上海海事大学, 2007.

[220] 赵永勃. 自由贸易区的布局及空间效应研究[D]. 辽宁师范大学, 2012.

[221] 杨宽. 大连港集装箱码头的发展规划[D]. 大连海事大学, 2012.

后　记

建设自由港是大连未来发展的战略选择，这个判断来自实践。

2014年，大连金普新区刚刚获批成为第10个国家级新区，中国人民银行大连市中心支行就开始着手研究金融支持金普新区建设、支持大连对外开放的政策措施，在充分调研企业需求的基础上，向外汇局总局申请并获批了7项政策，并在金州地区探索外汇主体监管改革，力求通过简政放权，释放市场活力，相关的政策受到了企业的欢迎，对外经贸的发展为全市经济保增长作出了重要贡献。实践说明，对外开放是大连地区的优势领域，是促进经济发展的有力抓手。

随着东北地区经济增速整体放缓，大连经济增长也面临着严峻的下行压力，区域经济增长需要新的动力和引擎，我们举全行之力大力开展调查研究，在对经济金融形势进行深入分析和综合研判的基础上，探索应对经济压力、推动经济增长的手段和措施，提出发展海洋经济、发展黄金产业、支持技术改造等一系列政策建议，并不遗余力地推动实施。在实践和思考中，我们发现，大连的发展问题要结合历史传承、现实条件、国家政策、国际环境来综合考虑，大连历史上经济发展较快的时期，除了改革开放以来，就是作为国际自由港的阶段。这给我们很大的启发，在未来条件具备的时候，大连如果再次成为自由港，将对大连乃至东北的发展起到极大的促进作用。

从这时起，也就是2015年初，我们就着手开展大连市发展与自由港建设的研究。

2016年，大连市申建自由贸易试验区（以下简称自贸区）进入筹备阶段，我们一方面组织力量研究自贸区的金融政策创新，做好政策储备，一方面继续推进自由港的探索与思考。自贸区的探索侧重于实际操作，旨在推动金融创新，直接服务于自贸区建设；自由港的研究则更多地侧重于理论探讨。通过对自由港发展规律的研究，我们对大连建设自由港的信心更加坚定，只是还无法预计这一天何时能够到来，甚至担心无法取得广泛的共识。

2017年4月，中国（辽宁）自由贸易区大连片区正式挂牌，我们制定的自贸区金融创新方案逐步变成现实，自由港研究也在加速推进，并且我们清楚地感受到，在大连明确提出建设"自由港"的时机已经接近成熟。5月，我们即着手组织团队将前期的研究成果集结整理，撰写书稿。10月18日，习近平总书记在党的十九大报告中提出"探索建立自由贸易港"，长久以来的努力符合党和国家的战略部署方向，让我们感到非常欣慰。建设自由港需要长期努力，本书的出版是我们在这条长征路上迈出的第一步，希望我们的思考和研究能够为奋斗在自由港建设之路上的同志们提供有益的参考。

本书的写作得到了中国人民银行总行、大连市、中国金融出版社有关领导的大力支持，没有领导的关心、指导和鼓励，这本书就不会在这么短的时间内与读者见面。实践发展日新月异，不论是基于历史经验总结出来的规律，还是基于形势推演作出的展望，都需要在现实发展中进行检验和修正，因此，本书的错误和谬误在所难免，唯愿读者能够有所启发。

本书是集体智慧的结晶，中国人民银行大连市中心支行党委书记、行长张远军同志全程指导了本书的写作。作为课题的主持人，张行长不仅提出了整体研究方向和主要观点，持续推动研究开展，更在研究方法选择、基础资料收集整理、方稿撰写体例等具体细节上给予了细致、充分的指导。副行长符林同志具体组织写作、审定框架、总体把关，朱焱、单晓丽统筹审核文稿，徐海波、杨洋、侯英、王宇峰负责总撰。多位同志分别撰写了本书各章节，具体是徐海波（第一章、第三章），尹燕海（第二章），侯英（第四章、第五章），周继燕（第六章），杨洋（第七章），王宇峰（第八章），王成龙、张宏燕（第九章），王成龙（第十章）。尹航、陈驰文、高宇协助整理了大量资料，其他对本书写作作出贡献的同志还有很多，就不再一一列出姓名。写作组的同志们在完成好本职工作的同时，牺牲了大量的业余时间，付出了辛苦和汗水，在这里向所有对本书有贡献的同志表示由衷的感谢！搞研究是一件艰苦而幸福的事，查阅资料、确定框架、写作、修改每一个环节都需要耐心细致的辛勤工作，但当仍散发着墨香的书籍捧到手上，尤其是想到本书能够为区域经济建设实践发挥作用，内心生出的成就感和喜悦感足以弥补写作过程中的种种辛劳，相信我们的付出一定会体现出其应有的价值。

本书写作组
2017年10月